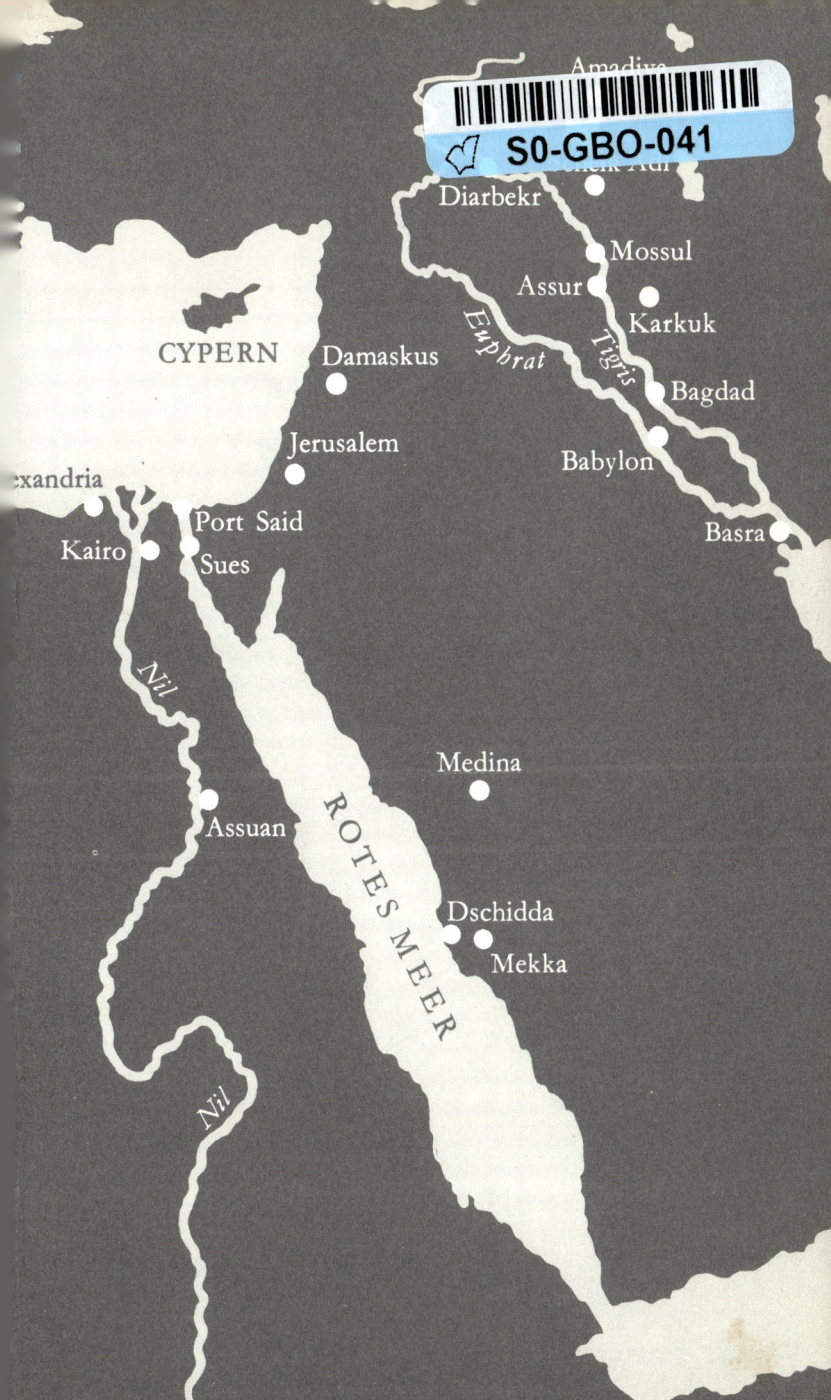

Karl May DURCH DIE WÜSTE

Karl May
DURCH DIE WÜSTE

Im Bertelsmann Lesering

Nach der 1892 erschienenen Erstausgabe
neubearbeitet von Peter Korn
Mit Anmerkungen und einem Nachwort
von Dr. Wilfried Noelle

© 1963 by Bertelsmann GmbH
Einbandentwurf und Illustrationen Heiner Rothfuchs
Gesamtherstellung Mohn & Co GmbH, Gütersloh
Buch Nr. 1884

1 Hadschi Halef Omar

»Ist es wirklich wahr, Sihdi (Herr), daß du ein Giaur bleiben willst, ein Ungläubiger, der verächtlicher ist als ein Hund und widerlicher als eine Ratte, die nur Verfaultes frißt?«
»Ja.«
»Effendi, ich hasse die Ungläubigen und gönne es ihnen, daß sie nach ihrem Tod in die Hölle kommen, wo der Teufel wohnt. Aber dich möchte ich retten vor dem ewigen Verderben, das dich ereilen wird, wenn du dich nicht zum heiligen Zeugnis bekennst. Du bist so ganz anders als andere Sihdis, denen ich gedient habe, und darum werde ich dich bekehren, ob du willst oder nicht.«
So sprach Halef, mein Diener und Gefährte, mit dem ich in den Schluchten und Klüften des Dschebel Aures herumgekrochen und dann zum Dra Al-Haua hinuntergestiegen war, um über den Dschebel Tarfaui nach Seddada, Kris und Dgasche zu kommen, von wo aus ein Weg über den berüchtigten Schott Al-Dscherid nach Fetnassa und Kbilli führt.
Halef war ein eigentümliches Kerlchen. Er war so klein, daß er mir kaum bis unter die Arme reichte, und dabei so hager und dünn, als sei er ein volles Jahrzehnt zwischen den Löschpapierblättern eines Herbariums gepreßt worden. Dabei verschwand sein kleines Gesicht fast ganz unter einem riesigen Turban, und sein einst weiß gewesener Burnus, der jetzt vor Fett und Schmutz starrte, war sicherlich für einen viel größeren Mann zugeschnitten worden. Immer wenn Halef vom Pferd gestiegen war und gehen wollte, mußte er das viel zu große Gewand hinaufziehen wie eine Dame ihr Reitkleid.
Aber trotz dieses unscheinbaren Äußeren mußte man Achtung vor ihm haben. Halef war außergewöhnlich scharfsinnig, mutig und gewandt, er besaß eine Ausdauer, die ihn auch die größten Anstrengungen überwinden ließ. Da er außerdem alle Mundarten sprach, die es zwischen dem Wohnsitz der Uëlad Bu Seba und dem Nildelta gibt, kann man sich denken, daß ich mit ihm sehr zufrieden war. Ich behandelte ihn nicht wie einen Diener, sondern eher wie einen Freund.
Eine Eigenschaft hatte er allerdings, die mir zuweilen recht unbequem werden konnte: er war ein fanatischer Moslem und hatte

aus Liebe zu mir den Entschluß gefaßt, mich zum Islam zu bekehren. Eben erst hatte er wieder einen seiner vergeblichen Versuche unternommen. Er wirkte dabei so komisch, daß ich am liebsten laut gelacht hätte.
Ich ritt einen kleinen, halbwilden Berberhengst, und meine Füße

schleiften dabei fast am Boden. Halef aber hatte sich eine alte, dürre, aber himmelhohe Hassi-Ferdschan-Stute ausgewählt, damit er größer herauskam. Er saß nun so hoch, daß er zu mir herunterblicken konnte. Während der Unterhaltung wedelte er mit den bügellosen Beinen, fuchtelte mit den dünnen, braunen Armen und unterstrich seine Worte durch ein so lebhaftes Mienenspiel, daß ich alle Mühe hatte, ernst zu bleiben. Als ich auf seine letzten Worte nicht antwortete, fuhr er fort: »Weißt du, Sihdi, wie es den Giaurs nach ihrem Tod ergehen wird?«
»Nun?«
»Nach dem Tod kommen alle Menschen, gleichgültig, ob sie Moslems, Christen, Juden oder etwas anderes sind, in die Vorhölle.«
»Das ist der Zustand zwischen dem Tod und der Auferstehung?«
»Ja, Sihdi. Aus ihr werden sie alle vom Schall der Posaunen erweckt, wenn Al-Yom Al-Akher, der Jüngste Tag, und Al-Akhera, das Ende, gekommen sind und alles zugrunde geht, außer Al-Kursi, dem Thron Gottes, Ar-Ruh, dem heiligen Geist, Al-Lauh Al-Mahfuz und Al-Kalamm, der Tafel und der Feder der göttlichen Vorsehung.«
»Außerdem wird nichts Bestand haben?«
»Nein.«
»Aber das Paradies und die Hölle?«
»Sihdi, du bist klug und weise, du merkst gleich, was ich vergessen habe. Deshalb ist es jammerschade, daß du ein verfluchter Giaur bleiben willst. Aber ich schwöre es dir bei meinem Bart, daß ich dich bekehren werde, ob du willst oder nicht.«
Bei diesen Worten zog er seine Stirn in sechs drohende Falten, zupfte an den sieben Fasern seines Kinns, zerrte an den acht Spinnenfäden rechts und an den neun Borsten links von seiner Nase, alles zusammen Bart genannt, schlenkerte die Beine unternehmungslustig in die Höhe und fuhr mit der freien Hand der Stute so kräftig in die Mähne, als sei sie der Teufel, dem ich entrissen werden sollte.
Das so grausam in seinem Nachdenken gestörte Tier machte einen Versuch, vorn hochzusteigen, besann sich aber sofort auf die Würde seines Alters und ließ sich stolz in seinen Gleichmut zurückfallen. Halef aber setzte seine Rede fort:
»Ja, Dschanneh, das Paradies, und Dschahannem, die Hölle, müssen auch bleiben, denn wohin sollten die Seligen und die Ver-

dammten sonst kommen? Vorher aber müssen die Auferstandenen über die Brücke Sirat, die über den Abgrund Al-Halak führt und so schmal und scharf ist wie die Schneide eines gutgeschliffenen Schwertes.«
»Du hast noch etwas vergessen.«
»Was?«
»Das Erscheinen des Dadschal.«
»Wahrhaftig! Sihdi, du kennst den Koran und alle heiligen Bücher und willst dich nicht zur wahren Lehre bekehren! Aber habe nur keine Sorge, ich werde schon einen gläubigen Moslem aus dir machen! Also vor dem Gericht wird sich der Dadschal zeigen, den die Giaurs den Antichrist nennen, nicht wahr, Effendi?»
»Ja.«
»Über jeden wird das Buch Al-Kitab aufgeschlagen, in dem seine guten und bösen Taten verzeichnet sind. Dann beginnt die Prüfung seiner Taten, die über fünfzigtausend Jahre dauert, eine Zeit, die den Guten wie ein Augenblick vergehen, den Bösen aber wie eine Ewigkeit erscheinen wird. Das ist Al-Hukm, das Abwiegen aller menschlichen Handlungen.«
»Und dann?«
»Dann folgt das Urteil. Die Menschen mit vielen guten Werken kommen in das Paradies, die ungläubigen Sünder aber in die Hölle. Die sündigen Moslems werden aber nur auf kurze Zeit bestraft. Du siehst also, Sihdi, was auf dich wartet, selbst wenn du mehr gute als böse Taten verrichtest. Aber du sollst gerettet werden, sollst mit mir in das Paradies kommen, denn ich werde dich bekehren, ob du willst oder nicht.«
Wieder strampelte Halef so energisch mit den Beinen, daß die alte Hassi-Ferdschan-Stute verwundert die Ohren spitzte und mit ihren großen Augen nach ihm zu schielen versuchte.
»Und was erwartet mich in eurer Hölle?« fragte ich.
»Im Dschahannem brennt An-Nar, das ewige Feuer. Dort fließen Bäche, die so furchtbar stinken, daß der Verdammte trotz seines glühenden Durstes nicht aus ihnen trinken mag, und dort stehen unheimliche Bäume, zum Beispiel der schreckliche Zakkoumbaum, auf dessen Zweigen Teufelsköpfe wachsen.«
»Brrrr!«
»Ja, Sihdi, es ist wirklich schauderhaft! Der Beherrscher von Dschahannem ist der Strafengel Thabek. Die Hölle hat sieben Abteilungen, zu denen sieben Tore führen. In der ersten Abtei-

lung müssen die sündhaften Moslems büßen, bis sie gereinigt sind. Ladha, die zweite Abteilung, ist für die Christen, Hutamah, die dritte Abteilung, für die Juden, Sair, die vierte, für die Sabier, Sakar, die fünfte, für die Magier und Feueranbeter, und Dschahim, die sechste, für alle, die Götzen oder Fetische anbeten. Zaoviat aber, die siebente Abteilung, die auch Darak Al-Asfall genannt wird, ist die allertiefste und fürchterlichste. Sie wird alle Heuchler aufnehmen. In allen diesen Abteilungen werden die Verdammten von bösen Geistern durch Feuerströme geschleppt. Dabei müssen sie vom Baum Zakkoum die Teufelsköpfe essen, die dann ihre Eingeweide zerbeißen und zerfleischen. O Effendi, bekehre dich zum Propheten, damit du nur kurze Zeit in der Hölle zu stecken brauchst!«
Ich schüttelte den Kopf und sagte: »Dann komme ich in unsere Hölle, die ebenso entsetzlich ist wie eure.«
»Glaube das nicht, Sihdi! Ich verspreche dir beim Propheten und allen Kalifen, daß du in das Paradies kommen wirst. Soll ich es dir beschreiben?«
»Fang nur an!«
»Es liegt über den sieben Himmeln und hat acht Tore. Zuerst kommst du an den großen Brunnen Haudh-Ul-Kauthar, aus dem Hunderttausende Selige zugleich trinken können. Sein Wasser ist weißer als Milch, sein Geruch köstlicher als Moschus und Myrrhen, und an seinem Rand stehen Millionen goldener Trinkschalen, die mit Diamanten und Edelsteinen besetzt sind. Dann kommst du an Stellen, wo die Seligen auf golddurchwirkten Kissen ruhen. Unsterbliche Jünglinge und ewig junge Huri, schwarzäugige Jungfrauen, bringen ihnen köstliche Speisen und Getränke. Ihr Ohr wird ohne Aufhören von den Gesängen des Engels Israfil entzückt und von dem Klingen der Glocken in den Bäumen, die ein vom Thron Gottes gesandter Wind bewegt. Jeder Selige ist sechzig Ellen lang und immer gerade dreißig Jahre alt. Unter allen Bäumen aber ragt At-Tuba hervor, der Baum der Glückseligkeit, dessen Stamm im Palast des großen Propheten steht und dessen Äste in die Wohnungen der Seligen reichen, wo an ihnen alles hängt, was zur Seligkeit gehört. Aus den Wurzeln des Baumes At-Tuba entspringen alle Flüsse des Paradieses, in denen Milch, Wein, Kaffee und Honig strömen.«
Trotz der Sinnlichkeit dieser Vorstellung muß ich bemerken, daß Mohammed aus der christlichen Anschauung geschöpft und

sie für seine Nomadenvölker umgemodelt hat. Halef blickte mich jetzt mit einem Gesicht an, in dem sehr deutlich die Erwartung zu lesen war, daß mich seine Beschreibung des Paradieses überwältigt haben müsse. »Nun, was meinst du jetzt?« fragte er, als ich schwieg.
»Ich will dir aufrichtig sagen, daß ich nicht sechzig Ellen lang werden möchte. Und von den Huri will ich nichts wissen, denn ich bin ein Feind aller Frauen und Mädchen.«
»Warum?« fragte Halef erstaunt.
»Weil der Prophet sagt: ›Des Weibes Stimme ist wie der Gesang des Bulbul, der Nachtigall, aber ihre Zunge ist voll Gift wie die Zunge der Natter.‹ Hast du das noch nicht gelesen?«
»Ich habe es gelesen.«
Er senkte den Kopf; ich hatte ihn mit den Worten seines eigenen Propheten geschlagen. Dann fragte er mit etwas weniger Zuversicht: »Ist nicht trotzdem unsere Seligkeit schön? Du brauchst ja keine Haura (Einzahl von Huri) anzusehen!«
»Ich bleibe ein Christ!«
»Aber es ist nicht schwer, zu sagen: ›La Ilah Illa-llah wa Mohammed Rasulullah!‹«
»Ist es schwerer, zu beten: ›Ja Abouna Allathi fissamawat, ja takaddasasmuka!‹?«
Der Kleine sah mich zornig an.
»Ich weiß wohl, daß Isa Ben Marjam, den ihr Jesus nennt, euch dieses Gebet gelehrt hat. Ihr nennt es das Vaterunser. Du willst mich zu deinem Glauben bekehren. Mach dir keine Hoffnung, daß es dir gelingen wird, mich zu einem Abtrünnigen vom Tauhid, dem Glauben an Allah, zu machen!«
Ich hatte schon oft versucht, seinen Bekehrungsversuch mit gleichen Mitteln abzuwehren. Zwar war ich von der Fruchtlosigkeit meiner Bemühungen überzeugt, aber es war das einzige Mittel, ihn zum Schweigen zu bringen, und es bewährte sich auch jetzt.
»Dann laß mir meinen Glauben, wie ich dir deinen lasse!«
Er knurrte etwas vor sich hin und brummte dann:
»Aber ich werde dich doch noch bekehren, ob du willst oder nicht. Was ich einmal will, das will ich, denn ich bin der Hadschi Halef Omar Ben Hadschi Abul Abbas Ibn Hadschi Dawuhd al Gossarah!«
»Dann bist du also der Sohn Abul Abbas', des Sohnes von Dawuhd al Gossarah?«

»Ja.«
»Und beide waren richtige Mekkapilger?«
»Ja.«
»Du bist auch ein Hadschi?«
»Ja.«
»Also wart ihr alle drei in Mekka und habt die heilige Kaaba gesehen?«
»Dawuhd al Gossarah nicht.«
»Ah! Und trotzdem nennst du ihn einen Hadschi?«
»Ja, denn er war einer. Er wohnte am Dschebel Schur Schum und machte sich als Jüngling auf die Pilgerreise. Er kam glücklich über Al-Dschuf, das man den Leib der Wüste nennt, dann aber wurde er krank und mußte am Brunnen Trasah zurückbleiben. Dort nahm er ein Weib und starb, nachdem er seinen Sohn Abul Abbas gesehen hatte. Ist er nicht ein Hadschi, ein Pilger, zu nennen?«
»Hm! Aber Abul Abbas war in Mekka?«
»Nein.«
»Und auch er ist ein Hadschi?«
»Ja. Er trat die Pilgerfahrt an und kam bis in die Ebene Admar, wo er zurückbleiben mußte.«
»Warum?«
»Er erblickte dort Amareh, die Perle von Dschunet, und liebte sie. Amareh wurde sein Weib und gebar ihm Halef Omar, den du hier neben dir siehst. Dann starb er. War er nicht ein Hadschi?«
»Hm! Aber du selbst warst in Mekka?«
»Nein.«
»Und nennst dich doch einen Pilger!«
»Ja. Als meine Mutter tot war, begab ich mich auf die Pilgerschaft. Ich zog gen Aufgang und Niedergang der Sonne, ich ging nach Mittag und nach Mitternacht, ich lernte alle Oasen der Wüste und alle Orte Ägyptens kennen, ich war noch nicht in Mekka, aber ich werde noch dorthin kommen. Bin ich also nicht ein Hadschi?«
»Hm! Ich denke, nur wer in Mekka war, darf sich Hadschi nennen?«
»Eigentlich, ja. Aber ich bin ja auf der Reise dorthin!«
»Möglich! Doch du wirst auch irgendwo eine schöne Jungfrau finden und bei ihr bleiben. Deinem Sohn wird es ebenso gehen,

denn das scheint euer Kismet zu sein, und dann wird nach hundert Jahren dein Urenkel sagen: ›Ich bin Hadschi Mustafa Ben Hadschi Ali Assabet Ibn Hadschi Saïd al Hamza Ben Hadschi Schehab Tofaïl Ibn Hadschi Halef Omar Ben Hadschi Abul Abbas Ibn Hadschi Dawuhd al Gossarah‹, und keiner von diesen sieben Pilgern wird Mekka gesehen haben und ein echter, wirklicher Hadschi geworden sein. Meinst du nicht?«
So ernst er sonst war, er mußte über diese kleine, unschädliche Bosheit lachen. Es gibt unter den Mohammedanern viele, die sich Fremden gegenüber als Hadschi ausgeben, ohne die Kaaba gesehen, den Lauf zwischen Szafa und Merua vollbracht zu haben, in Arafah gewesen und in Minah geschoren und rasiert worden zu sein. Halef fühlte sich geschlagen, aber er nahm es mit guter Miene hin.
»Sihdi«, fragte er kleinlaut, »wirst du es ausplaudern, daß ich noch nicht in Mekka war?«
»Ich werde nur dann davon sprechen, wenn du wieder anfängst, mich zum Islam zu bekehren. Sonst werde ich schweigen. Doch sieh her, sind das nicht Spuren im Sand?«
Wir waren schon längst in das Trockenflußbett des Wadi Tarfaui eingebogen und jetzt an eine Stelle gekommen, wo der Wüstenwind den Flugsand über die hohen Felsenufer hinabgetrieben hatte. In diesem Sand war eine deutliche Fährte zu erkennen.
»Hier sind Leute geritten«, meinte Halef unbekümmert.
»Also müssen wir absteigen und die Spur untersuchen.«
Er blickte mich fragend an.
»Sihdi, das ist überflüssig. Es genügt, zu wissen, daß hier Leute geritten sind. Weshalb willst du die Hufspuren untersuchen?«
»Es ist gut, wenn man weiß, wen man vor sich hat.«
»Wenn du alle Spuren untersuchen willst, die du findest, wirst du unter zwei Monaten nicht nach Seddada kommen. Was gehen dich die Männer vor uns an?«
»Ich bin in fernen Ländern gewesen, in denen es viel Wildnis gibt und wo oft das Leben davon abhängt, daß man alle Durub, alle Spuren, genau betrachtet, um zu erfahren, ob man einem Freund oder einem Feind begegnet.«
»Hier wirst du keinem Feind begegnen, Effendi.«
»Das kann man nicht wissen.«
Ich stieg ab und fand die Fährten dreier Tiere; eines Kamels und zweier Pferde. Das Kamel war jedenfalls ein Reittier, wie ich an

der Zierlichkeit seiner Hufeindrücke erkannte. Bei genauer Betrachtung fiel mir eine Eigentümlichkeit der Spuren auf, die mich vermuten ließ, daß das eine Pferd am Hahnentritt litt. Das mußte meine Aufmerksamkeit erregen, da ich mich in einem Land befand, in dem man niemals Tiere reitet, die mit diesem Fehler behaftet sind, weil es genug Pferde gibt. Der Besitzer des Rosses war entweder kein Araber oder ein sehr armer Araber.
Halef lächelte über die Sorgfalt, mit der ich den Sand untersuchte, und fragte, als ich mich wieder aufrichtete:
»Was hast du gesehen, Sihdi?«
»Es waren zwei Pferde und ein Kamel.«
»Zwei Pferde und ein Dschamal! Allah segne deine Augen! Ich habe das auch gesehen, ohne vom Pferd zu steigen. Du willst ein Gelehrter sein und tust doch Dinge, über die ein Eselstreiber lachen würde. Was hilft dir nun der Schatz des Wissens, den du hier gehoben hast?«
»Ich weiß zunächst, daß die drei Reiter vor ungefähr vier Stunden hier vorübergekommen sind.«
»Wer gibt dir etwas für diese Weisheit? Ihr Männer aus dem Bilad Ar-rum, aus Europa, seid sonderbare Leute!«
Halef schnitt bei diesen Worten ein Gesicht, aus dem ich tiefes Mitleid lesen konnte. Ich zog es vor, schweigend unsern Weg fortzusetzen.
Wir folgten der Fährte wohl eine Stunde lang, bis wir da, wo das Wadi einen Bogen machte und wir um eine Ecke bogen, unwillkürlich unsere Pferde anhielten. Wir sahen drei Geier, die nicht weit vor uns hinter einer Sanddüne hockten und sich bei unserem Anblick mit heiseren Schreien in die Lüfte erhoben.
»Al-Büdsch, der Bartgeier«, meinte Halef. »Wo er ist, da gibt es sicher ein Aas.«
»Es wird irgendein Tier verendet sein«, antwortete ich und folgte ihm.
Er hatte sein Pferd rascher vorwärts getrieben, so daß ich hinter ihm zurückgeblieben war. Kaum hatte er die Düne erreicht, da riß er sein Tier zurück und stieß einen Schreckensruf aus.
»Maschallah! Was Gott will! Ist das nicht ein Mensch, Sihdi, was hier liegt?«
Es war wirklich ein Mann. An seinem Leichnam hatten die Geier ihr schauderhaftes Mahl gehalten. Schnell sprang ich vom Pferd und kniete bei ihm nieder. Seine Kleidung war von den Krallen

Ein Grab in der Wüste

der Vögel zerfetzt. Aber lange konnte dieser Unglückliche noch nicht tot sein, wie ich bei der Berührung fühlte.

»Allah karim! Gott ist gnädig! Sihdi, ist dieser Mann eines natürlichen Todes gestorben?« fragte Halef.

»Nein. Siehst du nicht die Wunde am Hals und das Loch am Hinterkopf? Er ist ermordet worden.«

»Allah verderbe den Menschen, der das getan hat! Oder sollte der Tote in einem ehrlichen Kampf gefallen sein?«

»Was nennst du ehrlichen Kampf? Vielleicht ist er das Opfer einer Blutrache. Wir wollen seine Kleider untersuchen.«

Halef half dabei. Wir fanden nicht das geringste, bis mein Blick auf die Hand des Toten fiel. Ich entdeckte einen einfachen Goldreif von der Form eines Trauringes und zog ihn ab. In seine Innenseite war klein, aber deutlich eingegraben: »E. P. 15 juillet 1830.«

»Was hast du gefunden?« fragte Halef.

»Dieser Mann ist kein Ibn Arab, kein Araber.«

»Was sonst?«

»Ein Franzose.«
»Ein Franke, ein Christ? Woran willst du das erkennen?«
»Wenn ein Christ sich ein Weib nimmt, so tauschen beide ihre Ringe, in denen meistens der Name und der Tag eingegraben ist, an dem die Ehe geschlossen wurde.«
»Und das ist ein solcher Ring?«
»Ja.«
»Aber woran erkennst du, daß dieser Tote zum Volk der Franken gehört? Er könnte doch ebensogut von den Inglisi, den Engländern, oder den Nemsi stammen, zu denen auch du gehörst.«
»Es sind französische Zeichen, die ich hier lese.«
»Er kann trotzdem zu einem anderen Volk gehören. Meinst du nicht, Effendi, daß man einen Ring finden oder auch stehlen kann?«
»Das ist wahr. Aber sieh dir das Hemd an, das er unter seiner Kleidung trägt. Es ist das eines Europäers.«
»Wer hat ihn getötet?«
»Seine beiden Begleiter. Siehst du nicht, daß der Boden hier aufgewühlt ist vom Kampf? Bemerkst du nicht, daß...«
Mitten im Satz brach ich ab. Ich hatte mich aus meiner knienden Stellung erhoben, um den Erdboden zu untersuchen, und fand nicht weit von der Stelle, wo der Tote lag, den Anfang einer breiten Blutspur, die sich seitwärts zwischen die Felsen zog. Mit schußbereitem Gewehr folgte ich ihr, da die Mörder sich leicht noch in der Nähe befinden konnten. Noch war ich nicht weit gegangen, da stieg mit lautem Flügelschlag ein Geier empor. Ich bemerkte an dem Ort, von dem er sich erhoben hatte, ein Kamel. Es war tot, in seiner Brust klaffte eine tiefe, breite Wunde. Halef schlug die Hände zusammen.
»Ein graues Hedschin, ein graues Tuareg-Hedschin, und diese Mörder, diese Schurken, diese Hunde haben es getötet!«
Es war klar, Halef bedauerte das prächtige Reittier viel mehr als den toten Franzosen. Als echter Sohn der Wüste, dem der geringste Gegenstand kostbar werden kann, bückte er sich und untersuchte den Sattel des Kamels. Er fand nichts. Die Taschen waren leer.
»Die Mörder haben alles mitgenommen, Sihdi. Mögen sie in alle Ewigkeit in der Hölle braten. Nichts, gar nichts haben sie zurückgelassen, nur das Kamel – und die Papiere, die dort im Sand liegen.«

Durch diese Worte aufmerksam gemacht, fand ich nicht weit von uns tatsächlich einige zusammengeknüllte, wohl als unnütz weggeworfene Papierstücke. Sie konnten mir vielleicht einen Anhaltspunkt bieten. Ich ging, um sie aufzuheben. Es waren mehrere Zeitungsbogen. Ich glättete die zerknitterten Fetzen und paßte sie aneinander. Es waren zwei Seiten der »Vigie algérienne« und ebensoviel vom »L'Indépendant« und der »Mahouna«. Das erste Blatt erscheint in Algier, das zweite in Constantine und das dritte in Guelma. Trotz dieser örtlichen Verschiedenheit bemerkte ich bei näherer Prüfung eine auffällige Übereinstimmung der drei Zeitungsfetzen: Sie enthielten nämlich alle drei Berichte über die Ermordung eines reichen französischen Kaufmannes in Blida. Des Mordes dringend verdächtig war ein armenischer Händler, der die Flucht ergriffen hatte und steckbrieflich verfolgt wurde. Die Beschreibung seiner Person stimmte in allen drei Zeitungen wörtlich überein.

Warum hatte der Tote, dem das Kamel gehörte, diese Blätter bei sich geführt? Ging ihn der Fall persönlich etwas an? War er ein Verwandter des Kaufmanns in Blida, war er der Mörder, oder war er ein Polizist, der die Spur des Verbrechers verfolgt hatte?

Ich nahm die Papiere an mich. Nachdem ich auch den Ring an meinen Finger gesteckt hatte, kehrte ich mit Halef zu der Leiche zurück. Über ihr schwebten beharrlich die Geier, die sich nun wieder auf das Kamel stürzten.

»Was wirst du jetzt tun, Sihdi?« fragte Halef.

»Es bleibt uns nichts übrig, als den Mann zu begraben.«

»Willst du ihn eingraben?«

»Nein, dazu fehlen uns die Werkzeuge. Wir errichten einen Steinhaufen über ihm, dann wird kein Tier ihm etwas anhaben können.«

»Und du denkst wirklich, daß er ein Giaur ist?«

»Er ist ein Christ.«

»Es ist möglich, daß du dich trotzdem irrst, Sihdi, er kann auch ein Rechtgläubiger sein. Deshalb erlaube mir eine Bitte!«

»Ja?«

»Wir wollen ihn so legen, daß er mit dem Gesicht nach Mekka blickt!«

»Ich habe nichts dagegen, denn dann ist es zugleich nach Jerusalem gerichtet, wo der Heiland litt und starb. Faß an!«

Es war ein trauriges Werk, das wir in der tiefen Einsamkeit

vollendeten. Als der Steinhaufen, der den Unglücklichen bedeckte, so hoch war, daß er die Leiche vor den Tieren der Wüste schützte, fügte ich noch so viele Steine hinzu, daß er die Gestalt eines Kreuzes bekam. Dann faltete ich die Hände, um ein Gebet zu sprechen. Als ich damit fertig war, wandte sich Halef gegen Morgen und begann mit der hundertzwölften Sure des Korans:
»Im Namen Allahs, des Allbarmherzigen! Sprich: ›Allah ist der alleinige, einzige und ewige Gott. Er zeugt nicht und ist nicht gezeugt, und kein Wesen ist ihm gleich.‹« Halef verneigte sich und sprach weiter: »Der Mensch liebt das dahineilende Leben und läßt das zukünftige unbeachtet. Deine Abreise aber ist gekommen, und nun wirst du hingeführt zu deinem Herrn, der dich auferwecken wird zu neuem Leben. Möge dann die Zahl deiner Sünden klein sein und die Zahl deiner guten Taten so groß wie der Sand, auf dem du einschliefst in der Wüste!«
Nach diesen Worten bückte er sich, um seine Hände, die er mit der Leiche verunreinigt hatte, mit Sand abzureiben.
»So, Sihdi, jetzt bin ich wieder tahir und darf berühren, was rein und heilig ist. Was tun wir jetzt?«
»Wir reiten den Mördern nach, um sie einzuholen.«
»Willst du sie töten?«
»Ich bin nicht ihr Richter. Ich werde mit ihnen sprechen und herausfinden, warum sie ihn getötet haben. Dann weiß ich, was ich tun werde.«
»Es können keine klugen Männer sein, sonst hätten sie nicht ein Hedschin getötet, das wertvoller ist als ihre Pferde.«
»Das Hedschin hätte sie vielleicht verraten. Hier siehst du ihre Spur. Vorwärts! Sie sind fünf Stunden vor uns. Vielleicht stoßen wir morgen auf sie, noch bevor sie Seddada erreichen.«
Wir jagten trotz der drückenden Hitze und des schwierigen felsigen Bodens mit einer Eile dahin, als wollten wir eine Herde Gazellen einholen. Es war dabei ganz unmöglich, ein Gespräch zu führen. Dieses Schweigen konnte mein guter Halef unmöglich lange aushalten.
»Sihdi«, rief er hinter mir, »Sihdi, willst du mich verlassen?«
Ich drehte mich nach ihm um.
»Verlassen?«
»Ja. Meine Stute hat ältere Beine als dein Berberhengst.«
Wirklich troff die alte Hassi-Ferdschan-Stute bereits von Schweiß. Der Schaum flog ihr in großen Flocken vom Maul.

»Aber wir können heute nicht wie gewöhnlich während der größten Hitze Rast machen, sondern wir müssen reiten bis zur Nacht, sonst holen wir die beiden nicht ein.«
»Wer es zu eilig hat, kommt auch nicht früher als der Langsame, Effendi, denn – Allah Akbar, sieh da hinunter!«
Wir befanden uns vor einem Steilhang des Wadi und sahen in der Entfernung von vielleicht einer Viertelstunde unter uns zwei Männer an einem kleinen Tümpel sitzen, in dem sich etwas brakkiges Wasser erhalten hatte. Ihre Pferde knabberten an den dürren, stachligen Mimosen, die in der Nähe standen.
»Ah, das sind sie!«
»Ja, Sihdi, sie sind es. Aber ihnen ist es zu heiß gewesen, und sie haben beschlossen zu warten, bis die größte Glut vorüber ist.«
»Oder sie wollen nur ihre Beute teilen. Zurück, Halef, damit sie dich nicht bemerken. Wir werden das Wadi verlassen und ein Stück nach Westen reiten. Dann werden wir so tun, als kämen wir vom Schott Rharsa.«
»Warum, Sihdi?«
»Sie sollen nicht ahnen, daß wir die Leiche des Ermordeten gefunden haben.«
Unsere Pferde erkletterten das Ufer des Wadi, und wir ritten nach Westen in die Wüste hinein. Dann schlugen wir einen Bogen und hielten auf die Stelle zu, an der sich die beiden Männer befanden. Sie konnten uns nicht kommen sehen, da sie in der Tiefe des Wadi saßen, mußten uns aber hören, als wir dem Einschnitt nahe genug gekommen waren.
Wirklich hatten sie sich, als wir den Rand der Vertiefung erreichten, bereits erhoben und nach ihren Gewehren gegriffen. Ich tat, als sei ich ebenso überrascht wie sie selbst, hier in der Einsamkeit der Wüste plötzlich auf Menschen zu treffen.
»As-salam Alaikum!« rief ich zu ihnen hinab. »Friede sei mit euch!« Dann zügelte ich mein Pferd.
»Wa Alaikum As-salam!« antwortete der ältere von ihnen. »Und mit euch sei auch Friede! Wer seid ihr?«
»Wir sind friedliche Reiter.«
»Woher kommt ihr?«
»Von Westen.«
»Und wohin wollt ihr?«
»Nach Seddada.«

»Von welchem Stamm seid ihr?«
Ich deutete auf Halef und antwortete:
»Dieser hier stammt aus der Ebene Admar, und ich gehöre zu den Beni Sachsa. Wer seid ihr?«
»Wir sind von dem berühmten Stamm der Uëlad Hamalek.«
»Die Uëlad Hamalek sind gute Reiter und tapfere Krieger. Woher kommt ihr?«
»Von Gafsa.«
»Da habt ihr eine weite Reise hinter euch. Wohin wollt ihr?«
»Zum Bir Sauidi, wo wir Freunde haben.«
Beides, daß sie von Gafsa kamen und daß sie zum Brunnen Sauidi wollten, waren Lügen, doch ich tat, als glaubte ich ihren Worten, und fragte:
»Erlaubt ihr uns, bei euch zu rasten?«
»Wir bleiben hier bis zum frühen Morgen«, lautete die Antwort, die also meine Frage weder bejahte noch verneinte.
»Auch wir wollen bis zum Aufgang der nächsten Sonne hier ausruhen. Ihr habt genug Wasser für uns alle und auch für unsere Pferde. Dürfen wir bei euch bleiben?«
»Die Wüste gehört allen. Du sollst uns willkommen sein!«
Es war ihnen trotz dieser Auskunft anzusehen, daß ihnen unser Gehen lieber gewesen wäre als unser Bleiben. Aber wir ließen unsere Pferde den Abhang hinunterklettern, stiegen am Wasser ab und machten es uns bequem.
Die beiden Kerle sahen keineswegs vertrauenerweckend aus. Der ältere, der bisher das Wort geführt hatte, war lang und hager. Der Burnus hing ihm am Leib wie einer Vogelscheuche. Unter dem schmutzigblauen Turban blickten zwei kleine, stechende Augen hervor. Über den schmalen, blutleeren Lippen fristete ein dünner Bart ein kümmerliches Dasein. Das spitze Kinn zeigte eine auffallende Neigung, nach oben zu steigen, und die Nase erinnerte mich lebhaft an die Geier, die ich vor kurzer Zeit von der Leiche des Ermordeten vertrieben hatte. Das war keine Adler- und auch keine Habichtsnase. Sie hatte wirklich die Form eines Geierschnabels.
Der andere war ein junger Mann von auffallender Schönheit. Aber die Leidenschaften hatten sein Auge umflort, seine Nerven entkräftet und seine Stirn und Wangen zu früh gefurcht. Man konnte unmöglich Vertrauen zu ihm haben.
Der ältere sprach das Arabische mit jener Betonung, wie man

sie am Euphrat hört. Der jüngere ließ mich vermuten, daß er gar kein Orientale, sondern ein Europäer sei. Ihre Pferde waren schlecht und abgetrieben, ihre Kleidung sah mitgenommen aus, aber ihre Waffen waren ausgezeichnet. In der Nähe lagen verschiedene Gegenstände, die sonst in der Wüste selten sind und wohl nur deshalb liegengeblieben waren, weil die beiden keine Zeit gefunden hatten, sie zu verbergen: ein seidenes Taschentuch, eine goldene Uhr mit Kette, ein Kompaß, ein prachtvoller Revolver und ein in Leder gebundenes Taschenbuch.
Ich tat, als hätte ich diese Gegenstände nicht bemerkt, nahm eine Handvoll Datteln aus der Satteltasche und begann sie mit gleichgültiger und zufriedener Miene zu verzehren.
»Was wollt ihr in Seddada?« fragte mich der Lange.
»Nichts. Wir reiten weiter.«
»Wohin?«
»Über den Schott Al-Dscherid nach Fetnassa und Kbilli.«
Ein unbedachter Blick, den er auf seinen Gefährten warf, verriet mir, daß ihr Weg der gleiche war. Dann fragte er weiter:
»Hast du Geschäfte in Fetnassa oder Kbilli?«
»Ja.«
»Du willst deine Herden dort verkaufen?«
»Nein.«
»Oder deine Sklaven?«
»Nein.«
»Oder vielleicht die Waren, die du aus dem Sudan kommen läßt?«
»Nein.«
»Was sonst?«
»Nichts. Ein Sohn meines Stammes treibt mit Fetnassa keinen Handel.«
»Oder willst du dir dort ein Weib holen?«
Ich machte ein wütendes Gesicht.
»Weißt du nicht, daß es eine Beleidigung ist, zu einem Mann von seinem Weib zu sprechen? Oder bist du ein Giaur, daß du davon noch nichts gehört hast?«
Der Mann erschrak heftig. Ich schien mit meinen Worten das Richtige getroffen zu haben. Er sah ganz und gar nicht aus wie ein Beduine. Gesichter wie seins waren mir oft bei Männern von armenischer Herkunft aufgefallen und – ah, war es nicht ein armenischer Händler, der den Kaufmann in Blida ermordet hatte

und dessen Steckbrief ich in der Tasche trug? Während mir diese Gedanken blitzschnell durch den Kopf gingen, fiel mein Blick wieder auf den im Sand liegenden Revolver. An seinem Griff befand sich eine silberne Platte, in die ein Name eingraviert war.
»Erlaube mir!«
Gleichzeitig griff ich auch schon zu der Waffe und las: »Paul Galingré, Marseille.« Das war sicher nicht der Name der Fabrik, sondern des Besitzers.
Ich verriet aber meinen Verdacht durch keine Miene, sondern fragte leichthin:
»Was für eine Waffe ist das?«
»Ein ... ein ... ein Drehgewehr.«
»Möchtest du mir zeigen, wie man damit schießt?«
Er erklärte es mir. Ich hörte ihm aufmerksam zu und sagte dann:
»Du bist kein Uëlad Hamalek, sondern ein Giaur.«
»Warum?«
»Wärst du ein Sohn des Propheten, so würdest du mich niederschießen, weil ich dich einen Giaur nannte. Nur die Ungläubigen haben Drehgewehre. Wie soll diese Waffe in die Hände eines Uëlad Hamalek gekommen sein? Ist sie ein Geschenk?«
»Nein.«
»So hast du sie gekauft?«
»Nein.«
»Dann war sie eine Beute?«
»Ja.«
»Von wem?«
»Von einem Franken.«
»Mit dem du gekämpft hast?«
»Ja.«
»Wo?«
»Auf dem Schlachtfeld.«
»Auf welchem?«
»Bei Al Guerara.«
»Du lügst!«
Jetzt riß ihm doch endlich die Geduld. Er sprang auf und griff zum Revolver.
»Was sagst du? Ich lüge? Soll ich dich niederschießen wie...«
Ich fiel ihm in die Rede: »Wie den Franken da oben im Wadi Tarfaui?«

Die Hand mit dem Revolver sank wieder herunter. Fahle Blässe bedeckte das Gesicht des Mannes. Er raffte sich zusammen und fragte drohend:
»Was meinst du mit diesen Worten?«
Ich griff in die Tasche und zog die Zeitungen heraus, um den Namen des Mörders zu suchen.
»Ich meine, daß du ganz bestimmt kein Uëlad Hamalek bist. Dein Name ist mir bekannt. Du heißt Hamd Al-Amasat.«
Jetzt fuhr er zurück und streckte beide Hände wie zur Abwehr gegen mich aus.
»Woher kennst du mich?«
»Ich kenne dich, das reicht.«
»Nein, du kennst mich nicht; ich heiße nicht so, wie du sagtest; ich bin ein Uëlad Hamalek, und wer das nicht glaubt, den schieße ich nieder!«
»Wem gehören diese Sachen?«
»Mir.«
Ich griff nach dem Taschentuch. Es war mit »P. G.« gezeichnet. Dann öffnete ich die Uhr und fand auf der Innenseite des Dekkels dieselben Buchstaben eingraviert.
»Woher hast du sie?«
»Was geht es dich an? Leg sie sofort zurück!«
Anstatt ihm zu gehorchen, öffnete ich auch das Notizbuch. Auf dem ersten Blatte las ich den Namen Paul Galingré; der Inhalt aber war stenographiert, und ich kann Kurzschrift nicht lesen.
»Weg mit dem Buch, sage ich dir!« schrie er und schlug es mir aus der Hand, so daß es in den Tümpel flog. Ich erhob mich, um das Buch zu retten, fand aber jetzt doppelten Widerstand, da sich nun auch der jüngere der beiden Männer zwischen mich und das Wasser stellte.
Halef hatte dem Wortwechsel bisher scheinbar gleichgültig zugehört, aber ich sah, daß sein Finger am Drücker seiner langen Flinte lag. Auf einen Wink von mir würde er schießen. Ich bückte mich, um auch den Kompaß noch aufzuheben.
»Halt, das gehört mir! Gib die Sachen heraus!« rief der Armenier.
Er faßte meinen Arm, um seinen Worten Nachdruck zu geben. Ich sagte so ruhig wie möglich:
»Setz dich wieder hin! Ich habe mit dir zu reden.«
»Ich will mit dir nichts zu tun haben!«

22

»Aber ich mit dir. Setz dich, wenn ich dich nicht niederschießen soll!«
Diese Drohung schien doch nicht ganz unwirksam zu sein. Er ließ sich nieder, und ich tat dasselbe. Dann zog ich meinen Revolver und begann:
»Du siehst, daß ich auch ein Drehgewehr habe! Leg deins weg, sonst geht meins los!«
Er legte die Waffe langsam neben sich hin, ließ sie aber nicht aus den Augen.
»Du bist kein Uëlad Hamalek?«
»Ich bin einer.«
»Du kommst nicht von Gafsa?«
»Ich komme von dort.«
»Wie lange reitest du schon im Wadi Tarfaui?«
»Was geht es dich an?«
»Es geht mich sehr viel an. Da oben liegt die Leiche eines Mannes, den du ermordet hast.«
Sein Gesicht verzerrte sich.
»Und wenn ich es getan hätte, was hast du mich danach zu fragen?«
»Nicht viel, nur ein paar Worte. Wer war der Mann?«
»Ich kenne ihn nicht.«
»Warum hast du ihn und sein Kamel getötet?«
»Weil es mir so gefiel.«
»War er ein Rechtgläubiger?«
»Nein. Er war ein Giaur.«
»Du hast genommen, was er bei sich trug?«
»Sollte ich es bei ihm liegenlassen?«
»Nein, denn du mußtest es für mich aufheben.«
»Für dich?«
»Ja.«
»Ich verstehe dich nicht.«
»Du wirst mich gleich verstehen. Der Tote war ein Giaur. Ich bin auch ein Giaur und werde ihn rächen.«
»Als Bluträcher?«
»Nein, wenn ich das wäre, dann hättest du schon aufgehört zu leben. Wir sind in der Wüste, wo nur das Gesetz des Stärkeren gilt. Ich will nicht feststellen, wer von uns der Stärkere ist, ich übergebe dich der Rache Gottes. Aber das steht fest: Du gibst alles heraus, was du dem Toten abgenommen hast.«

Er lächelte überlegen.
»Meinst du wirklich, daß ich das tun werde?«
»Ich meine es.«
»So nimm dir, was du haben willst!«
Er zuckte mit der Hand, um nach seiner Waffe zu greifen, aber ich war schneller und hielt ihm die Mündung meines Revolvers entgegen.
»Halt, oder ich schieße!«
Ich befand mich in einer sehr eigentümlichen Lage. Glücklicherweise schien mein Gegner mehr Verschlagenheit als Mut zu besitzen. Er zog die Hand wieder zurück. Unentschlossen fragte er:
»Was willst du mit den Sachen tun?«
»Ich werde sie den Verwandten des Toten zurückgeben.«
»Du lügst. Du willst sie für dich behalten!«
»Ich lüge nicht.«
»Und was wirst du gegen mich unternehmen?«
»Jetzt nichts; aber hüte dich, mir jemals wieder zu begegnen!«
»Du reitest wirklich von hier nach Seddada?«
»Ja.«
»Und wenn ich dir die Sachen gebe, wirst du mich und meinen Gefährten ungehindert zum Bir Sauidi reiten lassen?«
»Ja.«
»Beschwöre es!«
»Ein Giaur schwört nie, sein Wort ist auch ohne Schwur die Wahrheit.«
»Hier, nimm das Drehgewehr, die Uhr, den Kompaß und das Tuch.«
»Was hatte der Ermordete sonst noch bei sich?«
»Nichts.«
»Er hatte Geld.«
»Das werde ich behalten.«
»Ich habe nichts dagegen, aber gib mir den Beutel oder die Börse, in der es sich befand.«
»Du sollst sie haben.«
Er griff in seinen Gürtel, zog eine gestickte Perlenbörse heraus, leerte sie und warf sie mir hin.
»Weiter hatte er nichts bei sich?«
»Nein. Willst du mich untersuchen?«
»Nein.«

»Also können wir gehen?«
»Ja.«
Er schien erleichtert aufzuatmen. Sein Begleiter war erst recht ein ängstlicher Mensch, der froh war, auf diese Weise davonzukommen. Sie kramten ihre Habseligkeiten zusammen und bestiegen ihre Pferde.
»As-salam Alaikum! Friede sei mit euch!«
Ich antwortete nicht. Sie nahmen diese Unhöflichkeit gleichgültig hin. Nach wenigen Augenblicken waren sie hinter dem Rand des Wadiufers verschwunden.

2 Der Ritt über den Salzsee

Halef hatte bis jetzt kein Wort gesprochen; nun brach er sein Schweigen.
»Sihdi!«
»Was?«
»Darf ich dir etwas sagen?«
»Ja.«
»Kennst du den Strauß?«
»Ja.«
»Weißt du, wie er ist?«
»Nun?«
»Dumm, sehr dumm.«
»Weiter!«
»Verzeih mir, Effendi, aber du kommst mir noch schlimmer vor als der Strauß.«
»Warum?«
»Weil du diese Schurken laufenläßt.«
»Ich kann sie nicht halten und auch nicht töten.«
»Warum nicht? Hätten sie einen Rechtgläubigen ermordet, so kannst du dich darauf verlassen, daß ich sie zum Schaitan, zum Teufel, geschickt hätte. Da es aber ein Giaur war, ist es mir gleichgültig, ob sie bestraft werden oder nicht. Du bist aber ein Christ und läßt die Mörder eines Christen entkommen!«
»Wer sagt dir, daß sie entkommen werden?«
»Sie sind ja schon fort! Sie werden den Bir Sauidi erreichen, von da nach Debila und Al Uëd gehen und in der Areg, in den Dünen, verschwinden.«
»Das werden sie nicht.«
»Was sonst? Sie sagten ja, daß sie nach Bir Sauidi reiten wollen.«
»Das war gelogen. Sie werden nach Seddada gehen.«
»Wer hat das gesagt?«
»Meine Augen.«
»Allah segne deine Augen, mit denen du die Spuren im Sand betrachtest. So wie du kann nur ein Ungläubiger handeln. Aber ich werde dich schon noch zum rechten Glauben bekehren, darauf kannst du dich verlassen, ob du willst oder nicht!«

»Dann nenne ich mich Hadschi, ohne in Mekka gewesen zu sein.«
»Sihdi! Du hast mir versprochen, nicht davon zu sprechen.«
»Ja, solange du mich nicht bekehren willst.«
»Du bist der Herr, und ich muß es mir gefallen lassen. Aber was tun wir jetzt?«
»Wir sorgen zunächst für unsere Sicherheit. Hier könnten wir leicht von einer Kugel getroffen werden. Wir müssen uns überzeugen, ob diese beiden Schurken auch wirklich fort sind.«
Ich erstieg den Rand der Schlucht und sah die beiden Männer in weiter Entfernung von uns nach Südwesten reiten. Halef war mir gefolgt.
»Dort verschwinden sie«, meinte er. »Das ist die Richtung nach Bir Sauidi.«
»Wenn sie weit genug entfernt sind, werden sie nach Osten abbiegen.«
»Sihdi, ich muß an deinem Verstand zweifeln. Wenn sie das täten, liefen sie uns ja wieder in die Hände!«
»Die Kerle glauben, daß wir erst morgen aufbrechen, und hoffen, einen guten Vorsprung zu bekommen.«
»Du rätst und wirst das Richtige doch nicht treffen.«
»Meinst du? Sagte ich nicht da oben, daß eins ihrer Pferde den Hahnentritt habe?«
»Ja, das sah ich auch, als sie davonritten.«
»Also werde ich auch jetzt recht haben, wenn ich sage, daß sie nach Seddada gehen.«
»Warum folgen wir ihnen nicht sofort?«
»Wir kämen ihnen sonst zuvor, da wir den geraden Weg haben. Dann würden sie auf unsere Spur stoßen und sich hüten, mit uns wieder zusammenzutreffen.«
Wir stiegen wieder hinab. Ich streckte mich auf meiner am Boden ausgebreiteten Decke aus, zog das Ende meines Turbans als Schleier über das Gesicht und schloß die Augen, um über unser letztes Abenteuer nachzudenken. Aber wer kann in der fürchterlichen Glut der Sahara seine Gedanken längere Zeit mit einer an sich schon unklaren Sache beschäftigen? Ich schlummerte wirklich ein und mochte über zwei Stunden geschlafen haben, als ich wieder erwachte. Wir brachen auf.
Das Wadi Tarfaui mündet in den Schott Rharsa; wir mußten es also nun verlassen, wenn wir Seddada erreichen wollten. Nach

etwa einer Stunde trafen wir auf die Spur zweier Pferde, die von Westen nach Osten führte.

»Nun, Halef, kennst du diese Fährte?«

»Maschallah, du hattest recht, Sihdi! Sie wollen nach Seddada.«

Ich stieg ab und untersuchte die Spuren.

»Sie sind erst vor einer halben Stunde hier vorübergekommen. Laß uns langsamer reiten, sonst entdecken sie uns hinter sich.«

Die Ausläufer des Dschebel Tarfaui senkten sich allmählich in die Ebene. Als die Sonne unterging und nach kurzer Zeit der Mond emporstieg, sahen wir Seddada zu unsern Füßen liegen.

»Reiten wir hinab?« fragte Halef.

»Nein. Wir schlafen unter den Oliven am Abhang des Berges.«

Wir bogen von unserer Richtung ab und fanden unter den Ölbäumen einen prächtigen Platz zum Übernachten. Da wir beide an das heulende Jaulen des Schakals, an das Gekläff des Fuchses und an das tiefere Gebell der schleichenden Hyäne gewöhnt waren, ließen wir uns von diesen nächtlichen Lauten nicht im Schlaf stören.

Als wir erwachten, bemühte ich mich, die gestrige Fährte wiederzufinden. Ich war überzeugt, daß sie mir hier in der Nähe eines bewohnten Ortes nichts mehr helfen werde, fand aber zu meiner Überraschung, daß sie nicht nach Seddada führte, sondern nach Süden abbog.

»Warum ritten sie nicht in die Ortschaft?« fragte Halef.

»Um sich nicht sehen zu lassen. Verfolgte Mörder müssen vorsichtig sein.«

»Aber wohin wollen sie dann?«

»Jedenfalls nach Kris, um über den Schott Al-Dscherid zu reiten. Dann haben sie Algerien hinter sich und sind halbwegs in Sicherheit.«

»Wir sind doch schon in Tunis. Die Grenze geht vom Bir Al-Khalla zum Bir Al-Tam über den Schott Rharsa.«

»Das wird ihnen nicht genügen. Ich wette, daß sie über Fessan zu den Kufra-Oasen reiten. Erst dort sind sie sicher.«

»Sie sind auch hier schon sicher, wenn sie ein Buyuruldu, einen Ausweis des Sultans, haben.«

»Das würde ihnen bei einem Konsul oder Polizeibeamten nicht viel nützen.«

»Meinst du? Ich möchte es keinem raten, gegen das mächtige ›Padischahin gölgesinde‹ zu sündigen!«

»Du sprichst vom ›Schatten des Padischah‹, obwohl du ein freier Araber sein willst?«

»Ja. Ich habe in Ägypten gesehen, was der Großherr vermag. In der Wüste fürchte ich ihn nicht. Werden wir jetzt nach Seddada reiten?«

»Ja, um Datteln zu kaufen und endlich wieder gutes Wasser zu trinken. Dann setzen wir unseren Weg fort.«

»Nach Kris?«

»Nach Kris.«

Bereits eine Viertelstunde später waren wir mit allem versorgt und folgten dem Reitweg von Seddada nach Kris. Links von uns glänzte die Fläche des Schott Al-Dscherid zu uns herauf.

Am Fuß des Südabhangs des Dschebel Aures und der östlichen Fortsetzung dieser Bergmasse, also des Dra Al-Haua, Dschebel Tarfaui, Dschebel Situna und Dschebel Hadifa, dehnt sich eine unübersehbare, hier und da leicht gewellte Ebene aus, deren tiefste Stellen mit Salzkrusten bedeckt sind, die als Überreste einstiger großer Binnengewässer im algerischen Teil den Namen Schott oder Dschod und im tunesischen Teil den Namen Sobha oder Sebcha führen. Die Grenzen dieses eigentümlichen Gebietes bilden im Westen die Ausläufer der Beni-Msab-Hochebene, im Osten die Landenge von Gabes und im Süden die Dünenregion von Ssuf und Nifsaua, außerdem der langgestreckte Dschebel Tebaga.

Außer einer großen Anzahl kleinerer Sümpfe, die im Sommer ausgetrocknet sind, besteht dieses Gebiet aus drei größeren Salzseen, nämlich, von Westen nach Osten betrachtet, aus den Schotts Melrir, Rharsa und Dscherid, von denen der letzte auch Al-Kebir genannt wird.

Die Einsenkung des Schottgebietes ist heutzutage zum großen Teil mit Sandmassen bedeckt. Nur in der Mitte der einzelnen Becken haben sich beträchtliche Wassermassen erhalten, die durch ihr Aussehen den arabischen Schriftstellern und Reisenden Veranlassung gaben, sie bald mit einem Kampferteppich oder einer Kristalldecke, bald mit einer Silberplatte oder der Oberfläche geschmolzenen Metalls zu vergleichen. Dieses Aussehen erhalten die Schotts durch die Salzkruste, mit der sie bedeckt sind und deren Dicke zwischen zehn und höchstens zwanzig Zentimeter schwankt. Nur an einzelnen Stellen ist es möglich, sie ohne Lebensgefahr zu betreten. Wehe dem, der auch nur eine Handbreit von dem schmalen Weg abweicht! Die Kruste gibt nach und der Abgrund verschlingt sein Opfer. Unmittelbar über dem Kopf des Versinkenden schließt sich die Decke wieder. Die schmalen Pfade, die über die Salzdecke der Schotts führen, sind besonders in der Regenzeit gefährlich, weil der Regen die vom Flugsand überdeckte Kruste bloßlegt und auswäscht.

Der Schott Al-Dscherid verschlang schon Tausende von Kamelen und Menschen. Im Jahre 1826 mußte eine Karawane, die aus mehr als tausend Lastkamelen bestand, den Schott überqueren. Ein unglücklicher Zufall brachte das Leitkamel, das an der Spitze des Zuges ging, vom schmalen Weg ab. Es versank im Abgrund des Schotts. Ihm folgten alle anderen Tiere, die rettungslos in der zähen, seifigen Masse verschwanden.

Der Anblick dieser tückischen Flächen, unter denen der Tod lauert, erinnert an einzelnen Stellen an den bläulich schillernden Spiegel geschmolzenen Bleies. Die Kruste ist zuweilen hart und durchsichtig wie Flaschenglas, meist aber bildet sie eine weiche, breiige Masse, die vollständig sicher zu sein scheint, aber doch nur so viele Festigkeit besitzt, um einen leichten Anflug von Sand zu tragen.

Den Führern dienen kleine Steine als Wegzeichen. Diese Steinhäufchen heißen »Gmaïr«, und auch sie fehlen an solchen Punkten, wo auf mehrere Meter Länge der Boden von einer den Pferden bis an die Brust reichenden Wasserfläche bedeckt wird. Früher gab es auf dem Schott Al-Kebir auch eingesteckte Palmenäste. Der Ast der Dattelpalme heißt Dscherid, und diesem Umstand hat der Schott seinen zweiten Namen zu verdanken.

Die Kruste der Schotts bildet nicht etwa eine einheitliche Ebene. Sie zeigt im Gegenteil Wellen, die bis zu dreißig Meter Höhe erreichen. Auf den Kämmen dieser Bodenwellen verlaufen die Wege, die von den Karawanen benützt werden. Zwischen ihnen, in den tiefer liegenden Stellen, lauert das Verderben.

Diese freundlich glitzernde, aber trügerische Fläche lag links von uns, als wir auf dem Weg nach Kris ritten. Von dort aus führt ein Pfad über den Schott nach Fetnassa auf der gegenüberliegenden Halbinsel des Nifsaua. Halef streckte die Hand aus und deutete hinab.

»Siehst du den Schott, Sihdi?«

»Ja.«

»Hast du ihn schon einmal überquert?«

»Nein.«
»So danke Allah, denn vielleicht wärst du sonst schon zu deinen Vätern versammelt! Wollen wir wirklich hinüber?«
»Allerdings.«
»In Gottes Namen! Mein Freund Sadek wird wohl noch am Leben sein.«
»Wer ist das?«
»Mein Bruder Sadek ist der berühmteste Führer über den Schott Al-Dscherid. Er hat sich noch niemals verirrt. Sadek gehört zum Stamm der Merasig und wurde in Mui Hamed geboren, lebt aber mit seinem Sohn in Kris. Er kennt den Schott wie kein zweiter, ihm möchte ich dich anvertrauen, Sihdi.«
»Wie weit haben wir noch bis nach Kris?«
»Etwas über eine Stunde.«
»Dann biegen wir jetzt nach Westen ab. Wir müssen sehen, ob wir die Spur der Mörder finden.«
»Du meinst wirklich, daß sie auch nach Kris geritten sind?«
»Sie haben jedenfalls im Freien übernachtet und werden schon vor uns auf dem Weg über den Schott sein.«
Wir verließen den bisherigen Weg und ritten genau nach Westen. In der Nähe des Pfades fanden wir viele Spuren, die wir kreuzen mußten. Bald wurden sie weniger und hörten endlich ganz auf. In der Nähe des Reitpfades nach Al-Hamma fand ich die Fährte zweier Pferde im Sand. Nachdem ich sie genau geprüft hatte, kam ich zu der Überzeugung, daß es die gesuchte Spur sei. Wir folgten ihr bis in die Nähe von Kris, wo sie sich im breiten Weg verlor.
Halef war nachdenklich geworden.
»Sihdi, soll ich dir etwas sagen?« meinte er.
»Was denn?«
»Es ist doch gut, wenn man im Sand lesen kann.«
»Es freut mich, daß du zu dieser Einsicht gekommen bist. – Wo ist die Wohnung deines Freundes Sadek?«
»Folge mir!«
Er ritt um den Ort, der aus einigen unter Palmen liegenden Zelten und Hütten bestand, bis zu einer Gruppe von Mandelbäumen, in deren Schutz eine breite, niedrige Hütte lag, aus der bei unserem Auftauchen ein Araber trat und meinem kleinen Halef freudig entgegenging.
»Sadek, mein Bruder, du Liebling der Kalifen!«

»Halef, mein Freund, du Gesegneter des Propheten!«
Dann wandte sich der Araber zu mir:
»Verzeih, daß ich dich vergaß! Tretet ein; mein Haus ist auch euer Haus!«
Wir folgten seiner Einladung. Er war allein und setzte uns allerhand Erfrischungen vor, denen wir fleißig zusprachen. Jetzt glaubte Halef, es sei an der Zeit, mich seinem Freund vorzustellen.
»Das ist Kara Ben Nemsi, ein großer Gelehrter aus dem Abendland, der mit den Vögeln redet und im Sand lesen kann. Wir haben schon viele große Taten vollbracht; ich bin sein Freund und Diener und soll ihn zum wahren Glauben bekehren.«
Halef hatte mich einmal nach meinem Namen gefragt und wirklich das Wort Karl behalten. Weil er es aber nicht aussprechen konnte, machte er rasch entschlossen ein Kara daraus und setzte Ben Nemsi, Nachkomme der Deutschen, hinzu. Wo ich mit den Vögeln geredet hatte, konnte ich mich leider nicht entsinnen. Jedenfalls sollte mich diese Behauptung ebenbürtig an die Seite des weisen Salomo stellen, der ja auch die Gabe gehabt haben soll, mit den Tieren zu sprechen. Auch von den großen Taten, die wir vollbracht haben sollten, wußte ich weiter nichts, als daß ich einmal im Gestrüpp hängengeblieben und dabei gemächlich von meinem kleinen Berbergaul gerutscht war. Der Glanzpunkt von Halefs Vorstellung war nun allerdings die Behauptung, daß ich mich von ihm bekehren lassen wolle. Dafür verdiente er eine Zurechtweisung. Ich fragte Sadek:
»Kennst du den ganzen Namen deines Freundes Halef?«
»Ja.«
»Wie heißt er?«
»Er heißt Hadschi Halef Omar.«
»Das ist nicht genug. Er lautet Hadschi Halef Omar Ben Hadschi Abul Abbas Ibn Hadschi Dawuhd al Gossarah. Du hörst also, daß er zu einer frommen, verdienstvollen Familie gehört, deren Glieder alle Hadschi waren, obgleich...«
»Sihdi«, unterbrach mich Halef und wehrte erschrocken ab, »sprich nicht von den Verdiensten deines Dieners! Du weißt, daß ich dir stets gern gehorchen werde.«
»Ich hoffe es, Halef. Du sollst nicht von dir und mir sprechen. Frage lieber deinen Freund Sadek, wo sich sein Sohn befindet, von dem du mir erzählt hast!«

»Hat er wirklich von ihm gesprochen, Effendi?« fragte der Araber. »Allah segne dich, Halef, daß du derer gedenkst, die dich lieben! Omar Ibn Sadek, mein Sohn, ist über den Schott nach Seftimi gegangen und wird noch heute zurückkommen.«
»Auch wir wollen über den Schott, und du sollst uns führen«, meinte Halef.
»Ihr? Wann?«
»Noch heute.«
»Wohin, Sihdi?«
»Nach Fetnassa. Wie ist der Weg hinüber?«
»Gefährlich, sehr gefährlich. Es gibt nur zwei wirklich sichere Wege, nämlich Al-Toserija zwischen Toser und Fetnassa und As-Suida zwischen Nefta und Sarsin. Der Weg von hier nach Fetnassa ist aber am schlimmsten. Nur zwei kennen ihn genau. Das bin ich und Arfan Rakedim hier in Kris.«
»Kennt dein Sohn den Weg nicht auch?«
»Ja, aber allein ist er ihn noch nicht gegangen. Desto besser kennt er die Strecke nach Seftimi.«
»Wenn wir am Mittag aufbrechen, bis wann sind wir in Fetnassa?«
»Vor Anbruch des Morgens, wenn deine Tiere gut sind.«
»Du gehst auch nachts über den Schott?«
»Wenn der Mond leuchtet, ja. Ist es aber dunkel, so übernachtet man auf dem Schott, und zwar da, wo das Salz so dick ist, daß es das Lager tragen kann.«
»Willst du uns führen?«
»Ja, Effendi. Aber zuerst sollst du den Sumpf des Todes sehen, den Ort des Verderbens, das Meer des Schweigens, über das ich dich mit sicherem Schritt führen werde.«
Wir verließen die Hütte und wandten uns nach Osten. Nachdem wir einen breiten, sumpfigen Rand überquert hatten, kamen wir an das Ufer des Schotts, dessen Wasser durch die Salzkruste, die es bedeckte, nicht zu sehen war. Ich stach mit meinem Messer hindurch. Das Salz war hier vierzehn Zentimeter dick. Dabei war es so hart, daß es einen mittelstarken Mann zu tragen vermochte. Die Salzschicht wurde von einer dünnen Lage Flugsand verhüllt.
Noch während ich mit dieser Untersuchung beschäftigt war, ertönte hinter uns eine Stimme:
»As-salam Alaikum!«

Ich drehte mich um. Vor uns stand ein schlanker, krummbeiniger Beduine, dem irgendeine Krankheit oder auch ein Schuß die Nase weggenommen hatte.
»Wa Alaikum As-salam!« antwortete Sadek. »Was tut mein Bruder Arfan Rakedim hier am Schott? Er trägt die Reisekleider. Will er fremde Wanderer über die Sobha führen?«
»So ist es«, antwortete der Gefragte. »Zwei Männer sind es, die gleich kommen werden.«
»Wohin wollen sie?«
»Nach Fetnassa.«
Der Mann war also der andere Führer, von dem Sadek gesprochen hatte. Er deutete jetzt auf mich und Halef und fragte:
»Wollen diese zwei Fremdlinge auch über den See?«
»Auch nach Fetnassa.«
»Und du sollst sie führen?«
»Ja.«
»Sie können gleich mit mir gehen, dann ersparst du dir die Mühe.«
»Es sind Freunde, die mir keine Mühe machen werden.«
»Ich weiß, du bist geizig und gönnst mir nichts. Hast du mir nicht jedesmal die reichsten Reisenden weggefangen?«
»Ich fange keinen weg. Ich führe nur die Leute, die freiwillig zu mir kommen.«
»Warum ist Omar, dein Sohn, Führer nach Seftimi geworden? Ihr nehmt mir mit Gewalt das Brot, damit ich verhungern soll. Allah wird euch strafen und eure Schritte so lenken, daß euch der Schott verschlingt.«
Es mochte sein, daß nur die Konkurrenz an dieser Feindschaft schuld war, aber dieser Mann hatte auch keine guten Augen. So viel war sicher, daß ich mich ihm nicht gern anvertraut hätte. Rakedim ließ uns stehen und ging am Ufer entlang, wo in einiger Entfernung die beiden Reiter erschienen, die er führen sollte. Es waren die beiden Männer, die wir in der Wüste getroffen und verfolgt hatten.
»Sihdi«, rief Halef, »kennst du sie? Wollen wir sie ruhig ziehen lassen?«
Er hob das Gewehr zum Schuß. Ich brachte ihn davon ab.
»Laß! Sie werden uns nicht entgehen.«
»Wer sind die Männer?« fragte unser Führer.
»Mörder«, antwortete Halef.

»Haben sie jemand aus deiner Familie oder aus deinem Stamm getötet?«
»Nein.«
»Hast du über Blut mit ihnen zu richten?«
»Nein.«
»So laß sie zufrieden! Es taugt nichts, sich in fremde Händel zu mischen.«
Sadek sprach wie ein echter Beduine. Er hielt es nicht einmal für nötig, die Männer anzusehen, die ihm als Mörder bezeichnet worden waren. Auch sie hatten uns bemerkt und erkannt. Ich sah, wie sie sich beeilten, auf die Salzdecke zu kommen. Wir hörten ein verächtliches Lachen, als sie uns den Rücken kehrten.
Nun gingen wir in die Hütte zurück, ruhten noch bis Mittag aus, versahen uns dann mit den nötigen Nahrungsmitteln und traten die gefährliche Wanderung an.
Ich habe auf fremden, zugefrorenen Strömen zur Winterszeit mit Schneeschuhen meilenweite Strecken zurückgelegt und mußte jeden Augenblick gewärtig sein, einzubrechen, habe aber dabei niemals jenes Gefühl gehabt, das mich beschlich, als ich den heimtückischen Schott betrat. Es war nicht etwa Angst, sondern es mochte ungefähr das Gefühl eines Seiltänzers sein, der nicht genau weiß, ob das Tau, das ihn trägt, auch richtig befestigt worden ist. Statt des Eises eine Salzdecke – das war mir neu. Der eigentümliche Klang, die Farbe, die Oberfläche dieser Kruste – das alles erschien mir zu fremd, als daß ich mich hätte sicher fühlen können. Ich prüfte bei jedem Schritt und suchte nach sicheren Merkmalen für die Festigkeit des Untergrundes. Stellenweise war er so hart und glatt, daß man Schlittschuhe hätte benutzen können, dann hatte er wieder das schmutzige, lockere Gefüge von tauendem Schnee und vermochte nicht die geringste Last zu tragen.
Erst nachdem ich mich über das Ungewohnte einigermaßen unterrichtet hatte, stieg ich zu Pferd, um mich dem Führer und dem Instinkt meines Tieres anzuvertrauen. Der kleine Hengst schien nicht zum erstenmal einen solchen Weg zu machen. Wo er sich sicher fühlte, trabte er lustig drauflos und zeigte dort, wo er kein Vertrauen hatte, eine erfreuliche Vorliebe für die besten Stellen des oft kaum fußbreiten Pfades. Er legte dann die Ohren vor oder zurück, beschnupperte den Boden, schnaubte zweifelnd oder überlegend und trieb die Vorsicht einige Male so weit, eine

zweifelhafte Stelle erst durch einige Schläge mit dem Vorderhuf zu prüfen.
Der Führer ritt voran, ich folgte ihm, und hinter mir kam Halef. Der Weg nahm unsere Aufmerksamkeit so in Anspruch, daß nur wenig gesprochen wurde. Wir waren bereits über drei Stunden unterwegs, als sich Sadek zu mir umdrehte:
»Nimm dich in acht, Sihdi! Jetzt kommt die schlimmste Stelle des ganzen Weges. Der Pfad geht oft durch hohes Wasser und wird dabei auf eine lange Strecke so schmal, daß man ihn mit zwei Händen bedecken kann.«
»Bleibt der Boden stark genug?«
»Ich weiß es nicht genau; die Stärke verändert sich oft.«
»Dann werde ich absteigen, um die Last zu halbieren.«
»Sihdi, steig nicht ab. Dein Pferd geht sicherer als du.«
Hier war der Führer Herr und Meister. Ich gehorchte ihm und blieb sitzen. Noch heute denke ich mit Schaudern an die zehn Minuten, die nun folgten.
Wir hatten ein Gelände erreicht, in dem Täler und Hügel wechselten. Die wellenförmigen Erhebungen bestanden zwar aus hartem, haltbarem Salz, die Talmulden aber aus einer zähen, breiartigen Masse, in der sich einzelne schmale Stellen befanden, auf denen Mensch und Tier nur unter höchster Aufmerksamkeit und mit der größten Gefahr Halt finden konnten. Dabei reichte mir, obwohl ich auf dem Pferd saß, das grüne Wasser oft bis an die Oberschenkel. Der Führer und dann auch die Tiere mußten die gangbaren Stellen erst suchen und ausprobieren, ob sie sich mit dem ganzen Gewicht darauf wagen konnten.
Jetzt kamen wir an eine Stelle, die uns auf ungefähr zwanzig Meter kaum einen fünfundzwanzig Zentimeter breiten, halbwegs zuverlässigen Pfad bot. »Sihdi, aufgepaßt!« rief Sadek. »Hier lauert der Tod bei jedem Schritt!«
Halefs Freund wandte während des Weitertastens sein Gesicht nach Osten und betete mit lauter Stimme die erste Sure des Korans, die heilige Al-Fatiha: »Im Namen Allahs, des Allbarmherzigen. Lob und Preis Allah, dem Herrn aller Weltbewohner, dem gnädigen Allerbarmer, der am Tage des Gerichts herrscht. Dir allein wollen wir dienen, und zu dir allein flehen wir um Beistand. Du führe uns den rechten Weg, den Weg derer, die deiner Gnade sich freuen – und nicht den Pfad jener, über die du zürnst...«

*Die Salzsümpfe Tunesiens
sind heute von festen Straßen durchzogen,
doch lauert daneben noch immer der Tod*

Halef war hinter mir in das Gebet eingefallen. Plötzlich verstummten beide. Zwischen den beiden nächsten Wellenhügeln hervor peitschte ein Schuß. Sadek warf beide Arme hoch, stieß einen Schrei aus, trat fehl und war im nächsten Augenblick unter der Salzdecke verschwunden, die sich sofort wieder über ihm schloß.
Was war geschehen? Die beiden Mörder wollten ihre Ankläger umbringen. Sie hatten ihren Führer um so leichter gewonnen, als er auf Sadek eifersüchtig und neidisch war. Uns brauchten sie gar nichts zu tun. Wenn sie unseren Führer töteten, waren wir rettungslos verloren. Sie lauerten also hier, an der gefährlichsten Stelle des ganzen Weges, und schossen Sadek nieder. Nun brauchten sie nur zuzusehen, wie wir versanken.
Daß Sadek von der Kugel in den Kopf getroffen war, merkte ich trotz der Schnelligkeit, mit der sich alles abspielte. Hatte die Kugel auch meinen Hengst gestreift, oder war es der Schreck über den Schuß? Das Pferd zuckte heftig zusammen, verlor hinten den Halt und brach ein.
»Sihdi!« brüllte hinter mir Halef in unbeschreiblicher Angst.
Noch während das Tier untersank und sich mit den Vorderhufen vergeblich anzuklammern versuchte, stützte ich die beiden Hände auf den Sattelknopf, warf die Beine in die Luft und schlug eine Volte über den Kopf des armen Pferdes hinweg, das durch diese Belastung sofort unter den Salzboden gedrückt wurde. In dem Augenblick, als ich durch die Luft flog, hat Gott das inbrünstigste Gebet meines ganzen Lebens gehört.

Ich bekam festen Boden; er verschwand aber augenblicklich unter mir. Halb im Versinken, fand ich wieder Halt und raffte mich auf. Ich sank und erhob mich, ich strauchelte, trat fehl und fand wieder Grund. Ich wurde hinabgerissen und kam dennoch vorwärts und ging nicht unter. Ich hörte nichts mehr, ich fühlte nichts mehr, ich sah nichts mehr als nur die drei Männer dort an der Salzwelle, von denen mich zwei mit angeschlagenem Gewehr erwarteten.
Endlich hatte ich festen Boden unter den Füßen, festen, breiten Boden; zwar auch nur Salz, aber es trug mich sicher. Zwei Schüsse krachten – Gott wollte, daß ich noch leben sollte. Ich war gestolpert und niedergestürzt; die Kugeln pfiffen an mir vorüber. Ich trug mein Gewehr noch auf dem Rücken. Es war ein Wunder, daß ich es nicht verloren hatte; aber ich dachte jetzt gar nicht an die Büchse, sondern warf mich mit geballten Fäusten auf die Schurken. Sie erwarteten mich nicht einmal. Der Führer floh. Der ältere der beiden wußte, daß er ohne Führer verloren war, und folgte ihm augenblicklich. Ich faßte nur den jüngeren. Er riß sich los und lief davon. Ich blieb hart hinter ihm. Ihm blendete die Angst und mir der Zorn die Augen. Wir achteten nicht darauf, wohin uns unser Lauf führte – er stieß einen entsetzlichen, heiseren Schrei aus, und ich warf mich sofort zurück. Er verschwand unter dem salzigen Schnee, und ich stand kaum einen Meter vor seinem heimtückischen Grab.
Da ertönte hinter mir ein angstvoller Ruf.
»Sihdi, Hilfe, Hilfe!«

Ich drehte mich um. An der Stelle, wo ich festen Fuß gefaßt hatte, kämpfte Halef um sein Leben. Er war zwar eingebrochen, hielt sich aber an der dort zum Glück sehr starken Salzkruste fest. Ich lief zu ihm, riß die Büchse herab und hielt sie ihm hin.

»Am Riemen festhalten!«

»Ich habe ihn, Sihdi! Allah, Allah!«

»Wirf die Beine hoch. Ich kann nicht ganz hin zu dir. Halte aber fest!«

Er strengte seine letzte Kraft an, um seinen Körper in die Höhe zu schnellen. Ich zog zu gleicher Zeit scharf an, und es gelang – er lag auf der sicheren Decke des Sumpfes. Kaum hatte er Atem geschöpft, da erhob er sich auf die Knie und betete die vierundsechzigste Sure:

»Alles, was in den Himmeln und auf Erden ist, preist Allah. Sein ist das Reich und ihm gebührt Lob; denn er ist aller Dinge mächtig!«

Er, der Moslem, betete; ich aber, der Christ, konnte nicht beten, ich konnte keine Worte finden, wie ich aufrichtig gestehe. Hinter mir lag die fürchterliche Salzfläche so ruhig, so bewegungslos, so gleißend, und doch hatte sie unsere beiden Tiere und unseren Führer verschlungen, und vor uns sah ich den Mörder entkommen, der das alles verschuldet hatte.

Jede Faser zuckte in mir, und es dauerte eine ganze Weile, bis ich ruhig wurde.

»Sihdi, bist du verwundet?«

»Nein. Aber sag mir, Halef, wie hast du dich gerettet?«

»Ich sprang vom Pferd. Weiter weiß ich nichts. Ich konnte erst wieder denken, als ich dort am Rand hing. Aber verloren sind wir doch.«

»Warum?«

»Wir haben keinen Führer. O Sadek, Freund meiner Seele, dein Geist wird mir verzeihen, daß ich an deinem Tod schuld bin. Aber ich werde dich rächen, das schwöre ich dir beim Bart des Propheten. Rächen werde ich dich, wenn ich nicht hier umkomme.«

»Du wirst nicht umkommen, Halef.«

»Wir werden verhungern und verdursten.«

»Im Gegenteil, wir werden bald einen Führer haben.«

»Wen?«

»Omar, den Sohn Sadeks.«

»Wie soll er uns hier finden?«

»Hast du nicht gehört, daß er nach Seftimi gegangen ist und heute wieder zurückkehren wird?«

»Effendi, du gibst mir neue Hoffnung und neues Leben. Ja, wir werden warten, bis Omar hier vorüberkommt.«

»Für ihn ist es ebenfalls ein Glück, wenn er uns findet. Sonst würde er hier hinter uns untergehen, weil der frühere Pfad versunken ist, ohne daß er es weiß.«

Wir ließen uns nieder. Die Sonne brannte so heiß, daß unsere Kleider in wenigen Minuten getrocknet und mit einer salzigen Kruste überzogen waren.

3 Die Rose von Kbilli

Obwohl ich überzeugt war, daß der Sohn des ermordeten Führers kommen werde, konnte er doch statt über den See um ihn herumgegangen sein. Wir warteten also mit ängstlicher Spannung. Der Nachmittag verging. Es waren nur noch zwei Stunden bis zum Abend, da war eine Gestalt zu erkennen, die von Osten her langsam näher kam und uns schließlich entdeckte.
»Er ist es«, meinte Halef, legte die Hände wie ein Sprachrohr an den Mund und rief: »Omar Ibn Sadek, hierher!«
Der junge Mann stand bald vor uns. Er erkannte den Freund seines Vaters.
»Sei willkommen, Halef Omar!«
»Hadschi Halef Omar!« verbesserte Halef.
»Verzeih mir! Die Freude, dich zu sehen, ist schuld an diesem Fehler. Du warst in Kris beim Vater?«
»Ja.«
»Wo ist er? Wenn du auf dem Schott bist, muß er in der Nähe sein.«
»Er ist in der Nähe«, antwortete Halef feierlich.
»Wo?«
»Omar Ibn Sadek, dem Gläubigen geziemt es, stark zu sein, wenn ihn das Kismet trifft.«
»Rede, Halef, rede! Es ist ein Unglück geschehen?«
»Ja. Allah hat deinen Vater zu seinen Vätern versammelt.«
Der Jüngling stand vor uns und starrte den Sprecher entsetzt an. Sein Gesicht war bleich geworden. Endlich gewann er die Sprache wieder, aber er benützte sie auf ganz andere Weise, als ich vermutet hatte.
»Wer ist dieser Sihdi?« fragte er.
»Es ist Kara Ben Nemsi, den ich zu deinem Vater brachte. Wir verfolgten zwei Mörder, die über den Schott gingen.«
»Mein Vater sollte euch führen?«
»Ja; er führte uns. Die Mörder bestachen Arfan Rakedim und stellten uns hier einen Hinterhalt. Sie schossen deinen Vater nieder. Er und die Pferde versanken im Sumpf, uns aber hat Allah gerettet.«
»Wo sind die Mörder?«

»Der eine starb im Salz, der andere ging mit dem Khabir, dem Führer, nach Fetnassa.«
»Also ist der Pfad hier verdorben?«
»Ja. Du kannst ihn nicht betreten.«
»Wo versank mein Vater?«
»Dort, dreißig Schritt von hier.«
Omar ging so weit vorwärts, wie die Decke trug, starrte eine Weile vor sich hin und wandte sich dann nach Osten:
»Allah, du Gott der Allmacht und Gerechtigkeit, höre mich! Mohammed, du Prophet des Allerhöchsten, höre mich! Ihr Kalifen und Märtyrer des Glaubens, hört mich! Ich, Omar Ibn Sadek, werde nicht eher lachen, nicht eher meinen Bart beschneiden, nicht eher die Moschee besuchen, als bis Dschahannem den Mörder meines Vaters aufgenommen hat. Ich schwöre es!«
Ich war tief erschüttert von diesem Schwur, durfte aber nichts dagegen sagen. Nun setzte er sich zu uns und bat mit beinahe unnatürlicher Ruhe: »Erzählt!«
Halef folgte seinem Wunsch. Als er fertig war, erhob sich der Jüngling.
»Kommt!«
Nur dieses eine Wort sprach er. Dann ging er voran, wieder in die Richtung zurück, aus der er gekommen war.
Wir hatten bereits vorher die schwierigsten Stellen des Weges überwunden. Es war keine große Gefahr mehr zu befürchten. Wir marschierten den ganzen Abend und die ganze Nacht hindurch.
Am Morgen betraten wir das Ufer der Halbinsel Nifsaua und sahen Fetnassa vor uns liegen.
»Was nun?« fragte Halef.
»Folgt mir nur!« antwortete Omar.
Dies war das erste Wort, das ich seit gestern von ihm hörte. Er ging auf eine Hütte am Strand zu. Ein alter Mann saß davor.
»As-salam Alaikum!« grüßte Omar.
»Wa Alaikum As-salam!« dankte der Alte.
»Du bist Abdullah Al-Hamis, der Salzverwieger?«
»Ja.«
»Hast du den Khabir Arfan Rakedim aus Kris gesehen?«
»Er betrat bei Tagesanbruch mit einem fremden Mann das Land.«
»Was taten sie?«
»Der Khabir ruhte bei mir aus und ging dann nach Bir Rekeb,

*Kaffeekannen, wie sie
die Beduinen in ihren Zelten benutzen*

um von da nach Kris zurückzukehren. Der Fremde kaufte sich bei meinem Sohn ein Pferd und fragte nach dem Weg nach Kbilli.«
»Ich danke dir, Abul-milh!«
Omar ging schweigend weiter und führte uns in eine Hütte, wo wir einige Datteln aßen und eine Schale Lagmi tranken. Dann ging es nach Beschni, Negua und Mansurah, wo wir auf unseren Erkundigungen überall in Erfahrung brachten, daß wir dem Gesuchten auf den Fersen seien. Von Mansurah ist es nicht weit bis zu der großen Oase Kbilli. Dort gab es damals noch einen türkischen Wekil, einen Statthalter, der unter der Aufsicht des Regenten von Tunis das Gebiet von Nifsaua verwaltete. Hierzu waren ihm zehn Soldaten zur Verfügung gestellt worden.
Wir begaben uns zunächst in ein Kaffeehaus. Omar hatte nicht lange Ruhe. Er verließ uns, um Erkundigungen einzuziehen, und kehrte erst nach einer Stunde zurück.
»Ich habe ihn gesehen«, meldete er.

»Wo?« fragte ich.
»Beim Wekil.«
»Beim Statthalter?«
»Ja. Er ist sein Gast und trägt prächtige Kleider. Wenn ihr mit ihm reden wollt, müßt ihr euch beeilen. Es ist jetzt die Zeit der Audienz.«
Ich war neugierig. Ein steckbrieflich verfolgter Mörder als Gast eines großherrlichen Statthalters?
Omar führte uns über einen freien Platz zu einem niedrigen steinernen Haus, dessen Umfassungsmauern keine Fenster zeigten. Vor der Tür standen Soldaten, die vor einem Onbaschi, einem Korporal, exerzierten, während der Tambour zuschauend an der Tür lehnte. Wir wurden ohne Schwierigkeiten eingelassen und von einem Neger nach unseren Wünschen gefragt. Er führte uns in das Selamlük, einen kahlwändigen Raum, dessen einzige Ausstattung aus einem alten Teppich bestand, der in einer Ecke des Zimmers ausgebreitet war. Auf dem Teppich saß ein Mann mit verschwommenen Gesichtszügen, der aus einer uralten persischen Huka Tabak rauchte.
»Was wollt ihr?« fragte er.
Der Ton, in dem diese Frage ausgesprochen wurde, behagte mir nicht. Ich antwortete daher mit einer Gegenfrage:
»Wer bist du?«
Er sah mich in starrem Erstaunen an und antwortete:
»Der Wekil!«
»Wir wollen mit dem Gast reden, der heute oder gestern bei dir angekommen ist.«
»Wer bist du?«
»Hier ist mein Paß.«
Ich gab ihm das Dokument. Er warf einen Blick darauf, faltete es zusammen und steckte es in die Tasche seiner weiten Pumphosen.
»Wer ist dieser Mann?« fragte er dann weiter und deutete auf Halef.
»Mein Diener.«
»Wie heißt er?«
»Er nennt sich Hadschi Halef Omar.«
»Wer ist der andere?«
»Er ist der Führer Omar Ibn Sadek.«
»Und wer bist du selbst?«

»Du hast es ja gelesen!«
»Ich habe es nicht gelesen.«
»Es steht in meinem Paß.«
»Er ist mit den Zeichen der Ungläubigen geschrieben. Von wem hast du ihn?«
»Vom französischen Gouvernement in Algier.«
»Das französische Gouvernement in Algier gilt hier nichts. Dein Paß hat den Wert eines leeren Papiers. Also, wer bist du?«
Ich beschloß, den Namen zu behalten, den mir Halef gegeben hatte. »Ich heiße Kara Ben Nemsi.«
»Du bist ein Sohn der Nemsi? Ich kenne sie nicht. Wo wohnen sie?«
»Vom Westen der Türkei bis an die Länder der Fransisler und Inglisler.«
»Ist die Oase groß, in der sie leben, oder haben sie mehrere kleine Oasen?«
»Sie bewohnen eine einzige Oase, die aber so groß ist, daß fünfzig Millionen Menschen auf ihr wohnen.«
»Allah akbar, Gott ist groß! Es gibt Oasen, in denen es von Geschöpfen wimmelt. Hat diese Oase auch Bäche?«
»Sie hat fünfhundert Flüsse und Millionen Bäche. Viele von diesen Flüssen sind so groß, daß Schiffe auf ihnen fahren, die mehr Menschen fassen, als Basma oder Rahmat Einwohner haben.«
»Allah karim, Gott ist gnädig! Welch ein Unglück, wenn alle diese Schiffe in einer Stunde von den Flüssen verschlungen würden! An welchen Gott glauben die Nemsi?«
»Sie glauben an deinen Gott, aber sie nennen ihn nicht Allah, sondern Vater.«
»So sind sie wohl nicht Sunniten, sondern Schiiten?«
»Sie sind Christen.«
»Gott verbrenne dich! So bist du also auch ein Christ?«
»Ja.«
»Ein Giaur? Und du willst es wagen, mit dem Wekil von Kbilli zu reden! Ich werde dir die Bastonade geben lassen, wenn du nicht gleich dafür sorgst, daß du mir aus den Augen kommst!«
»Habe ich etwas getan, was gegen die Gesetze ist oder was dich beleidigt?«
»Ja. Ein Giaur darf sich niemals unterstehen, mir unter die Augen zu treten. Wie heißt dein Führer?«
»Omar Ibn Sadek.«

»Gut! Omar Ibn Sadek, wie lange dienst du diesem Nemsi?«
»Seit gestern.«
»Das ist nicht lange. Ich will also gnädig sein und dir nur zwanzig Hiebe auf die Fußsohlen geben lassen.«
Zu mir gewendet, fuhr er fort: »Und wie heißt dein Diener?«
»Allah akbar, Gott ist groß, aber er hat leider dein Gedächtnis so klein gemacht, daß du dir nicht einmal zwei Namen merken kannst! Mein Diener heißt, wie ich dir bereits gesagt habe, Hadschi Halef Omar.«
»Du willst mich beschimpfen, Giaur? Ich werde nachher dein Urteil fällen! Also, Halef Omar, du bist ein Hadschi und dienst einem Ungläubigen? Das verdient doppelte Streiche. Wie lange bist du schon bei ihm?«
»Fünf Wochen.«
»So wirst du sechzig Hiebe auf die Fußsohlen erhalten und anschließend fünf Tage hungern und dürsten müssen. Und du, nun wieder; wie war dein Name?«
»Kara Ben Nemsi.«
»Gut, Kara Ben Nemsi, du hast drei große Verbrechen begangen.«
»Welche, Sihdi?«
»Ich bin kein Sihdi; du hast mich Dschenabinis oder Hazretinis, also Euer Gnaden oder Euer Hoheit zu nennen! Deine Verbrechen sind folgende: Du hast erstens zwei Rechtgläubige verführt, dir zu dienen, macht fünfzehn Stockschläge; du hast es zweitens gewagt, mich in meinem Kef, in meiner Mittagsruhe, zu stören, macht wieder fünfzehn Stockschläge; du hast drittens an meinem Gedächtnis gezweifelt, macht zwanzig Stockschläge; zusammen also fünfzig Hiebe auf die Fußsohlen. Und da es mein Recht ist, für jeden Urteilsspruch das Wergi, die Abgabe, zu verlangen, so wird alles, was du bei dir trägst, von jetzt an mir gehören, ich beschlagnahme es.«
»Großer Dschenabinis, ich bewundere dich. Deine Gerechtigkeit ist erhaben, deine Weisheit ganz erhaben, deine Gnade noch erhabener und deine Klugheit und Schlauheit am allererhabensten! Aber ich bitte dich, edler Bei von Kbilli, laß uns deinen Gast sehen, ehe wir die Streiche erhalten.«
»Was willst du von ihm?«
»Ich vermute, daß er ein Bekannter von mir ist, und möchte mich an seinem Anblick weiden.«

»Er ist kein Bekannter von dir. Denn er ist ein großer Krieger, ein edler Sohn des Sultans und ein strenger Anhänger des Korans. Er ist also nie der Bekannte eines Ungläubigen gewesen. Aber damit er sieht, wie der Wekil von Kbilli Verbrechen bestraft, werde ich ihn kommen lassen. Nicht du sollst dich an seinem Anblick weiden, sondern er soll sich an den Hieben ergötzen, die ihr erhaltet. Er wußte, daß ihr kommen würdet.«
»Ah! Woher wußte er das?«
»Ihr seid vorhin an ihm vorübergegangen, ohne ihn zu sehen, und er hat euch sofort bei mir angezeigt. Wärt ihr nicht von selbst gekommen, hätte ich euch holen lassen.«
»Er hat uns angezeigt? Weshalb?«
»Das werdet ihr noch hören. Ihr sollt dann noch eine zweite Strafe bekommen, größer als die von vorhin!«
Das war nun wirklich ein merkwürdiger Audienzverlauf. Ein Wekil mit zehn Soldaten in einer vorgeschobenen, vergessenen Oase – vermutlich hatte er es früher höchstens bis zum Tschavusch, Feldwebel, oder bis zum Mulasim, Leutnant, gebracht. Man hatte den guten Mann nach Kbilli versetzt, um ihm Gelegenheit zu geben, für sich selbst zu sorgen, und dann jedenfalls niemals wieder an ihn gedacht. Der Bei von Tunis hatte längst alle türkischen Soldaten aus dem Lande gejagt, und die Beduinenstämme hatten nur noch mit dem Großherrn zu tun, wenn er ihren Häuptlingen jährlich die ausbedungenen Ehrenburnusse schickte, während sie sich ihm dadurch dankbar erwiesen, daß sie gar nicht mehr an ihn dachten.
Der brave Wekil war also wegen seines Unterhalts auf Erpressung angewiesen. Da dies den Eingeborenen gegenüber immer eine gefährliche Sache war, mußte ihm ein Fremder wie ich ganz gelegen kommen. Er wußte nichts von Deutschland; er kannte die Bedeutung der Konsulate nicht; er wohnte unter räuberischen Nomaden, glaubte mich schutzlos und nahm an, ungestraft tun zu können, was ihm beliebte.
Allerdings hatte es seine Richtigkeit, daß ich nur auf mich selbst angewiesen war, aber es fiel mir doch nicht ein, mich vor »Seiner Hoheit« zu fürchten. Es machte mir Spaß, daß er uns in so genialer Unverfrorenheit mit der Bastonade beglücken wollte. Zugleich war ich neugierig, ob sein Gastfreund wirklich der von uns gesuchte Armenier war. Omar konnte sich geirrt haben.
Der Statthalter klatschte in die Hände. Sogleich erschien ein

schwarzer Diener, der sich vor ihm wie vor dem Sultan auf die Erde warf. Der Wekil flüsterte ihm einige Worte zu, worauf er sich entfernte. Nach einiger Zeit öffnete sich die Tür, und die zehn Soldaten mit ihrem Onbaschi traten ein. Sie boten einen kläglichen Anblick in ihren aus allen möglichen Fetzen zusammengesetzten Kleidern, die nicht im mindesten einer militärischen Uniform glichen. Die meisten von ihnen waren barfuß. Alle trugen Gewehre, mit denen man alles eher tun konnte als schießen. Sie warfen sich kunterbunt durcheinander vor dem Wekil nieder, der sie zunächst mit einem überaus grimmigen Blick musterte und dann seinen Befehl erteilte:
»Kalkiniz! – Steht auf!«
Sie erhoben sich, und der Onbaschi riß seinen mächtigen Sarraß aus der Scheide.
»Siraya giriniz! – Bildet die Reihe!« brüllte er mit Stentorstimme.
Sie stellten sich nebeneinander und hielten die Flinten nach Belieben in den braunen Händen.
»Silah omuza! – Das Gewehr über!« befahl er nun.
Die Flinten flogen empor, stießen aneinander, gegen die Mauer oder an die Köpfe der stattlichen Helden.
»Selam dur! – Präsentiert das Gewehr!«
Wieder bildeten die Flinten einen wirren Knäuel. Kein Wunder, daß eine ihren Lauf verlor. Der Soldat bückte sich gemächlich, hob ihn in die Höhe, betrachtete ihn von allen Seiten und hielt ihn gegen das Licht, um sich zu überzeugen, daß das Loch, aus dem geschossen wird, noch vorhanden sei. Dann zog er eine Palmenfaserschnur aus der Tasche und band den abtrünnigen Lauf behutsam an den Schaft. Endlich brachte er die reparierte Waffe mit befriedigter Miene in diejenige Lage, die das letzte Kommando vorgeschrieben hatte.
»Rahat durun! Konuschmayin! – Steht still und schwatzt nicht!«
Bei diesem Ruf preßten die Soldaten ihre Lippen mit sichtlicher Anstrengung zusammen und ließen durch ein ernsthaftes Augenzwinkern erkennen, daß es ihr unumstößlicher Wille sei, keinen Laut von sich zu geben. Sie merkten, daß sie geholt worden waren, um drei Verbrecher zu bewachen, und da galt es, auf uns Eindruck zu machen.
Ich mußte mir Mühe geben, bei diesem sonderbaren Theater ernst zu bleiben. Wie ich deutlich bemerkte, hatte meine heitere Laune

zugleich den Erfolg, den Mut meiner beiden Begleiter zu stärken.
Wieder öffnete sich die Tür. Der Erwartete trat ein. Es war der Armenier.
Ohne uns eines Blickes zu würdigen, ging er zum Teppich, ließ sich an der Seite des Wekil nieder und nahm die Pfeife aus der Hand des Schwarzen, der mit ihm eingetreten war. Dann erst erhob er das Auge und musterte uns mit Verachtung.
Jetzt nahm der Statthalter das Wort:
»Dieser Mann ist es, den ihr sehen wolltet!« fragte er mich. »Ist er ein Bekannter von dir?«
»Ja.«
»Es ist richtig, er ist ein Bekannter von dir, das heißt, du kennst ihn. Aber dein Freund ist er nicht.«
»Ich würde mich auch für seine Freundschaft bedanken. Wie nennt er sich?«
»Er heißt Abu En Nassr.«
»Das ist nicht wahr! Sein Name ist Hamd Al-Amasat.«
»Giaur, wage es nicht, mich als Lügner hinzustellen, sonst bekommst du noch zwanzig Hiebe mehr! Allerdings heißt mein Freund Hamd Al-Amasat; aber wisse, du Hund von einem Ungläubigen, als ich noch als Miralay in Stambul diente, wurde ich einst des Nachts von griechischen Banditen angefallen. Da kam Hamd Al-Amasat dazu, sprach mit ihnen und rettete mir das Leben. Seit jener Nacht heißt er Abu En Nassr, der Vater des Sieges, denn niemand kann ihm widerstehen, nicht einmal ein griechischer Bandit.«
Ich konnte es mir nicht verkneifen, lachend den Kopf zu schütteln, und fragte:
»Du willst in Stambul Miralay, also Oberst gewesen sein? Bei welcher Truppe?«
»Bei der Garde, du Sohn eines Schakals.«
Ich trat einen Schritt näher und hob die Hand.
»Wage es noch einmal, mich zu beschimpfen, dann gebe ich dir eine solche Ohrfeige, daß du morgen deine Nase für ein Minareh ansiehst! Du wärst mir der Kerl, ein Oberst gewesen zu sein! So etwas darfst du hier deinen Oasenhelden weismachen, aber mir nicht. Verstanden?«
Er erhob sich überraschend schnell. Das war ihm noch nie vorgekommen, es ging über alle seine Begriffe. Er starrte mich an,

als sei ich ein Gespenst; dann stotterte er, ich weiß nicht, ob vor Wut oder vor Verlegenheit:
»Ich hätte sogar Liwa-Pascha werden können, also Generalmajor, wenn mir die Stelle hier in Kbilli nicht lieber gewesen wäre!«
»Ja, du bist ein wahrer Ausbund von Mut und Tapferkeit. Du hast mit Banditen gekämpft, die dein Freund mit bloßen Worten besiegte. Er ist also sicherlich ein guter Bekannter von ihnen gewesen oder sogar ein Mitglied ihrer Bande. Er hat in Algier einen Raubmord begangen; er hat im Wadi Tarfaui einen Mann getötet; er hat auf dem Schott Al-Dscherid meinen Führer, den Vater dieses jungen Mannes, erschossen, weil er mich umbringen wollte. Ich habe ihn verfolgt bis nach Kbilli, und ich finde diesen Menschen wieder als den Freund eines Mannes, der ein Oberst im Dienst des Großherrn gewesen zu sein behauptet. Ich klage ihn des Mordes bei dir an und verlange, daß du ihn sofort festnimmst!«
Jetzt erhob sich auch Abu En Nassr. Er rief:
»Dieser Mensch ist ein Giaur. Er hat Wein getrunken und weiß nicht, was er redet. Er soll seinen Rausch ausschlafen und sich dann verantworten.«
Das war mir denn doch zuviel. Im Nu hatte ich den Armenier gepackt, hob ihn hoch und warf ihn zu Boden. Er sprang auf und zog sein Messer.
»Hund, du hast dich an einem Gläubigen vergriffen; du mußt jetzt sterben!«
Er warf sich mit aller Gewalt auf mich. Ich gab ihm einen wohlgezielten Faustschlag, so daß er niederstürzte und regungslos liegenblieb.
»Faßt ihn!« gebot der Wekil seinen Soldaten und zeigte auf mich. Ich erwartete, daß sie mich sofort packen würden, sah aber zu meiner Verwunderung, daß es ganz anders kam. Der Unteroffizier trat vor die Front der Seinigen und kommandierte:
»Silahlari yere koyun! – Legt die Gewehre weg!«
Alle bückten sich, legten ihre Flinten auf den Boden und kehrten dann in ihre vorige Haltung zurück.
»Sagha dön! – Rechts umgedreht!«
Sie machten halbe Wendung nach rechts und standen nun in einer Reihe hintereinander.
»Adami ortaya aliniz, koschunuz! – Nehmt den Mann in die Mitte, marsch!«

Wie auf dem Exerzierplatz erhoben sie den linken Fuß. Der Flügelmann schrie: »Sol – sagh, sol – sagh, links – rechts, links – rechts!« Sie marschierten um mich herum und blieben auf das Kommando des Unteroffiziers stehen, als der Kreis gebildet war.
»Tutunuz! – ergreift ihn!«
Zwanzig Hände mit hundert braunen, schmutzigen Fingern streckten sich von hinten und vorn, von rechts und links nach mir aus und faßten mich am Burnus. Die Sache war zu komisch, als daß ich eine Bewegung zu meiner Befreiung machen konnte.
»Beyefendi hazretleri, herifi tuttuk! – Hoheit, wir haben den Kerl!« meldete der Oberkommandierende der tapferen Soldaten.
»Bir daha koyuvermeyin! – Laßt ihn nicht mehr los!« gebot der Statthalter streng.
Die hundert Finger krallten sich noch fester in meinen Burnus, und die steife orientalische Würde, mit der das alles geschah, war schuld, daß ich beinahe laut aufgelacht hätte.
Während dieses Vorgangs hatte sich Abu En Nassr wieder erhoben. Seine Augen funkelten vor Wut und Rachgier, als er zum Wekil sagte:
»Du wirst ihn erschießen lassen!«
»Ja, er soll erschossen werden. Vorher werde ich ihn aber verhören. Ich bin ein gerechter Richter und will niemand ungehört verurteilen. Bring deine Anklage vor!«
»Dieser Giaur«, begann der Mörder, »ging mit einem Führer und seinem Diener über den Schott. Er stürzte meinen Gefährten in die Fluten, so daß er elend ertrinken mußte.«
»Warum tat er das?«
»Aus Rache.«
»Wofür wollte er sich rächen?«
»Er hat im Wadi Tarfaui einen Mann getötet. Wir kamen dazu und wollten ihn festnehmen, aber er entwischte uns.«
»Kannst du deine Worte beschwören?«

Die Macht der Türken
erstreckte sich noch im vorigen Jahrhundert
wesentlich weiter als jetzt

»Beim Bart des Propheten.«
»Das ist genug! – Hast du das gehört?« fragte er mich dann. »Was sagst du dazu?«
»Daß er ein Schurke ist. Er war der Mörder und hat in seiner Anklage einfach die Personen verwechselt.«
»Er hat geschworen, und du bist ein Giaur. Ich glaube nicht dir, sondern ihm.«
»Frage meinen Diener! Er ist mein Zeuge.«
»Er dient einem Ungläubigen, seine Worte gelten nichts. Ich werde den großen Rat der Oase einberufen lassen, der meine Worte hören und über dich entscheiden soll.«
»Du willst mir nicht glauben, weil ich ein Christ bin, und schenkst doch einem Giaur dein Vertrauen. Dieser Mensch ist Armenier, also auch kein Moslem, sondern Christ.«
»Er hat beim Propheten geschworen.«
»Das ist eine Niederträchtigkeit und eine Sünde, für die ihn Allah strafen wird. Wenn du mich nicht hören willst, werde ich ihn beim Rat der Oase verklagen.«
»Ein Giaur kann keinen Gläubigen verklagen, und der Rat der Oase könnte ihm nichts tun, denn mein Freund besitzt ein Buyuruldu und ist ein Padischahin gölgesinde, der vom Großherrn beschützt wird.«
»Und ich bin ein Kralin gölgesinde, der von seinem König beschützt wird. Auch ich habe ein Buyuruldu, du hast es in deiner Tasche.«
»Es ist in der Sprache der Ungläubigen geschrieben. Ich würde mich verunreinigen, wenn ich es läse. Deine Sache soll aber heute noch untersucht werden. Zunächst bekommt ihr die Bastonade: du fünfzig, dein Diener sechzig und dein Führer zwanzig Hiebe auf die Fußsohlen. Führt sie in den Hof, ich werde nachkommen.«
»Ellerini geri tschek! – Nehmt die Hände zurück!« befahl der Unteroffizier.
Die hundert Finger ließen augenblicklich los.
»Tüfekleri kaldiriniz! – Hebt die Flinten auf!«
Die Helden stürzten zu ihren Gewehren und nahmen sie wieder an sich.
»Ütschünüde ortaya alin! – Umschließt alle drei!«
Im Nu hatten sie Halef, Omar und mich umringt. Wir wurden in den Hof geführt, in dessen Mitte sich ein bankartiger Block

befand. Sein Aussehen deutete darauf hin, daß er zur Aufnahme der Sünder bestimmt war, die die Bastonade bekommen sollten.
Weil ich mich ruhig gefügt hatte, waren auch meine beiden Gefährten ohne Widerstand gefolgt, aber ich sah es ihren Augen an, daß sie nur auf mein Beispiel warteten, um der Posse ein Ende zu machen.
Als wir eine Weile vor dem Block gewartet hatten, erschien der Wekil mit Abu En Nassr. Der Schwarze trug einen Teppich vor ihnen her, breitete ihn auf dem Boden aus und reichte den Herrschaften Feuer für die ausgegangenen Pfeifen. Dann deutete der Wekil auf mich.
»Ona elli sopa vurun! – Gebt ihm fünfzig Schläge!«
Jetzt war es Zeit.
»Hast du mein Buyuruldu noch in der Tasche?« fragte ich ihn.
»Gib es mir!«
»Du wirst es niemals zurückbekommen!«
»Warum?«
»Damit sich kein Gläubiger daran verunreinigen kann.«
»Du willst mich wirklich schlagen lassen?«
»Ja.«
»Dann werde ich dir zeigen, was ein Nemsi tut, wenn er gezwungen ist, sich selbst Gerechtigkeit zu verschaffen!«
Der kleine Hof war an drei Seiten von einer hohen Mauer und an der vierten von dem Gebäude umschlossen. Es gab keinen andern Ausgang als jenen, durch den wir eingetreten waren. Zuschauer gab es nicht, wir waren also drei gegen dreizehn. Die Waffen hatte man uns gelassen, so erforderte es der ritterliche Brauch der Wüste. Der Wekil war unschädlich, ebenso seine Soldaten. Nur Abu En Nassr konnte gefährlich werden. Ich mußte ihn vor allen Dingen kampfunfähig machen.
»Hast du eine Schnur?« fragte ich Omar leise.
»Ja, meine Burnusschnur.«
»Mach sie los!« Und zu Halef sagte ich: »Du läufst zum Ausgang und läßt keinen Menschen durch!«
»Verschaff dir deine Gerechtigkeit!« hatte der Wekil unterdessen geantwortet.
»Gleich!«
Mit diesen Worten sprang ich plötzlich zwischen den Soldaten hindurch und auf Abu En Nassr zu, riß ihm die Arme auf den

Rücken und drückte ihm das Knie so fest auf den Nacken, daß er sich nicht mehr rühren konnte.
»Binde ihn!« befahl ich Omar.
Dieser Befehl war eigentlich überflüssig, denn Omar hatte mich sofort begriffen und war schon dabei, seine Schnur um die Arme des Armeniers zu schlingen. Ehe er bis drei zählen konnte, war er gefesselt. Mein plötzlicher Angriff hatte den Wekil und seine Leibwache so verwirrt, daß sie mich ganz entgeistert ansahen. Jetzt zog ich mit der Rechten mein Messer und faßte den Wekil mit der Linken am Genick. Er streckte vor Entsetzen Arme und Beine von sich, als sei er schon ein toter Mann. Desto mehr Leben kam in die Soldaten.
»Koschun, imdat arayin! – Reißt aus, bringt Hilfe!« brüllte der Onbaschi, der zuerst die Sprache wiedergefunden hatte.
Sein Säbel wäre ihm hinderlich geworden, er warf ihn weg und rannte dem Ausgang zu. Die andern folgten ihm. Dort stand bereits Halef mit schußbereitem Gewehr.
»Geri, burada duradschaksiniz! – Zurück! Ihr bleibt hier!« rief er ihnen entgegen.
Die Soldaten stutzten, kehrten um und liefen nach allen Richtungen auseinander, um Schutz in den Mauerecken zu suchen.
Auch Omar hatte sein Messer gezogen und stand mit finsterem Blick bereit, Abu En Nassr zu erstechen.
»Bist du tot?« fragte ich den Wekil.
»Nein. Wirst du mich töten?«
»Das kommt auf dich an, du Inbegriff aller Gerechtigkeit und Tapferkeit. Dein Leben hängt an einem dünnen Haar.«
»Was verlangst du von mir, Sihdi?«
Noch ehe ich antworten konnte, war der angstvolle Schrei einer Frauenstimme zu hören. Ich sah eine kleine, dicke, weibliche Gestalt, die vom Eingang her prustend auf uns zugerudert kam.
»Dur – halt!« rief sie mir kreischend zu. »Onu öldürme, benim kodschamdir! – Töte ihn nicht, er ist mein Mann!«
Diese dicke, runde Madame, die unter ihrer dichten Kleiderhülle mit rudernden Bewegungen auf mich zusteuerte, war die gnädige Frau Statthalterin. Sicherlich hatte sie von dem mit einem Holzgitter abgeschlossenen Frauengemach aus der Bastonade zusehen wollen und zu ihrem Entsetzen bemerkt, daß es jetzt ihrem Ehegatten an den Kragen gehen sollte.
»Wer bist du?« fragte ich sie ruhig.

»Wekilin karisiyim, ich bin die Frau des Wekil«, antwortete sie.
»Ewet karimdir, Kbillinin gülü – Ja, sie ist mein Weib, die Rose von Kbilli«, bestätigte ächzend der Statthalter.
»Wie heißt sie?«
»Adim Mersinadir – ich heiße Mersina«, berichtete sie.
»Evet, adidir – ja, so heißt sie«, ertönte das Echo aus dem Mund des Wekil.
Also sie war die »Rose von Kbilli« und hieß Mersina, zu deutsch Myrte. Einem so zarten Wesen gegenüber mußte ich rücksichtsvoll sein.
»Wenn du mir die Morgenröte deines Antlitzes zeigst, o Blume der Oase, werde ich meine Hand von ihm nehmen«, sagte ich.
Sofort flog der Yaschmak, der Schleier, von ihrem Gesicht. Sie hatte wahrscheinlich schon lange unter den Arabern gelebt, deren Frauen unverhüllt gehen, und war weniger zurückhaltend geworden, als die Türkinnen normalerweise sein müssen. Außerdem handelte es sich hier um das kostbare Leben ihres Eheherrn.
Ich sah in ein farbloses, mattes, verschwommenes Frauengesicht. Es war so fett, daß man die Augen kaum und das Stumpfnäschen noch weniger unterscheiden konnte. Madame Wekil war vielleicht vierzig Jahre alt, hatte aber versucht, die Folgen dieses Alters durch hochgemalte schwarze Augenbrauen und rot angestrichene Lippen zu überdecken. Als sie die Arme aus der Hülle streckte, bemerkte ich, daß sie nicht nur die Nägel, sondern gleich die ganzen Hände mit Henna rot gefärbt hatte.
»Ich danke dir, du Sonne vom Dscherid!« sagte ich. »Wenn du mir versprichst, daß der Wekil ruhig sitzen bleibt, soll ihm nichts geschehen.«
»Kaladschak – er wird sitzen bleiben. Ich verspreche es dir!«
»Dann darf er es deiner Lieblichkeit danken, daß ich ihn nicht zerdrücke wie eine Indschir, wie eine Feige, die in der Presse liegt und getrocknet werden soll. Deine Stimme gleicht der Stimme der Flöte. Dein Auge glänzt wie das Auge der Sonne. Deine Gestalt ist wie die Gestalt von Scheherazade. Dir allein bringe ich das Opfer, daß ich ihn leben lasse!«
Ich ließ den Wekil los. Er richtete sich auf und stöhnte, blieb aber gehorsam sitzen.
Sie betrachtete mich aufmerksam vom Kopf bis zu den Füßen und fragte dann freundlich:

»Wer bist du?«

»Ich bin ein Nemsi, ein Fremdling, dessen Heimat weit drüben über dem Meer liegt.

»Sind eure Frauen schön?«

»Sie sind schön, aber sie gleichen doch nicht den Frauen am Schott Al-Kebir.«

Sie nickte, befriedigt lächelnd. Ich sah ihr an, daß ich Gnade vor ihren Augen gefunden hatte.

»Die Nemsi sind sehr kluge, sehr tapfere und sehr höfliche Leute, das habe ich schon oft gehört«, entschied sie. »Du bist uns willkommen! Aber warum hast du diesen Mann gebunden? Warum fliehen unsere Soldaten vor dir, und warum wolltest du den mächtigen Statthalter töten?«

»Ich habe diesen Mann gefesselt, weil er ein Mörder ist. Deine Soldaten flohen vor mir, weil sie merkten, daß ich sie alle elf besiegen würde, und den Wekil habe ich gebunden, weil er mich schlagen und dann vielleicht sogar zum Tod verurteilen wollte, ohne mir Gerechtigkeit zu geben.«

»Du sollst Gerechtigkeit haben!«

Der Wekil sah sein Ansehen bedroht und machte einen Versuch, es wieder herzustellen:

»Ich bin ein gerechter Richter und werde...«

»Sen sus – du sollst den Mund halten!« gebot sie ihm. »Du weißt, daß ich diesen Menschen kenne, der sich Abu En Nassr, Vater des Sieges, nennt. Er sollte sich lieber Vater der Lüge nennen. Er war schuld, daß man dich nach Algier schickte, gerade als du Mulasim werden konntest. Er war schuld, daß du dann nach Tunis kamst und hier in dieser Einsamkeit vergraben wurdest. Sooft er bei dir war, mußtest du etwas tun, was dir Schaden brachte. Ich hasse ihn und habe nichts dagegen, daß dieser Fremdling hier ihn tötet. Er hat es verdient!«

»Er kann nicht getötet werden; er ist ein Padischahin gölgesinde!«

»Aghzini tut! – Halte den Mund! Er ist ein Padischahin gölgesinde, das heißt, er steht im Schatten des Padischah. Dieser Fremdling aber steht im Schatten der Statthalterin, in meinem Schatten, hörst du? Und wer in meinem Schatten steht, den soll deine Hitze nicht verderben. Steh auf und folge mir!«

Sie wandte sich zum Gehen, und er machte den Versuch, sich ihr anzuschließen. Das war natürlich ganz gegen meine Absicht.

»Halt!« befahl ich und packte ihn nochmals beim Genick. »Du bleibst da!«
Da drehte sich die Statthalterin um.
»Hast du nicht gesagt, daß du ihn freigeben willst?« fragte sie.
»Ja, aber nur unter der Bedingung, daß er an seinem Platz bleibt.«
»Er kann doch nicht in alle Ewigkeit hier sitzen bleiben!«
»Du hast recht, Rose von Kbilli, aber er kann wenigstens so lange hierbleiben, bis meine Angelegenheit erledigt ist.«
»Die ist bereits erledigt.«
»Wieso?«
»Habe ich dir nicht gesagt, daß du uns willkommen bist?«
»Das ist richtig.«
»Du bist unser Gast und sollst so lange bei uns wohnen, bis es dir gefällt, uns wieder zu verlassen.«
»Und Abu En Nassr, den du ›Vater der Lüge‹ genannt hast?«
»Du kannst mit ihm machen, was du willst.«
»Ist das wahr, Wekil?«
Er zögerte mit seiner Antwort, aber ein strenger Blick seiner Herrin zwang ihn zu sprechen:
»Ja.«
»Du schwörst es mir?«
»Ich schwöre es.«
»Bei Allah und seinem Propheten?«
»Muß ich?« fragte er Madame, die Rose von Kbilli.
»Du mußt!« antwortete sie entschieden.
»Dann schwöre ich es bei Allah und dem Propheten.«
»Nun darf er mit mir gehen?« fragte sie mich.
»Er darf«, antwortete ich.
»Du wirst nachkommen und mit uns einen Hammel mit Kuskusu speisen.«
»Hast du einen Raum, in dem ich Abu En Nassr einsperren kann?«
»Nein«, antwortete Madame Mersina. »Binde ihn an den Stamm der Palme dort an der Mauer. Er wird dir nicht entfliehen, denn ich werde ihn durch unsere Truppen bewachen lassen.«
»Ich werde ihn selbst bewachen«, antwortete Omar an meiner Stelle. »Er wird mir nicht entfliehen, sondern mit seinem Tod das Leben meines Vaters bezahlen. Mein Messer wird so scharf sein wie mein Auge.«

59

Der Mörder hatte seit seiner Fesselung kein Wort mehr gesprochen. Sein Auge funkelte tückisch und unheimlich, als er uns zu der Palme folgen mußte, an der wir ihn festbanden.

Es war nicht meine Absicht, ihm das Leben zu nehmen; aber er war der Blutrache verfallen, und ich wußte, daß keine Macht der Welt Omar dazu bewegt hätte, ihn zu begnadigen. Wie der Türke sagt: Das Blut bezahlt das Blut. Am liebsten wäre es mir gewesen, wenn es ihm gelingen würde, ohne mein Wissen zu entwischen.

Ich ließ ihn in der Obhut Omars und ging mit Halef in das Selamlük. Unterwegs fragte mich der Kleine:

»Du sagtest, dieser Mensch sei kein Moslem. Ist das wahr?«

»Er ist ein armenischer Christ und gibt sich als Mohammedaner aus, wo er sich Vorteile davon verspricht.«

»Du hältst ihn für einen schlechten Menschen?«

»Für einen sehr schlechten.«

»Siehst du, Effendi, daß die Christen schlechte Menschen sind! Du mußt dich zum wahren Glauben bekennen, wenn du nicht in alle Ewigkeit in der Hölle braten willst!«

»Du wirst selbst darin braten!«

»Weshalb?«

»Hast du mir nicht erzählt, daß im Darak Al-Asfall, in der siebenten und tiefsten Hölle, alle Lügner und Heuchler braten und die Teufelsköpfe vom Baume Zakkoum essen müssen?«

»Ja, aber was habe ich damit zu tun?«

»Du bist ein Lügner und Heuchler!«

»Ich, Sihdi? Meine Zunge redet die Wahrheit, und in meinem Herzen ist kein Falsch. Wer mich so nennt, wie du mich nanntest, den wird meine Kugel treffen!«

»Du lügst, Mekka gesehen zu haben, und heuchelst, ein Hadschi zu sein. Soll ich das dem Wekil erzählen?«

»Verzeih, verzeih! Das wirst du Hadschi Halef Omar, dem treuesten Diener, den du finden kannst, nicht antun!«

»Nein, ich werde es nicht tun, aber du kennst auch die Bedingung, unter der ich schweige!«

»Ich kenne sie und werde mich in acht nehmen. Aber du wirst doch noch ein wahrer Gläubiger werden, ob du willst oder nicht, Sihdi!«

Wir wurden schon vom Wekil erwartet. Er sah unfreundlich aus.

»Setz dich!« lud er mich ein.
Ich folgte seiner Aufforderung und nahm dicht neben ihm Platz, während Halef sich mit den Pfeifen beschäftigte, die mittlerweile in einer Ecke des Raumes bereitgestellt worden waren.
»Warum wolltest du das Gesicht meines Weibes sehen?« begann der Wekil die Unterhaltung.
»Weil ich ein Franke bin, der gewohnt ist, stets das Angesicht dessen zu sehen, mit dem er spricht.«
»Ihr habt schlechte Sitten! Unsere Frauen verbergen sich, eure aber lassen sich sehen. Unsere Frauen tragen Kleider, die oben lang und unten kurz sind. Eure aber haben Gewänder, die oben kurz und unten lang, oft auch oben und unten zugleich kurz sind.«
»Wekil, ist das die angebotene Gastfreundschaft? Seit wann ist es Sitte geworden, den Gastfreund mit einer Beleidigung zu empfangen? Ich brauche weder deinen Hammel noch dein Kuskusu und werde wieder in den Hof hinuntergehen. Folge mir!«
»Effendi, verzeih mir! Ich wollte dir nur sagen, was ich dachte, aber ich wollte dich nicht beleidigen. Setz dich wieder und erzähle mir, wo du Abu En Nassr getroffen hast.«
Ich berichtete ausführlich über unser Abenteuer. Er hörte schweigend zu, dann schüttelte er den Kopf.
»Du glaubst also, daß er den Kaufmann in Blida ermordet hat?«
»Ja.«
»Du warst aber nicht dabei!«
»Ich habe es aus den Umständen geschlossen.«
»Das darf nur Allah allein. Er ist allwissend. Des Menschen Gedanke ist wie der Reiter, den ein ungehorsames Pferd dorthin trägt, wohin er nicht kommen wollte.«
»Nur Allah darf Schlußfolgerungen ziehen, weil er allwissend ist? O Wekil, dein Geist ist müde von den vielen Hammeln mit Kuskusu, die du gegessen hast! Eben weil Allah allwissend ist, braucht er das nicht zu tun.«
»Ich höre, daß du ein Gelehrter bist, der viele Schulen besucht hat, denn du sprichst in Worten, die niemand verstehen kann. Und du glaubst auch, daß Abu En Nassr den Mann im Wadi Tarfaui getötet hat? Warst du dabei?«
»Nein.«
»Hat es dir der Tote erzählt?«

»Wekil, die Hammel, die du verzehrt hast, hätten gewußt, daß ein Toter nicht sprechen kann!«
»Effendi, jetzt bist du selber unhöflich! Du warst nicht dabei. Der Tote konnte es dir nicht sagen. Woher willst du wissen, daß Abu En Nassr ein Mörder ist?«
»Ich schließe es aus meinen Beobachtungen.«
»Ich habe dir bereits gesagt, daß nur Allah so etwas tun darf.«
»Ich habe seine Spur gesehen und verfolgt, und als ich ihn traf, hat er mir den Mord eingestanden.«
»Daß du seine Spur gefunden hast, ist kein Beweis, daß er ein Mörder ist. Mit einer Spur hat noch niemand einen Menschen erschlagen. Und daß er dir den Mord eingestanden hat, will nicht viel heißen. Er ist ein Spaßvogel, der sich mit dir einen Scherz erlaubt hat.«
»Mit einem Mord spaßt man nicht!«
»Aber mit einem Menschen, und der warst du. Und du glaubst auch, daß er den Khabir Sadek erschossen hat?«
»Ja.«
»Du warst dabei?«
»Allerdings.«
»Und hast es gesehen?«
»Ganz genau. Auch Hadschi Halef Omar ist Zeuge.«
»Gut, also hat er ihn erschossen. Aber willst du wirklich deshalb sagen, daß er ein Mörder ist?«
»Natürlich!«
»Weil du Zeuge warst, daß er den Führer erschossen hat, glaubst du, daß er ein Mörder ist?«
»Das versteht sich doch von selbst.«
»Falsch! Wenn es nun Blutrache gewesen wäre! Gibt es in deinem Land keine Blutrache?«
»Nein.«
»Dann sage ich dir, daß der Bluträcher niemals ein Mörder ist. Kein Richter verdammt ihn; nur die Familie des Toten hat das Recht, ihn zu verfolgen.«
»Aber Sadek hat ihn nicht beleidigt!«
»So wird ihn der Stamm beleidigt haben, zu dem Sadek gehörte.«
»Auch das ist nicht der Fall. Ich will mit diesem Abu En Nassr gar nichts zu tun haben, wenn er mich in Ruhe läßt. Aber er hat den Khabir Sadek erschlagen, dessen Sohn Omar Ibn Sadek, wie

du vorhin selbst erklärt hast, ein Recht auf das Leben des Mörders hat. Mach es mit ihm ab, aber sorge auch dafür, daß mir dieser ›Vater des Sieges‹ nicht wieder begegnet. Sonst rechne ich mit ihm ab!«
»Sihdi, jetzt trieft deine Rede von Weisheit. Ich werde mit Omar sprechen, daß er ihn freigeben soll.«
Er erhob sich und ging auf den Hof. Ich wußte, daß seine Bemühungen bei Omar vergeblich sein würden. Wirklich kehrte der Wekil nach einiger Zeit mit finsterer Miene zurück. Er blieb auch schweigsam, als der am Spieß gebratene Hammel aufgetragen wurde, den die lieblichen Hennafinger der »Rose von Kbilli« zubereitet hatten. Ich langte zu. Gerade hatte mir der Wekil gesagt, daß Omar seine Mahlzeit hinaus in den Hof bekommen solle, da er nicht zu bewegen sei, von seinem Gefangenen fortzugehen, als draußen ein lauter Schrei erscholl. Ich horchte auf. Der Ruf wiederholte sich: »Effendi, zu Hilfe!«
Dieser Ruf galt mir. Ich sprang auf und eilte hinaus. Omar lag auf der Erde und schlug sich mit den Soldaten herum. Der Gefangene war nicht zu sehen. Am Ausgang aber stand der Schwarze und grinste mich schadenfroh an:
»Fort, Sihdi – dort reiten!«
Drei Schritte brachten mich vor das Haus. Ich sah Abu En Nassr zwischen den Palmen verschwinden. Er ritt ein Eilkamel, das einen sehr guten Schritt zu haben schien. Ich erriet alles. Der Wekil war erfolglos im Hof gewesen, aber er wollte Abu En Nassr retten. Er hatte dem Schwarzen den Befehl gegeben, das Kamel bereitzuhalten, und den Soldaten befohlen, Omar zu halten und den Gefangenen loszuschneiden. Die elf tapferen Helden hatten Omar überwältigt, und der Streich war gelungen.
Allerdings hatten sie ihren Sieg teuer bezahlt. Omar hatte sein Messer gezogen, und als ich den Knäuel der Kämpfenden auseinanderbrachte, sah ich, daß mehrere von ihnen bluteten.
»Er ist fort, Sihdi!« keuchte der junge Führer vor Wut und Anstrengung.
»Ich habe es gesehen.«
»Wohin?«
»Dorthin.«
Ich deutete mit der Hand die Himmelsrichtung an.
»Strafe du diese Kerle hier, Effendi, ich werde dem Entflohenen nachjagen.«

»Er saß auf einem Reitkamel.«
»Ich werde ihn trotzdem einholen.«
»Du hast kein Tier!«
»Sihdi, ich habe Freunde, die mir ein edles Tier geben werden, und Datteln und Wasserschläuche. Bevor er am Horizont verschwindet, werde ich auf seiner Spur sein. Du wirst meine Fährte finden, wenn du mir folgen willst.«
Omar lief davon.
Halef hatte alles gesehen und mir geholfen, Omar aus den Händen der Soldaten zu befreien. Er glühte vor Zorn.
»Warum habt ihr diesen Menschen befreit, ihr Hunde, ihr Abkömmlinge von Mäusen und Ratten...«
Er hätte sicherlich seine Strafpredigt fortgesetzt, wenn nicht Madame Wekil auf dem Platz erschienen wäre. Sie war wieder dicht verschleiert.
»Was ist geschehen?« fragte sie mich.
»Deine Truppen sind über meinen Führer hergefallen...«
»Ihr Schurken, ihr Halunken!« rief sie, stampfte mit dem Fuß und zwängte ihre roten Fäuste durch die Hülle.
»Und haben den Gefangenen befreit...«
»Ihr Spitzbuben, ihr Betrüger!« fuhr sie fort. Es sah so aus, als wolle sie sich auf die Soldaten stürzen.
»Auf Befehl des Wekil«, fügte ich hinzu.
»Des Wekil? Der Wurm, der Ungehorsame, der Trottel, der Dickschädel! Meine Hand soll über ihn kommen, und zwar sogleich, in diesem Augenblick!«
Sie wandte sich um und ruderte voller Zorn in das Selamlük.
Halef machte ein befriedigtes Gesicht und meinte:
»Sie ist der Wekil und er die Frau Wekil, und wir stehen uns hier besser im Schatten der Statthalterin, als wenn wir ein Buyuruldu hätten und der Padischahin gölgesinde, der Schatten des Großherrn, uns beschützte. Hamdulillah, Preis sei Allah, daß ich nicht so glücklich bin, der Wekil dieser Statthalterin zu sein!«

4 Abrahim Mamurs Harem

Es war um die Zeit, in der die ägyptische Sonne ihre Strahlen mit voller Glut auf die Erde sendet und jeder, den nicht die Not unter den freien Himmel treibt, sich in den Schutz seines Daches zurückzieht und nach Ruhe und Kühlung strebt.
Ich lag auf dem weichen Diwan meiner Wohnung, schlürfte würzigen Mokka und schwelgte im Duft des köstlichen Dschebeli-Tabaks, der meiner Pfeife entströmte. Die starken, nach außen fensterlosen Mauern hielten die Sonne ab. Poröse Tongefäße, durch deren Wände das Nilwasser verdunstete, machten die Luft so erträglich, daß ich von der üblichen Müdigkeit der Mittagszeit nur wenig oder gar nichts bemerkte.
Da erhob sich draußen die wütende Stimme meines Dieners Halef Aga.
Halef Aga? Ja, mein guter, kleiner Halef war ein Aga, ein Herr, geworden, und wer hatte ihn dazu gemacht? Merkwürdige Frage! Wer sonst als er selbst!
Wir waren über Tripolis und Kufarah nach Ägypten gekommen, hatten Kairo besucht, das der Ägypter schlechthin Al-Káhira, die Siegreiche, nennt, waren den Nil, soweit es mir meine beschränkten Mittel erlaubten, hinaufgefahren und hatten uns dann zum Ausruhen eine Wohnung genommen, in der ich mich ganz wohl gefühlt hätte, wenn nicht mein sonst sehr prächtiger Diwan und alle Teppiche von jenen springfertigen, stechkundigen Geschöpfen heimgesucht worden wären, die zur Familie des Pulex irritans gehören und nichts anderes sind als ganz gewöhnliche Flöhe.
Also draußen erhob sich die scheltende Stimme meines Dieners Halef Aga, die mich aus meinen Träumen weckte:
»Was? Wie? Wen?«
»Den Effendi«, antwortete es schüchtern.
»Den Effendi, den großen Herrn und Meister, willst du stören?«
»Ich muß ihn sprechen.«
»Was? Du mußt? Jetzt, in seinem Kef? Hat dir der Teufel – Allah beschütze mich vor ihm! – den Kopf mit Nilschlamm gefüllt, daß du nicht begreifen kannst, was ein Effendi, ein Hekim, zu bedeuten hat, ein Mann, den der Prophet mit Weisheit speist,

*Neben modernen Dampfern
befährt die Dhau auch heute noch den Nil*

so daß er alles kann, sogar die Toten lebendig machen, wenn sie ihm nur sagen, woran sie gestorben sind!«
Ach ja, ich muß gestehen, daß mein Halef hier in Ägypten außerordentlich stolz geworden war, außerdem unendlich grob und heillos aufschneiderisch, und das will im Orient etwas heißen.
Mir war in Kairo eine alte, nur noch halbgefüllte homöopathische Apotheke in die Hand gekommen. Ich hatte hier und da bei einem Fremden oder Bekannten fünf Körnchen von der dreißigsten Potenz versucht und während der Nilfahrt meinen Schiffern gegen alle möglichen eingebildeten Leiden eine Messerspitze Milchzucker gegeben. So war ich mit ungeheurer Schnelligkeit in den Ruf eines Arztes gekommen, der mit dem Schaitan im Bunde stehe, weil er mit drei Körnchen Durrhahirse Tote lebendig machen könne.
Dieser Ruf hatte in dem Kopf meines Halef eine harmlose Art von Größenwahn erweckt, der ihn aber glücklicherweise nicht hinderte, mir der treueste und aufmerksamste Diener zu sein. Daß er am meisten dazu beitrug, meinen Ruhm zu verbreiten, versteht sich von selbst. Nebenbei versuchte er, durch eine Grobheit zu glänzen, die klassisch zu werden drohte.
So hatte er sich unter anderem von seinem geringen Lohn eine Nilpferdpeitsche gekauft, ohne die er sich nicht mehr sehen ließ. Er kannte Ägypten von früher her und behauptete, ohne Peitsche sei da gar nicht auszukommen, weil sie größere Wunder tue als Höflichkeit und Geld.

»Gott erhalte deine Rede, Sihdi«, hörte ich die bittende Stimme wieder; »aber ich muß deinen Effendi, den großen Arzt aus Franghistan, wirklich sehen und sprechen.«

»Jetzt nicht.«

»Es ist sehr wichtig, sonst hätte mich mein Herr nicht hergeschickt.«

»Wer ist dein Herr?«

»Es ist der reiche und mächtige Abraham Mamur, dem Allah tausend Jahre schenken möge.«

»Abraham Mamur? Wer ist denn dieser Abraham Mamur, und wie hieß sein Vater? Wer war der Vater seines Vaters und der Vater seines Vatervaters? Von wem wurde er geboren, und wo leben die, denen er seinen Namen verdankt?«

»Das weiß ich nicht, Sihdi, aber er ist ein mächtiger Herr, wie ja schon sein Name sagt.«

»Sein Name? Was meinst du?«

»Abraham Mamur. Mamur heißt der Vorsteher einer Provinz, und ich sage dir, daß er wirklich ein Mamur gewesen ist.«

»Gewesen? Er ist es also nicht mehr?«

»Nein.«

»Das dachte ich mir. Niemand kennt ihn, selbst ich, Halef Aga, der tapfere Freund und Beschützer meines Gebieters, habe noch nie von ihm gehört und noch nie die Spitze seines Tarbuschs gesehen. Geh fort, mein Herr hat keine Zeit.«

»Dann sag mir, Sihdi, was ich tun muß, um zu ihm zu kommen!«

»Kennst du nicht das Wort von dem silbernen Schlüssel, der die Stätten der Weisheit erschließt?«

»Ich habe diesen Schlüssel bei mir.«

»So schließe auf.«

Ich horchte gespannt und vernahm das leise Klimpern von Geldstücken.

»Ein Piaster? Kerl, das Loch im Schloß ist größer als dein Schlüssel. Er paßt nicht, denn er ist zu klein.«

»So muß ich ihn vergrößern.«

Wieder klang es draußen wie kleine Silberstücke. Ich wußte nicht, ob ich lachen sollte oder mich ärgern. Dieser Halef Aga war ja ein ganz außerordentlich geriebener Portier geworden!

»Drei Piaster? Gut, so kann man wenigstens fragen, was du bei dem Effendi auszurichten hast.«

»Er soll kommen und seine verzauberte Medizin mitbringen.«
»Was fällt dir ein? Für drei Piaster soll ich ihn verleiten, diese Medizin wegzugeben, die ihm in der ersten Nacht jedes Neumondes von einer weißen Fee gebracht wird?«
»Ist das wahr?«
»Ich, Hadschi Halef Omar Aga, Ben Hadschi Abul Abbas Ibn Hadschi Dawuhd al Gossarah, sage es. Ich habe sie selbst gesehen, und wenn du es nicht glaubst, so wirst du hier diese Kurbadsch, meine Nilpferdpeitsche, zu kosten bekommen!«
»Ich glaube es, Sihdi!«
»Das ist dein Glück!«
»Und ich werde dir noch zwei Piaster geben.«
»Gib sie her! Wer ist denn krank im Hause deines Herrn?«
»Das ist ein Geheimnis, das nur der Effendi erfahren darf.«
»Nur der Effendi? Kerl, bin ich nicht auch ein Effendi, der die Fee gesehen hat? Geh nach Hause, Halef Aga läßt sich nicht beleidigen!«
»Verzeih, Sihdi; ich werde es dir sagen.«
»Ich will es nicht mehr wissen, Pack dich nach Hause!«
»Aber ich bitte dich...«
»Pack dich!«
»Soll ich dir noch einen Piaster geben?«
»Ich nehme keinen einzigen mehr!«
»Sihdi!«
»Sondern zwei!«
»O Sihdi, deine Stirn leuchtet vor Güte. Hier hast du die zwei Piaster.«
»Schön! Also wer ist krank?«
»Das Weib meines Herrn.«
»Das Weib deines Herrn?« fragte Halef verwundert. »Welche Frau?«
»Er hat nur diese eine.«
»Und so etwas will Mamur gewesen sein?«
»Er ist so reich, daß er hundert Frauen haben könnte, aber er liebt nur diese.«
»Was fehlt ihr?«
»Niemand weiß es. Ihr Leib ist krank, und ihre Seele ist noch kränker.«
»Allah karim, Gott ist gnädig, aber ich nicht. Ich stehe da, mit der Nilpferdpeitsche in der Hand, und möchte sie auf deinem

Rücken tanzen lassen. Beim Bart des Propheten, du redest, als wäre dir der Verstand ins Wasser gefallen! Weißt du nicht, daß ein Weib gar keine Seele hat und deshalb auch nicht in den Himmel darf? Wie kann also die Seele eines Weibes krank sein oder sogar noch kränker als ihr Leib?«
»Ich weiß es nicht. Man hat es mir so gesagt, Sihdi. Laß mich hinein zu deinem Effendi!«
»Ich darf nicht.«
»Warum nicht?«
»Mein Herr kennt den Koran und verachtet die Frauen. Die schönste Perle der Frauen ist ihm wie der Skorpion im Sand. Seine Hand hat noch nie das Gewand einer Frau berührt. Er darf kein irdisches Weib lieben, sonst würde die Fee nie wiederkommen.«
Ich muß das Talent Halef Agas von Minute zu Minute mehr anerkennen, hatte aber trotzdem große Lust, ihn seine eigene Nilpferdpeitsche schmecken zu lassen.
»Du mußt wissen, Sihdi«, sagte draußen der Bote, »daß er ihr Gewand nicht berühren und ihre Gestalt nicht sehen wird. Er darf nur durch das Gitter mit ihr sprechen.«
»Ich bewundere die Klugheit deiner Worte und die Weisheit deiner Rede, mein Freund. Merkst du denn nicht, daß er gerade durch das Gitter nicht mit ihr sprechen darf?«
»Warum nicht?«
»Weil die Gesundheit, die der Effendi spenden soll, am Gitter hängenbleiben würde. Verschwinde!«
»Ich darf nicht gehen, denn ich werde hundert Schläge auf die Sohlen bekommen, wenn ich den weisen Effendi nicht mitbringe.«
»Danke deinem gütigen Herrn, du Sklave eines Ägypters, daß er deine Füße mit Gnade erleuchtet. Ich will dich nicht um dein Glück betrügen. Allah sei bei dir und lasse dir die hundert Schläge gut bekommen!«
»Hör mich doch an, tapferer Aga! Der Herr unseres Hauses hat mehr Beutel in seiner Schatzkammer, als du zählen kannst. Er hat mir befohlen, daß du auch mitkommen sollst. Du wirst ein Bakschisch erhalten, ein Geschenk, wie es selbst der Khedive von Ägypten nicht reicher geben würde.«
Jetzt endlich wurde der Bote klug und faßte meinen Halef etwas kräftiger bei dem Punkt, an dem man jeden Orientalen packen

muß, wenn man ihn günstig stimmen will. Mein Haushofmeister änderte auch sofort seinen Ton und antwortete mit viel freundlicherer Stimme:
»Allah segne deinen Mund, mein Freund! Aber ein Piaster in meiner Hand ist mir lieber als zehn Beutel in der Hand eines anderen. Deine Hand ist leider so mager wie der Schakal in der Schlinge.«
»Du solltest nicht so lange überlegen, mein Bruder!«
»Dein Bruder? Was fällt dir ein? Du bist ein Sklave, während ich als freier Mann meinen Effendi begleite und beschütze! Wie kann das Feld Früchte bringen, wenn so wenig Tropfen Tau vom Himmel fallen!«
»Hier hast du noch drei Tropfen!«
»Noch drei? Dann will ich sehen, ob ich den Effendi stören darf, wenn dein Herr wirklich ein solches Bakschisch gibt.«
»Er gibt es.«
»Warte einen Augenblick!«
Jetzt endlich also glaubte er, mich »stören zu dürfen«, der schlaue Fuchs! Übrigens handelte er nach der allgemeinen Unsitte, so daß er einigermaßen zu entschuldigen war, zumal das wenige, was er für seine Dienste von mir forderte, kaum der Rede wert war.
Was mir bei der ganzen Angelegenheit merkwürdig vorkam, war der Umstand, daß ich nicht zu einem männlichen, sondern zu einem weiblichen Patienten gerufen wurde. Abgesehen von den wandernden Nomadenstämmen, verbirgt der Moslem die Bewohnerinnen seiner Frauengemächer vor den Augen aller Fremden. Vielleicht handelte es sich hier um ein nicht mehr junges Weib, das sich die Liebe Abraham Mamurs erhalten hatte.
Halef Aga trat ein.
»Schläfst du, Sihdi?«
Hier nannte er mich Sihdi, und draußen ließ er sich selbst so nennen.
»Nein. Was willst du?«
»Draußen steht ein Mann, der mit dir sprechen will. Er hat ein Boot im Nil und sagt, ich müsse auch mitkommen.«
Der schlaue Kerl machte diese Bemerkung nur, um sich das versprochene Trinkgeld zu sichern. Ich wollte ihn nicht in Verlegenheit bringen und tat, als ob ich nichts gehört hätte.
»Was will er?«

»Es ist jemand krank.«
»Ist es wichtig?«
»Sehr, Effendi. Die Seele der Kranken ist schon dabei, die Erde zu verlassen. Du mußt dich beeilen, wenn du sie festhalten willst.«
Hm, er war kein schlechter Vermittler!
»Laß den Mann hereinkommen!«
Er ging hinaus und kam mit dem Boten wieder, der sich bis zur Erde verbeugte, die Schuhe auszog und demütig wartete, bis ich ihn anredete.
»Komm näher!«
»Allah sei mit dir, o Herr, und lasse dein Ohr offen sein für die demütige Bitte des geringsten deiner Knechte.«
»Wer bist du?«
»Ich bin ein Diener des großen Abrahim Mamur, der droben am Fluß wohnt.«
»Was sollst du mir sagen?«
»Es ist großes Herzeleid gekommen über das Haus meines Gebieters. Güzela, die Krone seines Herzens, schwindet dahin in die Schatten des Todes. Kein Arzt, kein Fakir und kein Zauberer vermochte den Schritt ihrer Krankheit aufzuhalten. Da hörte mein Herr, den Allah erfreuen möge, von dir und deinem Ruhm und daß der Tod vor deiner Stimme flieht. Er sandte mich zu dir und läßt dir sagen: ›Komm und nimm den Tau des Verderbens von meiner Blume, so soll mein Dank süß sein und hell wie der Glanz des Goldes.‹«
Krone des Herzens? Diese Beschreibung für eine bejahrte Frau kam mir ein wenig überschwenglich vor.
»Ich kenne den Ort nicht, wo dein Herr wohnt. Ist es weit von hier?«
»Er wohnt am Strand und sendet dir ein Boot. In einer Stunde wirst du bei ihm sein.«
»Wer wird mich zurückfahren?«
»Ich.«
»Ich komme. Warte draußen!«
Er nahm seine Schuhe und zog sich zurück. Ich erhob mich, zog mich um und griff nach meinem Kästchen mit Fingerhut, Schwefel, Pulsatilla und all den Mitteln, die in einer Apotheke von hundert Nummern zu haben sind. Nach fünf Minuten saßen wir in dem von vier Ruderern bewegten Kahn, ich in Gedanken ver-

Arabische Pfeife

sunken, Halef Aga aber stolz wie ein Pascha von drei Roßschweifen. Im Gürtel trug er die silberbeschlagenen Pistolen, die ich in Kairo geschenkt bekommen hatte, und den scharfen, glänzenden Dolch. In der Hand hielt er die unvermeidliche Nilpferdpeitsche als bestes Mittel, sich Achtung, Ehrerbietung und Berücksichtigung zu verschaffen.

Es ging eine Strecke weit an Durrha-, Tabak-, Sesam- und Sennespflanzungen vorüber, in deren Hintergrund schlanke Palmen ragten. Dann folgten unbebaute Flächen, schließlich kam nacktes Gestein, und mitten aus den wohl schon vor Jahrtausenden herumgestreuten Felsblöcken erhob sich eine Mauer, durch die wir uns einen Eingang suchen mußten.

Ein schmaler Kanal führte aus dem Fluß unter der Mauer hindurch, jedenfalls, um die Bewohner mit Wasser zu versehen, ohne daß sie ihre Wohnung zu verlassen brauchten. Unser Bote ging voran, führte uns um zwei Ecken zu der dem Wasser abgekehrten Seite der Mauer und gab an dem dort eingelassenen Tor ein Zeichen. Sofort wurde geöffnet.

Das Gesicht eines Schwarzen grinste uns entgegen. Wir beachteten seinen ehrfurchtsvollen Gruß nicht und gingen an ihm vorbei. Architektonische Schönheit hatte ich nicht erwartet. Deshalb war ich auch nicht überrascht von der kahlen, nackten, fensterlosen Front, die das Haus mir zukehrte. Wohin das Auge auch sah, fand es nichts als starre, kahle Öde. Nur Scharen von Schwalben, die in den zahlreichen Rissen und Sprüngen des Gebäudes nisteten, brachten Leben und Bewegung in das traurige, tote Bild.
Der Bote geleitete uns durch einen niedrigen Torgang in einen kleinen Hof mit einem Wasserbecken in der Mitte. Bis hierher führte der Kanal, den ich vorhin bemerkt hatte.
Vom Hof aus sah man mehrere hölzerne Gitter, hinter denen wohl die Wohnräume lagen. Ich konnte sie jetzt nicht näher betrachten, sondern gab Halef einen Wink, mit der Apotheke auf mich zu warten, und folgte dem Boten in das Selamlük des Hauses. Es war ein geräumiges, halbdunkles und hohes Zimmer, durch dessen vergitterte Fensteröffnungen ein wohltuend gedämpftes Licht fiel. Die in einer Nische stehenden Wasserkühlgefäße erzeugten eine recht angenehme Temperatur. Ein Geländer trennte den Raum in zwei Hälften, von denen die vordere für die Dienerschaft, die hintere für den Herrn und seine Gäste bestimmt war. Den Hintergrund zierte ein breiter Diwan, der von einer Ecke bis in die andere reichte. Auf ihm saß Abraham Mamur, der »Besitzer von vielen Beuteln«.
Er erhob sich bei meinem Eintritt, blieb aber der Sitte gemäß vor seinem Sitz stehen. Da ich nicht die dort übliche Fußbekleidung trug, konnte ich sie auch nicht ausziehen, sondern ging mit meinen Lederstiefeln über die kostbaren Teppiche und ließ mich an seiner Seite nieder. Die Diener brachten den unvermeidlichen Kaffee und die noch wichtigeren Pfeifen. Nun konnte es losgehen.
Mein erster Blick galt der Pfeife meines Gastgebers. Jeder Kenner des Orients weiß, daß man danach die Verhältnisse ihres Besitzers ziemlich genau beurteilen kann. Das lange, wohlriechende und mit stark vergoldetem Silberdraht umsponnene Rohr hatte sicher tausend Piaster gekostet. Noch teurer war das Bernsteinmundstück, das aus zwei Teilen bestand, zwischen denen ein mit Edelsteinen besetzter Ring schimmerte. Der Mann schien wirklich »viele Beutel« zu besitzen.

Wo hatte ich nur dieses Gesicht schon einmal gesehen, diese schönen, feinen und in ihrem Mißklang doch so teuflischen Züge? Forschend, scharf, stechend senkte sich der Blick der kleinen, unbewimperten Augen auf mich und wendete sich kalt und wie beruhigt wieder ab. Glühende Leidenschaften hatten in diesem Gesicht Spuren hinterlassen.

Wo war ich diesem Mann begegnet? Gesehen hatte ich ihn. Ich mußte mich nur besinnen, aber ich fühlte, unter freundlichen Umständen war es nicht gewesen.

»Allah sei mit dir!« ertönte es gemessen aus dem vollen, prächtigen, schwarzgefärbten Bart.

Diese Stimme war eisig, klanglos, ohne Leben und Gemüt; es konnte einem dabei kalt über den Rücken laufen.

Ich antwortete auf den Gruß.

»Möge Allah Balsam wachsen lassen auf den Spuren deiner Füße und Honig träufeln von den Spitzen deiner Finger, damit mein Herz nicht mehr die Stimme seines Kummers höre!«

»Gott gebe dir Frieden und lasse mich das Gift finden, das am Leben deines Glückes nagt«, erwiderte ich, da nicht einmal der Arzt nach dem Weib des Moslems fragen darf, ohne gegen Höflichkeit und Sitte zu verstoßen.

»Ich habe gehört, daß du ein weiser Hekim bist. Welche Madrasah, welche hohe Schule hast du besucht?« fragte Abrahim Mamur.

»Keine.«

»Keine?«

»Ich bin kein Moslem, sondern ein Nemsi.«

»Ein Nemsi? Ich weiß, die Nemsi sind kluge Leute. Sie kennen den Stein der Weisen und das Abrakadabra, das den Tod vertreibt.«

»Es gibt weder einen Stein der Weisen noch ein Abrakadabra.«

Er blickte mir kalt in die Augen.

»Vor mir brauchst du dich nicht zu verstecken. Ich weiß, daß die Zauberer nicht von ihrer Kunst sprechen dürfen. Ich will sie dir auch gar nicht entlocken, nur helfen sollst du mir. Wie vertreibst du die Krankheit eines Menschen, durch Worte oder durch einen Talisman?«

»Weder durch Worte noch durch einen Talisman, sondern durch die Medizin.«

»Du sollst dich nicht vor mir verstecken. Ich glaube an dich, denn

obwohl du kein Moslem bist, ist deine Hand mit Erfolg gesegnet. Du wirst die Krankheit finden und besiegen.«
»Der Herr ist allmächtig, nur er kann retten und verderben. Doch wenn ich helfen soll, so sprich!«
Diese direkte Aufforderung, ein Geheimnis seines Haushaltes preiszugeben, schien ihn unangenehm zu berühren. Er versuchte sofort, die Schwäche zu verbergen, und folgte meiner Aufforderung: »Du bist aus dem Land der Ungläubigen, wo es keine Schande ist, von der zu reden, die die Tochter einer Mutter ist?«
Am liebsten hätte ich darüber gelacht, mit welcher Eleganz er es zu umgehen verstand, von »seinem Weib« zu sprechen, aber ich blieb ernst und antwortete ziemlich kalt:
»Du willst, daß ich dir helfen soll, und beschimpfst mich?«
»Wieso?«
»Du nennst meine Heimat das Land der Ungläubigen.«
»Ihr seid doch ungläubig! Aber schweigen wir über den Glauben! Der Moslem darf nicht von seinem Weib sprechen. Aber du erlaubst, daß ich von den Frauen in Franghistan rede?«
»Ich erlaube es.«
»Wenn das Weib eines Franken krank ist...«
Er sah mich an, als erwarte er eine Antwort. Ich winkte ihm nur, er solle weitersprechen.
»Also, wenn sie krank ist und keine Speise zu sich nimmt...«
»Weiter!«
»Wenn sie den Glanz ihrer Augen und die Fülle ihrer Wangen verliert, wenn sie müde ist und doch den Genuß des Schlafes nicht mehr kennt...«
»Weiter!«
»Wenn sie nur angelehnt steht und langsam, schleichend geht, vor Kälte schauert und vor Hitze brennt...«
»Weiter, weiter!«
»Wenn sie bei jedem Geräusch erschrickt und zusammenzuckt, wenn sie nichts wünscht, nichts liebt, nichts haßt und unter dem Schlag ihres Herzens zittert...«
»Immer weiter!«
»Wenn sie bei jedem Geräusch erschrickt und zusammenzuckt, wenn sie nicht lacht, nicht weint, nicht spricht; wenn sie kein Wort der Freude und kein Wort der Klage hören läßt und ihre Seufzer selbst nicht mehr vernimmt; wenn sie das Licht der Sonne nicht mehr sehen will und in der Nacht wach in den Ecken kauert...«

Wieder sah er mich an. In seinen flackernden Augen war eine Angst zu erkennen, die sich durch jedes der aufgezählten Krankheitsmerkmale zu vergrößern schien. Er mußte die Kranke mit der letzten, trüben und schwersten Glut seines fast ausgebrannten Herzens lieben und hatte mir, ohne es zu wollen, mit seinen Worten sein ganzes Verhältnis zu ihr verraten.
»Du bist noch nicht zu Ende!«
»Wenn sie zuweilen plötzlich einen Schrei ausstößt, als ob ihr ein Dolch in die Brust gestoßen würde; wenn sie ohne Aufhören ein fremdes Wort flüstert...«
»Welches Wort?«
»Einen Namen.«
»Weiter!«
»Wenn sie hustet und dann Blut über ihre bleichen Lippen fließt...«
Er blickte mich jetzt so starr und angstvoll an, daß ich merkte, meine Entscheidung würde ein Urteil für ihn sein, ein befreiendes oder ein vernichtendes. Ich zögerte nicht, ihm die Wahrheit zu sagen. »Sie wird sterben.«
Er saß erst einige Augenblicke bewegungslos, als hätte ihn der Schlag getroffen. Dann sprang er auf und stand hoch aufgerichtet vor mir. Der rote Fes war ihm vom kahlgeschorenen Kopf geglitten, die Pfeife seiner Hand entfallen; in seinem Gesicht zuckte es. Es war ein eigentümliches, furchtbares Gesicht, jeder einzelne Zug eine Schönheit und doch in der Gesamtwirkung abstoßend, häßlich, geradezu teuflisch.
»Giaur!« donnerte er mich an.
»Wie bitte?« fragte ich.
»Giaur, sagte ich. Wagst du, mir das zu bieten, du Hund? Die Peitsche soll dich lehren, wer ich bin und daß du zu tun hast, was ich dir befehle. Stirbt sie, so stirbst du auch. Machst du sie gesund, darfst du gehen und kannst verlangen, was dein Herz begehrt!«
Langsam erhob ich mich, stellte mich in meiner ganzen Länge vor ihn hin und fragte:
»Weißt du, was die größte Schande für einen Moslem ist?«
»Was?«
»Sieh nieder auf deinen Fes! Abraham Mamur, was sagt der Prophet und was sagt der Koran dazu, daß du die Scham deines Scheitels vor einem Christen entblößt?«

Im nächsten Augenblick hatte er sein Haupt bedeckt und den Dolch aus der Schärpe gerissen. Er war vor Grimm dunkelrot im Gesicht.
»Du mußt sterben, Giaur! Bete dein letztes Gebet!«
»Abrahim Mamur«, antwortete ich ruhig, »ich habe den Bären gejagt und bin dem Nilpferd nachgeschwommen. Der Elefant hat meinen Schuß gehört, und meine Kugel hat den Löwen, den ›Herdenwürgenden‹, getroffen. Danke Allah, daß du noch lebst, und bitte Gott, daß er dein Herz bezwingt. Du kannst es nicht, denn du bist zu schwach dazu und wirst doch sterben, wenn es nicht sofort geschieht!«
Das war eine neue Beleidigung, eine schwerere als die andere. Mit einem zuckenden Sprung wollte er mich fassen, fuhr aber sofort zurück, denn jetzt blitzte auch in meiner Hand die Waffe, die man in jenen Ländern niemals ablegen darf. Wir standen uns allein gegenüber, denn er hatte die Dienerschaft hinausgeschickt, damit sie nichts von unserer heiklen Unterhaltung hören konnte. Mit Halef zur Unterstützung hatte ich keinen Grund, mich vor den Bewohnern des alten Hauses zu fürchten. Notfalls hätten wir beide die wenigen hier wohnenden Männer überwältigt. Aber ich ahnte zuviel von dem Schicksal der Kranken. Ich mußte sie sehen und womöglich einige Worte mit ihr sprechen.
»Du willst schießen?« fragte er wütend und zeigte auf meinen Revolver.
»Ja.«
»Hier in meinem Haus?«
»Allerdings, wenn ich gezwungen werde, mich zu verteidigen.«
»Hund, es ist wahr, was ich gleich vorhin dachte, als du hereinkamst!«
»Was ist wahr, Abrahim Mamur?«
»Daß ich dich schon einmal gesehen habe.«
»Wo und wann?«
»Ich weiß es nicht, aber es ist sicher, daß es nicht im Guten war.«
»Genau wie heute, denn es sollte mich wundern, wenn diese Zusammenkunft gut endete. Du hast mich ›Hund‹ genannt. Ich sage dir, daß dir im nächsten Augenblick meine Kugel im Gehirn sitzen wird, wenn du dieses Wort noch einmal aussprechen solltest. Laß dir das gesagt sein, Abrahim Mamur!«
»Ich werde meine Diener rufen!«

»Rufe sie, wenn du ihre Leichen sehen und dann später tot neben ihnen liegen willst!«
»Oho, du bist kein Gott!«
»Aber ein Nemsi. Hast du schon einmal die Hand eines Nemsi gefühlt?«
Er lächelte verächtlich.
»Nimm dich in acht, daß du sie nicht einmal zu fühlen bekommst! Sie ist nicht in Rosenöl gebadet wie deine. Aber ich will dir den Frieden deines Hauses lassen. Lebe wohl. Du willst es nicht, daß ich den Tod bezwinge; dein Wunsch mag sich erfüllen. Der Herr erhalte dich!«
Ich steckte den Revolver ein und ging zur Tür.
»Bleib!« rief er.
Ich ging ungerührt weiter.
»Bleib!« rief er lauter.
Ich hatte die Tür beinahe erreicht und kehrte nicht um.
»So stirb, Giaur!«
Blitzschnell drehte ich mich um und hatte gerade noch Zeit, zur Seite auszuweichen. Sein Dolch flog an mir vorüber und blieb im Getäfel der Wand stecken.
»Jetzt bist du dran, Halunke!« Mit diesen Worten sprang ich auf ihn zu, riß ihn hoch und schleuderte ihn an die Wand.
Er blieb einige Sekunden liegen und raffte sich dann wieder auf. Seine Augen waren weit geöffnet, die Adern seiner Stirn zum Bersten geschwollen und seine Lippen blau vor Wut. Ich hielt ihm den Revolver entgegen, und er blieb eingeschüchtert vor mir stehen.
»Jetzt hast du die Hand eines Nemsi kennengelernt. Wage es nicht noch einmal, sie zu reizen!«
»Giaur!«
»Feigling! Oder wie nennt man das, wenn einer einen Arzt um Hilfe bittet, ihn beschimpft und dann hinterrücks ermorden will? Ein Glaube, der solche Bekenner hat, kann nicht viel taugen!«
»Zauberer!«
»Warum das?«
»Wenn du keiner wärst, hätte dich mein Dolch ganz sicher getroffen, und du hättest nicht die Kraft gehabt, mich an die Wand zu werfen.«
»Gut! Wenn ich ein Zauberer bin, hätte ich dir auch Güzela, dein Weib, erhalten können.«

Ich sprach den Namen mit Vorbedacht aus. Es wirkte.
»Wer hat dir diesen Namen genannt?«
»Dein Bote.«
»Ein Ungläubiger darf den Namen einer Gläubigen nicht aussprechen!«
»Ich spreche nur den Namen eines Weibes aus, das morgen schon tot sein kann.«
Wieder sah er mich mit seiner eisigen Starrheit an. Dann schlug er die Hände vors Gesicht.
»Ist es wahr, Hekim, daß sie morgen schon tot sein kann?«
»Es ist wahr.«
»Kann sie nicht gerettet werden?«
»Vielleicht.«
»Sage nicht vielleicht, sondern sage gewiß. Willst du mir helfen? Wenn sie gesund wird, kannst du verlangen, was du willst.«
»Ich bin bereit.«
»So gib mir deinen Talisman oder deine Medizin.«
»Ich habe keinen Talisman, und Medizin kann ich dir jetzt nicht geben.«
»Warum nicht?«
»Der Arzt kann nur dann einen Kranken heilen, wenn er ihn gesehen hat. Komm, wir wollen zu ihr gehen, oder laß sie zu uns kommen!«
»Maschallah, bist du toll? Der Geist der Wüste hat dein Hirn verbrannt, daß du nicht weißt, was du verlangst. Jedes Weib muß sterben, das ein fremder Mann angesehen hat.«
»Sie wird noch sicherer sterben, wenn ich nicht zu ihr darf. Ich muß den Schlag ihres Pulses messen und Antwort von ihr hören über vieles, was ihre Krankheit betrifft. Nur Allah ist allwissend und braucht niemand zu fragen.«
»Du heilst wirklich nicht durch einen Talisman?«
»Nein.«
»Auch nicht durch Worte? Oder durch das Gebet?«
»Ich bete auch für die Leidenden; aber Gott hat uns die Mittel in die Hand gelegt, sie gesund zu machen.«
»Welche Mittel sind es?«
»Es sind Blumen, Metalle und Erden, deren Säfte und Kräfte wir ausziehen.«
»Es sind keine Gifte?«
»Ich vergifte keinen Kranken.«

»Kannst du das beschwören?«
»Vor jedem Richter.«
»Und du mußt mit ihr sprechen?«
»Ja. Ich muß sie fragen nach ihrer Krankheit und allem, was damit zusammenhängt.«
»Nach anderen Dingen nicht?«
»Nein.«
»Du wirst mir jede Frage vorher sagen, damit ich sie dir erlaube?«
»Ich bin damit einverstanden.«
»Mußt du auch ihre Hand betasten?«
»Ja.«
»Ich erlaube es dir für eine ganze Minute. Mußt du ihr Gesicht sehen?«
»Nein, sie kann verschleiert bleiben. Aber sie muß einige Male im Zimmer auf und ab gehen.«
»Warum?«
»Weil an dem Gang und der Haltung vieles zu erkennen ist, was die Krankheit betrifft.«
»Ich erlaube es dir und werde die Kranke jetzt holen.«
»Das darf nicht sein.«
»Warum nicht?«
»Ich muß sie da sehen, wo sie wohnt. Ich muß alle ihre Zimmer betrachten.«
»Aus welchem Grund?«
»Weil es viele Krankheiten gibt, die nur in unpassenden Wohnungen entstehen, und das kann nur das Auge des Arztes feststellen.«
»So willst du wirklich meinen Harem betreten?«
»Ja.«
»Ein Ungläubiger? Ich erlaube es nicht!«
»Dann soll sie sterben. Friede sei mit dir!«
Ich wandte mich zum Gehen. Obwohl ich schon bei der Aufzählung der Symptome gemerkt hatte, daß Güzela an einer Gemütskrankheit zu leiden schien, tat ich so, als ob ich an eine körperliche Erkrankung glaubte. Weil ich vermutete, daß ihr Leiden die Folge eines Zwanges war, der sie in die Gewalt dieses Mannes gebracht hatte, wollte ich soviel wie möglich von ihr erfahren. Er ließ mich wieder bis zur Tür gehen, dann rief er:
»Halt, Hekim, bleib da. Du sollst die Gemächer betreten!«
Ich kehrte um und ging auf ihn zu. Ich hatte gesiegt und war zufrieden mit den Zugeständnissen, die er mir gemacht hatte.

Jetzt entfernte er sich, um selbst alles Nötige anzuordnen. Keiner seiner Diener durfte ahnen, daß er einem fremden Mann Zutritt in das Heiligtum seines Hauses gestattet hatte.
Er kam erst nach einer ganzen Weile zurück. Ein Ausdruck fester, trotziger Entschlossenheit lag um seinen zusammengekniffenen Mund, und mit haßerfülltem Blick sagte er:
»Du sollst zu ihr gehen!«
»Du versprachst es bereits.«
»Und ihr Zimmer sehen!«
»Natürlich.«
»Auch sie selbst!«
»Verschleiert und eingehüllt!«
»Und mit ihr sprechen.«
»Das ist notwendig.«
»Ich erlaube dir viel, sehr viel, Effendi. Aber bei der Seligkeit aller Himmel und bei den Qualen aller Höllen, sobald du ein Wort sprichst, das ich nicht wünsche, oder etwas tust, was ich dir nicht erlaubt habe, stoße ich Güzela nieder. Du bist stark und gut bewaffnet, darum wird mein Dolch nicht gegen dich, sondern gegen sie gerichtet sein. Ich schwöre es dir bei allen Suren des Korans und bei allen Kalifen, deren Andenken Allah segnen möge!«
»Wollen wir nun gehen?« fragte ich.
»Komm!« Er ging voran, und ich folgte ihm.
Zunächst kamen wir durch einige verfallene, nicht mehr benutzbare Räume, dann betraten wir ein Gemach, das als Vorzimmer zu dienen schien. Nun folgte der Raum, der allem Anschein nach als Frauengemach benutzt wurde.
»Das sind die Zimmer, die du sehen wolltest. Sieh zu, ob du den Dämon der Krankheit in ihnen finden kannst!« meinte Abraham Mamur mit einem halb spöttischen Lächeln.
»Und das Gemach nebenan?«
»Dort befindet sich die Kranke. Du sollst es auch sehen, aber ich muß mich vorher überzeugen, ob die Sonne ihr Angesicht verhüllt hat vor dem Auge des Fremden. Wage ja nicht, mir zu folgen, sondern warte, bis ich wiederkomme!«
Abraham ging hinaus. Ich war allein.
Also da draußen befand sich Güzela. Dieser Name bedeutet wörtlich »Die Schöne«. Diese Tatsache und das ganze Verhalten des Ägypters brachte meine Vermutung, daß es sich um eine ältere Person handeln müsse, ins Wanken.

Nach kurzer Zeit kam Abrahim wieder.
»Hast du die Räume geprüft?« fragte er mich.
»Ja.«
»Und mit welchem Ergebnis?«
»Es läßt sich nichts sagen, bis ich bei der Kranken gewesen bin.«
»So komm, Effendi. Aber ich warne dich zum letztenmal!«
»Schon gut! Ich weiß, was ich zu tun habe.«
Wir traten in das anstoßende Gemach. In weite Gewänder gehüllt, stand eine Frauengestalt tief verschleiert an der hinteren Wand des Zimmers. Nichts war von ihr zu sehen als die kleinen, in Samtpantoffeln steckenden Füße.
Ich begann meine Fragen, deren Harmlosigkeit den Ägypter befriedigte, ließ die Kranke ein paar Schritte gehen und bat sie endlich, mir die Hand zu reichen. Fast wäre ich trotz der ernsten Situation in lautes Lachen ausgebrochen. Die Hand war nämlich so dick mit einem Tuch umwickelt, daß es unmöglich war, auch nur die Lage oder Form eines Fingers zu erkennen. Sogar der Arm war verhüllt.
Ich wandte mich an Abrahim.
»Mamur, diese Bandagen müssen entfernt werden.«
»Warum?«
»Ich kann den Puls nicht fühlen.«
»Entferne die Tücher!« gebot er der Frau.
Sie zog den Arm hinter die Hüllen zurück und ließ dann ein zartes Händchen erscheinen, an dessen Goldfinger ich einen schmalen Ring erblickte, der eine Perle trug. Abrahim beobachtete meine Bewegungen mit gespannter Aufmerksamkeit. Während ich meine drei Finger an ihr Handgelenk legte, neigte ich mein Ohr tiefer, wie um den Puls nicht bloß zu fühlen, sondern auch zu hören, und – ich täuschte mich nicht – da wehte es leise, fast unhörbar durch den Schleier:
»Senitzayi kurtar – rette Senitza!«
»Bist du fertig?« fragte Abrahim und kam rasch näher.
»Ja.«
»Was fehlt ihr?«
»Sie hat ein großes, ein schweres Leiden, das größte, das es gibt, aber – ich werde sie retten.«
Diese letzten vier Worte richtete ich mit langsamer Betonung mehr an sie als an ihn.
»Wie heißt die Krankheit?«

»Sie hat einen fremden Namen, den nur die Ärzte verstehen.«
»Wie lange dauert es, bis sie gesund wird?«
»Das kann bald geschehen, oder auch erst später, je nachdem, ob du mir gehorchst!«
»Worin soll ich dir gehorchen?«
»Du mußt ihr regelmäßig meine Medizin verabreichen.«
»Das werde ich tun.«
»Sie muß einsam bleiben und vor allem Ärger bewahrt werden.«
»Das soll geschehen.«
»Ich muß täglich mit ihr sprechen dürfen.«
»Du? Weshalb?«
»Um meine Mittel nach dem Befinden der Kranken einrichten zu können.«
»Ich werde dir dann selbst sagen, wie sie sich befindet.«
»Das kannst du nicht, weil du das Befinden eines Kranken nicht zu beurteilen verstehst.«
»Was hast du denn mit ihr zu sprechen?«
»Nur das, was du mir erlaubst.«
»Und wo soll es geschehen?«
»Hier in diesem Raum, wie heute.«
»Sag genau, wie lange du kommen mußt!«
»Wenn du mir gehorchst, ist sie von heute an in fünf Tagen von ihrer Krankheit – frei.«
»Dann gib ihr die Medizin.«
»Ich habe sie nicht hier. Sie ist unten im Hof bei meinem Diener.«
»So komm!«
Ich wandte mich zu der Kranken, um mit dieser Bewegung von ihr Abschied zu nehmen. Sie hob unter der Hülle die Hände wie bittend empor und wagte drei Silben:
»Eh Wallah – ja, bei Gott!«
Sofort fuhr der Ägypter herum:
»Schweig! Du hast nur zu sprechen, wenn du gefragt wirst!«
»Abrahim Mamur«, antwortete ich ernst, »habe ich nicht gesagt, daß sie vor jedem Ärger, vor jedem Kummer bewahrt werden muß? So spricht man nicht mit einer Kranken, in deren Nähe der Tod steht!«
»Sie muß zunächst selbst dafür sorgen, daß sie sich nicht zu kränken braucht, denn sie weiß, daß sie nicht sprechen soll. Komm!«

Wir kehrten in das Selamlük zurück. Ich schickte nach Halef, der bald darauf mit der Apotheke erschien. Der Ägypter bekam ein Nervenmittel nebst den nötigen Vorschriften. Dann machte ich mich zum Gehen bereit.
»Wann wirst du morgen kommen?« fragte Mamur.
»Um die gleiche Zeit.«
»Ich werde dir wieder einen Kahn schicken. Wieviel verlangst du für heute?«
»Nichts. Wenn die Kranke gesund ist, kannst du mir geben, was dir beliebt.«
Er griff trotzdem in die Tasche, zog eine reich gestickte Börse hervor, nahm einige Geldstücke und gab sie Halef.
»Hier, nimm du!«
Der wackere Halef Aga griff mit einer Miene zu, als ob es sich um eine große Gnadenbezeugung gegen den Ägypter handle, und meinte, das Bakschisch ungesehen in seine Tasche senkend:
»Abrahim Mamur, deine Hand ist offen und die meine auch. Ich schließe sie dir gegenüber nicht zu, weil der Prophet sagt, daß eine offene Hand die erste Stufe zum Aufenthalt der Seligen ist. Allah sei mit dir und auch mit mir!«

5 Der alte Nilkapitän

Der Ägypter begleitete uns bis in den Garten. Ein Diener öffnete die Tür in der Mauer. Als wir allein waren, griff Halef in die Tasche, um nachzusehen, was er bekommen hatte.
»Drei Goldzechinen, Effendi! Der Prophet segne Abrahim Mamur und lasse sein Weib so lange wie möglich krank bleiben!«
»Hadschi Halef Omar!«
»Sihdi! Willst du mir nicht ein paar Zechinen gönnen?«
»Doch, aber noch mehr ist einem Kranken die Gesundheit zu gönnen.«
»Wie oft gehst du noch hin, bis sie gesund ist?«
»Noch fünfmal vielleicht.«
»Fünfmal drei macht fünfzehn Zechinen. Wenn sie gesund wird, vielleicht noch fünfzehn Zechinen, macht dreißig Zechinen. Ich werde nachforschen, ob es hier am Nil noch mehr kranke Frauen gibt.«
Wir kamen beim Kahn an, wo uns die Ruderer schon erwarteten. Es ging flott stromabwärts. Nach einer halben Stunde erreichten wir unser Ziel.
Wir legten in der Nähe einer Dhahabiya an, die während unserer Abwesenheit am Ufer vor Anker gegangen war. Ihre Taue waren festgemacht, ihre Segel eingezogen. Nach dem frommen mohammedanischen Brauch lud der Reïs, der Schiffskapitän, seine Leute zum Gebet ein: »Hayya alas-Sallah – auf, rüstet euch zum Gebet!«
Ich war schon ein Stück vom Ufer entfernt, drehte mich aber schnell um. Diese Stimme kam mir bekannt vor. Hatte ich recht gehört? War dies wirklich der alte Hassan, den sie Abul Reïsin, Vater der Kapitäne, nannten? Er war in Kufarah, wo er seinen Sohn besucht hatte, mit mir und Halef zusammengetroffen. Ich war überzeugt, daß er sehr erfreut sein werde, mich hier wiederzufinden. Deshalb wartete ich, bis das Gebet beendet war, und rief dann zum Deck empor.
»Abul Reïsin, ahoi!«
Sofort reckte er sein altes, gutes, bärtiges Gesicht herab und fragte:
»Wer ist – Allah akbar, Gott ist groß! Ist das nicht mein Sohn, der Nemsi Kara Effendi?«

»Er ist es, Abu Hassan.«
»Komm herauf, mein Sohn! Ich muß dich umarmen!«
Ich kletterte hinauf und wurde von ihm herzlich begrüßt.
»Was tust du hier?« fragte er.
»Ich ruhe aus von der Reise. Und du?«
»Ich komme mit meinem Schiff von Dongola, wo ich eine Ladung Sennesblätter an Bord genommen habe. Unterwegs bekam das Schiff ein Leck, und ich mußte hier anlegen.«
»Wie lange bleibst du hier?«
»Nur noch morgen. Wo wohnst du?«
»Dort rechts in dem alleinstehenden Haus.«
»Hast du einen guten Wirt?«
»Es ist der Scheik Al-Balad, der Dorfrichter des Ortes, ein Mann, mit dem ich sehr zufrieden bin. Du wirst mich heute abend besuchen, Abu Hassan?«
»Ich werde kommen, wenn deine Pfeifen nicht zerbrochen sind.«
»Ich habe nur eine. Du mußt also deine eigene mitbringen, aber du wirst den köstlichsten Dschebeli rauchen, den es je gegeben hat.«
»Ich komme bestimmt. Bleibst du noch lange hier?«
»Nein. Ich will nach Kairo zurück.«
»Dann fahr mit mir. Ich lege in Bulak an.«
Bei diesem Angebot kam mir ein Gedanke.
»Hassan, du nanntest mich deinen Freund?«
»Du bist es. Verlange von mir, was du willst. Du sollst bekommen, was ich habe oder besorgen kann.«
»Ich möchte dich um etwas Großes bitten.«
»Kann ich es erfüllen?«
»Ja.«
»Dann ist es dir schon gewährt. Was ist es?«
»Das sollst du am Abend erfahren, wenn du mit mir Kaffee trinkst.«
»Ich komme und – ach nein, mein Sohn, ich habe vergessen, daß ich schon eine andere Einladung angenommen habe.«
»Wo?«
»Im selben Haus, in dem du wohnst.«
»Beim Scheik Al-Balad?«
»Nein, bei einem Mann aus Istanbul, der zwei Tage mit mir gefahren und hier ausgestiegen ist. Er hat eine Stube für sich und einen Platz für seinen Diener gemietet.«

»Was ist er von Beruf?«
»Ich weiß nicht. Er hat es mir nicht gesagt.«
»Aber sein Diener konnte es sagen?«
Der Kapitän lachte.
»Dieser Mann ist ein Schelm, der alle Sprachen gehört und doch von keiner viel gelernt hat. Er raucht, pfeift und singt den ganzen Tag und gibt, wenn man ihn fragt, Antworten, die heute wahr und morgen gelogen sind. Vorgestern war er ein Türke, gestern ein Montenegriner, heute ist er ein Druse, und Allah weiß, was er morgen und übermorgen sein wird.«
»Also wirst du nicht zu mir kommen?«
»Ich komme, nachdem ich eine Pfeife mit dem anderen geraucht habe. Allah behüte dich, ich habe noch zu arbeiten.«
Halef war schon vorausgegangen. Ich folgte ihm und streckte mich in meiner Wohnung auf den Diwan, um über das heutige Erlebnis nachzudenken. Es sollte mir aber nicht gelingen, denn nach kurzer Zeit ließ sich mein Wirt bei mir sehen.
»Naharak Sa'id – dein Tag sei glücklich!«
»Naharak Sa'id wa Mubarak – dein Tag sei glücklich und gesegnet!«
»Effendi, ich komme, um deine Erlaubnis zu holen.«
»Wozu?«
»Es ist ein fremder Sihdi zu mir gekommen und hat mich um eine Wohnung gebeten, die ich ihm auch gegeben habe.«
»Wo liegt diese Wohnung?«
»Oben.«
»So stört mich der Mann ja gar nicht. Tue, was dir beliebt, Scheik.«
»Aber dein Kopf hat viel zu denken, und er hat einen Diener, der sehr viel zu pfeifen und zu singen scheint.«
»Wenn es mir nicht gefällt, werde ich es ihm schon verbieten.«
Der besorgte Wirt ließ mich wieder allein. Ich sollte aber doch nicht zu ruhigem Nachdenken kommen, denn ich hörte die Schritte zweier Menschen, die gerade vor meiner Tür zusammentrafen.
»Was willst du hier? Wer bist du?« fragte der eine. Ich erkannte Halef, meinen Diener.
»Wer bist du denn überhaupt, und was willst du in diesem Haus?« fragte der andere.
»Ich? Ich gehöre in dieses Haus!« sagte Halef entrüstet.

Das Gesicht in der Öffentlichkeit zu zeigen gilt bei der islamischen Frau als schamlos

»Ich auch!«
»Wer bist du?«
»Ich bin Hamsad Al-Dscherbaja.«
»Und ich bin Hadschi Halef Omar Aga.«
»Ein Aga?«
»Ja. Der Begleiter und Beschützer meines Herrn.«
»Wer ist dein Herr?«
»Der große Arzt, der hier in diesem Zimmer wohnt.«
»Ein großer Arzt? Was kuriert er denn?«
»Alles.«
»Alles? Erzähl mir keine Märchen! Es gibt nur einen, der alles kurieren kann.«
»Wer ist das?«
»Ich.«
»Also bist du auch Arzt?«
»Nein. Ich bin auch ein Beschützer meines Herrn.«
»Wer ist dein Herr?«
»Das weiß ich nicht. Wir sind erst vorhin in dieses Haus gezogen.«
»Ihr konntet draußen bleiben.«
»Warum?«
»Weil ihr unhöfliche Männer seid und keine Antwort gebt, wenn man euch fragt. Willst du mir sagen, wer dein Herr ist?«
»Ja.«
»Nun?«
»Er ist, er ist – mein Herr, aber nicht dein Herr.«
»Trottel!«

Nach diesem letzten Wort hörte ich, daß mein Halef verärgert wegging. Der andere blieb am Eingang stehen und pfiff. Dann begann er leise vor sich hin zu summen. Es folgte eine Pause, und schließlich sang er mit halblauter Stimme ein Lied.
Ich wäre vor Überraschung beinahe aufgesprungen, denn der Text der beiden Strophen, die er sang, lautete in dem Arabisch, dessen er sich bediente:

>»Fid-dagle ma tera jekun?
>Chammin hu Nabuliun.
>Ma balu-hu jedubb hena?
>Kussu-hu, ja fitjanena!

Gema'a homr el-elbise
wast el-chala muntasibe.
Ma bal' hadalik wakifin?
Hallu-na nenzor musri' in!«

Und diese arabischen Verse, die sich sogar prächtig reimten, heißen auf gut deutsch nicht anders als:

»Was kraucht denn dort im Busch herum?
Ich glaub', es ist Napolium.
Was hat er nur zu krauchen dort?
Frischauf, Kam'raden, jagt ihn fort!

Wer hat denn dort im offnen Feld
die roten Hosen hingestellt?
Was haben sie zu stehen dort?
Frischauf, Kam'raden, jagt sie fort!«

Auch die Melodie war dieselbe, Ton für Ton. Ich sprang zur Tür, als er die zweite Strophe beendet hatte, und sah mir den Menschen an. Er trug weite, blaue Pumphosen, eine ebensolche Jacke, Lederstiefel und einen Fes auf dem Kopf, war also eine ganz gewöhnliche Erscheinung.
Als er mich sah, stemmte er die Fäuste in die Hüften, stellte sich vor mich hin, als ob er sich aus mir nicht das geringste machte, und fragte:
»Gefällt es dir, Effendi?«
»Sehr! Woher hast du das Lied?«
»Selbst gemacht.«
»Sag das einem anderen, aber nicht mir! Und die Melodie?«
»Selbst gemacht, erst recht!«
»Lügner!«
»Effendi, ich bin Hamsad Al-Dscherbaja und lasse mich nicht beschimpfen!«
»Du bist Hamsad Al-Dscherbaja und trotzdem ein großer Gauner! Diese Melodie kenne ich!«
»Dann hat sie einer gesungen oder gepfiffen, der sie von mir gehört hat.«
»Und von wem hast du sie gehört?«
»Von niemand.«

»Du bist unverbesserlich, scheint mir. Diese Melodie gehört zu einem deutschen Lied.«
»Effendi, was weißt du von Deutschland?«
»Das Lied heißt:
>Was kraucht denn dort im Busch herum?
Ich glaub', es ist...‹«
»Hurrjes, wat is denn dat!« unterbrach er mich begeistert, weil ich diese Worte in deutscher Sprache gesprochen hatte. »Sind Sie man vielleicht een Deutscher?«
»Aus Sachsen.«
»Een Sachse! Da sollte man doch gleich vor Freude 'n Ofen einreißen! Und Sie sind man wohl een Türke jeworden?«
»Nein. Sie sind ein Preuße?«
»Dat versteht sich! Een Preuße aus Jüterbog.«
»Wie kommen Sie hierher?«
»Auf der Bahn, per Schiff, per Pferd und Kamel und auch mit die Beene.«
»Was sind Sie denn wirklich?«
»Balbier sozusagen. Es jefiel mich nicht mehr derheeme, und da jing ich in die weite Welt, bald hierhin, bald dorthin, bis endlich hierher.«
»Sie werden mir alles erzählen müssen. Wem dienen Sie jetzt?«
»Een' konstantinopolitanischen Kaufmannssohn. Er heeßt Isla Ben Maflei. Hat schauderhaftes Geld, dat Kerlchen.«
»Was tut er hier?«
»Weeß ich's? Er sucht wat.«
»Was denn?«
»Wird wohl vielleicht 'n Frauenzimmer sein.«
»Ein Frauenzimmer? Das wäre doch sonderbar!«
»Wird aber wohl stimmen.«
»Was für ein Frauenzimmer denn?«
»Ne Montenegrinerin, 'ne Senitscha oder Senitza, oder wie dat ausjesprochen wird.«
»Wa-a-as? Senitza heißt sie?«
»Ja.«
»Weißt du das bestimmt?«
»Versteht sich! Erstens hat er een Bild von ihr; zweetens tut er stets – halt, er klatscht oben, Herr Effendi, ich muß 'ruff!«
Ich legte mich nicht mehr hin, sondern wanderte unruhig im Zimmer auf und ab. Sicher verdiente dieser Barbier aus Jüter-

bog, der sich poetisch Hamsad Al-Dscherbaja nannte, mein Interesse. Noch viel interessanter war aber sein Herr für mich, der am Nil eine Montenegrinerin suchte, die Senitza hieß. Leider kamen einige Fellachen, die Kopfweh oder Magenschmerzen hatten und denen meine Zauberkörner helfen sollten. Sie saßen nach orientalischer Sitte eine ganze Stunde bei mir, bevor ich überhaupt erfahren konnte, was ihnen fehlte.
So wurde es Abend. Der Kapitän kam und stieg nach oben, ließ aber seinen schlurfenden Schritt nach einer halben Stunde wieder vernehmen und trat bei mir ein. Halef servierte Tabak und Kaffee und zog sich zurück. Kurze Zeit später hörte ich ihn mit dem Jüterboger Türken streiten.
»Ist dein Leck ausgebessert?« fragte ich Hassan.
»Noch nicht. Ich konnte heute nur das Loch verstopfen und das Wasser auspumpen. Allah gibt morgen wieder einen Tag.«
»Und wann fährst du ab?«
»Übermorgen früh.«
»Du würdest mich mitnehmen?«
»Meine Seele würde sich freuen, dich bei mir zu haben.«
»Wenn ich nun noch jemand mitbrächte?«
»Meine Dhahabiya hat noch viel Platz. Wer ist es?«
»Kein Mann, sondern ein Weib.«
»Ein Weib? Hast du dir eine Sklavin gekauft, Effendi?«
»Nein. Sie ist das Weib eines anderen.«
»Der auch mitfahren wird?«
»Nein.«
»Also hast du sie ihm abgekauft?«
»Nein.«
»Er hat sie dir geschenkt?«
»Nein. Ich werde sie ihm wegnehmen!«
»Allah karim, Gott ist gnädig! Du willst sie ihm nehmen, ohne daß er es weiß?«
»Vielleicht.«
»Weißt du, was das ist? Eine Entführung!«
»Allerdings.«
»Eine Entführung, die mit dem Tod bestraft wird. Ist dein Geist dunkel und deine Seele finster geworden, daß du dich ins Verderben stürzen willst?«
»Nein. Die ganze Sache ist noch unsicher. Du bist mein Freund und kannst schweigen. Ich werde dir alles erzählen.«

»Öffne die Pforte deines Herzens, mein Sohn. Ich höre!«
Ich berichtete über mein heutiges Abenteuer. Er hörte mir aufmerksam zu. Als ich fertig war, erhob er sich.
»Steh auf, mein Sohn, nimm deine Pfeife und folge mir!«
»Wohin?«
»Das wirst du gleich sehen.«
Er führte mich hinauf in die Wohnung des Kaufmanns. Der Diener war nicht zu sehen, deshalb traten wir ein, nachdem wir uns durch ein leichtes Hüsteln angemeldet hatten.
Der Mann, der sich bei unserer Ankunft erhob, war noch jung. Er mochte etwa sechsundzwanzig Jahre zählen. Der kostbare Tschibuk, aus dem er rauchte, sagte mir, daß der Jüterboger mit seinem »schauderhaften Geld« wohl recht haben konnte. Unser

Gegenüber war eine sympathische Erscheinung. Der alte Hassan machte uns bekannt: »Das ist der Großhändler Isla Ben Maflei aus Istanbul, und das hier ist mein Freund Effendi Kara Ben Nemsi.«

»Seid mir beide willkommen und setzt euch!« erwiderte der junge Mann. Er machte ein erwartungsvolles Gesicht, denn er mußte sich sagen, daß der Kapitän einen wichtigen Grund haben müsse, mich so ohne weiteres bei ihm einzuführen.

»Willst du mir einen Gefallen tun, Isla Ben Maflei?« fragte der Alte.

»Gern. Sag mir, was ich tun soll.«

»Erzähle diesem Effendi die Geschichte, die du mir vorhin erzählt hast!«

Der Kaufmann machte ein erstauntes und ärgerliches Gesicht.

»Hassan«, meinte er, »du hast mir Schweigen versprochen und doch schon geplaudert!«

»Frage meinen Freund, ob ich ein Wort erzählt habe!«

»Warum bringst du ihn dann herauf und verlangst, daß ich auch zu ihm reden soll?«

»Du sagtest mir, ich solle während meiner Fahrt die Augen offenhalten, um mich nach dem zu erkundigen, was dir verlorenging. Ich habe meine Augen und meine Ohren schon geöffnet und bringe dir hier diesen Mann, der dir vielleicht Auskunft geben kann.«

Isla warf die Pfeife fort und sprang mit einem Ruck auf.

»Ist das wahr? Du könntest mir Auskunft geben?«

»Mein Freund Hassan hat kein Wort verraten. Ich weiß daher nicht, worüber ich dir Auskunft geben könnte. Sprich du zuerst!«

»Effendi, wenn du mir sagen kannst, was ich wissen möchte, werde ich dich besser belohnen als ein Pascha!«

»Ich will keinen Lohn. Fang an!«

»Ich suche eine Jungfrau, die Senitza heißt.«

»Und ich kenne eine Frau, die sich diesen Namen gegeben hat.«

»Wo, Effendi, wo? Worauf wartest du?«

»Willst du mir die Jungfrau nicht vorher beschreiben?«

»Oh, sie ist schön wie die Rose und herrlich wie die Morgenröte! Sie duftet wie die Blüte der Reseda, und ihre Stimme klingt wie der Gesang der Huri. Ihr Haar ist wie der Schweif des Pferdes Gilja, und ihr Fuß ist wie der Fuß von Delila, die Samson verriet. Ihr Mund träufelt von Worten der Güte, und ihre Augen ...«

Ich unterbrach ihn durch eine Handbewegung.
»Isla Ben Maflei, das ist keine Beschreibung, wie ich sie brauche. Sprich nicht mit der Zunge eines Bräutigams, sondern mit den Worten des Verstandes! Wann ist sie dir verlorengegangen?«
»Vor zwei Monden.«
»Hatte sie nicht etwas bei sich, woran man sie erkennen kann? Ein Schmuckstück vielleicht, einen Ring, eine Kette?«
»Einen Ring, ja! Ich gab ihr einen Ring, dessen Gold so dünn war wie Papier. Er trug eine schöne Perle.«
»Ich habe ihn gesehen.«
»Wo, Effendi? Sprich schnell! Und wann?«
»Heute, vor wenigen Stunden.«
»Wo?«
»In der Nähe dieses Ortes, nicht weiter als eine Stunde von hier.«
Der junge Mann kniete vor mir nieder und legte mir seine beiden Hände auf die Schultern.
»Ist es wahr? Sagst du keine Unwahrheit? Täuschst du dich nicht?«
»Es ist wahr. Ich täusche mich nicht.«
»Dann komm, steh auf, wir müssen hin zu ihr.«
»Das geht nicht.«
»Es geht, es muß gehen! Ich gebe dir tausend Piaster, zwei-, dreitausend Piaster, wenn du mich zu ihr führst!«
»Und wenn du mir hunderttausend Piaster gibst, kann ich dich heute nicht zu ihr bringen.«
»Wann sonst? Morgen ganz früh?«
»Nimm deine Pfeife, zünde sie an und setz dich! Wer zu schnell handelt, handelt langsam. Wir wollen die Sache besprechen.«
»Effendi, ich kann nicht. Meine Seele zittert.«
»Zünde deine Pfeife an!«
»Ich habe keine Zeit dazu, ich muß...«
»Gut! Wenn du keine Zeit zu vernünftiger Unterhaltung hast, muß ich gehen.«
»Bleib hier! Ich werde alles tun, was du willst.«
Er setzte sich wieder an seinen Platz und nahm aus dem Becken eine glimmende Kohle, um den Tabak seiner Pfeife in Brand zu stecken. »Ich bin bereit. Nun sprich!« forderte er mich dann auf.
»Heute schickte ein reicher Ägypter zu mir, zu ihm zu kommen, weil sein Weib krank sei...«

»Sein Weib...?«
»So ließ er mir sagen.«
»Du gingst?«
»Ich ging.«
»Wer ist dieser Mann?«
»Er nennt sich Abraham Mamur und wohnt nicht weit von hier in einem einsamen, halbverfallenen Haus am Ufer des Nils.«
»Ringsherum ist eine Mauer?«
»Ja.«
»Wer konnte das ahnen! Ich habe alle Städte, Dörfer und Lager am Nil durchsucht, aber ich dachte nicht, daß dieses Haus bewohnt sei. Ist sie wirklich sein Weib?«
»Ich weiß es nicht, aber ich glaube es nicht.«
»Und sie ist krank?«
»Sehr krank!«
»Eh Wallah, bei Gott, er soll es bezahlen, wenn ihr etwas Böses geschieht. An welcher Krankheit leidet sie?«
»Ihre Krankheit liegt im Herzen. Sie haßt ihn, sie verzehrt sich in Sehnsucht, von ihm fortzukommen, und wird sterben, wenn es nicht bald geschieht.«
»Hat sie dir das gesagt?«
»Nein, ich habe es beobachtet.«
»Du hast sie gesehen?«
»Ja.«
»Belauscht?«
»Nein. Er führte mich in seine Frauenwohnung, damit ich mit der Kranken sprechen konnte.«
»Er selbst? Ausgeschlossen!«
»Er liebt sie!«
»Allah strafe ihn!«
»Und er fürchtet, sie könnte sterben, wenn er mich wieder fortschickte.«
»Du sprachst mit ihr?«
»Ja, aber nur die Worte, die er mir erlaubte. Aber sie fand Zeit, mir leise zuzuflüstern: ›Rette Senitza.‹ Sie trägt also diesen Namen, obwohl er sie Güzela nennt.«
»Was hast du ihr geantwortet?«
»Daß ich sie retten werde.«
»Effendi, dir gehört mein Leben! Er hat sie geraubt und entführt. Er hat sie durch Betrug an sich gerissen. Komm, Effendi, wir wol-

len gehen. Ich muß wenigstens das Haus sehen, in dem sie gefangengehalten wird!«
»Du wirst hierbleiben! Ich gehe morgen wieder hin zu ihr.«
»Ich gehe mit, Sihdi!«
»Du bleibst hier! Kennt sie den Ring, den du am Finger trägst?«
»Sie kennt ihn sehr gut.«
»Willst du ihn mir anvertrauen?«
»Gern. Aber wozu?«
»Ich spreche morgen wieder mit ihr und werde es so einrichten, daß sie den Ring zu sehen bekommt.«
»Sihdi, das ist ausgezeichnet! Sie wird ahnen, daß ich in der Nähe bin. Aber dann?«
»Du mußt mir erzählen, was ich wissen muß.«
»Du sollst alles erfahren, Herr. Unser Geschäft ist eins der größten in Istanbul. Ich bin der einzige Sohn meines Vaters, und während er den Basar verwaltet und die Diener beaufsichtigt, muß ich die notwendigen Reisen unternehmen. Ich war oft auch in Skutari und sah Senitza, als sie mit einer Freundin auf dem See spazierenfuhr. Später sah ich sie wieder. Ihr Vater wohnte nicht in Skutari, sondern in den Schwarzen Bergen, sie kam aber zuweilen zu ihrer Freundin zu Besuch. Als ich vor zwei Monaten wieder an jenen See reiste, war die Freundin mit ihrem Mann verschwunden und Senitza dazu!«
»Wohin?«
»Niemand wußte es.«
»Auch ihre Eltern nicht?«
»Nein. Ihr Vater, der tapfere Osko, hat die Crnagora verlassen, um nach seinem Kind zu suchen, so weit die Erde reicht. Ich mußte nach Ägypten, um Einkäufe zu machen. Auf dem Nil begegnete ich einem Dampfboot, das flußaufwärts fuhr. Als das Sandal, das Segelboot, auf dem ich mich befand, an ihm vorüberlenkte, hörte ich drüben meinen Namen nennen. Ich sah hinüber und erkannte Senitza, die den Schleier vom Gesicht genommen hatte. Neben ihr stand ein schöner, finsterer Mann, der ihr den Yaschmak sofort wieder überwarf – weiter sah ich nichts. Seit dieser Stunde habe ich ihre Spur verfolgt.«
»Du weißt also nicht genau, ob sie ihre Heimat freiwillig oder gezwungen verlassen hat?«
»Freiwillig nicht.«
»Kanntest du den Mann, der neben ihr stand?«

»Nein.«

»Das ist merkwürdig! Oder hast du dich in der Person geirrt? Vielleicht ist es eine andere Frau gewesen, die ihr ähnlich sieht?«

»Hätte sie dann gerufen und die Hände nach mir ausgestreckt, Effendi?«

»Das ist wahr.«

»Sihdi, du hast ihr versprochen, sie zu retten?«

»Ja.«

»Wirst du dein Wort halten?«

»Ich halte es, wenn sie es wirklich ist.«

»Du willst mich nicht mitnehmen! Wie kannst du da erkennen, ob sie es ist?«

»Dein Ring wird mir den Beweis liefern.«

»Und wie wirst du sie dann aus dem Haus schaffen?«

»Indem ich dir sage, auf welche Weise du sie holen kannst.«

»Ich werde sie holen, darauf kannst du dich verlassen.«

»Und dann? Hassan, wärst du bereit, sie in deine Dhahabiya aufzunehmen?«

»Ich bin bereit, obwohl ich den Mann nicht kenne, bei dem sie sich befindet.«

»Er nennt sich Mamur, wie ich dir gesagt habe.«

»Wenn er wirklich ein Mamur, der Beherrscher einer Provinz, gewesen ist, dann ist er mächtig genug, uns zu verderben, wenn er uns erwischt«, meinte der Kapitän mit ernstem Gesicht. »Eine Entführung wird mit dem Tod bestraft. Mein Freund Kara Ben Nemsi, du wirst morgen sehr klug und vorsichtig handeln müssen.«

Ich dachte in diesem Augenblick weniger an die Gefahr als an das Abenteuer. Natürlich stand es fest, daß ich keine Hand rühren würde, wenn Abrahim Mamur wirklich ein Recht auf die Kranke geltend machen konnte.

Wir sprachen noch lange über das bevorstehende Ereignis und trennten uns endlich, um schlafen zu gehen. Ich war überzeugt, daß Isla in dieser Nacht keine Ruhe finden würde.

6 Senitzas Entführung

Da wir spät schlafen gegangen waren, wunderte ich mich nicht darüber, daß ich am nächsten Morgen auch sehr spät erwachte. Ich hätte vielleicht noch weitergeschlafen, wenn mich der Gesang des Barbiers nicht aufgeweckt hätte. Ich ließ den Sänger hereinkommen, um mich mit ihm zu unterhalten. Er war ein gutmütiger, aber leichtsinniger Bursche, den ich um keinen Preis mit meinem braven Halef vertauscht hätte. Ich ahnte damals nicht, unter was für schlimmen Verhältnissen ich später wieder mit ihm zusammentreffen sollte.
Am Vormittag besuchte ich den Abul Reïsin auf seinem Schiff. Als ich gerade das Mittagessen verzehrt hatte, erschien das Boot, das mich abholen sollte.
»Effendi, fahre ich mit?« fragte Halef.
Ich schüttelte den Kopf und antwortete scherzend: »Heute brauche ich dich nicht.«
»Was? Du brauchst mich nicht? Wenn dir nun etwas geschieht?«
»Was soll mir geschehen?«
»Du kannst ins Wasser fallen.«
»Dann schwimme ich.«
»Oder Abrahim Mamur kann dich umbringen. Ich habe es ihm angesehen, daß er nicht dein Freund ist.«
»Dann könntest du mir auch nicht helfen.«
»Nicht? Sihdi, Halef Aga ist der Mann, auf den du dich immer verlassen kannst!«
»Also komm meinetwegen mit.«
Es war ihm natürlich sehr um sein Bakschisch zu tun.
Wir hatten denselben Weg wie am Tag zuvor, doch ich war heute aufmerksamer und beobachtete alles, was mir von Nutzen sein konnte. Im Garten, den wir durchqueren mußten, lagen mehrere starke, lange Stangen. Sowohl das Außen- wie auch das Innentor wurden mit breiten hölzernen Riegeln verschlossen, deren Bauweise ich mir genau merkte. Einen Hund sah ich nirgends. Von dem Boten erfuhr ich, daß außer dem Herrn, der Kranken und einer alten Wärterin elf Fellachen zu dem Haus gehörten.
Als ich das Selamlük betrat, kam mir Abrahim mit freundlichem Gesicht entgegen.

»Sei mir willkommen, Effendi! Du bist ein großer Arzt.«
»So!«
»Die Kranke hat gestern schon etwas gegessen.«
»Ah!«
»Sie hat mit der Wärterin gesprochen.«
»Gut gelaunt?«
»Freundlich und viel.«
»Das ist gut. Vielleicht ist sie schon in weniger als fünf Tagen ganz gesund.«
»Und heute früh hat sie sogar ein wenig gesungen.«
»Das ist noch besser. Ist sie schon lange deine Frau?«
Sofort verfinsterte sich sein Gesicht.
»Die Ärzte der Ungläubigen sind sehr neugierig!«
»Nur wißbegierig. Aber die Wißbegierde rettet vielen das Leben oder die Gesundheit, denen eure Ärzte nicht helfen können.«
»War deine Frage wirklich notwendig?«
»Natürlich!«
»Sie ist noch ein Mädchen, obwohl sie mir gehört.«
»Dann ist die Hilfe sicher.«
Mamur führte mich wieder bis in das Zimmer, in dem ich gestern gewartet hatte. Ich sah mich genauer um. Fenster gab es nicht. Die Lichtöffnungen waren vergittert. Das hölzerne Gitterwerk war so angebracht, daß man es öffnen konnte, wenn man ein langes, dünnes Riegelstäbchen herauszog. Schnell entschlossen zog ich es heraus und steckte es so hinter das Gitter, daß es nicht bemerkt werden konnte. Kaum war ich damit fertig, da erschien Abraham wieder. Hinter ihm trat Senitza ein.
Ich ging auf sie zu und legte ihr meine Fragen vor. Unterdessen spielte ich wie zufällig mit dem Ring, den mir Isla mitgegeben hatte, und ließ ihn dabei aus den Fingern gleiten. Er rollte bis vor ihre Füße. Sie bückte sich schnell und hob ihn auf. Sofort ging Abraham auf sie zu und nahm ihr den Ring aus der Hand. Immerhin hatte sie genug Zeit gehabt, sich den Ring anzusehen. Sie hatte ihn erkannt, das sah ich an ihrem Zusammenzucken.
Abraham fragte, ob ich mit der Kranken zufrieden sei.
»Gott ist gut und allmächtig«, antwortete ich. »Er sendet den Seinen Hilfe, oft ehe sie es denken. Wenn er es will, ist sie morgen schon gesund. Sie soll die Medizin nehmen, die ich ihr schikken werde, und warten, bis ich wiederkomme.«

Im Selamlük wartete Halef schon mit der Apotheke. Ich gab nichts als ein Zuckerpulver, wofür der kleine Aga ein noch größeres Bakschisch als gestern erhielt. Dann ging es wieder stromabwärts nach Hause. Der Kapitän erwartete mich bei dem Kaufmann.
»Hast du Senitza gesehen?« fragte Isla ungeduldig.
»Ja.«
»Erkannte sie den Ring?«
»Sie erkannte ihn.«
»Also weiß sie, daß ich in der Nähe bin!«
»Sie ahnt es. Und wenn sie meine Worte richtig deutet, dann weiß sie, daß sie heute nacht errettet wird.«

»Aber wie?«
»Hassan, bist du mit deinem Leck fertig?«
»Ich werde bis zum Abend fertig sein.«
»Bist du bereit, uns nach Kairo zu bringen?«
»Ja.«
»Dann hört zu! In Abrahims Haus führen zwei Türen, die von innen verriegelt sind. Durch sie können wir nicht eindringen. Aber es gibt noch einen zweiten Weg, der allerdings etwas schwierig ist. Isla Ben Maflei, kannst du schwimmen?«
»Ja.«
»Gut. Es führt nämlich ein Kanal aus dem Nil unter den Mauern hindurch zu einem Becken in der Mitte des Hofes. Kurz nach Mitternacht, wenn alles schläft, werden wir dort sein. Dann dringst du durch den Kanal und das Becken in den Hof ein. Die Tür, die du sofort finden wirst, ist durch einen Riegel verschlossen, der sich leicht zurückschieben läßt. Dann kommst du in den Garten, dessen Tür sich ebenfalls öffnen läßt. Wenn beide Türen offen sind, komme ich nach. Wir holen eine Stange aus dem Garten, lehnen sie an die Mauer und klettern zu dem Gitter hinauf, hinter dem die Frauengemächer liegen. Ich habe es schon von innen geöffnet.«
»Und dann?«
»Was dann geschehen wird, muß sich nach den Umständen richten. Wir fahren mit einem Boot bis an den Nilkanal. Unsere erste Arbeit wird es sein, das Boot Abrahim Mamurs zu versenken, damit er uns nicht verfolgen kann. Unterdessen macht der Reïs seine Dhahabiya segelfertig.«
Ich nahm einen Stift zur Hand und zeichnete den Grundriß des Hauses auf ein Blatt Papier, damit Isla Ben Maflei genau Bescheid wußte, wenn er aus dem Becken stieg. Der Tag verging mit Vorbereitungen. Als der Abend kam, rief ich Halef herein und gab ihm die nötigen Anweisungen für das bevorstehende Abenteuer.
Halef packte unsere Habseligkeiten zusammen. Die Wohnungsmiete war schon im voraus gezahlt.
Ich ging zu Hassan. Halef kam bald mit den Sachen nach. Das Schiff war bereit und brauchte nur vom Ufer gelöst zu werden. Nach einiger Zeit stellte sich auch Isla mit seinem Diener ein, der von ihm unterrichtet worden war. Nun stiegen wir in das lange schmale Boot, das zur Dhahabiya gehörte. Die beiden Diener mußten rudern, ich steuerte.

Es war eine jener Nächte, in denen die Natur in so tiefem Frieden ruht, als gebe es auf der Welt keine Gefahr. Die leisen Lüfte, die mit dem Schatten der Dämmerung gespielt hatten, waren zur Ruhe gegangen. Die Sterne des Südens lächelten freundlich vom tiefblauen Himmel herab, und das Wasser des ehrwürdigen Stromes flutete ruhig und lautlos in seiner breiten Bahn.
Nach einer Stunde hoben sich die dunklen Umrisse des Gebäudes von ihrer grauen, steinigen Umgebung ab. Wir legten unterhalb der Mauer an. Zunächst stieg ich allein aus, um zu erkunden. Ich fand in der Umgebung des Hauses keine Spur von Leben. Auch innerhalb der Mauern schien alles in tiefster Ruhe zu liegen. Am Kanal lag das Boot Abrahims mit den Rudern. Ich stieg ein und lenkte es neben unseren Kahn.
»Hier ist das Boot«, sagte ich zu den beiden Dienern. »Fahrt es ein Stück flußabwärts, füllt es mit Steinen, und laßt es sinken. Die Ruder nehmen wir in unser Boot, das ihr nicht festmachen dürft. Haltet es bereit, damit wir sofort abstoßen können, wenn es sein muß. Isla Ben Maflei, wir wollen gehen.«
Ich stieg aus dem Boot, und wir schlichen zum Kanal. Das Wasser sah uns nicht sehr einladend an. Ich warf einen Stein hinein und stellte fest, daß der Kanal nicht tief war. Isla zog seine Kleider aus und stieg ins Wasser, das ihm bis ans Kinn reichte.
»Wird es gehen?« fragte ich.
»Mit dem Schwimmen besser als mit dem Gehen. Der Kanal hat so viel Schlamm, daß er mir fast bis ans Knie reicht.«
»Willst du es noch immer riskieren?«
»Ja. Nimm meine Kleider mit zum Tor. Haydi – also los!«
Isla hob die Beine, stieß die Arme nach vorn und verschwand unter der Maueröffnung im Wasser.
Ich wartete noch eine Weile, weil es leicht möglich war, daß etwas Unvorhergesehenes geschah. Gerade wollte ich gehen, als der Kopf des Schwimmers wieder an der Oberfläche erschien.
»Du kommst zurück?«
»Ja, ich konnte nicht weiter. Der Kanal ist mit einem starken Holzgitter verschlossen.«
»Konntest du es nicht aufbrechen?«
»Ich habe es vergeblich versucht. Das Gitter muß sich gerade an der Grundmauer des Hauses befinden.«
»Ich werde selbst nachsehen. Zieh dich an, und erwarte mich hier.«

Ich warf nur die Oberkleidung ab und stieg ins Wasser. Auf dem Rücken liegend, schwamm ich vorwärts. Als ich nach meiner Berechnung das Haus erreicht haben mußte, stieß ich an das Gitter. Es war so breit und hoch wie der Kanal, bestand aus starken Holzstangen und war mit eisernen Klammern an der Mauer befestigt. Das Gitter hatte jedenfalls den Zweck, Ratten und Wassermäuse vom Becken fernzuhalten. Ich rüttelte daran, aber es gab nicht nach. Nun faßte ich einen einzelnen Stab mit beiden Händen, stemmte die hochgezogenen Knie auf beiden Seiten gegen die Mauer – ein Ruck, die Stange zerbrach. Nach zwei Minuten hatte ich noch vier Stäbe herausgerissen, so daß eine Öffnung entstanden war, durch die ich mich zwängen konnte.
Sollte ich zurückkehren, um Isla zu holen? Nein, das wäre Zeitverschwendung gewesen. Ich war nun einmal im Wasser und kannte auch das Gebäude genauer als er. Also schob ich mich durch die Öffnung und schwamm weiter in dem Wasser, das durch den aufgewühlten Schlamm trübe geworden war. Als ich mich nach meiner Berechnung unter dem inneren Hof befinden mußte, senkte sich die Wölbung plötzlich bis auf die Oberfläche des Wassers herunter. Ich wußte nun, daß ich mich in der Nähe des Beckens befand. Der Kanal war von hier aus nur noch eine Röhre, die mit Wasser gefüllt war, so daß die zum Atmen nötige Luft fehlte. Die übrige Strecke mußte ich also unter Wasser kriechen oder tauchend durchschwimmen, was nicht nur unbequem und anstrengend, sondern auch gefährlich war.
Ich sog die Lunge voll Atem, tauchte unter und schob mich, halb schwimmend und halb kriechend, möglichst schnell vorwärts.
Eine lange Strecke legte ich so zurück. Schon spürte ich den Luftmangel, als ich mit der Hand an ein neues Hindernis stieß. Es war ein Siebgitter aus durchlöchertem Blech, das die ganze Breite der Kanalröhre einnahm und offenbar als Filter für das schlammige Wasser dienen sollte.
Bei dieser Entdeckung bekam ich es mit der Angst.
Zurück konnte ich nicht mehr, denn ehe ich die Stelle erreicht hätte, wo die höhere Wölbung des Kanals mir das Atemholen gestatten würde, wäre ich schon erstickt. Andererseits schien das starke Sieb sehr haltbar befestigt zu sein. Hier gab es nur zwei Möglichkeiten: entweder es gelang mir, hindurchzukommen, oder ich mußte elend ertrinken. Es war keine Zeit zu verlieren.
Ich stemmte mich gegen das Blech – vergebens! Ich drückte und

preßte mit aller Gewalt dagegen, ohne Erfolg. Und wenn ich hindurchkam und sich hinter dem Sieb nicht sofort das Becken befand, war ich trotzdem verloren. Ich hatte nur noch Luft und Kraft für Sekunden. Es war mir, als wollte mir eine fürchterliche Gewalt die Lunge und den Körper zersprengen.
Noch eine letzte, allerletzte Anstrengung! Ich fühle, wie der Tod nach meinem Herzen greift. Er packt es mit grausamer, unerbittlicher Faust und drückt es vernichtend zusammen. Die Pulse stokken, die Besinnung schwindet, die Seele sträubt sich mit aller Gewalt gegen das Entsetzliche, eine krampfhafte, tödliche Anstrengung dehnt die erstarrenden Sehnen und Muskeln aus – ich höre einen Krach, das Sieb gibt endlich nach, es geht aus den Fugen, ich stoße mich mit letzter Kraft ab.
Ein langer, tiefer Atemzug, der mir sofort das Leben wiederbringt, dann tauche ich wieder unter. Es konnte ja jemand im Hof sein und meinen Kopf entdecken, der in der Mitte der kleinen Wasserfläche sichtbar geworden war. Am Rand des Beckens kam ich vorsichtig wieder herauf und sah mich um.
Es schien kein Mond, aber die Sterne verbreiteten genug Licht, daß ich alle Gegenstände unterscheiden konnte. Ich stieg aus dem Becken und wollte leise zur Mauer schleichen, als ich ein leises Knacken hörte. Ich sah hinauf zu den Gittern, hinter denen die Frauengemächer lagen. Rechts über mir war die Stelle, wo ich den Riegel entfernt hatte. Links davon bemerkte ich einen Spalt in der Vergitterung des Zimmers, das ich nicht hatte betreten dürfen. Es war vermutlich das Schlafzimmer Senitzas. War sie wach geblieben, um mich zu erwarten?
Ich schlich näher und legte die Hände an den Mund.
»Senitza!« flüsterte ich leise.
Die Gitteröffnung wurde breiter. Ein dunkles Köpfchen erschien.
»Wer bist du?« hauchte es herab.
»Der Hekim, der bei dir war.«
»Du kommst, um mich zu retten?«
»Ja. Du hast es geahnt und meine Worte verstanden?«
»Ja. Bist du allein?«
»Isla Ben Maflei ist draußen.«
»Oh! Man wird ihn umbringen!«
»Wer?«
»Abraham. Er schläft des Nachts nicht, er wacht. Und die Wärte-

rin liegt in dem Raum neben mir. Halt – horch! Schnell, verstecke dich!«
Hinter der Tür, die zum Selamlük führte, war ein Geräusch zu hören. Die Öffnung oben schloß sich. Ich lief zum Becken zurück. Vorsichtig glitt ich ins Wasser.
Gleich danach öffnete sich die Tür. Es erschien die Gestalt Abrahims. Langsam und lauernd umschritt er den Hof. Ich stand bis zum Mund im Wasser. Mein Kopf war hinter der Einfassung verborgen, so daß mich der Ägypter nicht sehen konnte. Abrahim überzeugte sich davon, daß das Tor verschlossen war, und verschwand, nachdem er seine Runde vollendet hatte, wieder im Selamlük.
Jetzt stieg ich wieder aus dem Wasser, glitt zum Tor, schob den Riegel zurück und öffnete. Ich lief durch den Garten, um auch das Mauertor zu öffnen. Dann wollte ich Isla Ben Maflei holen, aber er tauchte ganz von selbst auf.
»Hamdullilah, Preis sei Gott, Effendi! Es ist dir gelungen?«
»Ja. Aber ich kämpfte mit dem Tod. Gib mir meine Kleider!«
Hose und Weste troffen vor Wasser. Ich warf nur die Jacke über, um nicht in meinen Bewegungen gehindert zu sein, und sagte zu Isla:
»Ich habe schon mit Senitza gesprochen!«
»Ist es wahr, Effendi?«
»Sie hat mich verstanden und erwartet uns.«
»Dann komm! Schnell, schnell!«
Ich ging in den Garten, um eine der Stangen zu holen, dann betraten wir den Hof. Der Spalt im Gitterwerk hatte sich schon wieder geöffnet.
»Senitza, mein Stern, mein...«, rief Isla mit unterdrückter Stimme, als ich ihm die Gitteröffnung gezeigt hatte. Ich unterbrach ihn:
»Um alles in der Welt, halt den Mund! Jetzt ist keine Zeit für Herzensergüsse. Du schweigst, und nur ich rede!«
Dann sah ich zu Senitza hinauf:
»Bist du bereit, mit uns zu gehen?«
»Ja, ja!« flüsterte sie.
»Durch die Zimmer geht es nicht?«
»Nein. Aber drüben hinter den hölzernen Säulen liegt eine Leiter.«
»Ich hole sie!«

Wir brauchten also weder die Stange noch den mitgebrachten Strick. Ich ging und holte die Leiter. Als ich sie angelehnt hatte, stieg Isla hinauf. Ich schlich unterdessen zur Tür zum Selamlük, um zu horchen.
Es dauerte einige Zeit, bis ich die Gestalt des Mädchens sah. Sie stieg herab, und Isla half ihr dabei. Als beide den Boden erreichten, erhielt die Leiter einen Stoß. Sie schwankte und stürzte mit lautem Krach um.
»Fort! Schnell zum Boot!« warnte ich.
Sie liefen zum Tor. Zur gleichen Zeit hörte ich Schritte. Abraham hatte das Geräusch gehört und kam, um nachzusehen, was geschehen war. Ich mußte den Fliehenden den Rückzug decken und folgte nicht zu schnell. Der Ägypter entdeckte mich, sah die umgestürzte Leiter und das geöffnete Gitter:
Er stieß einen Schrei aus, der von allen Bewohnern des Hauses gehört werden mußte.
»Dieb, Räuber, halt! Zu Hilfe, herbei, ihr Männer, ihr Leute, ihr Sklaven! Hilfe!«
Mit lautem Gebrüll lief er mir nach. Da der Orient keine Betten nach unserer Art kennt und man meist in den Kleidern schläft, waren die Bewohner des Hauses bald auf den Beinen.
Der Ägypter war dicht hinter mir. Am Außentor sah ich mich um. Er war nur zehn Schritt von mir entfernt, und am inneren Tor erschien bereits ein zweiter Verfolger.
Draußen sah ich Isla Ben Maflei mit Senitza nach rechts fliehen. Ich wandte mich also nach links. Abraham ließ sich täuschen.
Er sah nicht sie, sondern nur mich, und folgte mir. Ich lief auf den Fluß zu, und zwar oberhalb des Hauses, während unser Boot unterhalb des Gemäuers lag. Dann rannte ich am Ufer entlang.
»Halt, Schurke! Ich schieße!« erklang es hinter mir.
Er hatte also Waffen bei sich. Ich lief weiter. Traf mich seine Kugel, so war ich tot oder gefangen, denn hinter ihm folgten seine Diener, wie ich aus ihrem Geschrei vernahm.
Ein Schuß krachte. Abraham hatte im Laufen gezielt, statt dabei stehenzubleiben. Das Geschoß flog an mir vorbei. Ich tat, als sei ich getroffen, und warf mich auf die Erde.
Er raste an mir vorbei, denn erst jetzt hatte er das Boot entdeckt, in das Isla eben mit Senitza einstieg. Dicht hinter Abraham Mamur sprang ich wieder auf. Mit einigen weiten Sprüngen erreichte ich ihn, packte ihn im Nacken und warf ihn nieder.

Das Geschrei der Fellachen erscholl jetzt dicht hinter mir. Sie waren mir sehr nah, aber ich erreichte den Kahn und sprang hinein. Sofort stieß Halef vom Ufer ab. Wir waren schon mehrere Bootslängen entfernt, als die Verfolger dort ankamen.
Abraham hatte sich wieder aufgerafft. Er überblickte die Lage.
»Zurück, zurück, Männer!« brüllte er. »Zurück zum Boot!«
Alle liefen nun zum Kanal, wo Abrahims Kahn gelegen hatte. Er selber kam zuerst an und stieß einen Wutschrei aus, als er sah, daß das Boot verschwunden war.
Wir hatten unterdessen die schnellere Strömung erreicht. Halef und der Barbier aus Jüterbog ruderten. Ich nahm eins der aus dem Boot Abrahims stammenden Ruder, Isla machte es ebenso. Unser Kahn schoß schnell stromabwärts.
Es wurde kein Wort gesprochen. Unsere Stimmung war nicht danach.
Während des ganzen Abenteuers war doch eine längere Zeit vergangen. Jetzt rötete sich der Horizont bereits und man konnte die nebellosen Wasser des Nils weithin überblicken. Noch immer sahen wir Abraham am Ufer stehen. Weiter flußaufwärts erschien ein Segel, das im Morgenrot erglühte.
»Ein Sandal!« meinte Halef.
Ja, es war ein Sandal, eine jener lang gebauten, stark bemannten Barken, die so schnell segeln, daß sie es fast mit einem Dampfer aufnehmen können.
»Abraham wird das Sandal anrufen, um uns zu verfolgen«, sagte Isla.
»Hoffentlich ist das Sandal ein Kauffahrer, der nicht auf ihn hört!«
»Wenn Abraham dem Reïs eine große Summe bietet, wird er sich nicht weigern.«
»Auch in diesem Fall hätten wir einen guten Vorsprung. Bis das Sandal anlegt und der Reïs mit Abraham verhandelt hat, vergeht einige Zeit.«
Das Segel war bald nicht mehr zu sehen. Wir machten so schnelle Fahrt, daß wir nach einer halben Stunde die Dhahabiya erreichten, die uns weiterbringen sollte.
Der alte Abul Reïsin lehnte an der Brüstung seines Schiffes. Er sah, daß eine Frau in unserem Boot saß, und wußte, daß unser Unternehmen gelungen war.
Wir stiegen an Bord. Das Boot wurde am Heck befestigt. Dann

löste man die Taue und zog die Segel auf. Das Fahrzeug drehte den Bug in den Strom. Der Wind blähte die Leinwand, und wir steuerten der Mitte des Nils zu, der uns nun flußabwärts trug. Ich stand neben dem Reïs.
»Wie ging es?« fragte er mich.
»Sehr gut. Ich werde es dir später erzählen. Sag mir vorher, ob ein gutes Sandal dein Fahrzeug einholen könnte.«
»Werden wir verfolgt?«
»Ich glaube es nicht, aber es ist möglich.«
»Meine Dhahabiya ist gut, aber ein gutes Sandal holt jede Dhahabiya ein.«
»Dann wollen wir hoffen, daß wir nicht verfolgt werden.«
Ich erzählte ihm den Hergang unseres Abenteuers und ging dann in die Kajüte, um meine feuchten Kleider zu wechseln. Der Schiffsraum war in einen kleinen und einen größeren unterteilt. Der kleinere war für Senitza, der große für den Kapitän, Isla Ben Maflei und mich bestimmt.
Es waren etwa zwei Stunden seit unserer Abfahrt vergangen, als ich flußaufwärts die Spitze eines Segels bemerkte, das sich immer mehr vergrößerte. Als der Rumpf auftauchte, erkannte ich das Sandal, das wir am Morgen gesehen hatten.
»Siehst du das Schiff?« fragte ich den Reïs.
»Allah akbar, Gott ist groß, und deine Frage ist auch groß«, antwortete er. »Ich bin ein Reïs und sollte ein Segel nicht sehen, das so nah hinter meinem Schiff flattert?«
»Ob es ein Fahrzeug des Khedive ist?«
»Nein«, antwortete der Reïs.
»Woran erkennst du das?«
»Ich kenne dieses Sandal genau. Es gehört dem Reïs Chalid Ben Mustafa.«
»Kennst du diesen Chalid?«
»Sehr gut, aber wir sind keine Freunde.«
»Warum?«
»Ein ehrlicher Mann kann nicht der Freund eines unehrlichen sein.«
»Dann fürchte ich, daß sich Abraham Mamur an Bord dieses Sandals befindet.«
»Wir werden es erleben.«
»Was wirst du tun, wenn das Sandal an der Dhahabiya anlegen will?«

»Ich muß es dulden. Das Gesetz verlangt es so.«
»Und wenn ich es nicht zulasse?«
»Wie willst du das anfangen? Ich bin der Reïs meiner Dhahabiya und muß nach den Vorschriften des Gesetzes handeln.«
»Und ich bin der Reïs meines Willens.«
Jetzt kam Isla zu uns. Ich wollte keine neugierigen Fragen stellen, aber er fing selbst an:
»Kara Ben Nemsi, du bist mein Freund! Der beste Freund, den ich je gefunden habe. Soll ich dir erzählen, wie Senitza in die Hände des Ägypters geraten ist?«
»Ich möchte es gern hören, aber zu einer solchen Erzählung gehört Ruhe und Sammlung, die wir jetzt nicht haben.«
»Du bist unruhig? Weshalb?«
Isla hatte das hinter uns segelnde Fahrzeug noch nicht bemerkt.
»Dreh dich um und sieh dir dieses Sandal an!«
Er sah das Schiff und fragte:
»Ist Abraham an Bord?«
»Ich weiß es nicht, aber es ist leicht möglich, weil der Kapitän ein Schurke ist, der vielleicht von Abraham gekauft worden ist.«
»Woher weißt du, daß er ein Schurke ist?«
»Abul Reïsin sagt es.«
»Was werden wir tun?« fragte Isla.
»Abwarten, ob Abraham sich an Bord befindet.«
»Und wenn er da ist?«
»Dann werden wir ihn nicht zu uns herüberlassen.«
»Er kommt uns immer näher«, meinte der Reïs. »Ich werde noch ein kleines Segel, ein Triketa, beisetzen lassen.«
Ich merkte schon nach einigen Minuten, daß die Entscheidung dadurch höchstens verzögert, nicht aber aufgehoben wurde. Das Sandal kam uns immer näher. Schließlich war es nur noch eine Schiffslänge von uns entfernt und ließ das eine Segel fallen, um seine Geschwindigkeit zu verringern. Wir sahen Abraham Mamur an Deck.
»Er ist da!« sagte Isla.
»Wo steht er?« fragte der Reïs.
»Ganz vorn am Bug.«
»Der? Kara Ben Nemsi, was tun wir? Sie werden uns ansprechen, und wir müssen ihnen antworten.«
»Wer hat nach euren Gesetzen zu antworten?«

»Ich, der Inhaber der Dhahabiye.«
»Paß auf, was ich dir sage, Abul Reïsin. Bist du bereit, mir dein Schiff von hier bis Káhira zu vermieten?«
Der Kapitän sah mich erstaunt an, begriff aber sofort, was ich beabsichtigte.
»Ja«, antwortete er.
»Dann bin ich also der Inhaber?«
»Ja.«
»Und du als Reïs mußt tun, was ich will?«
»Ja.«
»Du bist für nichts verantwortlich?«
»Nein.«
»Gut. Ruf deine Leute zusammen!«
Auf seinen Ruf kamen alle herbei, und der Kapitän erklärte ihnen:
»Leute, dieser Effendi, der Kara Ben Nemsi heißt, hat unsere Dhahabiya von hier bis Káhira gemietet. Ihr könnt mir bezeugen, daß ich nicht mehr Herr des Schiffes bin.«
»Wir bezeugen es.«
»Dann geht an eure Plätze. Ihr müßt aber wissen, daß ich die Leitung des Schiffes behalte. Kara Ben Nemsi hat es mir befohlen.«
Sie verschwanden, verwundert über die sonderbare Mitteilung ihres Kapitäns.
Mittlerweile war das Sandal auf gleiche Höhe mit uns gekommen. Der Kapitän, ein alter, hagerer Mann mit einer Reiherfeder auf dem Tarbusch, trat an die Bordwand und fragte:
»Ho, Dhahabiya! Welcher Reïs?«
Ich beugte mich vor und antwortete: »Reïs Hassan.«
»Hassan Abul Reïsin?«
»Ja.«
»Schön, ich kenne ihn«, antwortete er schadenfroh. »Ihr habt ein Weib an Bord?«
»Ja.«
»Gebt es heraus!«
»Chalid Ben Mustafa, du bist verrückt!«
»Wird sich finden. Wir werden bei euch anlegen.«
»Das werden wir verhindern.«
»Wie willst du das anfangen?«
»Das werde ich dir sofort zeigen. Paß auf die Feder an deinem Tarbusch auf!«

Ich erhob schnell die bereitgehaltene Büchse, zielte und drückte los. Die Feder flog herab.
Das entsetzlichste Unglück hätte den würdigen Ben Mustafa nicht so in Aufregung versetzen können wie dieser Warnungsschuß. Er hüpfte hoch in die Luft, als beständen seine hageren Gliedmaßen aus Gummi, hielt sich den Kopf mit beiden Händen und floh hinter den Mast.
»Jetzt weißt du, wie ich schieße, Ben Mustafa«, rief ich hinüber. »Wenn dein Sandal noch eine einzige Minute bei uns längsseits fährt, schieße ich dir die Seele aus dem Leib. Darauf kannst du dich verlassen!«
Diese Drohung wirkte augenblicklich. Er eilte an das Steuer, riß es dem bisherigen Rudergänger aus den Händen und drehte ab. Nach zwei Minuten befand sich das Sandal in einer solchen Entfernung, daß ihn meine Kugel nicht mehr erreichen konnte.
»Jetzt sind wir für eine Weile sicher«, sagte ich.
»Chalid wird nicht wieder so nah kommen«, stimmte Hassan bei. »Aber er wird uns auch nicht aus den Augen lassen, bis wir irgendwo anlegen, wo er die Hilfe des Gesetzes in Anspruch nehmen kann. Davor fürchte ich mich nicht, aber ich fürchte mich vor etwas anderem.«
»Wovor?«
»Davor!«
Er deutete mit der Hand auf das Wasser. Wir verstanden sofort, was er meinte.
Schon seit einiger Zeit hatten wir bemerkt, daß die Wogen mit größerer Gewalt und Schnelligkeit vorwärts strebten als vorher. Die felsigen Ufer verengten sich immer mehr. Wir näherten uns einer Stromschnelle. Die Stimme des Reïs tönte laut schallend über das Deck:
»Blickt auf, ihr Männer, der Schellal kommt, der Katarakt! Tretet zusammen und betet die heilige Fatiha!«
Die Leute folgten seinem Befehl und begannen:
»Behüte uns, o Herr, vor dem gesteinigten Teufel!«
»Im Namen Allahs, des Allbarmherzigen!« antwortete der Reïs.
Darauf fielen die andern ein und beteten die Al-Fatiha, die erste Sure des Korans.
Ich muß gestehen, daß dieses Gebet auch mich ergriff, aber nicht aus Furcht vor der Gefahr, sondern aus Ehrfurcht vor dem tief im Herzen wurzelnden Glauben dieser Menschen, die nichts tun und

beginnen, ohne sich dessen zu erinnern, der im Schwachen mächtig ist.

»Auf, ihr jungen Männer, ihr mutigen Helden, geht an eure Plätze«, befahl der Reïs. »Der Strom hat uns ergriffen.«

Hassan hatte sich auf die Stromschnellen vorbereitet und Ersatzleute mitgenommen. Alle Ruder waren doppelt besetzt. Am Steuer standen drei Barkenführer, die an dieser gefährlichen Stelle jeden Fußbreit des Stromes kannten.

Mit furchtbarer Gewalt rauschten die Wogen über die vom Wasser kaum bedeckten Felsblöcke. Die Wellen stürzten schäumend über das Deck, und der Donner des Kataraktes übertönte auch das lauteste Kommandowort. Das Schiff stöhnte und krachte in allen Fugen. Die Ruder versagten ihren Dienst. So gut wie steuerlos tobte die Dhahabiya durch die kochenden Gewässer.

Die schwarzen, glänzenden Felsen vor uns schieben sich jetzt eng zusammen und lassen nur noch ein Tor offen, das kaum so breit ist wie unser Schiff. Die Wogen werden mit furchtbarer Gewalt durch dieses Tor gepreßt und stürzen in dickem Strahl in ein Becken, das mit haarscharfen und nadelspitzen Steinblöcken übersät ist.

Mit sausender Hast schießen wir dem Tor entgegen. Die Ruder werden eingezogen. Jetzt befinden wir uns in dem furchtbaren Loch, dessen Wände uns zu beiden Seiten so nah sind, daß wir sie fast mit den Händen greifen können. Als wollte sie uns hinaustreiben in die Luft, so schleudert uns die rasende Gewalt der Strömung über die sprühenden, gischtspritzenden Kämme des Falles, und wir stürzen hinab in den Schlund des Kessels. Es brodelt, spritzt, rauscht, tobt, donnert und brüllt um uns her. Dann packt es uns wieder mit unwiderstehlicher Macht und reißt uns eine schräge Ebene hinab, deren Wasserfläche glatt und freundlich vor uns liegt, aber gerade unter dieser Glätte die gefährlichste Tücke birgt, denn wir schwimmen nicht, nein, wir stürzen mit rasender Schnelligkeit die abschüssige Bahn hinab und –

»Allah karim, Gott ist gnädig!« ertönt Hassans Stimme jetzt so schrill, daß jeder sie hört. »Eh Wallah, an die Ruder, an die Ruder, ihr Jünglinge, ihr Männer, ihr Helden, ihr Tiger, ihr Panther und Löwen! Der Tod liegt vor euch! Seht ihr es denn nicht? Macht, macht, bei Gott, macht, ihr Hunde, ihr Feiglinge, ihr Schurken und Katzen, arbeitet, arbeitet, ihr Tapferen, ihr Guten, ihr Helden, ihr Unvergleichlichen und Auserwählten!«

Nil-Katarakt

Wir schießen auf eine Schere zu, die sich vor uns öffnet und uns im nächsten Augenblick zu vernichten droht. Die Felsen sind so scharf und der Absturz des Stromes ist so reißend, daß nach meiner Meinung von unserem Schiff keine Handvoll Holz übrigbleiben kann.

»O du Bewahrer, hilf! Links, links, ihr Hunde, ihr Geier, ihr Rattenfresser, ihr Aasverdauer, links, links mit dem Steuer, ihr Braven, ihr Herrlichen, ihr Väter aller Helden! Allah, Allah, Maschallah – Gott tut Wunder, ihm sei Dank!«

Das Schiff hat den fast übermenschlichen Anstrengungen gehorcht und ist vorübergeflogen. Für einige Augenblicke treiben wir im ruhigen Fahrwasser. Alles stürzt auf die Knie, um dem Allmächtigen zu danken. »Bezeuge, daß es nur einen Gott gibt! Begnadige uns mit deinem Segen!« tönt es über das Deck.

Da kommt das Sandal hinter uns hergeschossen wie von der Sehne eines Bogens geschnellt. Seine Geschwindigkeit ist jetzt wieder größer als unsere. Es muß uns überholen. Das offene Fahrwasser ist so schmal, daß wir nur mit Mühe ausweichen können. Fast Bord an Bord rauscht die Barke vorüber. Am Mast lehnt Abraham. Auf meiner Höhe reißt er die versteckt gehaltene lange arabische Flinte an die Wange, ich werfe mich nieder, die Kugel pfeift über mich hinweg. Im nächsten Augenblick ist das Sandal schon weit vor uns. Alle haben den Mordversuch gesehen, aber niemand hat Zeit, darüber wütend zu sein, denn die Strömung packt uns wieder und treibt uns in ein Durcheinander von Klippen.

Da hörten wir vor uns einen lauten Schrei. Das Sandal wurde von der Macht des Schellal an einen Felsen geworfen. Aber die Schiffer fuchteln mit den Rudern, und das nur leicht beschädigte Fahrzeug schießt, von den Wogen gefaßt, wieder befreit davon. Bei dem Stoß ist ein Mann über Bord gefallen. Er hängt im Wasser und klammert sich verzweifelt an einen Felsen. Ich nehme einen herumliegenden Dattelbaststrick, laufe an die Bordwand und werfe ihn dem Verunglückten zu. Er faßt danach, erwischt ihn, wird heraufgezogen – es ist Abraham Mamur.

Als er das Verdeck erreicht hatte, schüttelte er das Wasser aus seinen Kleidern und stürzte dann mit geballten Fäusten auf mich zu. »Hundesohn, du bist ein Räuber und Betrüger!«

»Abraham Mamur, sei höflich, du bist nicht in deinem Haus. Wenn du noch ein Wort sagst, das mir nicht gefällt, lasse ich dich an den Mast binden und durchpeitschen!«

Die größte Beleidigung für einen Araber ist ein Schlag und die zweitgrößte ist die Drohung, ihn zu schlagen. Abrahim machte eine wütende Bewegung, beherrschte sich aber sofort.

»Du hast mein Weib an Bord!« schrie er.

»Nein.«

»Du lügst!«

»Ich lüge nicht. Die Frau, die ich an Bord habe, ist nicht dein Weib, sondern die Verlobte dieses jungen Mannes, der neben dir steht.«

Abrahim stürzte auf die Kajüte zu, aber dort trat ihm Halef entgegen.

»Abrahim Mamur, ich bin Hadschi Halef Omar Ben Hadschi Abul Abbas. Hier sind meine beiden Pistolen. Ich werde dich niederschießen, wenn du irgendwo hingehen willst, wohin zu gehen mein Herr dir verbietet!«

Mein kleiner Halef machte ein Gesicht, dem der Ägypter ansehen konnte, daß es ihm mit dem Schießen ernst sei. Er wandte sich deshalb ab und schnaubte: »Dann werde ich euch verklagen, sobald ihr an Land geht, um eure Hilfsmatrosen abzusetzen.«

»Meinetwegen. Bis dahin bist du aber nicht mein Feind, sondern mein Gast, wenn du dich friedlich benimmst.«

Die gefährlichen Stellen der Stromschnelle waren glücklich überwunden.

»Willst du uns jetzt erzählen, wie Senitza diesem Mann in die Hände gefallen ist?« fragte ich Isla.

»Ich will Senitza holen«, antwortete er, »sie soll es euch selbst erzählen.«

»Nein, sie soll in der Kajüte bleiben. Ihr Anblick würde den Ägypter erbittern und zum Äußersten reizen. Ist sie Mohammedanerin oder Christin?«

»Sie ist Christin.«

»Von welchem Bekenntnis?«

»Von dem, das ihr griechisch nennt.«

»Sie ist nicht seine Frau geworden?«

»Er hat sie gekauft.«

»Ist das wahr?«

»Ja. Er hat sie in Skutari gesehen und ihr gesagt, er liebe sie und sie solle sein Weib werden, aber sie hat ihn ausgelacht. Dann ist er in die Crnagora zu ihrem Vater gekommen und hat ihm eine große Summe geboten, weil er sie kaufen wollte. Der Vater hat ihn hinausgeworfen. Dann hat er den Vater der Freundin bestochen, bei der Senitza oft zu Besuch war. Der ging auf den Handel ein.«

»Wie konnte er das tun?«

»Dieser Halunke hat sie für seine Sklavin ausgegeben und an Abrahim Mamur verkauft. Außerdem hat er ihm eine Urkunde darüber ausgehändigt, in der Senitza als zirkassische Sklavin bezeichnet wurde.«

»Darum ist diese Freundin mit ihrem Vater so plötzlich verschwunden!«

»Nur deshalb. Abrahim hat sie dann auf ein Schiff gebracht und ist mit ihr zuerst nach Zypern, dann nach Ägypten gefahren.«

»Wie hieß der Mann, der sie verkaufte?« fragte ich unwillkürlich.

»Barud Al-Amasat.«

»Al-Amasat, Al-Amasat – dieser Name kommt mir bekannt vor. Wo habe ich ihn gehört? War er ein Türke?«

»Nein, er war Armenier.«

Armenier – ah, jetzt fiel es mir ein! Hamd Al-Amasat, jener Armenier, der uns auf dem Schott Al-Dscherid umbringen wollte und dann aus Kbilli entfloh! War es derselbe? Nein, die Zeit stimmte nicht.

»Weißt du nicht«, fragte ich Isla, »ob dieser Barud Al-Amasat einen Bruder hat?«

»Nein. Auch Senitza weiß es nicht. Ich habe mich genau nach dieser Familie erkundigt.«

Da störte uns Islas Diener Hamsad Al-Dscherbaja. Er sprach mich an: »Herr Effendi, ich habe Sie wat zu sagen.«

»Sprich!«

»Wie heißt dieser äjyptische Tunichjut?«

»Abrahim Mamur.«

»So! Dat will also een Mamur jewesen sein?«

»Allerdings.«

»Dat lassen Sie sich man nur nicht weismachen, denn ich kenne diesen Menschen besser als er mir!«

»Woher kennst du ihn denn?«

»Ich habe jesehen, wie er die Bastonade kriegte, und weil es meine erste Bastonade war, habe ich mir sehr einjehend nach ihm erkundigt.«

»Nun, wer und was ist er?«

»Er war bei die persische Jesandtschaft Attascheh oder so wat und hat een Jeheimnis verraten oder so unjefähr. Er hat kaltjemacht werden sollen, aber weil er Freunde jehabt hat, ist es bei der Absetzung mit Bastonade jeblieben. Sein Name ist Dawuhd Arafim.«

Daß der Barbier aus Jüterbog diesen Mann kannte, war ein erstaunlicher Zufall. Jetzt kam mir endlich auch meine eigene Erinnerung zu Hilfe. Ich hatte Abraham schon gesehen, und zwar in Isfahan auf dem Markt, wo er auf ein Kamel gebunden wurde, um als Gefangener nach Konstantinopel geschafft zu werden. Ich reiste damals eine kurze Strecke mit derselben Karawane, und so kam es, daß er auch mich gesehen und sich jetzt wieder meiner erinnert hatte.

»Ich danke dir für diese Mitteilung, Hamsad. Behalte sie aber einstweilen noch für dich.«

Nun hatte ich gar keine Angst mehr, daß Abraham mich verklagen würde. Ich weiß nicht, wie es kam, aber ich konnte den Verdacht nicht loswerden, daß er mit Barud Al-Amasat, der Senitza an ihn verkauft hatte, nicht erst durch das Mädchen bekannt geworden war. Abraham war ein degradierter Beamter, ein Gefangener, gewesen und hatte sogar die Bastonade bekommen – jetzt trat er als Mamur auf und besaß ein Vermögen. Das waren Umstände, die mir zu denken gaben.

Am nächsten Landeplatz mußten die oberhalb der Stromschnelle auf die Dhahabiya genommenen Hilfsmatrosen wieder abgesetzt werden. Unser Fahrzeug steuerte auf das Ufer zu.

»Werden wir Anker werfen?« fragte ich den Reïs.

»Nein, ich lege sofort wieder ab, wenn die Männer das Schiff verlassen haben.«

»Warum?«

»Um eine Begegnung mit der Polizei zu vermeiden.«

»Und Abraham?«

»Der wird mit den Matrosen an das Ufer gebracht.«

»Ich fürchte die Polizei nicht.«

»Du bist ein Fremdling und stehst unter dem Schutz deines Konsuls. Man kann dir also nichts tun. Aber ich – oh!«

Dieser Ausruf galt einem Boot, das mit bewaffneten, finster blickenden Männern besetzt war. Es waren Polizisten.

»Du wirst wohl kaum sofort weiterfahren«, meinte ich zu Hassan.

»Doch, wenn du es befiehlst. Ich habe nur dir zu gehorchen.«

»Ich befehle es nicht. Im Gegenteil, ich möchte die hiesige Polizei gern kennenlernen.«
Das Boot legte bei uns an. Alle seine Insassen stiegen an Bord, bevor wir das Ufer erreicht hatten. Die Besatzung des Sandal war hier an Land gegangen, hatte erzählt, daß Abrahim im Schellal ertrunken sei, und hatte auch von dem Frauenraub berichtet. Schließlich war der alte Reïs Chalid Ben Mustafa zum Richter gelaufen und hatte eine wohlgesetzte Rede gehalten über mich, den Ungläubigen, Mörder, Aufrührer, Räuber und Empörer. Das erfuhren wir allerdings erst später.
Da die Gerechtigkeit jener Länder von der wichtigen Erfindung der Aktenstöße noch nichts ahnt, wird in Rechtsfällen meistens schnell und oberflächlich geurteilt.
»Wer ist der Reïs dieses Schiffes?« fragte der Anführer der Polizisten.
»Ich«, antwortete Hassan.
»Wie heißt du?«
»Hassan Abul Reïsin.«
»Hast du auf deinem Schiff einen Effendi, einen Hekim, der ein Ungläubiger ist?«
»Er heißt Kara Ben Nemsi. Da steht er.«
»Ist hier auf deinem Schiff auch ein Weib, das Güzela heißt?«
»Sie ist in der Kajüte.«
»Ihr seid allesamt meine Gefangenen und folgt mir zum Richter, während ich das Schiff von meinen Leuten bewachen lasse!«
Die Dhahabiya legte an. Ihre ganze Besatzung mit allen Passagieren wurde sofort abtransportiert. Die tiefverschleierte Senitza wurde in eine bereitstehende Sänfte gehoben und mußte unserm Zug folgen, der bei jedem Schritt größer wurde, weil jung und alt, groß und klein sich ihm anschloß. Hamsad Al-Dscherbaja, der Ex-Barbier, ging hinter mir her und pfiff »Muß i denn, muß i denn zum Städtele hinaus!«.
Der Polizeidirektor und sein Sekretär erwarteten uns bereits.
Der Polizeigewaltige trug die Abzeichen eines Bimbaschi, eines Majors oder Befehlshabers von tausend Mann, sah aber trotzdem weder kriegerisch noch übermäßig klug aus. Wie die ganze Mannschaft des Sandals hatte auch er Abrahim Mamur für ertrunken gehalten und empfing den vom Tod Auferstandenen mit einem Respekt, der ganz das Gegenteil von dem war, was er für uns empfand.

Wir wurden in zwei Lager geteilt: hier die Bemannung des Sandals mit Abrahim und einigen seiner Diener, dort die Leute der Dhahabiya mit Senitza, Isla und mir nebst Halef und dem Barbier.

»Befiehlst du eine Pfeife, Herr?« fragte der Bimbaschi den angeblichen Mamur.

»Laß sie bringen!«

Er erhielt sie nebst einem Teppich als Sitzgelegenheit. Dann begann die Verhandlung.

»Hoheit, nenne mir deinen von Allah gesegneten Namen!«

»Er lautet Abrahim Mamur.«

»Also bist du ein Mamur. In welcher Provinz?«

»Ich war Statthalter der Provinz En-Nasar.«

»Du bist der Ankläger. Sprich, ich höre zu und werde richten.«

»Ich klage an diesen Giaur, der ein Hekim ist, der Entführung; ich klage an den Mann, der neben ihm steht, ebenfalls der Entführung; und ich klage an den Führer der Dhahabiya der Mithilfe beim Frauenraub. Wieweit die Diener dieser beiden Männer und die Matrosen der Dhahabiya beteiligt sind, das magst du bestimmen, o Bimbaschi.«

»Erzähle, wie der Raub vollbracht wurde.«

Abrahim erzählte. Als er fertig war, wurden seine Zeugen verhört, was die Folge hatte, daß ich von dem Reïs des Sandals, Chalid Ben Mustafa, auch noch des Mordversuchs bezichtigt wurde.

In den Augen des Polizeidirektors leuchtete es, als er sich nun zu mir wandte. »Giaur, wie ist dein Name?«

»Kara Ben Nemsi.«

»Wie heißt deine Heimat?«

»Almanja.«

»Wo liegt diese Handvoll Erde?«

»Handvoll? Hm, Bimbaschi, du beweist, daß du sehr unwissend bist!«

»Hund!« fuhr er auf. »Was willst du damit sagen?«

»Almanja ist ein großes Land und hat zehnmal mehr Einwohner als ganz Ägypten. Du aber kennst es nicht. Du bist überhaupt ein schlechter Geograph, und darum läßt du dich von Abrahim Mamur belügen.«

»Wage es, noch so ein Wort zu sagen, und ich lasse dich mit dem Ohr an die Wand nageln.«

»Ich wage es! Dieser Abrahim sagt, er sei Mamur der Provinz En-Nasar gewesen. Mamurs gibt es nur in Ägypten...«
»Liegt En-Nasar nicht in Ägypten, Giaur? Ich bin selbst dort gewesen und kenne den Mamur wie meinen Bruder, ja, wie mich selbst.«
»Du lügst!«
»Nagelt ihn fest!« befahl der Richter.
Ich zog den Revolver und Halef seine Pistolen.
»Bimbaschi, ich sage dir, daß ich erst den niederschießen werde, der mich anrührt, und dann dich! Du lügst, ich sage es noch einmal. En-Nasar ist eine winzige, unwichtige Oase zwischen Al-Homra und Tinghert im Land Tripolis. Dort gibt es keinen Mamur, sondern nur einen armen Scheik. Er heißt Mamra Ibn Alef Abuzin, und ich kenne ihn genau. Ich könnte mit dir Komödie spielen und dir erlauben, noch weiter zu fragen; aber ich will es kurz machen. Wie kommt es, daß du die Kläger stehen läßt, während der wirkliche Verbrecher sitzen darf und sogar die Pfeife von dir bekommt?«
Der gute Mann sah mich verdutzt an. »Wie meinst du das, Giaur?«
»Ich warne dich, mich mit diesem Wort zu beschimpfen! Ich habe einen Paß bei mir und auch einen Seyahat vesikasi des Vizekönigs von Ägypten. Mein Gefährte ist aus Istanbul, er hat ein Buyuruldu des Großherrn und ist ein Padischahin gölgesinde.«
»Zeigt die Scheine her!«
Ich gab ihm meinen Paß und Isla legte ihm seinen Ausweis vor. Er las sie und gab sie uns dann verlegen zurück. »Sprich weiter!«
Diese Aufforderung bewies mir, daß er nicht wußte, was er tun sollte.
»Du bist ein Bimbaschi und weißt doch nicht, was deines Amtes ist«, sagte ich. »Wenn du ein Handschreiben des Großherrn liest, mußt du es vorher an Stirn, Auge und Mund drücken und alle Anwesenden auffordern, sich zu verbeugen, als ob Seine Herrlichkeit selbst zugegen wäre. Ich werde dem Khedive und dem Großwesir in Istanbul erzählen, welche Achtung du ihnen erweist!«
Das hatte er nicht erwartet. Er war so erschrocken, daß er die Augen aufriß und den Mund öffnete, ohne ein Wort zu sagen.
Ich fuhr fort: »Du wolltest wissen, was ich vorhin mit meinen Worten meinte. Ich bin der Ankläger und muß stehen, und dieser ist der Angeklagte und darf sitzen!«

»Wer klagt ihn an?«
»Ich, dieser, dieser und wir alle.«
Abrahim staunte, aber er sagte noch nichts.
»Wessen klagst du ihn an?« fragte der Richter.
»Des Frauenraubs, desselben Verbrechens, dessen er uns beschuldigte.«
Ich sah, daß Abrahim unruhig wurde.
»Sprich weiter!« befahl der Richter.
»Du tust mir leid, Bimbaschi, daß du so etwas Trauriges erleben mußt.«
»Was soll das heißen?«
»Daß du einen Mann verurteilen mußt, den du so gut kennst wie deinen Bruder. Du bist sogar bei ihm in En-Nasar gewesen und weißt genau, daß er ein Mamur ist. Ich kenne ihn auch! Er heißt Dawuhd Arafim, war Beamter des Großherrn in Persien, wurde aber abgesetzt und bekam sogar die Bastonade.«
Jetzt stand Abrahim von seinem Teppich auf. »Schurke! – Bimbaschi, dieser Mann hat den Verstand verloren!«
»Höre mich weiter an, dann wird es sich zeigen, wessen Kopf besser ist und fester sitzt, meiner oder seiner!« sagte ich.
»Rede!«
»Dieses Weib hier ist eine Christin, eine freie Christin aus Karadagh, aus Montenegro; er hat sie geraubt und mit Gewalt nach Ägypten entführt. Mein Freund hier ist ihr rechtmäßiger Verlobter. Er ist nach Ägypten gekommen und hat sie sich wiedergeholt. Du kennst uns, denn du hast unsere Pässe geprüft. Ihn kennst du aber nicht. Er ist ein Frauenräuber und Betrüger. Laß dir seine Papiere zeigen, oder ich gehe zum Khedive und sage, wie du Gerechtigkeit übst in dem Amt, das er dir gegeben hat.«
Der brave Mann befand sich in Verlegenheit. Er konnte doch seine Worte und Taten nicht widerrufen, fühlte aber sehr wohl, daß ich im Recht war. Endlich entschloß er sich zu tun, was nur ein Ägypter fertigbrachte.
»Das Volk soll hinaus und in seine Häuser gehen!« befahl er. »Ich werde mir die Sache überlegen und am Nachmittag Gericht halten. Ihr seid alle meine Gefangenen!«
Die Polizisten trieben die Zuschauer mit Stockschlägen hinaus. Dann wurde Abrahim Mamur mit der Mannschaft des Sandals gefangen abgeführt, und schließlich schaffte man uns in den Hof des Gebäudes, wo wir uns ungestört bewegen durften. Einige

Polizisten am Ausgang schienen uns zu bewachen. Nach einer Viertelstunde waren sie plötzlich verschwunden.
Ich ahnte, was der Bimbaschi beabsichtigte, und ging zu Isla Ben Maflei, der neben Senitza am Brunnen saß.
»Glaubst du, daß wir unseren Prozeß gewinnen werden?«
»Ich glaube gar nichts, ich überlasse alles dir«, antwortete er.
»Wenn wir ihn gewinnen, was wird mit Abraham geschehen?«
»Nichts. Ich kenne diese Leute. Abraham wird dem Bimbaschi Geld geben oder einen der kostbaren Ringe, die er an den Fingern trägt, und der Bimbaschi wird ihn laufenlassen.«
»Wünschst du seinen Tod?«
»Nein. Ich habe Senitza gefunden, das ist mir genug.«
»Und wie denkt deine Verlobte darüber?«
Senitza antwortete selbst: »Effendi, ich war sehr unglücklich, aber jetzt bin ich frei. Ich werde nicht mehr an Abraham denken.«
Das befriedigte mich. Jetzt mußte ich nur noch Abul Reïsin fragen. Er erklärte mir, daß er sehr froh sei, mit heiler Haut davonzukommen. Also machte ich mich beruhigt an die Untersuchung der Lage.
Ich ging hinaus auf die Straße. Die heiße Tageszeit hatte begonnen. Ich sah keinen Menschen weit und breit. Es war klar: der Bimbaschi wünschte, daß wir uns selbst auf die Beine machten, ohne seine Entscheidung abzuwarten. Ich kehrte deshalb in den Hof zurück, teilte den Leuten meine Ansicht mit und forderte sie auf, mir zu folgen. Sie taten es, und kein Mensch kümmerte sich darum.
Als wir die Dhahabiya erreichten, zeigte sich, daß sie von den Polizisten verlassen worden war. Ein Freund und Bewunderer der Ladung, die aus Sennesblättern bestand, hätte sie ungestört auf die Seite bringen können.
Das Sandal lag nicht mehr am Ufer. Es war verschwunden. Wahrscheinlich hatte der würdige Chalid Ben Mustafa noch früher als wir die Absicht des Richters begriffen und sich mit Schiff und Besatzung davongemacht. Aber wo war Abraham Mamur geblieben? Das zu erfahren war uns nicht gleichgültig, denn es war anzunehmen, daß er uns im Auge behalten wollte. Ich ahnte, daß ich ihn früher oder später wieder treffen würde.
Die Dhahabiya lichtete den Anker. Wir setzten unsere Fahrt fort in dem wohltuenden Bewußtsein, einer gefährlichen Lage glücklich entronnen zu sein.

7 Der Sambuk des Oberzolleinnehmers

»Da nun Mose seine Hand reckte über das Meer, ließ es der Herr hinwegfahren durch einen starken Ostwind die ganze Nacht und machte das Meer trocken; und die Wasser teilten sich voneinander. Und die Kinder Israel gingen hinein, mitten ins Meer auf dem Trockenen; und das Wasser war ihnen für Mauern zur Rechten und zur Linken.
Und die Ägypter folgten und gingen hinein ihnen nach, alle Rosse Pharaos und Wagen und Reiter, mitten ins Meer.
Als nun die Morgenwache kam, schaute der Herr auf der Ägypter Heer aus der Feuersäule und Wolke und machte einen Schrekken in ihrem Heer und stieß die Räder von ihren Wagen und stürzte sie mit Ungestüm.
Da sprachen die Ägypter: Laßt uns fliehen von Israel; der Herr streitet für sie wider die Ägypter.
Aber der Herr sprach zu Mose: Recke deine Hand aus über das Meer, daß das Wasser wieder herfalle über die Ägypter, über ihre Wagen und Reiter. Da reckte Moses seine Hand aus über das Meer, und das Meer kam wieder vor morgens in seinen Strom, und die Ägypter flohen ihm entgegen. Also stürzte sie der Herr mitten ins Meer, daß das Wasser wiederkam und bedeckte Wagen und Reiter und alle Macht des Pharao, die ihnen nachgefolgt waren ins Meer, daß nicht *einer* aus ihnen übrigblieb.
Aber die Kinder Israel gingen trocken mitten durchs Meer; und das Wasser war ihnen für Mauern zur Rechten und zur Linken.«
An diese Stelle im vierzehnten Kapitel des zweiten Buches Mose mußte ich denken, als ich im »Tal Hiroth, gegen Baal Zephon« mein Kamel anhielt, um den Blick über die glitzernden Fluten des Roten Meeres schweifen zu lassen.
Hinter mir lag das Land der Osiris und der Isis, das Land der Pyramiden und Sphinxe, das Land, in dem das Volk Gottes das Joch der Knechtschaft getragen und die Felsen des Dschebel Mokattam zum Bau jener Wunderwerke zusammengeschleppt hatte, die noch heute das Staunen des Nilreisenden erregen. Im Schilf des altehrwürdigen Stromes hatte die Königstochter das Knäblein gefunden, das berufen war, ein Volk von Sklaven zu befreien und ihm in den zehn göttlichen Geboten ein Gesetz zu geben, das noch

nach Jahrtausenden die Grundlage aller Gesetze und Gebote bildet.
Zu meinen Füßen funkelten die Fluten des arabischen Golfs im glühenden Strahl der Sonne. Diese Fluten hatten einst, der Stimme Jahwe Zebaoths gehorchend, zwei Mauern gebildet, zwischen denen die Geknechteten des Landes Gosen den Weg zur Freiheit gefunden hatten, während das Volk ihrer Unterdrücker und Verfolger schrecklich unterging. Das waren die gleichen Fluten, in denen später auch der »Sultan Al-Kebir«, Napoleon Bonaparte, beinahe umgekommen wäre.
Und gegenüber dem Birket Faraun, dem »See des Pharao«, wie die Araber den Ort nennen, an dem die Wassermauern über den Ägyptern zusammenschlugen, erhebt sich der Felsenstock des Sinai, des berühmtesten Berges der Erde, gewaltig den Zeiten trotzend, machtvoll wie das Wort, das unter Donner und Blitz einst über ihm erscholl: »Ich bin der Herr, dein Gott; du sollst keine fremden Götter neben mir haben!«
Es war nicht nur der Zauber des Ortes, es war noch mehr die Geschichte dieses Landes, die mich tief beeindruckte.
Ich hätte noch lange in Gedanken versunken auf meinem Kamel sitzen und hinüberblicken können, wenn mich nicht die Stimme meines tapferen Halef gestört hätte:

»Hamdullilah, Preis sei Gott, daß die Wüste vorüber ist! Sihdi, hier ist Wasser. Steig herab von deinem Tier und bade, wie ich es jetzt tun werde.«
Da kam einer der beiden Beduinen, die uns geführt hatten, und hob warnend die Hand.
»Tu es nicht, Effendi!«
»Warum?«
»Weil hier Malak Al-Maut, der Engel des Todes, wohnt. Wer hier ins Wasser geht, wird entweder ertrinken oder den Keim des Todes mitnehmen. Jeder Tropfen dieses Meeres ist eine Träne der hunderttausend Seelen, die hier umgekommen sind, weil sie Musa (Moses) und die Seinigen töten wollten. Hier fährt jedes Boot und jedes Schiff schnell vorbei, ohne anzuhalten. Allah hat diesen Ort verflucht.«
»Stimmt es wirklich, daß hier kein Schiff anhält?«
»Ja.«
»Ich wollte an dieser Stelle auf ein Fahrzeug warten, das mich aufnehmen sollte.«
»Es soll dich nach Sues bringen? Wir werden dich führen, und du sollst auf unseren Kamelen schneller hinkommen als auf einem Schiff.«
»Ich will nicht nach Sues, sondern nach Tur.«

»Dann mußt du allerdings fahren, aber hier wird dich kein Fahrzeug aufnehmen. Erlaube, daß wir dich noch ein Stück nach Süden begleiten, bis wir eine Stelle finden, wo keine Geister wohnen und wo jedes Schiff gern anhalten wird, um dich aufzunehmen.«
»Wie lange haben wir da noch zu reiten?«
»Nicht ganz drei Stunden.«
»Dann vorwärts!«
Um das Rote Meer zu erreichen, hatte ich nicht den gewöhnlichen Weg von Kairo nach Sues eingeschlagen. Die zwischen den beiden Städten liegende Wüste verdient diesen Namen schon längst nicht mehr. Früher war sie gefürchtet wegen ihres Wassermangels und der räuberischen Beduinen. Jetzt ist das anders geworden, und deshalb hatte ich mich weiter südwärts gehalten. Ein Ritt durch die Einöde hatte für mich mehr Reiz als eine Reise auf gebahnten Wegen. Deshalb wollte ich jetzt auch Sues vermeiden, das mir doch nur das bieten konnte, was ich schon gesehen und kennengelernt hatte.
Während unseres Rittes tauchten die beiden kahlen Höhen des Dschekem und des Da-ad vor uns auf, und als rechts von uns der hohe Gipfel des Dschebel Gharib sichtbar wurde, hatten wir das Grab Pharaos hinter uns. Das Rote Meer bildete links von uns eine Bucht, in der ein Fahrzeug vor Anker lag.
Es war eine jener Barken, die man auf dem Roten Meer Sambuk nennt. Sie war ungefähr achtzehn Meter lang und fünf Meter breit und trug auf dem Hinterdeck einen Verschlag für den Kapitän oder vornehme Fahrgäste. So ein Sambuk hat außer den Riemen zwei dreieckige Segel. Eins von ihnen steht so weit vor dem andern, daß es ganz über das Vorderteil des Schiffes ragt, wenn es vom Wind gebläht wird, und dort eine Art halbkreisförmigen Ballon bildet, wie man es auf antiken Münzen und auf alten Fresken sehen kann. Die Fahrzeuge dieser Gegend sind hinsichtlich ihrer Bauart, Führung und Takelung noch die gleichen wie im Altertum. Die Küstenschiffe des Roten Meeres sind meist aus jenem indischen Holz gebaut, das die Araber Sadsch nennen und das sich mit der Zeit im Wasser dermaßen verhärtet, daß es kaum möglich ist, einen Nagel hineinzuschlagen. Fäulnis gibt es bei diesem Holz überhaupt nicht. Deshalb findet man Sambuks, die ein Alter von beinahe zweihundert Jahren erreicht haben.
Die Schiffahrt im arabischen Meerbusen ist sehr gefährlich. Des-

halb wird während der Nacht niemals gesegelt, sondern jedes Fahrzeug sucht sich am Abend einen sicheren Ankerplatz.
Der vor uns liegende Sambuk hatte das auch getan. Er war mit Hilfe des Ankers und eines Taues festgemacht worden und lag ohne Besatzung vor der Küste. Die Matrosen hatten das Schiff verlassen und saßen oder lagen an einem kleinen Wasser, das sich ins Meer ergoß. Einer, der etwas abseits in gewichtiger Haltung auf einer Matte saß, mußte der Kapitän oder der Eigner des Fahrzeugs sein. Ich sah sofort, daß er kein Araber, sondern ein Türke war. Der Sambuk zeigte die Farben des Großherrn, und die Besatzung trug türkische Uniformen.
Keiner der Männer rührte sich von seinem Platz, als wir näher kamen. Ich ritt bis dicht an den Anführer heran, hob die rechte Hand zur Brust empor und grüßte ihn absichtlich nicht in türkischer, sondern in arabischer Sprache.
»Gott schütze dich! Bist du der Kapitän dieses Schiffes?«
Der Türke sah mich herablassend an, musterte mich eine Weile und antwortete endlich:
»Ich bin es.«
»Wohin geht dein Sambuk?«
»Überallhin.«
»Was hast du geladen?«
»Verschiedenes.«
»Nimmst du auch Fahrgäste mit?«
»Das weiß ich nicht.«
Das war mehr als einsilbig, das war grob. Ich schüttelte den Kopf und sagte tröstend:
»Du bist ein Unglücklicher, den der Koran dem Mitleid der Gläubigen empfiehlt. Ich bedaure dich!«
Er sah mich halb zornig, halb überrascht an.
»Du bedauerst mich? Du nennst mich einen Unglücklichen? Warum?«
»Allah hat deinem Mund die Gabe der Sprache verliehen, aber deine Seele ist stumm. Wende dich in die Kibla und bitte Gott, daß er ihr die Sprache wiedergibt, sonst wird sie einst unfähig sein, ins Paradies zu kommen!«
Kibla nennt man die beim Gebet vorgeschriebene Richtung nach Mekka.
Der Türke lächelte verächtlich und legte die Hand an den Gürtel, in dem zwei riesige Pistolen steckten.

»Schweigen ist besser als schwatzen. Du bist ein Schwätzer. Der Gümrüktschü-baschi Murad Ibrahim zieht es vor, zu schweigen.«

»Gümrüktschü-baschi? Oberzolleinnehmer? Du bist ein großer und wahrscheinlich auch ein berühmter Mann, aber du wirst mir trotzdem Antwort geben, wenn ich dich frage.«

»Du willst mir drohen? Ich sehe, daß mein Gedanke richtig war. Du bist ein Arab Dscheheïne.«

Die Araber vom Stamm der Dscheheïne sind am Roten Meer als Schmuggler und Räuber bekannt. Der Zolleinnehmer hielt mich für einen solchen Gauner. Das war der Grund für sein unhöfliches Benehmen mir gegenüber.

»Fürchtest du dich vor den Beni Dscheheïne?« fragte ich ihn.

»Fürchten? Murad Ibrahim hat sich noch niemals gefürchtet!«

So stolz sein Auge bei diesen Worten leuchtete, es lag doch etwas in seinem Gesicht, was mich an seinem Mut zweifeln ließ.

»Und wenn ich nun ein Dscheheïne wäre?«

»Ich würde dich nicht fürchten.«

»Natürlich. Du hast zwölf Tayfa, Matrosen, bei dir, während bei mir nur drei Männer sind. Aber ich bin kein Dscheheïne. Ich gehöre überhaupt nicht zu den Beni Arab, sondern ich komme aus dem Abendland.«

»Aus dem Abendland? Du trägst doch die Kleider eines Beduinen und redest die Sprache der Araber!«

»Ist das verboten?«

»Nein. Bist du ein Fransis oder ein Inglis?«

»Ich gehöre zu den Nemsi.«

»Ein Nemsi«, meinte er geringschätzig. »Dann bist du ein Bostantschi oder ein Bezirgan, ein Gärtner oder ein Kaufmann.«

»Keins von beiden. Ich bin ein Müellif.«

»Ein Schreiber? O weh, und ich habe dich für einen tapferen Beduinen gehalten! Was ist ein Schreiber? Ein Schreiber ist kein Mann. Ein Schreiber ist ein Mensch, der Federn ißt und Tinte trinkt. Ein Schreiber hat kein Blut, kein Herz, keinen Mut, kein...«

»Halt!« unterbrach ihn mein Diener Halef. »Murad Ibrahim, siehst du, was ich hier in meiner Hand halte?«

Der Kleine war abgestiegen und stellte sich mit der Nilpferdpeitsche vor den Türken. Der zog die Brauen finster zusammen, antwortete aber doch: »Die Peitsche.«

»Schön. Ich bin Hadschi Halef Omar Ben Hadschi Abul Abbas Ibn Hadschi Dawuhd al Gossarah. Dieser Sihdi ist Kara Ben Nemsi, der sich vor keinem Menschen fürchtet. Wir haben die Sahara und ganz Ägypten durchwandert und große Heldentaten verrichtet. Man wird in allen Kaffeehäusern und auf allen Friedhöfen der Welt von uns erzählen. Wenn du es wagst, noch ein einziges Wort zu sagen, das meinem Effendi nicht gefällt, wirst du diese Peitsche kosten, obwohl du ein Gümrüktschü-baschi bist und viele Männer bei dir hast!«

Diese Drohung wirkte rasch. Die beiden Beduinen, die bis hierher meine Begleiter gewesen waren, wichen vor Schreck über die Frechheit Halefs einige Schritte zurück. Die Matrosen und die übrigen Begleiter des Türken sprangen auf und griffen zu den Waffen, und der Baschi hatte sich mit der gleichen Schnelligkeit erhoben. Er griff zu seiner Pistole, aber Halef hielt ihm schon die Mündung seiner eigenen Waffe vor die Brust.

»Ergreift ihn!« befahl der Zolleinnehmer, ließ aber seine Pistole vorsichtig sinken.

»Weißt du, was es heißt, einem Gümrüktschü-baschi mit der Peitsche zu drohen?« fragte der Türke.

»Ich weiß es«, antwortete Halef. »Einem Gümrüktschü-baschi mit der Peitsche drohen heißt, sie ihn auch wirklich kosten lassen, wenn er sich weiter so schlecht benimmt. Du bist ein Türke, ein Sklave des Großherrn. Ich aber bin ein freier Araber!«

Ich ließ mein Kamel niederknien, stieg ab und zog meinen Paß heraus.

»Murad Ibrahim, du siehst, daß wir uns noch weniger vor euch fürchten als ihr vor uns. Du hast einen großen Fehler begangen, denn du hast einen Effendi beleidigt, der im Padischahin gölgesinde steht!«

»Im Schutz des Großherrn, den Allah segnen möge? Wen meinst du?«

»Mich!«

»Dich? Du bist ein Nemsi, also ein Giaur!«

»Du wirst schon wieder ausfällig!« unterbrach ich ihn.

»Du bist ein Ungläubiger, und von den Giaurs steht im Koran: ›Ihr Gläubige! Schließt keine Freundschaft mit solchen, die nicht zu eurer Religion gehören. Sie lassen nicht ab, euch zu verführen, und wünschen nur euer Verderben!‹ Wie kann also ein Ungläubiger im Schutz des Großherrn stehen?«

»Ich kenne diese Worte. Sie stehen in der dritten Sure des Korans, in der Al-Imran. Aber nun öffne deine Augen und beuge dich in Demut vor dem Buyuruldu des Padischah. Hier ist es.«
Ich hatte mir diese wichtige Urkunde während meines Aufenthalts in Kairo beschafft.
Er nahm das Papier, drückte es an Stirn, Augen und Brust, verbeugte sich bis zur Erde und las es. Dann gab er es mir zurück.
»Warum hast du es mir nicht gleich gesagt, daß du ein Schützling des Sultans bist? Ich hätte dich nicht Giaur genannt, obwohl du ein Ungläubiger bist. Sei mir willkommen, Effendi! Woher kommst du?«
»Aus dem Lande Myssyr dort im Westen, aus Ägypten.«
»Und wo willst du hin?«
»Nach Tur hinüber.«
»Und dann?«
»Zum Manastir, dem Kloster auf dem Dschebel Sinai.«
»Also mußt du über das Wasser.«
»Ja. Wohin fährst du?«
»Auch nach Tur.«
»Willst du mich mitnehmen?«
»Wenn du gut bezahlst und dafür sorgst, daß wir uns mit dir nicht verunreinigen.«
»Wieviel verlangst du für mich und meinen Diener Hadschi Halef? Diese beiden Männer mit ihren Kamelen werden wieder umkehren.«
»Womit willst du bezahlen? Mit Geld oder mit etwas anderem?«
»Mit Geld.«
»Willst du Speise von uns nehmen?«
»Nein. Ihr gebt uns nur das Wasser.«
»Dann bezahlst du für dich zehn und für diesen Hadschi Halef acht Maßri.«
Ich lachte ihn aus. Das war echt türkisch, für die kurze Fahrt und etwas Wasser achtzehn Maßri, also beinahe hundert Mark, zu verlangen. »Du fährst einen Tag bis zur Bucht von Ras Nayaset, wo dein Schiff zur Nacht vor Anker geht?« fragte ich.
»Ja.«
»Dann sind wir gegen Mittag in Tur?«
»Ja. Warum fragst du?«
»Weil ich dir für diese kurze Fahrt nicht achtzehn Maßri geben werde.«

»Dann wirst du hier zurückbleiben und mit einem andern fahren müssen, der noch mehr verlangen wird.«
»Ich werde weder zurückbleiben noch mit einem andern fahren. Ich fahre mit dir.«
»Dann zahlst du die Summe, die ich verlangt habe.«
»Hör zu, was ich dir sage! Diese beiden Männer haben mir ihre Tiere geliehen und mich zu Fuß von Al-Kahira für zwei Maßri begleitet. Bei der Hadsch wird jeder Pilger für einen Maßri übergesetzt. Ich werde dir für mich und meinen Diener zwei Maßri geben. Das ist genug.«
»Nein, dann bleibst du hier. Mein Sambuk ist kein Frachtschiff. Er gehört dem Großherrn. Ich habe die Zekat, die Armensteuer, einzusammeln und darf keinen Reisenden an Bord nehmen.«
»Aber wenn ich achtzehn Maßri bezahle, dann darfst du? Grade weil dein Sambuk dem Großherrn gehört, wirst du mich aufnehmen müssen. Sieh noch einmal hier in das Buyuruldu! Hier stehen die Worte: ›... alle Hilfe leisten, für Sicherheit bedacht sein, selbst ohne Bezahlung‹. Hast du verstanden? Einen Privatmann müßte ich bezahlen, einen Beamten brauche ich nicht zu bezahlen. Ich gebe dir freiwillig zwei Maßri. Bist du nicht einverstanden, wirst du mich umsonst mitnehmen!«
Der Türke sah sich in die Enge getrieben und begann seine Forderung zu ermäßigen. Nach langer Debatte hielt er mir die Hand entgegen:
»Also meinetwegen. Du bist im Padischahin gölgesinde. Ich will dich für zwei Maßri mitnehmen. Gib sie her!«
»Ich werde bezahlen, wenn ich in Tur das Schiff verlasse.«
»Effendi, sind die Nassara alle so geizig wie du?«
»Die Christen sind nicht geizig, aber vorsichtig. Erlaube, daß ich an Bord gehe. Ich werde auf dem Schiff schlafen.«
Ich bezahlte meine Führer und gab ihnen außerdem noch ein Bakschisch. Sie bestiegen ihre Kamele und traten trotz der vorgerückten Tageszeit den Rückweg an. Dann ging ich mit Halef an Bord. Wegen der Nachtkühle zog ich es vor, hinter dem Verschlag auf dem Heck des Sambuk Schutz zu suchen.
»Sihdi«, fragte mich Halef, »habe ich es richtig gemacht, daß ich diesem Gümrüktschü-baschi die Peitsche zeigte?«
»Ich will dich nicht tadeln.«
»Aber warum sagst du jedem, daß du ein Ungläubiger bist?«
»Soll ich Angst haben, die Wahrheit zu sagen?«

»Nein, aber du bist ja schon auf dem Weg, ein Gläubiger zu werden. Wir sind auf dem Wasser, das die Franken das Rote Meer nennen. Dort liegt Medina und weiter nach rechts Mekka, die Stätte des Propheten. Ich werde alle beide besuchen, und du, was wirst du tun?«

Halef sprach die Frage offen aus, die ich mir während der letzten Tage heimlich vorgelegt hatte. Dem Christen, der sich nach Mekka oder Medina wagt, droht der Tod. So steht es in den Büchern zu lesen. War es wirklich so schlimm? Mußte man hingehen und sagen, daß man ein Christ sei? War nicht vielleicht ein Unterschied zu machen zwischen einer ruhigeren Zeit und jenen Tagen, an denen die großen Pilgerkarawanen eintreffen und der Fanatismus seinen Höhepunkt erreicht?

Ich hatte oft gelesen, daß ein Ungläubiger keine Moschee betreten dürfe, und war später selbst in verschiedenen Moscheen gewesen. Konnte es mit dem Betreten der heiligen Städte nicht ähnlich sein? Ich hatte überhaupt den Orient in mancher Beziehung ganz anders, und zwar nüchterner gefunden, als man ihn sich gewöhnlich vorzustellen pflegt. Deshalb konnte ich mir nicht denken, daß ein kurzer, vielleicht nur stundenlanger Besuch in Mekka wirklich gefährlich sein sollte. Der Türke hatte mich für einen Beduinen gehalten. Sicher würde es anderen auch so gehen. Aber trotzdem konnte ich zu keinem Entschluß kommen.

»Ich weiß noch nicht, was ich tun werde«, antwortete ich dem kleinen Halef.

»Du wirst mit mir nach Mekka gehen, Sihdi, und vorher in Dschidda den rechten Glauben annehmen.«

»Nein, das werde ich nicht.«

Ein Ruf am Land unterbrach die Unterhaltung. Der Türke hatte seinen Leuten das Abendgebet befohlen.

»Effendi«, meinte Halef, »die Sonne steigt hinter die Erde hinab. Erlaube, daß ich bete!«

Er ließ sich auf die Knie nieder und betete. Seine Stimme mischte sich mit dem Chor der betenden Türken. Noch war das Gebet nicht verklungen, da ließ sich hinter dem Felsenriff an der Nordseite des Meeres eine andere Stimme vernehmen:

»An Allah haben wir volle Genüge, und herrlich ist er, der Beschützer. Es gibt keine Macht und keine Gewalt, außer bei Gott, dem Hohen, dem Großen. O unser Herr, ia Allah, o gern Verzeihender, o Allgütiger, ia Allah, Allah hu!«

Diese Worte wurden mit einer tiefen Baßstimme gesungen. Dem Namen Allah gab der Betende jedesmal einen Ton, der eine Quinte höher lag. Ich kannte diese Worte und diese Töne. So pflegten die heulenden Derwische zu beten.
Die Türken waren aufgestanden und sahen in die Richtung, aus der die Stimme kam. Jetzt tauchte ein kleines Floß auf. Ein Mann kniete darauf, der ein Paddelruder führte und dazu im Takt sein Gebet sang. Er trug um den roten Tarbusch einen weißen Turban, und weiß war auch seine übrige Kleidung. Das war ein Zeichen, daß er zur Sekte der Kadiris gehöre, die meist aus Fischern und Seeleuten besteht und von Abdelkadir Al-Dschilani gestiftet wurde. Als der Mann den Sambuk erblickte, stutzte er einen Augenblick, dann rief er:
»La Ilah Illa-llah!«
»Illa-llah!« antworteten die andern im Chor.
Der Derwisch hielt auf den Sambuk zu, legte sein Floß an und stieg an Bord. Halef und ich befanden uns nicht allein an Bord. Der Steuermann war uns gefolgt. An ihn wandte sich der Derwisch: »Gott schütze dich!«
»Dich und mich!« lautete die Antwort.
»Wie befindest du dich?«
»So wohl wie du.«
»Wem gehört dieser Sambuk?«
»Seiner Herrlichkeit dem Großherrn, dem Liebling Allahs.«
»Und wer führt ihn?«
»Unser Effendi, der Gümrüktschü-baschi Murad Ibrahim.«
»Was habt ihr geladen?«
»Wir haben keine Fracht, sondern fahren von Ort zu Ort, um die Zekat einzunehmen.«
»Haben die Gläubigen reichlich gegeben?«
»Es hat keiner gezögert, denn wer Almosen gibt, dem vergilt es Allah doppelt.«
»Wohin fahrt ihr von hier?«
»Nach Tur.«
»Das werdet ihr morgen nicht erreichen.«
»Wir werden am Ras Nayaset anlegen. Wohin willst du?«
»Nach Dschidda.«
»Auf diesem Floß?«
»Ja. Ich habe ein Gelübde getan, nur auf meinen Knien nach Mekka zu fahren.«

»Aber bedenke die Riffe, die Untiefen, die bösen Winde, die es hier gibt, und die Haifische, die dein Floß umschwärmen!«
»Allah allein ist stark, er wird mich schützen. Wer sind diese beiden Männer?«
»Ein Gi – ein Nemsi mit seinem Diener.«
»Ein Ungläubiger? Wohin will er?«
»Nach Tur.«
»Erlaube, daß ich meine Datteln hier verzehre. Dann werde ich weiterfahren.«
»Willst du nicht über Nacht bei uns bleiben?«
»Ich muß weiter.«
»Das ist in der Dunkelheit gefährlich.«
»Der Gläubige hat nichts zu fürchten. Sein Leben und sein Ende sind im Buch verzeichnet.«
Er setzte sich nieder und zog eine Handvoll Datteln heraus.
Ich lehnte unterdessen an der Bordwand. Da die beiden Sprechenden ziemlich weit von mir entfernt waren und ich mich nicht um sie kümmerte, mochten sie denken, daß ich ihre Unterhaltung nicht verstand.
Der Derwisch fragte:
»Ein Nemsi ist dieser Mann? Ist er reich?«
»Nein.«
»Woher weißt du das?«
»Er gibt nur den neunten Teil dessen, was wir für die Fahrt verlangten. Aber er besitzt ein Buyuruldu des Großherrn.«
»Dann ist er sicher ein sehr vornehmer Mann. Hat er viel Gepäck bei sich?«
»Gar keins, aber viele Waffen.«
»Ich habe noch keinen Nemsi gesehen, aber ich habe gehört, daß die Nemsi friedliche Leute sind. Er wird die Waffen nur tragen, um damit Eindruck zu machen. Aber jetzt bin ich fertig mit meinem Mahl. Ich werde weiterfahren. Sag deinem Herrn Dank, daß er einem armen Derwisch erlaubt hat, sein Schiff zu betreten!«
Einige Augenblicke später kniete er wieder auf seinem Floß. Er ergriff das Ruder, schwang es im Takt und sang dazu sein »ia Allah, Allah hu!«
Dieser Derwisch hatte einen eigentümlichen Eindruck auf mich gemacht. Warum hatte er das Schiff bestiegen und nicht am Ufer angelegt? Warum hatte er gefragt, ob ich reich sei? Ich hatte keinen Grund zu Befürchtungen, und doch kam mir dieser Mann

verdächtig vor. Ich hätte schwören können, daß er gar kein Derwisch war.
Als er mit bloßem Auge nicht mehr zu sehen war, zog ich mein Fernrohr heraus. Es war noch hell genug, ihn zu erkennen. Er kniete nicht mehr, wie sein angebliches Gelübde ihm vorgeschrieben hatte, sondern er hatte sich bequem niedergesetzt, das Floß halb gewendet – und damit begonnen, der jenseitigen Küste zuzurudern. Hier war etwas faul im Staate Dänemark.
Halef stand neben mir und beobachtete mich. Er schien sich damit zu beschäftigen, meine Gedanken zu erraten.
»Siehst du ihn noch, Sihdi?« fragte er mich.
»Ja.«
»Er denkt, daß wir ihn nicht mehr sehen können, und rudert dem Land zu?«
»So ist es. Woher weißt du das?«
»Nur Allah ist allwissend, aber Halef hat scharfe Augen.«
»Und was haben diese Augen gesehen?«
»Daß dieser Mann weder ein Derwisch noch ein Fakir war.«
»So?«
»Ja, Sihdi. Oder hast du jemals gesehen und gehört, daß ein Derwisch vom Orden des Kadiris die Litanei der heulenden Derwische redet und singt?«
»Das ist richtig. Aber weshalb sollte er sich für einen Fakir ausgeben, wenn er keiner ist?«
»Das müssen wir herausfinden, Effendi. Er sagte, daß er auch während der Nacht fahren werde. Warum tut er es nicht?«
Da unterbrach der Steuermann unser Gespräch und fragte:
»Wo wirst du schlafen, Effendi?«
»Ich werde mich in den Verschlag legen.«
»Das geht nicht.«
»Warum?«
»Weil dort das Geld aufbewahrt wird.«
»Dann mußt du uns Teppiche besorgen, in die wir uns einwickeln können. Wir schlafen hier an Deck.«
»Du sollst sie haben, Effendi. Was würdest du tun, wenn heute nacht Räuber auf das Schiff kämen?«
»Gibt es hier Räuber?«
»Die Dscheheïne wohnen hier in der Nähe. Sie sind berüchtigt als die größten Diebe weit und breit. Kein Schiff, kein Mensch ist vor ihnen sicher.«

»Ich denke, euer Herr, der Gümrüktschü-baschi Murad Ibrahim, ist ein tapferer Held, der sich vor keinem Menschen fürchtet?«
»Da ist er; aber was kann er schon ausrichten gegen Abu Seïf, den ›Vater des Säbels‹, der gefährlicher und schrecklicher ist als der Löwe in den Bergen oder der Haifisch im Meer?«
»Abu Seïf? Ich kenne ihn nicht. Ich habe noch niemals etwas von ihm gehört.«
»Weil du ein Fremdling bist. Zur Weidezeit bringen die Dscheheïne ihre Herden auf die beiden Inseln Libua und Hassani und lassen nur wenige Männer bei ihnen. Die andern gehen auf Raub und Diebstahl aus. Sie überfallen die Barken und nehmen entweder alles, was sie finden, oder erpressen ein hohes Lösegeld. Abu Seïf ist ihr Anführer.«
»Und was tut die Regierung dagegen?«
»Welche?«
»Steht ihr denn nicht im Padischahin gölgesinde?«
»Die Macht des Großherrn reicht nicht bis hierher. Die Dscheheïne sind freie Araber, die der Großscherif von Mekka beschützt.«
»Dann helft euch doch selbst! Fangt die Räuber!«
»Effendi, du sprichst wie ein Franke, der es nicht besser versteht. Wer kann Abu Seïf fangen und töten?«
»Er ist doch nur ein Mensch.«
»Aber er besitzt die Hilfe des Schaitan. Er kann sich unsichtbar machen, er kann die Luft und das Meer durchfliegen. Er wird weder durch einen Säbel noch durch ein Messer oder eine Kugel verwundet. Sein Säbel ist sihirli, er ist verhext und dringt durch Türen und Mauern. Mit einem Hieb schneidet er gleich hundert und noch mehr Feinden Leib und Seele auseinander.«
»Den möchte ich sehen!«
»O weh, wünsche das nicht, Effendi! Der Schaitan sagt es ihm, daß du ihn sehen willst, und dann kannst du dich darauf verlassen, daß er auch wirklich kommt.«
Er brachte uns die Decken. Wir schliefen bald ein, weil wir von unserem Ritt müde waren.
Während der Nacht hatten einige Matrosen die Schlafenden am Ufer und das Geld an Bord bewacht. Am Morgen kamen alle auf das Schiff. Der Anker wurde gelichtet, das Tau gelöst. Der Sambuk steuerte südwärts.

8 Abu Seïfs Gefangener

Wir waren ungefähr drei Viertelstunden lang unterwegs, als wir ein Boot entdeckten, das in der gleichen Richtung vor uns ruderte. Als wir näher herankamen, sahen wir zwei Männer und zwei verschleierte Frauen darin.
Das Boot drehte bei, und die Männer gaben ein Zeichen, daß sie mit uns sprechen wollten. Der Steuermann ließ das Segel abfallen. Einer der beiden Ruderer erhob sich und rief:
»Sambuk, wohin?«
»Nach Tur.«
»Wir auch. Wollt ihr uns mitnehmen?«
»Bezahlt ihr?«
»Gern.«
»Dann kommt an Bord.«
Die vier Personen stiegen zu uns herauf. Das Boot wurde ins Schlepptau genommen, dann setzte der Sambuk seine Fahrt fort.
Der Gümrüktschü-baschi ging in die Kajüte, um für die Frauen Platz zu machen. Die Verschleierten mußten an mir vorüber. Zu meiner Verwunderung bemerkte ich, daß kein Parfümduft sie umgab. Die Frauen des Morgenlandes pflegen sich so zu parfümieren, daß man den Geruch schon aus einer beträchtlichen Entfernung in die Nase bekommt. Ein anderer Duft, der sich wie ein unsichtbarer Schweif hinter ihnen herzog, fiel mir dagegen auf: der jedem Orientalen bekannte Geruch, der halb vom Kamel und halb von dem unfermentierten Rasr-Tabak stammt, den viele Beduinen zu rauchen pflegen. Ich hatte den Eindruck, als seien zwei Kameltreiber an mir vorübergegangen.
Ich sah ihnen sehr aufmerksam nach, bis sie hinter der Tür des Verschlages verschwunden waren, konnte aber weiter nichts Auffälliges bemerken. Vielleicht hatten die Frauen eine lange Kamelreise hinter sich.
Ihre beiden Begleiter sprachen erst längere Zeit mit dem Steuermann und dem Baschi, dann machte sich einer von ihnen an mich heran:
»Ich höre, daß du ein Franke bist, Effendi?« fragte er.
»Ja.«

Die Araber befuhren schon in alter Zeit auch die Hochsee mit ihren Schiffen

»Also bist du hier unbekannt?«
»Ja.«
»Du bist ein Nemsi?«
»Ja.«
»Haben die Nemsi auch einen Padischah?«
»Ja.«
»Und Paschas?«
»Ja.«
»Du bist wohl kein Pascha?«
»Nein.«
»Aber ein berühmter Mann?«
»Sehr berühmt!«
»Du kannst schreiben?«
»Und wie schön!«
»Auch schießen?«
»Noch besser!«
»Du wirst wohl mit diesem Sambuk nach Tur fahren?«
»Ja.«
»Willst du noch weiter nach Süden?«
»Ja.«
»Bist du mit den Inglisi bekannt?«
»Ja.«
»Hast du Freunde unter ihnen?«
»Ja.«
»Das ist sehr gut. Bist du stark?«
»Fürchterlich, wie ein Löwe! Soll ich es dir beweisen?«
»Nein, Effendi.«
»Ich werde es trotzdem tun, denn deine Neugier ist größer, als die Geduld eines Menschen sein kann. Pack dich und laß dich nicht mehr blicken!«
Ich faßte ihn, drehte ihn in die passende Richtung und gab ihm einen Stoß, daß er weit über das Deck schoß und es dann mit seinem Bauch begrüßte. Aber sofort war er wieder auf den Beinen.
»Wehe dir, du hast einen Gläubigen beleidigt, du mußt sterben!«
Er riß seinen Dolch, den Khandschar, heraus und stürzte sich auf mich. Sein Begleiter folgte ihm mit gezückter Waffe. Schnell zog ich Halef die harte Nilpferdpeitsche aus dem Gürtel, um damit die Angreifer zu begrüßen. Aber es sollte gar nicht so weit kommen, denn in diesem Augenblick öffnete sich die Tür des Ver-

schlages, und es erschien eine der Frauen. Sie hob stumm die Hand und zog sich sofort wieder zurück. Die beiden Araber verschwanden lautlos, aber ihre Blicke sagten mir, daß ich von ihnen nichts Gutes zu erwarten hatte.
Die Türken hatten dem Zwischenfall seelenruhig zugesehen. Wäre auf dem Schiff jemand getötet worden, so hätte es eben sein Kismet, sein vorausbestimmtes Schicksal, nicht anders gewollt.
Ich hatte mich über die unnützen Fragen des Arabers geärgert. Aber waren sie wirklich so unnütz? Hatten sie nicht vielleicht einen verborgenen Sinn? Der Orientale ist kein Schwätzer. Am allerwenigsten verliert er seine Worte an einen Unbekannten, von dem er nur weiß, daß er ein Giaur ist.
Warum wollte er wissen, ob ich ein »Pascha«, ein berühmter Mann, ein Schreiber, ein guter Schütze sei? Was konnte es ihm nützen, zu erfahren, ob ich weiter nach Süden wolle und unter den Engländern Freunde habe?
Am auffälligsten war aber der augenblickliche Gehorsam, den beide Araber dem Wink des Weibes leisteten. Das war hier, wo die Frau tief unter dem Mann steht und im öffentlichen Leben keine Rolle spielt, sehr ungewöhnlich, vielleicht sogar verdächtig.
»Sihdi«, meinte Halef, der nicht von meiner Seite gewichen war, »hast du ihn gesehen?«
»Wen?«
»Den Bart.«
»Den Bart! Welchen Bart?«
»Den das Weib hatte.«
»Das Weib? Hatte das Weib einen Bart?«
»Sie hatte den Yaschmak nicht wie vorher doppelt, sondern einfach über dem Gesicht. Deshalb habe ich den Bart gesehen.«
»Schnurrbart?«
»Vollbart. Sie ist keine Frau, sondern ein Mann. Soll ich es dem Baschi sagen?«
»Ja, aber so, daß es niemand hört.«
Er ging. Ich wußte, daß ich seinen scharfen Augen trauen konnte. Unwillkürlich brachte ich diese neue Feststellung mit dem Derwisch in Verbindung.
»Sihdi, dieser Baschi ist so dumm, daß er sogar mich für dumm hält«, sagte Halef, als er zurückgekommen war.
»Wieso?«

»Er sagt, ein Weib hätte niemals einen Bart und ein Mann würde niemals die Kleidung eines Weibes anlegen. Sihdi, was hältst du von diesen Frauen, die Vollbärte tragen? Vielleicht sind es Dscheheïne?«
»Ich nehme es an.«
»Dann müssen wir die Augen offenhalten, Sihdi!«
»Das ist das einzige, was wir tun können. Du mußt in meiner Nähe bleiben.«
Ich ließ mich auf dem Teppich nieder. Dann beschäftigte ich mich mit meinem Tagebuch, behielt aber dabei den Verschlag und die beiden Araber immer im Auge. Der Tag verging, ohne daß sich etwas Außergewöhnliches ereignete.
Der Abend dämmerte, als wir in einer kleinen Bucht am Dschebel Nayaset vor Anker gingen.
Der Uferstreifen war schmal. Wenige Schritt von der Küste entfernt stiegen die zerklüfteten Felsen steil zum Himmel empor. Der Ankerplatz bot Schutz vor dem Wind.
Ich hätte gerne einige der nächsten Klüfte und Felsspalten untersucht. Leider war es aber schon dunkel, als die Türken an Land gingen, um ihr Feuer anzuzünden.
Al-Mogreb und eine Stunde später Al-Aschia, die beiden Abendgebete, hallten feierlich zu den steilen Bergwänden empor. Wer sich hier vielleicht versteckt hatte, mußte uns hören, selbst wenn er unser Feuer nicht gesehen hatte. Wie gestern zog ich es vor, die Nacht auf dem Fahrzeug zuzubringen. Mit Halef hatte ich ausgemacht, daß wir abwechselnd wachen wollten. Später kamen einige der Matrosen an Bord, um die Wache zu übernehmen.
Halef schlief ungefähr fünf Schritt von mir entfernt. Um Mitternacht weckte ich ihn leise und flüsterte:
»Hast du dich ausgeruht?«
»Ja, Sihdi. Jetzt bist du an der Reihe.«
»Kann ich mich auf dich verlassen?«
»Wie auf dich selbst!«
»Du mußt mich beim geringsten Verdacht wecken!«
»Das werde ich tun, Sihdi!«
Nun hüllte ich mich fester in den Teppich und schloß die Augen. Ich wollte schlafen, aber es gelang mir nicht. In Gedanken sagte ich das Einmaleins auf – es half nichts. Da griff ich zu dem Mittel, das mir unfehlbar den Schlaf bringt. Ich verdrehte die geschlossenen Augen so, daß die Pupillen ganz nach oben zeigten,

und bemühte mich, an gar nichts zu denken. Der Schlummer kam und – halt, was war das?
Ich wickelte den Kopf aus der Decke und sah zu Halef hinüber. Auch er mußte aufmerksam geworden sein, denn er hatte sich halb aufgerichtet. Jetzt hörte ich nichts mehr, aber als ich das Ohr wieder auf das Deck legte, das den Schall besser übertrug als die Luft, fiel mir das seltsame Geräusch wieder auf, das mich aufgeweckt hatte, obwohl es sehr leise gewesen war.
»Hörst du etwas, Halef?« flüsterte ich.
»Ja, Sihdi. Was ist es?«
»Ich weiß nicht.«
»Ich auch nicht. Horch!«
Ein ganz leises Plätschern ertönte jetzt vom Heck. Drüben am Land war das Feuer erloschen.
»Halef, ich gehe jetzt für einige Minuten zum Hinterdeck. Gib acht auf meine Waffen und Kleider!«
Von den drei Türken, die wieder an Bord gekommen waren, lagen zwei schlafend am Boden. Der dritte hatte sich hingehockt und schien ebenfalls zu schlafen. Es war möglich, daß ich von der Kajüte aus beobachtet wurde. Deshalb mußte ich vorsichtig sein. Ich ließ die Büchse und den Stutzen liegen und legte den Turban und den Haïk, meinen Beduinenmantel, ab, die mich durch ihre weiße Farbe verraten hätten.
Dann schmiegte ich mich an das Deck, erreichte den Bordrand und kroch langsam an ihm entlang bis zu der Leiter, die auf das Dach des Verschlages und zum Steuerruder führte. Katzenartig leise stieg ich hinauf. Nun kroch ich bis an das Steuer. Ah – das sonderbare Geräusch war erklärt. Das Boot, das die beiden Frauen gebracht hatte und das vom Sambuk ins Schlepptau genommen worden war, hatte jemand vom Innern des Verschlages aus so scharf angeholt, daß es genau unter einem Fenster am breiten Heck des Fahrzeuges lag. Durch diese Fensterluke wurde gerade ein kleiner, aber schwerer Gegenstand an einem Seil herabgelassen. Die Reibung des Seiles am Lukenrand brachte jenes Geräusch hervor, das mir aufgefallen war, als ich mein Ohr hart auf die Bretter des Verdecks gelegt hatte. Im Boot befanden sich drei Männer, die den Gegenstand in Empfang nahmen und dann warteten, bis das Seil wieder emporgezogen und ein zweites Paket herabgelassen wurde.
Die Sache war mir sofort klar. Was in dem Boot verstaut wurde,

war das Geld des Gümrüktschü-baschi, nämlich der Ertrag der Steuer, die er eingesammelt hatte. Leider hatte ich keine Zeit, weitere Vermutungen anzustellen.
»Vorsicht, wir sind verraten!« rief eine tiefe Stimme am Ufer, von wo aus man das Verdeck überblicken konnte. Zur gleichen Zeit krachte ein Schuß. Eine Kugel bohrte sich dicht neben mir in die Planke. Ein zweiter Schuß blitzte drüben auf, dann ein dritter. Die Kugeln flogen glücklicherweise an mir vorüber, ich durfte mich ihnen aber nicht länger aussetzen. Ich sah nur noch, daß das Tau gekappt und das Boot fortgerudert wurde, dann sprang ich vom Verschlag auf das Deck hinunter.
Im selben Augenblick öffnete sich die Tür der Kajüte. Ich merkte, daß durch eine Lücke in der Bretterwand mehrere Männer vom Wasser aus unbemerkt eingestiegen waren. Die Frauen sah ich nicht, aber neun Männer stürzten sofort auf mich los.
»Halef, Hilfe!« rief ich laut.
Ich hatte gar keine Zeit, eine Waffe zu ziehen. Drei Kerle faßten mich um den Leib und sorgten dafür, daß ich nicht in den Gürtel langen konnte. Drei liefen Halef entgegen, und die andern gaben sich Mühe, die Fäuste festzuhalten, mit denen ich mich verteidigte. An Land krachten Schüsse, ertönten Flüche und Hilferufe. Dazwischen hörte man die Befehle jener tiefen Baßstimme, die ich vorhin wiedererkannt hatte. Es war die Stimme des Derwischs.
»Es ist der Nemsi. Tötet ihn nicht, sondern fangt ihn!« rief einer von denen, die mich festhielten.
Ich versuchte mich loszureißen, aber es ging nicht. Sechs gegen einen! Da krachte ein Pistolenschuß nicht weit von mir.
»Hilfe, Sihdi, ich bin verwundet!« rief Halef.
Ich machte einen gewaltigen Ruck und riß meine Bedränger einige Schritte mit mir fort.
»Betäubt ihn!« erscholl eine keuchende Stimme.
Ich wurde wieder fester gepackt und erhielt trotz meiner verzweifelten Gegenwehr einige Schläge über den Kopf, die mich umwarfen. Es brauste mir in den Ohren wie eine wilde Brandung. Mitten durch ihren Donner hörte ich Gewehre knallen und Stimmen rufen. Dann war es mir, als würde ich an Händen und Füßen gebunden und fortgeschleift, und endlich empfand ich gar nichts mehr.
Als ich erwachte, fühlte ich einen wüsten, pochenden Schmerz in

meinem Hinterkopf. Es dauerte einige Zeit, bis es mir gelang, mich an das Vorgefallene zu erinnern. Es war dunkel, aber ein knisterndes Rauschen ließ mich vermuten, daß ich mich im Kielraum eines Schiffes befand, das sich schnell fortbewegte. Hände und Beine waren so fest gebunden, daß ich kein Glied rühren konnte. Zwar schnitten die Fesseln nicht ins Fleisch, weil sie nicht aus Stricken oder Riemen bestanden, sondern aus Tüchern. Aber sie hinderten mich, die Schiffsratten abzuwehren, die meinen Körper einer genauen Untersuchung unterzogen.
Lange Zeit verging, ohne daß sich an meiner Lage etwas änderte. Endlich hörte ich Schritte, konnte aber nichts sehen. Meine Fesseln wurden gelöst, und eine Stimme befahl:
»Steh auf und komm mit!«
Ich erhob mich. Man führte mich aus dem Kielraum durch ein halbdunkles Zwischendeck nach oben. Unterwegs untersuchte ich meine Kleider und stellte zu meiner Überraschung fest, daß man mir außer den Waffen nichts abgenommen hatte.
Als ich das Verdeck betrat, bemerkte ich, daß ich mich auf einer kleinen, aber schnittigen Barke befand, die zwei dreieckige und ein trapezförmiges Segel führte. Diese Takelung verlangte auf dem an Stürmen, Böen, Riffen und Untiefen reichen Roten Meer einen Kapitän, der Mut und Kaltblütigkeit besaß. Das Fahrzeug war um das Dreifache stärker bemannt, als notwendig gewesen wäre, und hatte auf dem Vorderdeck eine Kanone, die aber so hinter Kisten, Ballen und Fässern versteckt war, daß man sie von einem andern Schiff aus nicht sehen konnte.
Die Mannschaft bestand aus wettergebräunten Männern, von denen jeder seinen Gürtel mit Schuß-, Hieb- und Stichwaffen gespickt hatte. Auf dem Hinterdeck saß ein Mann in roten Hosen, grünem Turban und blauem Kaftan. Seine lange Weste war reich mit Gold bestickt. In dem Bassora-Schal, der ihm als Gürtel diente, funkelten kostbare Waffen. Ich erkannte in ihm sofort den Derwisch. Neben ihm stand der Araber, den ich auf dem Sambuk zu Boden geschleudert hatte. Der Araber musterte mich mit rachgierigem, der Derwisch mit verächtlichem Blick.
»Weißt du, wer ich bin?« fragte mich der Derwisch.
»Nein, aber ich vermute es.«
»Nun, wer bin ich?«
»Du bist Abu Seïf.«
»Der bin ich. Knie nieder vor mir, Giaur!«

»Was fällt dir ein! Steht nicht im Koran geschrieben, daß man nur Allah allein anbeten soll?«
»Das gilt nicht für dich, denn du bist ein Ungläubiger. Ich befehle dir, niederzuknien und deine Demut zu bezeigen.«
»Noch weiß ich nicht, ob du Ehrfurcht verdienst. Selbst wenn ich es wüßte, würde ich dir meine Achtung auf eine andere Art beweisen.«
»Giaur, du kniest, oder ich schlage dir den Kopf ab!«
Der Derwisch hatte sich erhoben und faßte seinen krummen Säbel. Ich trat einen Schritt näher auf ihn zu. »Meinen Kopf? Bist du wirklich Abu Seïf, oder bist du ein Henker?«
»Ich bin Abu Seïf und halte mein Wort. Nieder mit dir, oder ich lege dir den Kopf vor die Füße!«
»Achte auf deinen eigenen Kopf!«
»Giaur!«
»Feigling!«
»Was?« zischte er. »Einen Feigling nennst du mich?«
»Natürlich bist du einer! Warum hast du den Sambuk in der Nacht überfallen? Warum hast du deine Dschasuslar, deine Spione, in Weiberkleider gehüllt? Warum zeigst du hier Mut, wo du von deinen Leuten beschützt wirst? Ständest du mir allein gegenüber, dann würdest du anders mit mir reden!«
»Ich bin Abu Seïf, der Vater des Säbels! Zehn Männer deiner Sorte halte ich mit meiner Klinge im Schach!«
»Aferin! – Bravo! So muß man reden, wenn man sich zu handeln fürchtet.«
»Zu handeln? Sind diese zehn zur Stelle? Dann würde ich dir sofort beweisen, daß ich die Wahrheit gesagt habe!«
»Die zehn sind nicht nötig, einer genügt.«
»Willst du vielleicht dieser eine sein?«
»Pah, du würdest es nicht zulassen!«
»Warum nicht?«
»Weil du dich fürchtest. Du tötest mit dem Mund, aber nicht mit dem Säbel.«
Ich hatte einen heftigen Wutausbruch erwartet, aber er verbarg seinen Grimm hinter einer kalten, tödlichen Ruhe, nahm seinem Nachbarn den Säbel vom Gürtel und reichte ihn mir.
»Hier, nimm und verteidige dich! Aber ich sage dir, selbst wenn du die Geschicklichkeit Aframs und die Stärke Kelads hast, wirst du beim dritten Hieb eine Leiche sein.«

Arabisches Krummschwert

Ich nahm den Säbel.
Ich war in eine eigentümliche Lage geraten. Der »Vater des Säbels« mußte nach orientalischen Begriffen ein ausgezeichneter Fechter sein. Aber ich wußte, daß der Orientale durchschnittlich ein ebenso schlechter Fechter wie schlechter Schütze ist. Mit der Fertigkeit Aframs und der Stärke Kelads war es sicher nicht so weit her. Ich hatte noch mit keinem Orientalen nach den Regeln der Kunst gefochten. Wenn mir auch der dargereichte, an der »halben und ganzen Schwere«, also an der »Parierung« dünne, und an der »halben und ganzen Schwäche« starke und schwere Säbel ziemlich ungewohnt war, hatte ich doch große Lust, dem »Vater des Säbels« einen Kampf nach europäischen Regeln zu liefern.
Die ganze Besatzung des Schiffes sah zu. In allen Gesichtern spiegelte sich die Überzeugung, daß ich wirklich beim dritten Hieb Abu Seïfs ein toter Mann sein werde.
Er drang so schnell, wild und regellos auf mich ein, daß ich keine Zeit hatte, die richtige Ausgangsstellung einzunehmen. Ich parierte seine unreine Winkelquart und versuchte, seine Blöße sofort auszunutzen. Zu meinem Erstaunen ging er aber bei meinem Zirkelhieb prachtvoll unter meiner Klinge durch. Er traversierte und gab eine Finte; sie gelang ihm nicht. Nun traversierte ich ebenso und schlug Espadon. Mein Hieb saß, obwohl es nicht meine Absicht war, ihn ernstlich zu verletzen. Voller Wut darüber vergaß er sich, trat zurück und gab im Sprung nochmals Winkelquart. Ich trat einen halben Schritt vor, setzte mit hartem Griff in die Linie ein – und die Waffe flog ihm aus der Hand und über Bord ins Wasser.
Die Matrosen brüllten. Ich trat zurück und senkte die Waffe.
Er stand vor mir und starrte mich an.
»Abu Seïf, du bist ein sehr geschickter Fechter!«

Jatagan

Diese Worte brachten ihn wieder zu sich. Ich sah wider Erwarten keinen Grimm, sondern nur Überraschung in seinem Gesicht. »Du bist ein Ungläubiger und hast Abu Seïf besiegt!« rief er erstaunt.
»Du hast es mir leicht gemacht, denn dein Fechtstil ist nicht sauber und überlegt. Mein zweiter Hieb kostete dich Blut, und mein dritter nahm dir die Waffe. Hier hast du den Säbel, ich bin in deiner Hand.«
Diese gewagte Anspielung auf seine Ritterlichkeit hatte Erfolg.
»Ja, du bist in meiner Gewalt, du bist mein Gefangener; aber du hast dein Schicksal selbst in der Hand.«
»Wieso?«
»Wenn du tust, was ich von dir verlange, wirst du bald wieder frei sein.«
»Was soll ich tun?«
»Wirst du mit mir fechten und es mich so lehren, wie es bei den Nemsi gelehrt wird?«
»Ja, gern.«
»Wirst du dich, solange du auf meinem Schiff bist, von keinem fremden Auge sehen lassen?«
»Meinetwegen.«
»Und wirst du das Deck auf meinen Befehl sofort verlassen, wenn ein anderes Fahrzeug in Sicht kommt?«
»Ja.«
»Du wirst außerdem mit deinem Diener kein Wort sprechen.«
»Wo ist er?«
»Hier auf dem Schiff.«
»Gebunden?«
»Nein, er ist krank.«
»Verwundet?«
»Er hat eine Wunde am Arm und ein Bein gebrochen, so daß er nicht aufstehen kann.«

»Dann kann ich dir das verlangte Versprechen nicht geben. Mein Diener ist mein Freund, den ich pflegen will. Du mußt mir das erlauben!«
»Ich erlaube es nicht, aber ich verspreche dir, daß er gut versorgt wird.«
»Das genügt nicht. Wenn er das Bein gebrochen hat, muß ich es ihm einrichten. Es ist niemand hier, der das versteht.«
»Ich selbst verstehe es. Ich bin so gut wie ein Dscharrah, ein Wundarzt; ich habe seine Wunde verbunden und auch sein Bein geschient. Er hat keine Schmerzen mehr und ist mit mir zufrieden.«
»Das muß ich aus seinem Mund erfahren.«
»Ich schwöre es dir bei Allah und dem Propheten! Wenn du mir nicht versprichst, kein Wort mit ihm zu reden, werde ich dafür sorgen, daß du ihn nicht zu sehen bekommst. Aber ich muß noch mehr von dir verlangen.«
»Was ist das?«
»Du bist ein Christ und wirst dich hüten, einen von uns zu verunreinigen?«
»Gut.«
»Du hast Freunde unter den Inglisi?«
»Ja.«
»Sind es große Leute?«
»Es sind Paschas unter ihnen.«
»Werden sie dich auslösen?«
Das war ja etwas ganz Neues! Also wollte er mich nicht töten, sondern sich meine Freiheit bezahlen lassen.
»Wieviel verlangst du?«
»Du hast nur wenig Gold und Silber bei dir; deshalb kannst du dich selbst nicht loskaufen.«
Also hatte er meine Taschen doch untersucht. Was ich in den Ärmeln meiner türkischen Jacke eingenäht hatte, konnte er nicht gefunden haben. Es wäre allerdings für ein Lösegeld auch zuwenig gewesen. Daher antwortete ich:
»Ich habe nichts, ich bin nicht reich.«
»Ich glaube es, obgleich deine Waffen ausgezeichnet sind und du Instrumente bei dir führst, die ich gar nicht kenne. Aber du bist vornehm und berühmt!«
»Ach!«
»Du hast es diesem Mann hier auf dem Sambuk gesagt.«
»Ich habe Spaß gemacht.«

»Nein, du hast im Ernst gesprochen. Wer so stark ist und den Säbel so zu führen versteht wie du, der kann nichts anderes sein als ein großer Dhabit, ein Offizier, für den sein Padischah gern ein gutes Lösegeld geben wird.«
»Mein König wird meine Freiheit nicht mit Geld bezahlen. Er wird sie umsonst von dir fordern.«
»Ich kenne keinen König der Nemsi. Wie will er mit mir reden und mich zwingen, dich freizulassen?«
»Er wird es durch seinen Safir, seinen Gesandten, tun.«
»Auch den kenne ich nicht. Es gibt keinen Safir der Nemsi hier in dieser Gegend.«
»Der Gesandte ist in Istanbul beim Großherrn. Ich habe ein Buyuruldu und stehe im Schatten des Sultans.«
Er lachte.
»Hier gilt der Padischah nichts, hier hat nur der Großscherif von Mekka zu befehlen, und ich bin mächtiger als alle beide. Ich werde weder mit deinem König noch mit seinem Gesandten über dich verhandeln.«
»Mit wem sonst?«
»Mit den Inglisi.«
»Warum mit den Engländern?«
»Weil sie dich austauschen sollen. Gegen meinen Bruder, der sich in ihrer Hand befindet. Er hat mit seiner Barke eins ihrer Schiffe angegriffen und ist von ihnen gefangengenommen worden. Sie haben ihn nach Aden geschafft und wollen ihn töten. Nun werden sie ihn für dich freilassen müssen.«
»Vielleicht irrst du dich. Ich gehöre nicht zu den Inglisi. Sie werden mich in deinen Händen lassen und deinen Bruder töten.«
»Dann stirbst du auch. Du wirst einen Brief an sie schreiben, den ich ihnen übergeben lasse. Machst du den Brief gut, werden sie dich austauschen. Machst du ihn aber schlecht, so hast du dich selbst auf dem Gewissen. Überlege dir den Brief genau. Du hast noch viele Tage Zeit.«
»Wie viele?«
»Wir haben ein böses Meer vor uns; aber ich werde auch nachts fahren. Wenn der Wind günstig bleibt, sind wir in vier Tagen in Dschidda. Von da bis in die Gegend von Sana, wo ich mein Schiff verbergen werde, haben wir beinahe ebensoweit. Du hast also eine volle Woche Zeit, über deinen Brief nachzudenken. Erst in Sana werde ich den Boten abschicken.«

»Ich werde den Brief schreiben.«
»Und du versprichst mir, keinen Fluchtversuch zu unternehmen?«
»Das kann ich dir nicht versprechen.«
Er sah mich einige Zeit ernst an.
»Allah akbar, Gott ist groß, und ich habe es nicht geglaubt, daß unter den Christen auch ehrliche Leute sind. Du willst mir also entfliehen?«
»Ich werde jede Gelegenheit dazu benutzen.«
»Dann werden wir auch nicht fechten. Du könntest mich erschlagen und ins Wasser springen. Kannst du schwimmen?«
»Ja.«
»Bedenke, daß hier im Wasser viele Haifische sind, die dich fressen würden!«
»Das ist mir bekannt.«
»Ich werde dich streng bewachen lassen. Der Mann hier neben mir wird dich nicht aus den Augen lassen, bis du entweder frei oder tot bist.«
»Was wird in diesen beiden Fällen mit meinem Diener geschehen?«
»Gar nichts. Zwar hat er eine große Sünde begangen, weil er der Diener eines Ungläubigen ist, aber er ist weder ein Türke noch ein Giaur, er wird seine Freiheit mit dir oder nach deinem Tod bekommen. Jetzt kannst du an Deck bleiben. Sobald es dein Wächter anordnet, mußt du hinunter und wirst in deine Kammer eingeschlossen.«
Damit war ich entlassen. Ich ging zunächst zum Vorderdeck und spazierte dann an der Reling auf und ab. Als ich müde war, legte ich mich auf eine Decke. Stets blieb der Araber in meiner Nähe. Er war niemals mehr als fünf oder sechs Schritt von mir entfernt.
Sonst kümmerte sich kein Mensch um mich. Niemand sprach ein Wort mit mir. Man gab mir schweigend mein Wasser, mein Kuskusu und ein paar Datteln. Sobald ein Fahrzeug in die Nähe kam, mußte ich hinunter in meine Kammer, an deren Tür mein Wächter sich so lange aufstellte, bis ich wieder oben erscheinen durfte. Am Abend wurde die Tür verriegelt und mit allerlei Gerümpel gegen unverhoffte Ausbruchsversuche gesichert.

9 Flucht nach Dschidda

Drei Tage vergingen. Ich empfand mehr Sorge um den verletzten Halef als um mich selbst, aber alle Bemühungen, zu ihm zu kommen, wären vergeblich gewesen. Natürlich befand er sich ebenso unter Deck wie ich, aber jeder Versuch, ihm hinter dem Rücken meines Wächters ein Zeichen zu geben, hätte uns beiden nur geschadet.

Wir waren nach einer sehr schnellen Fahrt in der Gegend zwischen Dschebel Ejub und Dschebel Kelaya angekommen, von wo an die Küste bis Dschidda immer niedriger und flacher wird. Es war zur Zeit der Dämmerung. Im Norden stand ein kleines, schleierartiges Wölkchen am Himmel. Abu Seïf betrachtete es besorgt.

Die Nacht brach herein, und ich mußte unter Deck gehen. Dort war es jetzt noch schwüler als gewöhnlich, und die Schwüle steigerte sich von Viertelstunde zu Viertelstunde. Ich war um Mitternacht noch nicht eingeschlafen. Da hörte ich von fern her ein dumpfes Brausen, Donnern und Rollen, das mit Sturmeseile näher kam und unser Schiff erfaßte. Ich fühlte, daß es mit dem Bug tief in die Fluten tauchte, sich wieder erhob und dann mit verdoppelter Geschwindigkeit dahinschoß. Es ächzte und stöhnte in allen Fugen. Die Mastfüße krachten in ihrer Verkeilung, und auf dem Deck rannte die Mannschaft unter ängstlichem Rufen, Jammern und Beten hin und her.

Dazwischen tönten die lauten, besonnenen Kommandorufe Abu Seïfs. Es war auch notwendig, daß er kaltblütig blieb. Nach meiner Berechnung näherten wir uns der Höhe von Rabigh, das von den Arabern Rabr genannt wird. Südlich davon gibt es eine Unzahl von Klippen und Korallenbänken, die der Schiffahrt selbst bei Tag gefährlich sind. Dort liegt auch die Insel Ghauat, und zwischen ihr und Ras Hatiba ragen zwei Korallenklippen empor. Die Fahrt durch diese Klippen ist sogar bei Sonnenlicht und ruhigem Wetter mit größten Gefahren verbunden. Diese Stelle wird Omm Al-Hableïn genannt, »Mutter der beiden Seile«. Der Name deutete darauf hin, wie man sich früher vor der Gefahr zu sichern versuchte. Auf diese Durchfahrt trieb uns der Orkan mit rasender Schnelligkeit zu. Eine Landung vorher war unmöglich.

Ich hatte mich von meinem Lager erhoben. Aber wenn das Schiff auf eine Klippe rannte, war ich doch verloren, weil man meine Kammer verschlossen hatte.
Da kam es mir vor, als hörte ich mitten im Toben der Elemente vor meiner Tür ein Geräusch. Ich ging näher heran und horchte. Jemand entfernte die Verrammelung.
Die Tür wurde geöffnet.
»Sihdi!«
»Wer ist da?«
»Hamdulillah, Preis sei Gott, der mich die richtige Stelle gleich finden ließ! Kennst du die Stimme deines treuen Halef nicht?«
»Halef? Unmöglich! Der kann es nicht sein, der kann nicht gehen.«
»Warum nicht?«
»Weil er verwundet ist und ein Bein gebrochen hat.«
»Ja, verwundet bin ich, Sihdi, von einer Kugel am Arm; aber nur leicht. Das Bein habe ich nicht gebrochen.«
»Dann hat mich Abu Seïf belogen.«
»Nein, aber ich habe ihn getäuscht. Ich mußte mich verstellen, um meinem Sihdi helfen zu können. Drei Tage habe ich mit den Schienen am Bein unten im Raum gelegen. Nachts habe ich sie entfernt und bin auf die Wanderschaft gegangen.«
»Das werde ich dir nicht vergessen, Halef!«
»Ich habe auch eine Menge herausbekommen.«
»Was denn?«
»Abu Seïf wird ein Stück vor Dschidda anlegen, um nach Mekka zu pilgern. Er will dort beten, daß sein Bruder wieder frei wird. Mehrere von seinen Leuten gehen mit.«
»Vielleicht ist das für uns eine Gelegenheit, zu entkommen.«
»Warten wir ab. Das wird also morgen sein. Deine Waffen sind in seiner Kajüte.«
»Kommst du morgen abend wieder, wenn wir diese Nacht heil überstehen?«
»Ich komme, Sihdi.«
»Aber sieh dich vor, Halef, es ist gefährlich.«
»Heute ist es so dunkel, daß mich niemand sehen konnte. Sie haben keine Zeit, sich um uns zu kümmern, Sihdi. Morgen wird Allah helfen.«
»Hast du Schmerzen in deiner Wunde?«
»Nein.«

»Was ist mit dem Sambuk geschehen? Ich war ohnmächtig und kann es nicht wissen.«
»Sie haben das ganze Geld gestohlen. Es liegt nun in der Kajüte des Kapitäns. Nur uns zwei hat man mitgenommen, weil du den Bruder Abu Seïfs befreien sollst.«
»Das weißt du?«
»Ich habe Gespräche belauscht.«
»Woher kam die Barke in jener Nacht?«
»Sie lag nicht weit von uns hinter den Klippen vor Anker und hat auf uns gewartet. Gute Nacht, Sihdi!«
»Gute Nacht!«
Er ging hinaus, schob den Riegel vor und brachte das Gerümpel wieder an Ort und Stelle.
Während des Besuches hatte ich den Orkan ganz vergessen. Er legte sich ebenso schnell, wie er gekommen war. Wenn die See auch noch lange hoch ging, vermutete ich doch, daß nun heller Himmel geworden sei, der die Gefahr eines Schiffbruches bedeutend verminderte. Ich schlief ruhig ein.
Als ich erwachte, lag das Schiff still. Meine Tür war geöffnet. Draußen stand mein Wächter.
»Willst du hinauf?« fragte er mich.
»Ja.«
»Du kannst nur bis zum Mittagsgebet oben bleiben.«
Ich kam an Deck. Alle Spuren des Sturmes waren schon verwischt. Das Schiff lag in einer schmalen, tief in das Land einschneidenden Bucht vor Anker. Die Segel waren abgenommen und die beweglichen Masten umgelegt worden, so daß das Fahrzeug weder vom Meer noch vom Land aus, das wüst und unbewohnt aussah, so leicht erkannt werden konnte.
Bis gegen Mittag blieb ich an Deck, ohne etwas Ungewöhnliches zu bemerken. Dann ließ mich Abu Seïf zu sich kommen. Er befand sich in seiner Kajüte, in der alle meine Waffen an der Wand hingen. Auch die Patronenkapsel war da. Außerdem sah ich mehrere große Ziegenfellbeutel am Boden liegen, die wahrscheinlich Pulver enthielten. Ein Sandouk, ein schrankähnlicher Kasten, stand offen. Abu Seïf verschloß ihn bei meinem Eintritt sofort. Dennoch hatte ich Zeit genug, festzustellen, daß er lauter Keten tschuwali, kleine Leinwandsäcke, enthielt, in denen sich vermutlich die aus dem Sambuk geraubten Gelder befanden.
»Nemsi, ich habe kurz mit dir zu reden«, sagte er.

»Sprich.«
»Verweigerst du mir noch immer das Versprechen, keinen Fluchtversuch zu unternehmen?«
»Ich bin kein Lügner und sage dir deshalb aufrichtig, daß ich fliehen werde, sobald sich mir eine Gelegenheit dazu bietet.«
»Du wirst keine Gelegenheit finden. Aber du zwingst mich, strenger mit dir zu verfahren, als ich möchte. Ich werde zwei Tage lang nicht an Bord sein. Du darfst während dieser Zeit deine Kammer nicht verlassen und wirst an den Händen gefesselt.«
»Das ist hart.«
»Ja, aber du bist selbst schuld daran.«
»Ich muß mich fügen.«
»Du kannst gehen. Ich werde Befehl geben, dich sofort zu töten, wenn du den Versuch machst, deine Fesseln abzustreifen. Wärst du ein Rechtgläubiger, würde ich dich bitten, mein Freund zu sein. Du bist ein Giaur, aber ich hasse und verachte dich nicht. Ich hätte deinem Versprechen Glauben geschenkt. Du willst es aber nicht geben, und so mußt du nun die Folgen tragen.«
Ich wurde unter Deck geführt und eingeschlossen. Es war eine Qual, bei der Glut da unten gefesselt liegen zu müssen. Ich fügte mich, obwohl mein Wächter sich dadurch rächte, daß er mir weder Speise noch Trank brachte. Gespannt lauerte ich auf Halef. Ich hatte Al-Asr, Al-Mogreb und Al-Aschia beten hören. Dann war eine lange Zeit vergangen. Es mußte weit nach Mitternacht sein, als ich endlich draußen vor meiner Tür ein leises Geräusch hörte.
Ich horchte angestrengt. Sprechen durfte ich auf keinen Fall. Vielleicht war es auch bloß eine Ratte gewesen.
Es blieb eine Weile ruhig. Dann hörte ich Schritte, danach ein leises Rauschen, als ob ein Teppich oder eine Matte auf den Boden gebreitet wurde. Was war das? Sicher hatte mein Wächter sich vorgenommen, die übrige Nacht vor meiner Tür zuzubringen. Nun war es aus mit meiner Hoffnung. Wenn Halef noch kam – aber was war das? Der Holzriegel an meiner Tür wurde ganz langsam zurückgeschoben. Sekunden später hörte ich einen harten Schlag und dann ein Geräusch, als ob jemand vom Boden aufstehen wollte und doch nicht könnte – ein kurzes, ersticktes Stöhnen, dann erklang es draußen halblaut:
»Sihdi, komm, ich habe ihn!«
Es war Halef.

»Wen?« fragte ich.
»Deinen Wächter.«
»Ich kann dir nicht helfen, meine Hände sind gefesselt.«
»Bist du an die Wand gebunden?«
»Nein. Hinaus zu dir kann ich.«
»Dann komm. Die Tür ist offen.«
Als ich herauskam, fühlte ich, daß der Araber krampfhaft zuckend am Boden lag. Halef kniete auf ihm und hatte ihm mit den Händen den Hals zugedrückt.
»Sieh in seinem Gürtel nach, ob er ein Messer hat, Sihdi!«
»Hier ist eins. Warte!«
Ich zog mit meinen hart am Gelenk gebundenen Händen das Messer heraus, nahm den Griff fest zwischen die Zähne und sägte mir die Fesseln entzwei.
»Geht es, Sihdi?«
»Ja, jetzt habe ich die Hände frei. Gott sei Dank, daß er noch nicht tot ist!«
»Sihdi, er hätte es verdient.«
»Wir binden ihn, geben ihm einen Knebel und legen ihn in meine Kammer.«
»Dann wird er durch die Nase stöhnen und uns verraten.«
»Ich nehme sein Turbantuch auseinander und wickle es ihm ums Gesicht. Laß jetzt ein wenig locker, damit er Atem bekommt! – So – hier ist der Knebel – hier sein Gürtel, um Hände und Füße zu binden – laß den Hals los und halte seine Beine – fertig! Nun hinein mit ihm!«
Ich atmete auf, als ich die Tür hinter dem Gefangenen verriegelt hatte und mit Halef an der Treppe stand.
»Was nun, Sihdi?« fragte er mich.
»Wie kam das alles?«
»Sehr einfach. Ich kroch aus dem Schiffsraum herauf und horchte.«
»Wenn sie dich entdeckt hätten!«
»Sie bewachten mich nicht, weil sie dachten, ich könnte mich nicht rühren. Da hörte ich, daß der ›Vater des Säbels‹ mit zwölf Männern nach Dschidda gegangen ist. Er hat viel Geld mitgenommen, um es dem Großscherif in Mekka zu bringen. Dann erfuhr ich, daß der Araber, der dich bewacht, vor deiner Tür schlafen sollte. Er haßt dich und hätte dich längst umgebracht, wenn er nicht vor Abu Seïf Angst hätte. Wenn ich zu dir wollte,

mußte ich ihm zuvorkommen. Also bin ich über das Deck gekrochen, ohne daß es jemand merkte. Du hast mich das in der Wüste gelehrt. Und kaum war ich da, so kam er auch.«
»Ah, das warst du also! Ich hatte es gehört.«
»Als er sich hingelegt hatte, habe ich ihn beim Hals genommen. Alles andere weißt du, Sihdi.«
»Ich danke dir, Halef! Wie sieht es oben aus?«
»Sehr gut. Als ich über das Deck schlich, waren sie gerade dabei, ihren Haschisch anzuzünden. Ihr Gebieter ist fort, da dürfen sie es wagen.«
»Nimm die Waffen dieses Mannes mit. Sie sind besser als deine eigenen. Jetzt komm hinter mir her.«
Während wir hinaufschlichen, mußte ich darüber lächeln, daß Abu Seïf dem Großscherif ein Geschenk bringen wollte, das nur einen Bruchteil dessen ausmachte, was er ihm gerade geraubt hatte. Als ich den Kopf aus der Luke steckte, verspürte ich den Duft des Haschischrauchs. Die Männer lagen regungslos auf dem Verdeck umher. Es war nicht festzustellen, ob sie schliefen oder ihren Rausch verdämmern wollten.
Glücklicherweise war der Weg zur Kajüte frei. Wir krochen, ganz auf den Boden niedergeduckt, in dieser Richtung weiter und kamen ohne Zwischenfall an die Tür. Dank der orientalischen Sorglosigkeit hatte sie kein Schloß. Die Angeln konnten nicht knarren, weil sie einfach aus einem Stück Leder bestanden, das oben und unten an Tür und Pfosten angenagelt war.
Ich öffnete sie nur so weit, wie es unbedingt nötig war. Als wir in der Kajüte waren, zog ich die Tür wieder zu. Nun fühlte ich mich so sicher wie zu Hause in meiner Stube. Hier hingen meine Waffen. Fünf Schritt weiter war die Reling des Schiffes, von der es nur einen Sprung weit war bis ans rettende Land. Die Uhr, den Kompaß und das Geld hatte ich bei mir.
»Was soll ich mitnehmen?« fragte Halef.
»Eine von den Decken dort in der Ecke. Wir brauchen sie unbedingt. Ich nehme auch eine mit.«
»Weiter nichts? Ich habe gehört, daß hier viel Geld aufgestapelt ist.«
»Das liegt dort im Sandouk. Wir lassen es liegen, es gehört uns nicht.«
»Was, Sihdi? Du willst kein Geld mitnehmen? Du willst diesen Räubern das Geld lassen, das wir so dringend brauchen?«

»Willst du ein Dieb werden?«
»Ich? Hadschi Halef Omar Ben Hadschi Abul Abbas Ibn Hadschi Dawuhd al Gossarah – ein Dieb? Sihdi, das sollte mir ein anderer sagen! Hast du mir nicht selbst befohlen, dem Mann unten in der Kammer die Waffen wegzunehmen? Hast du mir nicht befohlen, mir diese Decke mitzunehmen?«
»Das ist kein Diebstahl. Wir sind durch die Räuber um unsere Decken und um deine Waffen gekommen und haben das Recht, uns schadlos zu halten. Unser Geld haben wir aber noch.«
»Nein, Sihdi, meines haben sie gestohlen.«
»Wieviel war es?«
»Hast du mir nicht alle zwei Wochen drei Maria-Theresien-Taler gegeben? Ich hatte sie alle noch und dazu das Bakschisch von Abrahim Mamur. Nun ist alles weg. Ich werde mir nehmen, was mir gehört.«
Er trat an den Schrank. Sollte ich ihn daran hindern? Wir befanden uns in Umständen, unter denen wir unser Recht selbst wahren mußten. Wo konnten wir Abu Seïf auf Rückgabe des geraubten Geldes verklagen? Ich mußte zu sehr sparen, als daß ich meinem Diener das Geraubte aus meiner Tasche hätte ersetzen können. Da uns ein weiterer Streit mit Halef nur aufgehalten oder in Gefahr gebracht hätte, begnügte ich mich mit dem Einwand: »Der Sandouk wird verschlossen sein.«
Halef trat näher, untersuchte ihn und sagte: »Ja, es ist ein Schloß dran, und der Schlüssel fehlt. Aber ich werde trotzdem öffnen.«
»Nein, das wirst du nicht! Wenn du das Schloß aufsprengst, gibt es einen Krach, der uns verrät!«
»Sihdi, du hast recht«, gab er zu. »Ich werde mir meine Taler doch nicht holen können. Komm, wir wollen gehen!«
Bei dem Tonfall dieser Worte bedauerte ich fast, daß er auf Ersatz verzichten mußte. Ein anderer Araber hätte es nicht getan, davon war ich überzeugt. Das brachte mich zu dem Versprechen: »Halef, du sollst die Theresientaler noch einmal von mir bekommen!«
»Ist das wahr, Sihdi?«
»Ja.«
»Dann laß uns gehen!«
Wir verließen die Kajüte und erreichten ungesehen den Bordrand des Fahrzeuges. Der Abstand bis zum Land war doch ganz beachtlich, wie man beim Sternenlicht bemerken konnte.

»Kommst du hinüber, Halef?« fragte ich besorgt.
Ich wußte, daß er ein guter Springer war. Hier konnte man aber keinen Anlauf nehmen.
»Paß auf, Sihdi!«
Er erhob sich, setzte den Fuß auf die Reling und stand im nächsten Augenblick drüben am Ufer. Ich folgte ihm sofort.
»Hamdulillah, Gott sei Dank! Jetzt sind wir frei. Aber was nun?« fragte Halef.
»Wir gehen nach Dschidda.«
»Weißt du den Weg?«
»Nein.«
»Oder hast du eine Karte, die dir den Weg zeigt?«
»Auch nicht. Wir brauchen uns nur nach Süden zu halten. Abu Seïf wollte zu Fuß hinwandern. Das ist ein sicheres Zeichen, daß die Stadt nicht weit von hier liegt. Aber jetzt wollen wir zuerst nach den Waffen sehen.«
Wir zogen uns hinter ein Euphorbiengesträuch zurück, das uns genügend Deckung bot, denn es war nicht die kleine arabische, sondern die hohe ostindische Art. Meine Gewehre waren geladen; man hatte vermutlich mit den Revolvern und dem Henrystutzen nicht umzugehen verstanden und sich sehr über den schweren Bärentöter gewundert. Der Araber ist ein langes, leichtes Gewehr gewohnt. Es gibt ganze Stämme, die noch mit Flinten der ältesten, seltsamsten Bauart bewaffnet sind.
Nachdem wir uns überzeugt hatten, daß unsere Flucht nicht bemerkt worden war, machten wir uns auf den Weg. Wir mußten der Küste folgen. Leider hatte sie zahlreiche größere oder kleinere Einbuchtungen, die zu umgehen waren, so daß wir nur langsam vorwärts kamen. Dazu war der Boden trotz der Nähe des Meeres dicht mit Koloquinten und Aloen bewachsen, die das Gehen beschwerlich machten. Endlich graute der Tag. Wir konnten nun wieder feststellen, welche Richtung wir einzuschlagen hatten, um eine Krümmung der Küste abzuschneiden. Es war ungefähr acht Uhr vormittags, als wir die Minarehs einer Stadt vor uns sahen, die mit einer hohen, recht gut erhaltenen Mauer umgeben war.
»Wollen wir fragen, ob das Dschidda ist, Sihdi?« fragte Halef.
Wir waren schon seit einer Stunde Arabern begegnet, ohne sie anzureden.
»Nein, das ist ganz bestimmt Dschidda.«

»Und was wollen wir dort?«
»Zunächst werde ich mir den Ort ansehen.«
»Ich auch. Weißt du, daß dort Eva, die Mutter aller Lebendigen, begraben liegt?«
»Ja.«
»Als Adam sie beerdigt hatte, beweinte er sie vierzig Tage und vierzig Nächte; dann ging er nach Ceylon, wo er starb und nun auch begraben liegt. Das ist eine Insel, von der nur die Gläubigen etwas wissen.«
»Du irrst, Halef. Diese Insel hieß bei ihren Bewohnern Sinhala Dvipa, das heißt Löweninsel. Sie gehört den Christen, den Inglisi. Ich bin schon zweimal dort gewesen. In eurer Sprache wird sie auch Sarandib genannt.«
Halef blickte mich erstaunt an.
»Aber unsere Ulama, unsere Gelehrten, sagen doch, daß jeder Ungläubige stirbt, der die Insel Adams betritt!«
»Bin ich gestorben?«
»Nein. Du bist eben ein Liebling Allahs, wenn du auch den wahren Glauben noch nicht hast.«
»Ich will dir noch etwas sagen. Nicht wahr, jeder Ungläubige muß sterben, der die heiligen Stätten von Mekka und Medina betritt?«
»Ja.«
»Aber es gibt doch Christen, die dort gewesen sind.«
»Ist das wahr?«
»Ja. Sie haben getan, als seien sie Moslems.«
»Dann mußten sie unsere Sprache und unsere Gebräuche verstehen.«
»Die verstanden sie.«
Er blickte mich ängstlich forschend an.
»Sihdi, du verstehst sie auch. Willst du nach Mekka?«
»Würdest du mich mitnehmen?«
»Nein, Sihdi. Ich würde dafür im tiefsten Dschahannem gebraten!«
»Würdest du mich verraten, wenn du mich dort sähst?«
»Effendi, mach mich nicht traurig! Ich müßte dich verraten und könnte es vielleicht doch nicht. Ich würde nicht mehr leben können!«
Ich sah ihm an, daß er aus voller Überzeugung sprach. Es wäre grausam gewesen, ihn länger zu versuchen und in Angst zu halten.

»Halef, du hast mich lieb?« fragte ich.
»Lieber als mich selbst, Sihdi, glaube mir das!«
»Ich glaube es. Wie lange willst du noch mit mir reisen?«
»Solange du willst. Ich gehe mit dir, so weit die Erde reicht, obwohl du ein Christ bist. Aber ich weiß, daß du noch zum rechten Glauben kommen wirst, denn ich werde dich bekehren, ob du willst oder nicht.«
»Das kann bloß ein Hadschi sagen.«
»O Sihdi, ich werde nun bald wirklich einer sein. Da ist Dschidda, wo ich das Grab Evas besuchen werde; dann gehe ich nach Mekka, werde mich in Arafah aufhalten, mich in Minah rasieren lassen und alle heiligen Gebräuche mitmachen. Wirst du in Dschidda auf mich warten?«
»Wie lange wirst du in Mekka sein?«
»Sieben Tage.«
»Du wirst mich in Dschidda wiederfinden. Aber ist deine Hadsch auch gültig, da sie doch nicht in den Wallfahrtsmonat fällt?«
»Sie ist gültig.«
»Wirst du mir eine Bitte erfüllen?«
»Ja, denn ich weiß, daß du mir nichts befiehlst, was ich nicht darf.«
»Du sollst hier keinem Menschen sagen, daß ich Christ bin.«
»Ich gehorche.«
»Du mußt so tun, als sei ich ein Moslem.«
»Ja. Aber wirst du mir nun auch eine Bitte erfüllen? Ich muß mir in Mekka das Asis Kumasch, die heiligen Dinge, kaufen und viele Geschenke und Almosen geben ...«
»Sei unbesorgt, du sollst deine Theresientaler heute noch bekommen.«
»Die kann ich vielleicht nicht brauchen, sie werden im Land der Ungläubigen geprägt.«
»Dann werde ich dir dieselbe Summe in Piastern geben.«
»Hast du Piaster?«
»Noch nicht. Ich werde sie von einem Geldwechsler, einem Sarraf, holen.«
»Ich danke dir, Sihdi! Werde ich genug haben, um auch nach Medina gehen zu können?«
»Ich denke schon, wenn du sparsam bist. Die Reise dorthin wird dich nichts kosten.«
»Warum?«

»Ich reite mit.«
»Nach Medina, Sihdi?« fragte er bedenklich.
»Ja. Ist das verboten?«
»Der Weg dorthin steht dir offen, aber nach Medina hinein darfst du nicht.«
»Wenn ich nun in Dschanbo auf dich warte?«
»Das ist schön, Sihdi, das geht! Und wohin willst du dann?« fragte Halef.
»Zunächst nach Medaïn Salih.«
»Sihdi, dann bist du des Todes! Weißt du nicht, daß dies die Stadt der Geister ist, die keinen Sterblichen bei sich dulden?«
»Sie werden mich dulden müssen. Es ist ein sehr geheimnisvoller Ort, man erzählt sich wunderbare Sachen von ihm, und darum muß ich ihn sehen.«
»Du wirst ihn nicht sehen, denn die Geister werden uns den Weg versperren! Aber ich werde dich nicht verlassen, und wenn ich mit dir sterben sollte. Ich bin dann ein wirklicher Hadschi, dem der Himmel immer offensteht. Und wohin willst du später?«
»Entweder nach Sinai, Jerusalem und Istanbul oder nach Basra und Bagdad.«
»Wirst du mich mitnehmen?«
»Ja.«
Wir waren am Stadttor angekommen. Dort gab es außerhalb der Mauern eine Menge zerstreut stehender Hütten aus Stroh oder Palmblättern, in denen arme Arbeiter oder noch ärmere Holz- und Gemüsehändler wohnten. Ein zerlumpter Kerl rief mich an:
»Bist du gesund, Effendi? Wie ist dein Befinden?«
Ich blieb stehen. Im Orient muß man immer Zeit haben, einen Gruß zu erwidern.
»Ich danke dir! Ich bin gesund, es geht mir gut, und mein Befinden ist vortrefflich. Aber wie geht es dir, du Sohn eines tapferen Vaters? Und wie gehen deine Geschäfte, du Erbe vom frömmsten Stamm der Moslems?«
Ich drückte mich so aus, weil ich sah, daß er das Meschaleeh trug. Dschidda gilt als heilige Stadt, und die Bewohner der heiligen Städte haben das Vorrecht, dieses Zeichen zu tragen. Vier Tage nach der Geburt eines Kindes werden ihm auf jeder Backe drei und an jeder Schläfe zwei Schnitte beigebracht, deren Narben für das ganze Leben bleiben. Das ist das Meschaleeh.

»Deine Worte sind Blumen, sie duften wie die Banat Al-Dschannah, die Töchter des Paradieses«, antwortete der Mann. »Mir geht es gut, und ich bin zufrieden mit meinem Geschäft. Es wird auch dir nützlich sein.«
»Welches Geschäft betreibst du?«
»Ich habe drei Tiere im Stall; meine Söhne sind Hammar, Eseltreiber, und ich helfe ihnen.«
»Hast du die Tiere bei dir zu Hause?«
»Ja, Effendi. Soll ich dir zwei Esel holen?«
»Was soll ich dir dafür bezahlen?«
»Wohin willst du reiten?«
»Ich bin hier fremd und will mir eine Wohnung suchen.«
Der Araber musterte mich mit einem eigentümlichen Blick. Ein Fremder und zu Fuß, das mußte ihm auffallen.
»Effendi«, sagte er, »willst du dahin, wohin ich deine Brüder gebracht habe?«
»Welche Brüder?«
»Gestern kamen um die Zeit des Mogreb dreizehn Männer zu Fuß, so wie du. Ich habe sie in den großen Khan geführt.«
Das mußte Abu Seïf mit seinen Leuten gewesen sein.
»Das waren keine Brüder von mir. Ich will meine Wohnung nicht in einem Khan oder einem Funduk, sondern in einem Privathaus nehmen.«
»Welch ein Glück! Ich weiß ein Haus, wo du eine Wohnung finden kannst, die beinahe für einen Prinzen zu schön ist.«
»Was forderst du, wenn wir auf deinen Eseln hinreiten?«
»Zwei Piaster.«
Das waren ungefähr zwanzig Pfennig pro Kopf.
»Hol die Tiere.«
Er stieg würdevoll von dannen und kam bald mit zwei Eseln wieder, die so klein waren, daß sie mir fast zwischen den Beinen durchlaufen könnten.
»Werden sie uns tragen können?«
»Effendi, einer von ihnen würde uns alle drei tragen können!«
Das war übertrieben, aber mein Tier tat nicht so, als ob ich ihm zu schwer sei. Es schlug sofort einen muntern Trab an, der allerdings schon an der Stadtmauer unterbrochen wurde.
»Dur«, rief nämlich eine schnarrende Stimme von der Seite her, »dur, aktsche verinis – halt, gebt Geld!«
In einem verfallenen Gemäuer rechts von mir war ein vierecki-

ges Loch. In diesem Loch war ein Kopf. Auf dem Gesicht dieses Kopfes war eine fürchterliche Brille, und in dieser Brille befand sich nur ein Glas. Unter diesem Glas sah ich eine riesige Nase und seitwärts nach unten, von der Nase aus gerechnet, eine große Öffnung, aus der die Worte wahrscheinlich gekommen waren.
»Wer ist das?« fragte ich unsern Führer.
»Der Bawwab. Als Torwächter nimmt er die Steuer für den Großherrn ein.«
Ich drängte mein Eselchen bis vor das Loch und nahm, um mir einen Spaß zu machen, den Paß heraus.
»Was willst du?«
»Geld!«
»Hier!«
Ich hielt ihm das großherrliche Siegel vor das Auge, das nicht durch ein Glas geschützt war.
»Verzeihung, Euer Gnaden!«
Die Öffnung unter der Nase klappte zu, das Gesicht verschwand, und gleich darauf sah ich eine hagere Gestalt seitwärts über einige Mauerreste springen. Sie trug eine alte, abgeschabte Janitscharenuniform, weite, blaue Beinkleider, rote Strümpfe, eine grüne Jacke und auf dem Kopf eine weiße Mütze mit einem herabhängenden Sack. Es war der wackere Bawwab.
»Warum reißt er aus?« fragte ich den Führer.
»Du hast ein Buyuruldu und brauchst nichts zu bezahlen. Er hat dich also beleidigt und fürchtet deine Rache.«
Wir ritten weiter und kamen nach fünf Minuten an das Tor eines Hauses, das auf seiner Straßenseite vier große vergitterte Fenster hatte.
»Hier ist es!«
»Wem gehört das Haus?«
»Dem Dschewherdschi (Juwelier) Tamaru. Er hat mir den Auftrag gegeben, ihm einen Mieter zu bringen.«
»Wird er zu Hause sein?«
»Ja.«
»Dann kannst du umkehren. Hier hast du noch ein Bakschisch!«
Nach vielen Dankesworten setzte sich der Mann auf einen seiner Esel und ritt davon. Ich ging mit Halef in das Haus und wurde von einem Schwarzen in den Garten gebracht, wo sich sein Herr befand. Sofort führte mich der Dschewherdschi in das Haus zurück und zeigte mir eine Reihe von leeren Zimmern. Ich mietete

zwei auf eine Woche und hatte dafür den hohen Preis von zwei Talaris zu entrichten. Dafür wurde ich aber auch nicht ausgefragt. Ich nannte nur den Namen, den mir Halef gegeben hatte.
Im Laufe des Nachmittags sah ich mir die Stadt an.
Dschidda ist eine ganz hübsche Stadt, und es schien mir, als ob sie ihren Namen – Dschidda heißt »die Reiche« – nicht zu Unrecht führte. Sie wird an drei Seiten von einer hohen dicken Mauer mit Türmen und einem tiefen Graben beschützt. Nach dem Meere zu wird sie durch ein Fort und mehrere Batterien verteidigt. Die Mauer hat drei Tore: das Bab Al-Medina, das Bab Al-Jemen und das Bab Al-Mekka. Die Stadt hat breite, nicht sehr schmutzige Straßen und viele hübsche Plätze. Auffallend ist, daß es viele Häuser gibt, die nach außen hin Fenster haben. Hinter der Mauer beginnt sofort die Wüste. Dort stehen die Hütten der Leute, die in der Stadt selbst keinen Platz finden.
Nicht weit von der Kaserne, in der Nähe des Bab Al-Medina, befindet sich der Friedhof, auf dem das Grab unserer Stammutter gezeigt wird. Das Grabmal ist sechzig Meter lang und trägt in seiner Mitte eine kleine Moschee.

10 Der Schnadahüpflsänger

Vom Friedhof ging ich zum Hafen und wanderte langsam am Wasser entlang. Ich dachte über die Möglichkeit nach, Mekka sehen zu können, und merkte kaum, daß es immer einsamer um mich wurde. Plötzlich hörte ich vom Wasser her:

> »Jetzt geh' i zum Soala
> und kaf ma an Strick,
> bind 's Deandl am Buckl,
> trog's überall mit.«

Ein »G'sangl« aus der Heimat! Hier in Dschidda! Ich sah mich um und entdeckte einen Kahn, in dem zwei Männer saßen. Der eine war ein Eingeborener. Hautfarbe und Kleidung kennzeichneten ihn als einen Hadharemieh. Wahrscheinlich gehörte ihm der Kahn. Der andere stand aufrecht in dem kleinen Fahrzeug. Er machte einen ganz merkwürdigen Eindruck. Der Mann hatte einen blauen Turban auf, trug rote türkische Pumphosen und über diesen einen europäischen Rock von etwas veraltetem Schnitt. Ein gelbseidenes Tuch war um den Hals geschlungen. Aus diesem Tuch stachen rechts und links zwei Dschebel Pampuk-besi von der Sorte hervor, die wir »Vatermörder« zu nennen pflegen. An die umfangreiche Hüfte hatte der Mann einen Sarras gebunden, dessen Scheide so dick war, daß man drei Klingen in ihr vermuten konnte.
Das war der Sänger. Er hatte bemerkt, daß ich vor Überraschung stehengeblieben war, und mochte meinen, einen sangesfrohen Beduinen vor sich zu haben; denn er hielt die linke Hand an den Mund, drehte sich noch mehr nach rechts herum und sang:

> »Und der Türk und der Ruß,
> die zwoa gehn mi nix o',
> wann i nur mit der Gretl
> koan Kriegshandl ho'!«

Ich legte begeistert die Hand an den Mund und rief auf türkisch hinüber: »Sing weiter!«

Ob der Sänger mich verstanden hatte, wußte ich nicht, aber er legte sofort mit der nächsten Strophe los:

>»Zwischen deiner und meiner
>is a weite Gass'n;
>Bua, wennst mi net magst,
>kannst es bleiben lass'n!«

Jetzt mußte ich den Jodler auch probieren:

>»Zwischen deiner und meiner
>is a enge Gass'n;
>Bua, wennst mi gern magst,
>kannst herrudern lass'n!«

Da stieß der Dicke einen lauten Juchzer aus, riß den Turban vom Kopf, den Sarras aus der Scheide und schwenkte Turban und Säbel hoch in der Luft. Dann brachte er beides wieder an Ort und Stelle, griff zum Steuer und lenkte dem Ufer zu.
Ich war ihm entgegengegangen. Er sprang ans Land, blieb aber doch ein wenig verblüfft stehen, als er mich näher betrachtete.
»Ein Türke, der Deutsch reden kann?« fragte er zweifelnd.
»Nein, aber ein Deutscher, der ein bißchen Türkisch versteht!«
»Tatsächlich? Ich wollte meinen Ohren nicht trauen. Sie sehen wahrhaftig wie ein Araber aus. Darf ich fragen, was Sie sind?«
»Schriftsteller. Und Sie?«
»Ein – ein – hm, Geiger, Komiker, Schiffskoch, Privatsekretär, Buchhalter, Ehemann, Kaufmann, Witwer, Rentner und jetzt Reisender nach Hause.«
Er brachte das so überwältigend komisch heraus, daß ich lachen mußte.
»Da haben Sie allerdings schon viel hinter sich! Also nach Hause wollen Sie?«
»Ja, nämlich nach Triest, wenn ich mich nicht unterwegs anders besinne. Und Sie?«
»Ich sehe die Heimat wohl erst nach einigen Monaten wieder. Was tun Sie in Dschidda?«
»Nichts. Und Sie?«
»Nichts. Wollen wir einander helfen?«
»Natürlich, wenn es Ihnen recht ist!«

»Versteht sich! Haben Sie eine Wohnung?«
»Ja, schon seit vier Tagen.«
»Und ich seit ungefähr ebenso vielen Stunden.«
»Also sind Sie noch nicht eingerichtet. Darf ich Sie zu mir einladen?«
»Gern. Für wann?«
»Für jetzt gleich. Kommen Sie! Es ist gar nicht weit.«
Er griff in die Tasche und bezahlte seinen Bootsmann. Dann gingen wir zum Hafen zurück. Er brachte mich zu einem einstöckigen Häuschen. Wir betraten ein kleines Zimmer, dessen einziges Möbel aus einem niedrigen hölzernen Gerüst bestand, das mit einer langen Matte bedeckt war.
»Das ist meine Wohnung. Willkommen! Nehmen Sie Platz!«
Ich setzte mich auf das Gestell, während er in das anstoßende Zimmer ging und einen großen Koffer öffnete, der dort stand.
»Bei einem solchen Gast darf ich meine Herrlichkeiten doch nicht schonen«, rief er strahlend. »Passen Sie auf, was ich Ihnen mitbringe!«
Es waren wirklich lauter Herrlichkeiten, die er mir vorsetzte:
»Hier ein Topf mit Apfelschnitten, gestern abend in der Kaffeemaschine gekocht. Das Beste, was man in dieser Hitze genießen kann! Hier zwei Pfannkuchen, in der Tabakbüchse gebacken – jeder einen. Da noch ein Rest englisches Weizenbrot – ein bißchen altbacken, geht aber noch. Sie haben gute Zähne, wie ich sehe. Dazu diese halbe Bombaywurst – riecht vielleicht ein wenig, tut aber nichts. In dieser Flasche ist echter alter Kognak. Kein Wein, aber immer noch besser als Wasser. Ein Glas habe ich nicht mehr, ist aber auch nicht notwendig. Nachher in dieser Büchse! Schnupfen Sie?«
»Leider nein.«
»Schade! Er ist ausgezeichnet. Aber Sie rauchen?«
»Gern.«
»Hier! Es sind nur noch elf Zigarren. Die teilen wir – Sie zehn und ich eine.«
»Oder umgekehrt!«
»Geht nicht.«
»Wollen es abwarten. Und dort in dieser Blechdose, was haben Sie da?«
»Raten Sie!«
»Zeigen Sie her!«

Mehrstöckige Häuser in Dschidda

Er gab mir die Dose, und ich roch daran.
»Käse!«
»Erraten! Leider fehlt die Butter. Nun langen Sie zu! Ein Messer haben Sie selbst. Hier ist auch eine Gabel.«
Wir aßen mit Vergnügen.
»Ich bin Sachse«, sagte ich und nannte meinen Namen. »Sie sind in Triest geboren?«
»Ja. Ich heiße Martin Albani. Mein Vater war Schuhmacher. Ich sollte etwas Besseres werden, nämlich Kaufmann, hielt es aber lieber mit meiner Geige als mit den Zahlen und so weiter. Ich bekam eine Stiefmutter; na – Sie wissen, wie es dann herzugehen pflegt. Ich hatte den Vater sehr lieb, wurde aber mit einer Preßnitzer Harfenistengesellschaft bekannt und schloß mich ihr an. Wir gingen nach Venedig, Mailand und tiefer nach Italien hinunter. Endlich landeten wir in Konstantinopel. Kennen Sie diese Art Leute?«
»Gewiß. Sie sind meistens unterwegs?«
»So ungefähr«, meinte Albani. »Erst spielte ich Violine, dann rückte ich zum Komiker auf. Leider hatten wir Pech. Ich war froh, daß ich auf einem Handelsschiff aus Bremen eine Stelle fand. Später kam ich nach London, von wo aus ich mit einem Engländer nach Indien segelte. In Bombay wurde ich krank ins Hospital geschafft. Der Verwalter dort war ein tüchtiger Mann, aber kein Held im Schreiben und Rechnen. Er stellte mich als Schreiber an, als ich wieder gesund geworden war. Später kam ich zu einem Händler als Buchhalter. Er starb am Fieber, und ich heiratete seine Witwe. Wir lebten kinderlos und glücklich bis zu ihrem Tod. Jetzt sehne ich mich nach der Heimat zurück.«
Der Mann gefiel mir. Er gab sich so, wie er war, und machte auf mich den Eindruck eines Mannes, der so viel hat, wie er braucht, und der damit auch herzlich zufrieden ist.
»Warum fahren Sie nicht gleich nach Triest?«
»Ich mußte in Maskat und Aden noch Geschäfte erledigen. Wielange werden Sie in Dschidda bleiben?«
»Mein Diener pilgert nach Mekka. Ich werde wohl eine Woche auf ihn warten müssen.«
»Das freut mich. So bleibt Zeit genug, daß wir uns in Ruhe unterhalten können.«
»Mit Ausnahme von zwei Tagen!«
»Wieso?«

»Ich hätte Lust, auch einmal nach Mekka zu gehen.«
»Sie? Ich denke, für Christen ist das verboten!«
»Allerdings. Aber kennt man mich?«
»Das ist richtig. Sie sprechen Arabisch?«
»Ja, soviel ich für meine Küche brauche.«
»Und Sie wissen auch, wie sich die Pilger zu benehmen haben?«
»Das schon, aber ich würde mich nicht wie ein Pilger benehmen. Soll ich zu Allah beten und seinen Propheten anrufen? Ich möchte behaupten, daß man die Stadt des Propheten besuchen kann, auch ohne seinen Glauben dadurch zu verleugnen, daß man Pilger spielt.«
»Ich weiß nicht recht.«
»Glauben Sie, daß Mekka nur von Pilgern besucht wird?«
»Man sollte annehmen, daß auch Kaufleute hinkommen. Die werden aber auch die heiligen Orte besuchen und dort beten.«
»Man wird sie aber nicht kontrollieren. Ich rechne sechzehn Wegstunden von hier bis Mekka. Man reitet sie in gut acht Stunden. Hätte ich ein Bischarin-Hedschin, ein schnelles Reitkamel, so würde ich nur vier Stunden brauchen. Ich komme dort an, steige in irgendeinem Khan ab, durchwandere die Stadt und besehe mir das Heiligtum. Dazu brauche ich nur wenige Stunden. Jeder wird mich für einen Moslem halten, und ich kann ruhig wieder zurückkehren.«
»Das klingt ganz ungefährlich, aber gewagt ist es doch. Ich habe gelesen, daß ein Christ höchstens bis auf neun Meilen an die Stadt heran darf.«
»Auf dem Weg von hier nach Mekka liegen elf Kaffeehäuser. Ich werde in allen bis zum neunten einkehren und dabei sagen, daß ich Christ bin. Die Zeiten haben vieles geändert. Jetzt genügt es, den Christen das Betreten der Stadt zu verbieten. Ich werde einen Versuch machen.«
Ich hatte mich in die Sache so hineingeredet, daß jetzt mein Entschluß feststand, nach Mekka zu reisen. Ich brachte diesen Gedanken heim in meine Wohnung, schlief damit ein und erwachte auch mit ihm. Halef brachte mir den Kaffee. Ich hatte Wort gehalten und ihm sein Geld schon gestern gegeben.
»Sihdi, wann erlaubst du mir, nach Mekka zu gehen?« fragte er mich.
»Hast du dir Dschidda schon angesehen?«
»Noch nicht, aber ich werde bald fertig sein.«

»Wie wirst du reisen? Mit einem Dalil?«
»Nein, der kostet zuviel. Ich werde warten, bis mehrere Pilger beisammen sind, und dann auf einem Mietkamel reiten.«
»Du kannst abreisen, wann du willst.«
Dalils sind eine Art von Beamten, die fremde Pilger zu führen und darauf zu sehen haben, daß sie keine Vorschrift verletzen.
Halef hatte kaum das Zimmer verlassen, da hörte ich draußen eine Stimme:
»Ist dein Herr zu Hause?«
»Sprich arabisch!« antwortete Halef auf die deutsch gesprochene Frage.
»Das kann ich nicht, mein Junge; höchstens ein bißchen Türkisch. Warte, ich werde mich gleich selbst anmelden.« Es war Albani, dessen Stimme jetzt erklang:

>»Juchheirassassa!
Und wenn d' willst, will i a,
und wenn d' willst, so mach auf,
denn desweg'n bin i da!«

Er schien den Text seiner Schnadahüpfeln den Verhältnissen anzupassen. Gewiß stand Halef vor Erstaunen ganz starr da draußen. Wenn ich jetzt nicht antwortete, geschah es seinetwegen. Er sollte noch etwas hören. Es dauerte auch gar nicht lange, da sang der Triester weiter:

>»Soldat bin i gern
und da kenn' i mi aus,
doch steh' i nit gern Schildwach
in fremder Leut Haus.«

Und als auch diese zarte Erinnerung keine Wirkung hatte, drohte er:
>»Und a frischa Bua bin i,
drum laß dir mal sag'n:
Wenn d' nit itzt glei aufmachst
tua i's Türerl zerschlag'n!«

So weit durfte ich es denn doch nicht kommen lassen. Ich erhob mich also und öffnete ihm die Tür.

»Aha«, meinte er lachend, »es hat also geholfen! Ich dachte beinahe, Sie wären schon nach Mekka abgereist.«
»Pst! Mein Diener darf nichts davon wissen.«
»Entschuldigung! Raten Sie einmal, mit welcher Bitte ich komme! Wir sprachen gestern wenig über Ihre Erlebnisse; aber ich vermute, daß Sie Reiter sind.«
»Ich reite tatsächlich ein bißchen.«
»Nur Pferd oder auch Kamel?«
»Beides. Sogar Esel, wenn es sein muß.«
»Ich habe noch nie auf dem Rücken eines Kamels gesessen. Nun hörte ich heute früh, daß es ganz in der Nähe einen Dewedschi, einen Kamelverleiher, gibt, bei dem man für billiges Geld die Möglichkeit bekommt, einmal den Beduinen spielen zu können.«
»Sie wollen einen Spazierritt unternehmen?«
»Das ist es!«
»Sie werden aber so etwas wie Seekrankheit bekommen.«
»Ich bin darauf gefaßt. Die Küste des Roten Meers bereist und nicht auf einem Kamel gesessen zu haben! Das möchte ich mir nicht nachsagen lassen! Darf ich Sie einladen, mich zu begleiten?«
»Ich habe Zeit. Wohin wollen Sie?«
»Mir gleich. Vielleicht ein Streifzug rings um Dschidda?«
»Ich bin dabei. Wer besorgt die Kamele? Sie oder ich?«
»Natürlich ich. Wollen Sie Ihren Diener auch mitnehmen?«
»Wie Sie wollen. Man weiß hierzulande nie, was einem begegnen kann. Ein Diener ist im Orient niemals überflüssig.«
»Dann soll er mitkommen! In einer Stunde geht es los.«
»Gut. Aber erlauben Sie mir eine Bemerkung! Untersuchen Sie den Sattel und die Decke des Tieres, bevor Sie das Kamel besteigen. Man kann sonst sehr leicht Bekanntschaft mit jenen sechsfüßigen Baschi-bosuks machen, die der Orientale mit dem lieblich klingenden Namen ›Bit‹ bezeichnet.«
»Bit? Ich bin kein Licht in den orientalischen Sprachen.«
»Aber ein wenig Latein haben Sie getrieben?«
»Allerdings.«
»Ich meine das Tierchen, dessen Name so lautet wie auf lateinisch das deutsche Wort ›Lob‹.«
»Ah! Laus! Ist es wirklich so schlimm?«
»Zuweilen sehr. Ich habe in Ungarn gehört, daß man diese Schmarotzer mit dem Wort ›Bergleute‹ bezeichnet, jedenfalls, weil sie von oben nach unten arbeiten. Bei einem Kamelritt haben Sie es

mit den ›Bergleuten‹ der Araber und den ›Bergleuten‹ der Kamele zu tun. Also legen Sie noch eine eigene Decke unter, die Sie nach dem Ritt dem nächsten Pastetenbäcker geben. Er wird sie für wenige Borbi in seinem Ofen ausbrennen.«
»Nicht übel! Nehmen wir Waffen mit?«
»Auf jeden Fall! Ich bin zu dieser Vorsicht gezwungen, weil ich jeden Augenblick hier oder in der Umgebung Feinde treffen kann.«
»Sie?«
»Ja, ich war bis gestern Gefangener eines Seeräubers. Er ist auf dem Weg nach Mekka und könnte sich jetzt noch in Dschidda befinden.«
»Das ist ja erstaunlich! War er ein Araber?«
»Ja. Ich kann ihn nicht einmal anzeigen, obwohl mein Leben keinen Pfennig wert ist, falls wir uns begegnen sollten.«
»Und davon haben Sie mir gestern nichts gesagt?«
»Warum sollte ich davon sprechen? Man hört und liest jetzt sehr oft, das Leben werde immer nüchterner und es gebe gar keine Abenteuer mehr. Vor ein paar Wochen sprach ich mit einem weitgereisten Gelehrten. Er behauptete, man könne die Welt von Hammerfest bis Kapstadt und von England bis nach Japan durchqueren, ohne nur eine Spur von dem zu erleben, was man Abenteuer nennt. Ich widersprach ihm nicht, aber ich bin überzeugt, daß es nur auf die Persönlichkeit des Reisenden und auf die Art und Weise der Reise ankommt. Ich brauchte mich über den Mangel an Abenteuern noch niemals zu beklagen. Wollen wir wetten, daß uns nachher bei unserem Ritt ein Abenteuer passieren wird, wenn es auch nur ein kleines ist?«
»Sie machen mich neugierig!«
»Warten Sie ab! Aber jetzt gehen Sie, und bestellen Sie die Kamele, damit wir zur Zeit der größten Hitze eine Quelle finden.«
»Ich gehe. Aber halten Sie auch Wort mit dem Abenteuer!«
»Keine Angst!«
Als ich nach einer Dreiviertelstunde mit Halef in Albanis Wohnung trat, starrte mein neuer Bekannter in Waffen.
»Kommen Sie, der Dewedschi wartet schon. Oder wollen wir erst etwas essen?« fragte er mich.
»Nein.«
»Dann nehmen wir uns Verpflegung mit. Ich habe hier eine ganze Tasche voll.«

»Sie wollen ein Abenteuer suchen und nehmen Proviant mit? Weg damit! Wenn uns hungert, suchen wir uns ein Zeltdorf. Dort finden wir Datteln, Mehl, Wasser und vielleicht auch ein bißchen Tschekir.«
»Tschekir? Was ist das?«
»Kuchen, aus gemahlenen Heuschrecken gebacken.«
»Pfui Teufel!«
»Pah, schmeckt ganz ausgezeichnet! Wer Austern, Weinbergschnecken, Vogelnester, Froschschenkel und verfaulte Milch mit Käsemaden ißt, für den müssen Heuschrecken eine Delikatesse sein. Wissen Sie, wer lange Zeit Heuschrecken mit wildem Honig gegessen hat?«
»Ich glaube, das ist ein Mann in der Bibel gewesen.«
»Allerdings! Das war Johannes der Täufer. – Haben Sie eine Decke?«
»Hier.«
»Gut. Wie lange dürfen Sie die Kamele behalten?«
»Den ganzen Tag, und zwar ohne Begleitung.«
Der Kamelverleiher wohnte zwei Häuser weiter. Ich sah es ihm an, daß er kein Araber war, sondern ein Türke. In seinem Hof standen drei Kamele, über die man hätte weinen mögen.
»Wo ist dein Stall?« fragte ich den Dewedschi.
»Dort!«
Er deutete auf eine Mauer, die den Hof in zwei Hälften teilte.
»Öffne die Tür!«
»Warum?«
»Weil ich sehen will, ob du noch andere Kamele hast.«
Der Türke schien mir nicht recht zu trauen. Er öffnete und ließ mich einen Blick in die andere Abteilung werfen. Dort lagen acht der schönsten Reitkamele. Ich trat näher und sah sie mir an.
»Dewedschi, wieviel zahlt dir dieser Beyefendi hazretleri für die drei Kamele, die du uns gesattelt hast?«
»Fünf Mahbubzechinen (etwa 25 Mark) für alle drei.«
»Und für einen solchen Preis bekommen wir diese Lasttiere mit wunden Beinen und Füßen! Schau her, du kannst durch ihre Seiten blicken. Ihre Lefzen hängen herab wie dein zerrissener Jakkenärmel, und ihre Höcker – o Dewedschi, sie haben gar keinen Höcker! Sie haben eine weite Reise hinter sich. Sie sind abgezehrt und kraftlos, so daß sie kaum den Sattel tragen können. Und wie sehen diese Sättel aus! Schau her, Dewedschi! Was marschiert

auf dieser Decke? Beeile dich, und gib uns andere Kamele, andere Decken und andere Sättel!«
Er sah mich halb mißtrauisch, halb zornig an.
»Wer bist du, daß du mir einen solchen Befehl geben willst?«
»Schau her! Siehst du dieses Buyuruldu des Großherrn? Soll ich dem Padischah erzählen, daß du ein Betrüger bist und deine armen Tiere zu Tode schindest? Schnell, sattle dort diese drei Kamele, die braunen rechts und das graue in der Ecke, sonst wird dir meine Peitsche Beine machen!«
Ein Beduine hätte sofort zur Pistole oder zum Messer gegriffen. Dieser Mann aber war ein Türke. Er beeilte sich, meinem Befehl Folge zu leisten. Bald lagen seine drei besten Kamele mit sehr reinlichem Sattelzeug vor uns auf den Knien. Ich wandte mich an Halef:
»Jetzt zeige diesem Sihdi, wie er aufzusteigen hat!«
Halef tat es, und ich trat dem Kamel, das Albani tragen sollte, auf die zusammengezogenen Vorderbeine.
»Passen Sie auf!« sagte ich. »Sobald Sie den Sattel berühren, geht das Hedschin in die Höhe, und zwar vorn zuerst, so daß Sie nach hinten geworfen werden. Dann erhebt es sich hinten, und Sie fliegen nach vorn. Diese beiden Stöße müssen Sie durch entgegengesetzte Bewegungen Ihres Körpers aufzufangen versuchen.«
»Ich hoffe, es wird gehen.«
Albani faßte an und schwang sich auf. Sofort erhob sich das Tier. Der gute Schnadahüpfelsänger flog nach vorn, fiel aber nicht, weil er sich fest anklammerte. Aber jetzt schnellte das Kamel sich vorn in die Höhe. Albani flog regelrecht aus dem Sattel und landete im Sand.
»Potztausend, das Ding ist gar nicht so leicht!« meinte er, als er sich erhob und die Schulter rieb, mit der er aufgeprallt war. »Aber hinauf muß ich doch. Bringen Sie das Tier wieder zum Knien!«
»Rrree!«
Auf diesen Zuruf legte es sich wieder. Der zweite Versuch gelang, obwohl der Reiter wieder zwei derbe Stöße auszuhalten hatte.
Ich mußte dem Verleiher noch einen Verweis geben:
»Dewedschi, kannst du ein Hedschin reiten?«
»Ja, Herr.«
»Und auch lenken?«
»Ja.«

»Nein, du kannst es nicht, denn du weißt ja nicht einmal, daß
ein Lenkstab, ein Metrek, dazu gehört!«
»Verzeih, Herr!«
Er gab einen Wink, und die kleinen, nach außen umgebogenen
Stäbchen wurden gebracht. Jetzt stieg auch ich auf.
Wir machten nun allerdings ganz andere Figuren, als wenn wir
uns mit den abgetriebenen Lastkamelen begnügt hätten. Unsere
Sättel waren hübsch mit Troddeln und bunter Stickerei verziert.
Die Decken waren so groß, daß sie die Tiere ganz einhüllten.
Wir ritten auf die Straße.
»Wohin?« fragte ich Albani.
»Das überlasse ich Ihnen.«
»Gut, also zum Bab Al-Medina hinaus!«
Mein neuer Bekannter zog die Blicke der Vorüberkommenden auf
sich, seine Kleidung war zu auffallend. Ich lenkte durch mehrere
Seitenstraßen und brachte uns nach einigen Umwegen glücklich
zum Tor hinaus. Dort ritten wir im Schritt durch die Ansied-
lungen der Nubier und Abessinier und gelangten dann sofort
in die Wüste, die sich ohne Übergang bis an das Weichbild aller
Städte des Hedschas erstreckt.
Bis hierher hatte sich Albani leidlich im Sattel gehalten. Nun fielen aber unsere Kamele freiwillig in jene Gangart, durch die jeder Neuling die Seekrankheit kennenlernen kann, ohne auch nur
einen Tropfen Salzwasser gesehen zu haben. Während der ersten
Schritte lachte er über sich selbst. Er brachte es nicht fertig, die
Stöße durch eigene Bewegungen aufzufangen. Er schwankte herüber, hinüber, nach hinten und nach vorn; seine lange arabische
Flinte war ihm im Weg, und sein riesiger Sarraß schlug klirrend
an die Flanken des Kamels. Er nahm den Säbel zwischen die
Beine, schnalzte mit den Fingern und sang:

»Mei Sabel klippert, mei Sabel klappert,
mei Sabel macht mir halt Müh,
und das Kamel wickelt, das Kamel wackelt,
das Kamel is a sakrisches Vieh!«

Da gab ich meinem Tier einen leichten Schlag auf die Nase. Es
stieg empor und schoß dann vorwärts, daß der Sand hinter mir
hoch aufwirbelte. Die beiden anderen Kamele folgten. Nun war es
mit dem Singen aus. Albani hatte den Lenkstab in der linken

und die Flinte in der rechten Faust und gebrauchte diese beiden Gegenstände, um sich das Gleichgewicht zu erhalten. So bot er einen verrückten Anblick.

»Hängen Sie das Schießeisen um, und halten Sie sich mit den Händen am Sattel fest!« rief ich ihm zu.

»Hat sich sein... hopp!... hat sich sein... öh, brrr, ah!... hat sich sein Umhängen! Ich habe ja gar kei... hopp, au!... gar keine Zeit dazu! Halten Sie doch Ihr ver... hoppsa, öh, brr! ...Ihr verwünschtes Viehzeug an!«

»Warum? Mein Tier läuft wirklich ausgezeichnet!«

»Ja, aber das mei... oh, brrr, öh!... das meinige rennt ihm ja wie... hüh, hoppah!... wie besessen nach!«

»Halten Sie es an!«

»Womit denn?«

»Mit dem Fuß und dem Zügel!«

»Den Fuß, den bringe ich ja nicht in... hoppla!... nicht in die Höhe, und den Zügel, den habe... halt... öh, halt, öh!... den habe ich nicht mehr!«

»So müssen Sie warten, bis das Tier von selber stehenbleibt.«

»Aber ich kriege gar kei... brrrr, oh!... gar keine Luft mehr!«

»Machen Sie doch den Mund auf, es ist Luft genug da!«

Ich drehte mich wieder nach vorn und hörte nicht mehr auf sein Geschrei. Übrigens befand er sich in guten Händen, da Halef an seiner Seite ritt.

11 Bei den Ausgestoßenen

Wir überquerten eine kleine Bodenschwelle. Nun breitete sich die offene Ebene vor uns aus. Albani schien sich nach und nach im Sattel zurechtzufinden. Er klagte nicht mehr. So legten wir in einer Stunde etwa fünfzehn Kilometer zurück. Um diese Zeit tauchte vor uns die Gestalt eines einzelnen Reiters auf. Er ritt offensichtlich ein ausgezeichnetes Kamel, denn der Raum verschwand förmlich zwischen ihm und uns. Nach kaum zehn Minuten hielten wir einander gegenüber.
Er trug die Kleidung eines wohlhabenden Beduinen und hatte die Kapuze seines Burnus weit über das Gesicht gezogen. Sein Kamel war mehr wert als unsere drei zusammen.
»Friede sei mit dir!« grüßte er mich, während er die Hand entblößte, um die Verhüllung des Gesichts zu entfernen.
»Wa Alaikum As-salam!« antwortete ich. »Wohin führt dich dein Weg hier in der Wüste?«
Seine Stimme hatte weich geklungen, fast wie die Stimme einer Frau. Seine Hand war zwar braun, aber klein und zart. Als er jetzt die Kapuze entfernte, erblickte ich ein bartloses Gesicht, aus dem mich zwei große, braune Augen musterten – es war wirklich kein Mann, sondern eine Frau.
»Mein Weg ist überall«, antwortete sie. »Wohin führt dich dein Weg?«
»Ich komme von Dschidda, will mein Tier ausreiten und dann wieder in die Stadt zurückkehren.«
Ihr Gesicht verfinsterte sich, und ihr Blick schien mißtrauisch zu werden.
»Also wohnst du in der Stadt?«
»Nein, ich bin fremd in dieser Gegend.«
»Du bist Pilger?«
Was sollte ich antworten? Ich hatte die Absicht gehabt, als Mohammedaner zu gelten. Aber weil ich ganz offen gefragt wurde, fiel es mir nicht ein, mit einer Lüge zu antworten.
»Nein, ich bin kein Hadschi.«
»Du bist fremd in Dschidda und kommst doch nicht her, um nach Mekka zu gehen? Entweder warst du schon früher in der heiligen Stadt, oder du bist kein Rechtgläubiger.«

»Ich war noch nicht in Mekka, denn mein Glaube ist nicht der eurige.«
»Bist du ein Jude?«
»Nein, ich bin Christ.«
»Und diese beiden?«
»Der hier ist wie ich ein Christ, und der andere ist ein Moslem, der nach Mekka gehen will.«
Da hellte sich ihr Gesicht plötzlich auf. Sie wandte sich an Halef. »Wo ist deine Heimat, Fremdling?«
»Im Westen, weit von hier, hinter der großen Wüste.«
»Hast du ein Weib?«
Halef staunte ebenso wie ich über diese Frage, die ganz gegen die Sitte des Orients war.
»Nein«, antwortete er.
»Bist du der Freund oder der Diener dieses Effendi?«
»Ich bin sein Diener und sein Freund.«
Da wandte sie sich wieder an mich.
»Effendi, komm und folge mir!«
»Wohin?«
»Bist du ein Schwätzer, oder fürchtest du dich vor einem Weib?«
»Pah! Vorwärts!«
Sie wendete ihr Kamel und ritt auf der eigenen Spur zurück. Ich hielt mich an ihrer Seite. Die andern beiden blieben hinter uns.
»Nun«, fragte ich zu Albani zurück, »hatte ich nicht recht mit dem Abenteuer, das ich Ihnen versprach?«
Albani sang statt der Antwort:

> »Dös Dirndel ist sauba
> vom Fuaß bis zum Kopf,
> nur am Hals hat's a Binkerl,
> dös hoaßt ma an Kropf.«

Die Frau war wirklich nicht mehr jugendlich. Die Strahlen der Wüstensonne, die Strapazen und Entbehrungen hatten ihr Gesicht gebräunt und ihm Furchen eingegraben. Früher war sie bestimmt nicht häßlich gewesen, das sah man ihr deutlich an. Was suchte sie so allein in der Wüste? Warum war sie nach Dschidda geritten und kehrte nun mit uns um? Warum hatte sie sich gefreut, als sie hörte, daß Halef nach Mekka unterwegs war? Und warum sagte sie nicht, wohin sie uns führen wollte?

Die Frau war mir ein Rätsel. Sie trug eine Flinte und an ihrem Gürtel einen Yatagan. In den Sattelriemen des Kamels hatte sie sogar einen jener Wurfspieße stecken, die in der Hand eines gewandten Arabers so gefährlich sind. Sie machte ganz den Eindruck einer selbständigen, furchtlosen Amazone.
»Was ist das für eine Sprache?« fragte die Araberin, als sie die Antwort Albanis hörte.
»Die Sprache der Deutschen«, antwortete ich.
»Also bist du ein Nemsi? Die Nemsi müssen tapfere Leute sein.«
»Warum?«
»Der tapferste Mann war der ›Sultan Al-Kebir‹, und doch haben ihn die Deutschen, Österreicher und die Russen besiegt. Warum siehst du mich so scharf an?«
Sie mußte also von Napoleon und vom Ausgang der Freiheitskriege gehört haben. Wahrscheinlich hatte sie ein ungewöhnliches Schicksal.
»Entschuldige, wenn mein Auge dich beleidigt hat«, antwortete ich. »Ich bin nicht gewohnt, in diesem Land eine Frau wie dich zu treffen.«
»Eine Frau, die Waffen trägt? Die Männer tötet? Die sogar ihren Stamm regiert? Hast du nicht von Ghalije gehört?«
»Ghalije?« fragte ich, mich besinnend. »War sie nicht die Begum, die Beherrscherin ihres Stammes?«
»Ich sehe, daß du sie kennst. Siehst du nun, daß auch ein Weib sein darf wie ein Mann?«
»Was sagt der Koran dazu?«
»Der Koran?« fragte sie geringschätzig. »Der Koran ist ein Buch; hier habe ich meinen Yatagan, mein Tüfek (Gewehr) und meinen Dscherid (Wurfspieß). Woran glaubst du? An das Buch oder an die Waffen?«
»An die Waffen. Du siehst also, daß ich kein Giaur bin, denn ich denke ganz wie du.«
»Glaubst du auch an deine Waffen?«
»Ja, aber noch mehr an das Kitab, das Buch der Christen.«
»Ich kenne es nicht, aber deine Waffen sehe ich.«
Das war ein Kompliment für mich, weil der Araber gewohnt ist, den Mann nach den Waffen zu beurteilen, die er trägt. Sie fuhr fort:
»Wer hat mehr Feinde getötet, du oder dein Freund?«

Kam es auf die Waffen an, so mußte Albani allerdings bedeutend tapferer sein als ich. Trotzdem war ich überzeugt, daß der Triestiner mit seinem Sarraß noch keinem Menschen gefährlich geworden war. Ich antwortete aber ausweichend:
»Ich habe mit ihm noch nicht darüber gesprochen.«
»Wie oft hast du ein Thar, eine Blutrache, gehabt?«
»Noch nie. Mein Glaube verbietet mir, selbst meinen Feind zu töten. Er wird durch das Gesetz bestraft.«
»Aber wenn jetzt Abu Seïf käme und dich umbringen wollte?«
»Dann würde ich mich wehren und ihn im Notfall töten, denn Notwehr ist erlaubt. Doch du sprichst vom ›Vater des Säbels‹. Kennst du ihn?«
»Ich kenne ihn. Auch du nennst seinen Namen. Hast du von ihm gehört?«
»Ich habe nicht nur von Abu Seïf gehört, sondern ihn gesehen.«
Die Araberin drehte sich mit einer raschen Bewegung zu mir herum. »Gesehen? Wann?«
»Vor ein paar Stunden.«
»Und wo?«
»Zuletzt auf seinem Schiff. Ich war sein Gefangener und bin ihm gestern entflohen.«
»Wo ist sein Schiff?«
Ich deutete die Richtung an, in der ich es vermutete.
»Dort liegt es in einer Bucht versteckt.«
»Und er ist an Bord?«
»Nein. Er ist in Mekka, um dem Großscherif ein Geschenk zu bringen.«
»Der Großscherif ist nicht in Mekka, sondern in Taïf. Ich habe dir eine wichtige Nachricht zu verdanken. Komm!«
Sie trieb ihr Kamel zu größerer Eile an und lenkte nach einiger Zeit nach rechts hinüber, wo eine Reihe von Bodenerhebungen zu sehen war. Als wir näher kamen, bemerkte ich, daß dieser Höhenzug aus dem gleichen grauen Granit bestand, wie ich ihn später bei Mekka wiederfand. In einer Talmulde standen Zelte.
»Dort wohnen sie«, sagte die Frau und deutete hinüber.
»Wer?«
»Die Benil kufr, die Söhne der Ungläubigen vom Stamm der Ateïbeh.«
»Ich denke, die Ateïbeh wohnen in Al-Sallaleh, Taleh und im Wadi Al-Nobejat?«

*Die langgestreckten arabischen Zelte bieten Schutz
vor Hitze und Kälte.
Sie werden aus Ziegenhaar hergestellt*

»Das stimmt. Aber komm! Du sollst alles erfahren!«
Vor den Zelten lagerten etwa dreißig Kamele und einige Pferde. Eine Anzahl dürrer, struppiger Wüstenhunde erhob bei unserer Ankunft ein wütendes Geheul, so daß die Zeltbewohner herauskamen. Sie hatten ihre Waffen ergriffen und sahen sehr kriegerisch aus.
»Wartet hier!« befahl die Frau.
Sie ließ ihr Kamel niederknien, stieg ab und ging zu den Männern. Mein Gespräch mit ihr hatte übrigens weder Albani noch Halef gehört.
»Sihdi«, fragte Halef, »zu welchem Stamm gehören diese Leute?«
»Zum Stamm der Ateïbeh.«
»Ich habe von ihm gehört. Zu ihm zählen die tapfersten Männer

dieser Wüste. Keine Pilgerkarawane ist vor ihren Kugeln sicher. Sie sind die größten Feinde der Dscheheïne, zu denen Abu Seïf gehört. Was will das Weib von uns?«
»Ich weiß es noch nicht.«
»Dann werden wir es noch erfahren. Aber halte deine Waffen bereit, Sihdi! Ich traue ihnen nicht, es sind Ausgestoßene und Verfluchte.«
»Woran erkennst du das?«
»Weißt du nicht, daß alle Beduinen, die in der Gegend von Mekka wohnen, die Tropfen von den Wachslichtern, die Asche vom Räucherholz und den Staub von der Türschwelle der Kaaba sammeln und sich damit die Stirn einreiben? Diese Männer hier aber haben nichts an ihren Stirnen. Sie dürfen nicht nach Mekka und nicht zur Kaaba, sie sind verflucht.«
»Weshalb kann man sie ausgestoßen haben?«
»Das werden wir vielleicht von ihnen hören.«
Unterdessen hatte die Frau einige Worte mit den Männern gesprochen, worauf einer von ihnen sich uns näherte, ein ehrwürdiger Greis.
»Allah segne eure Ankunft! Steigt ab und tretet in unsere Zelte. Ihr sollt unsere Gäste sein.«
Diese Versicherung gab mir die Überzeugung, daß wir bei ihnen nichts zu fürchten hatten. Hat der Araber einmal das Wort Musafer = Gast ausgesprochen, darf man ihm Vertrauen schenken. Wir stiegen von unseren Tieren und wurden in eins der Zelte geführt, wo wir uns niederließen und mit einem schlichten Mahl bewirtet wurden.
Während wir aßen, wurde kein Wort gesprochen. Erst als wir den scharfen Tumbaktabak rauchten, der wohl aus Bagdad oder Basra stammte, begann die Unterhaltung.
An der Art der Tabakspfeifen, die man uns gab, war abzulesen, daß diese Leute keine Reichtümer besaßen. In der Gegend von Mekka raucht man nämlich aus dreierlei Pfeifensorten. Die erste und kostbarste Sorte ist die Chedra. Sie ruht meist auf einem Dreifuß, besteht aus gediegenem Silber und ist mit einem langen Schlauch versehen, der je nach dem Reichtum des Besitzers mit Edelsteinen oder anderem Schmuck geziert ist. Aus der Chedra raucht man fast immer nur den köstlichen Tabak von Schiras. Die zweite Art ist der Schischeh. Er ist der Chedra ähnlich, nur etwas kleiner und weniger kostbar. Die dritte und gewöhnlichste

Sorte ist der Bery. Er besteht aus einer mit Wasser gefüllten Kokosschale, in der man den Kopf und anstelle des Schlauches ein Rohr befestigt hat. Uns hatte man je einen Bery gegeben.
Es waren über zwanzig Männer im Zelt. Der Alte, der uns begrüßt hatte, führte das Wort:
»Ich bin der Scheikhul Ard, der Gebieter dieses Lagers, und habe mit dir zu reden, Sihdi. Die Sitte verbietet, den Gast mit Fragen zu quälen; aber ich werde dich trotzdem nach einigem fragen müssen. Erlaubst du es mir?«
»Ich erlaube es.«
»Du gehörst zu den Nassara?«
»Ja, ich bin Christ.«
»Was tust du hier im Land der Gläubigen?«
»Ich will dieses Land und seine Bewohner kennenlernen.«
Der Scheik machte ein mißtrauisches Gesicht.
»Und wenn du es kennengelernt hast, was tust du dann?«
»Ich kehre in meine Heimat zurück.«
»Allah akbar, Gott ist groß, und die Gedanken der Nassara sind unerforschlich! Du bist mein Gast, und ich werde glauben, was du sagst. Ist dieser Mann dein Diener?« Er deutete dabei auf Halef.
»Er ist mein Diener und mein Freund.«
»Mein Name ist Malek. Du hast mit Bint Scheik Malek (Tochter des Scheiks Malek) gesprochen. Sie sagte mir, daß dein Diener nach Mekka gehen will, um Hadschi zu werden.«
»Das ist richtig.«
»Du wirst auf ihn warten, bis er zurückkommt?«
»Ja.«
»Du bist ein Fremdling, aber du kennst die Sprache der Gläubigen. Weißt du, was ein Dalil ist?«
»Ein Dalil ist ein Führer, der den Pilgern die heiligen Orte und die Merkwürdigkeiten von Mekka zeigt.«
»Du weißt es. Aber ein Dalil betreibt auch noch ein anderes Geschäft. Es ist den ledigen Frauen verboten, die heilige Stadt zu betreten. Wenn nun eine Jungfrau nach Mekka will, so geht sie nach Dschidda und vermählt sich der Form nach mit einem Dalil. Er bringt sie als sein Weib nach Mekka, wo sie die Faraidh wa Wadschibat, die unerläßlichen und erforderlichen Handlungen, erfüllt. Wenn das geschehen ist, gibt er sie wieder frei. Sie bleibt eine Jungfrau, und er wird für seine Mühe bezahlt.«

»Auch das ist mir bekannt.«
»Erlaube deinem Diener, für die Zeit seiner Hadsch ein Dalil zu sein!«
Das war überraschend. »Wozu?« fragte ich den alten Scheik.
»Das werde ich dir sagen, wenn du die Erlaubnis gegeben hast.«
»Ich weiß nicht, ob er darf. Die Dalils sind Beamte, die wohl von einer Behörde eingesetzt werden.«
»Wer will ihm verbieten, eine Jungfrau zu heiraten und sie nach der Pilgerfahrt wieder freizugeben?«
»Das ist richtig. Ich gebe meine Erlaubnis gern, wenn du denkst, daß sie erforderlich ist. Denn Halef ist ein freier Mann, du mußt ihn selbst fragen, ob er will.«
Es war ein Genuß, das Gesicht meines guten Halef zu beobachten. Er war ganz verdutzt.
»Willst du es tun?« fragte der Alte.
»Darf ich das Mädchen vorher sehen?«
Der Scheik lächelte und antwortete dann:
»Warum willst du sie vorher sehen? Ob sie alt ist oder jung, ob schön oder häßlich, das ist ganz gleichgültig; denn du wirst sie ja nach der Hadsch doch wieder freigeben.«
»Sind die Banat Al-Arab wie die Töchter der Türken, die sich nicht entschleiern dürfen?«
»Die Töchter der Araber brauchen ihr Gesicht nicht zu verbergen. Du sollst das Mädchen sehen.«
Auf seinen Wink erhob sich einer der Ateïbeh und verließ das Zelt. Nach kurzer Zeit trat er mit einem Mädchen ein, dessen Ähnlichkeit mit der Amazone mich erraten ließ, daß es die Tochter dieser Frau sein mußte.
»Das ist sie, sieh sie dir an!« sagte der Scheik.
Halef machte von dieser Erlaubnis ausgiebigen Gebrauch. Die vielleicht fünfzehnjährige, aber bereits vollständig erwachsene, dunkeläugige Schönheit schien ihm zu gefallen.
»Wie heißt du?« fragte er sie.
»Hanneh«, antwortete sie.
»Dein Auge glänzt wie Nurul Kamar, das Licht des Mondes; deine Wangen leuchten wie Ashar (Blumen), deine Lippen glühen wie Rumman (Granatäpfel), und deine Wimpern sind schattig wie die Blätter der Akazie. Mein Name lautet Halef Omar Ben Hadschi Abul Abbas Ibn Hadschi Dawuhd al Gossarah, und wenn ich kann, werde ich deinen Wunsch erfüllen.«

Das Mädchen entfernte sich wieder. Der Scheik fragte Halef:
»Wie lautet dein Entschluß?«
»Frage meinen Sihdi. Wenn er nicht abrät, werde ich deinen Wunsch erfüllen.«
»Dein Herr hat schon gesagt, daß er dir die Erlaubnis gibt.«
»Dabei bleibt es auch«, stimmte ich bei. »Aber sage uns zuerst, warum dieses Mädchen nach Mekka soll und warum es sich nicht in Dschidda einen Dalil sucht!«
»Kennst du Achmed Izzet Pascha?« fragte der Scheik.
»Den Gouverneur von Mekka?«
»Ja, du mußt ihn kennen, denn jeder Fremdling, der Dschidda betritt, stellt sich ihm vor, um seinen Schutz zu erhalten.«
»Er wohnt also in Dschidda? Ich bin nicht bei ihm gewesen. Ich brauche den Schutz eines Türken nicht.«
»Du bist zwar ein Christ, aber du bist ein Mann. Der Schutz des Pascha ist nur für viel Geld zu erlangen. Ja, er wohnt nicht in Mekka, wohin er eigentlich gehört, sondern in Dschidda, weil dort der Hafen ist. Sein Gehalt beträgt über eine Million Piaster, aber er weiß sein Einkommen bis auf das Fünffache zu bringen. Ihm muß jeder zahlen, sogar der Schmuggler und der Seeräuber, und darum wohnt er in Dschidda. Man sagte mir, daß du Abu Seïf gesehen hast?«
»Allerdings!«
»Dieser Räuber ist ein guter Bekannter des Pascha.«
»Nicht möglich!«
»Warum nicht? Was ist vorteilhafter: einen Dieb zu töten oder ihn leben zu lassen, um eine Rente von ihm zu beziehen? Abu Seïf ist ein Dscheheïne, ich bin ein Ateïbeh. Diese beiden Stämme leben in Todfeindschaft; dennoch wagte er es, sich in unser Zeltdorf zu schleichen und mir meine Tochter zu rauben, die du in der Wüste getroffen hast. Er zwang sie, sein Weib zu werden, aber sie entkam ihm und brachte ihre Tochter Hanneh mit zurück. Seit jener Zeit suche ich Abu Seïf, um mit ihm abzurechnen. Einmal habe ich ihn gefunden; das war im Seray (Palast) des Statthalters. Der Beamte schützte den Räuber und ließ ihn entkommen, während ich vor dem Tor auf ihn lauerte.
Später einmal sandte mich der Scheik meines Stammes mit diesen Männern hier nach Mekka, um eine Opfergabe zur Kaaba zu bringen. Wir lagerten nicht weit von der Pforte Ar-Ramah. Da sah ich Abu Seïf mit einigen seiner Leute kommen; er wollte

das Heiligtum besuchen. Der Zorn übermannte mich. Ich ergriff ihn, obwohl bei der Kaaba jeder Streit verboten ist, aber ich wollte ihn nicht töten, sondern ihn nur zwingen, draußen vor der Stadt mit mir zu kämpfen. Er wehrte sich, und seine Männer halfen ihm. Es entspann sich ein Kampf, der damit endete, daß die Wächter uns gefangennahmen, ihm und seinen Leuten aber die Freiheit ließen.
Zur Strafe wurden uns die heiligen Orte verboten. Unser ganzer Stamm wurde verflucht und mußte uns ausstoßen, um den Fluch wieder von sich abzuwenden. Nun sind wir geächtet. Aber wir werden uns rächen und dann diese Gegend verlassen. Du bist Gefangener von Abu Seïf gewesen?«
»Ja.«
»Erzähle!«
Ich gab ihm einen kurzen Bericht über das Abenteuer.
»Weißt du die Stelle genau, wo sein Schiff verborgen liegt?«
»Ich würde sie selbst bei Nacht wiederfinden.«
»Willst du uns hinführen?«
»Ihr werdet die Dscheheïne töten?«
»Ja«.
»Dann verbietet mir mein Glaube, euer Führer zu sein.«
»Du darfst dich nicht rächen?«
»Nein, unsere Religion gebietet uns, selbst unsere Feinde zu lieben. Nur das Gericht hat das Recht, den Verbrecher zu bestrafen. Ihr seid keine Richter.«
»Deine Religion ist gut. Wir sind aber keine Christen und werden den Feind bestrafen, weil er beim Richter höchstens Schutz finden würde. Ich werde das Schiff auch ohne deine Hilfe entdecken. Nur versprich mir, daß du die Dscheheïne nicht warnen wirst.«
»Ich werde sie nicht warnen, denn ich habe keine Lust, noch einmal ihr Gefangener zu sein.«
»Also sind wir einig. Wann wird Halef nach Mekka gehen?«
»Morgen, wenn du es mir erlaubst, Sihdi«, sagte der Diener.
»Du kannst morgen gehen.«
»Dann laß ihn gleich bei uns«, bat der Scheik. »Wir werden ihn so weit nach Mekka begleiten, wie wir uns der heiligen Stadt nähern dürfen, und ihn dir dann zurückbringen.«
Da kam mir ein Gedanke, den ich sofort aussprach:
»Darf ich mit euch reiten und bei euch auf ihn warten?«

Ich sah sofort, daß dieser Wunsch allgemeine Freude auslöste.
»Effendi, ich merke, daß du die Ausgestoßenen nicht verachtest«, antwortete der Scheik. »Du sollst uns willkommen sein! Am besten bleibst du gleich hier und hilfst uns am Abend das Sawadsch, die Hochzeit, schließen.«
»Das geht nicht. Ich muß vorher nach Dschidda zurück, um meine Geschäfte abzuschließen. Mein Wirt muß wissen, wo ich bin.«
»Dann werde ich dich bis vor die Tore der Stadt begleiten. Auch Dschidda darf ich nicht betreten, es ist ebenfalls eine heilige Stadt. Wann willst du reiten?«
»Gleich, wenn es dir beliebt. Ich brauche nur wenig Zeit, um wieder zu dir zurückzukehren. Soll ich dir einen Kadi oder Mullah mitbringen für den Abschluß der Heirat?«
»Wir brauchen weder einen Kadi noch einen Mullah. Ich bin der Scheik meines Lagers, und was vor mir geschieht, hat Kraft und Gültigkeit. Aber ein Pergament oder ein Papier kannst du mir bringen, worauf wir den Vertrag niederschreiben. Petschaft und Wachs habe ich.«
Nach kurzer Zeit standen die Kamele bereit. Wir stiegen auf. Die kleine Truppe bestand außer uns dreien aus dem Scheik, seiner Tochter und fünf Ateïbeh. Ich folgte dem Alten, obwohl ich bemerkte, daß er nicht den geraden Weg einschlug, sondern sich mehr rechts dem Meer zu hielt. Albani hatte jetzt nicht mehr soviel Mühe wie vorher, sich auf seinem Kamel zu halten. Die langen Beine der Tiere warfen den Weg förmlich hinter sich.
Da hielt der Scheik plötzlich an und deutete mit der Hand zum Meer hinüber.
»Weißt du, was da drüben liegt, Effendi?«
»Was?«
»Die Bucht, in der das Schiff des Räubers liegt. Habe ich es erraten?«
»Du kannst denken, was du willst, aber du sollst mich nicht fragen.«
Der Scheik hatte richtig geraten und schwieg. Wir ritten weiter. Nach einiger Zeit zeigten sich zwei kleine Punkte am Horizont, gerade in der Richtung auf Dschidda zu. Wie es schien, kamen sie uns nicht entgegen, sondern verfolgten eine Richtung, die sie zu der erwähnten Bucht bringen mußte. Es waren Fußgänger, wie ich durch das Fernrohr erkannte. Das mußte hier in der Wüste auffallen. Der Gedanke lag nahe, daß sie zu den Leuten von

Abu Seïf gehörten. Vermutlich hatten meine Wächter dem Kapitän unsere Flucht gemeldet. Dann konnten diese beiden Männer die zurückkehrenden Boten sein.
Auch Malek hatte sie gesehen und beobachtete sie scharf. Dann wandte er sich zu seinen Leuten und flüsterte ihnen einen Befehl zu. Sofort kehrten drei von ihnen in die Richtung um, aus der wir gekommen waren. Ich durchschaute die Absicht des Scheiks. Malek wollte die Männer in seine Gewalt bekommen. Dazu mußte er ihnen den Weg zur Bucht abschneiden, und zwar so, daß sie es nicht merkten. Deshalb ließ er seine drei Männer einen Bogen schlagen. Während wir anderen unseren Weg fortsetzten, fragte er:
»Effendi, willst du auf uns warten, oder reitest du in die Stadt, wo du uns später am Tor finden wirst?«
»Du willst diese Männer sprechen, und ich werde bei dir bleiben, bis du mit ihnen geredet hast.«
»Es sind vielleicht Dscheheïne!«
»Das denke ich auch. Deine drei Männer schneiden sie vom Schiff ab. Reite du von hier aus schräg hinüber. Ich werde mit Halef unsere bisherige Richtung fortsetzen, damit es ihnen nicht einfällt, nach Dschidda zu fliehen.«
»Dein Rat ist gut. Los!«
Er bog ab, und ich gab Albani einen Wink, sich ihm anzuschließen. So hatte er es leichter, weil ich mit Halef den schärfsten Galopp einschlagen mußte. Wir flogen wie im Sturm dahin und lenkten, als wir auf gleicher Höhe mit den Verfolgten waren, hinter ihrem Rücken ein.
Sie merkten erst jetzt unsere Absicht und zögerten. Hinter sich hatten sie mich und Halef, seitwärts von ihnen kam Malek auf sie zu, und nur der Weg vor ihnen schien noch frei zu sein. Sie setzten ihn mit verdoppelter Eile fort, waren aber noch nicht weit gekommen, als die drei Ateïbeh vor ihnen auftauchten. Obwohl es ihnen aus dieser Entfernung nicht möglich gewesen war, einen von uns zu erkennen, mußten sie uns doch für Feinde halten. Nun versuchten sie, uns in schnellstem Lauf zu entkommen. Sie waren bewaffnet. Wenn sie sich teilten, mußten wir das auch tun. Dann war es einem sicher zielenden, kaltblütigen Fußgänger nicht unmöglich, es mit zwei oder drei Kamelreitern aufzunehmen. Sie kamen aber nicht auf diesen Gedanken, oder es fehlte ihnen der Mut, ihn auszuführen. Also blieben sie beisammen

und wurden von uns gleichzeitig von allen Seiten umringt. Ich erkannte sie sofort. Es waren wirklich zwei Leute der Schiffsbesatzung.

»Woher kommt ihr?« fragte der Scheik.

»Aus Dschidda«, antwortete der eine.

»Wohin wollt ihr?«

»In die Wüste, um Trüffeln zu suchen.«

»Trüffeln suchen? Ihr habt weder Tiere noch Körbe bei euch!«

»Wir wollen zuerst sehen, ob diese Pilze hier wachsen. Dann holen wir die Körbe.«

»Von welchem Stamm seid ihr?«

»Wir wohnen in der Stadt.«

Das war nun allerdings frech gelogen, denn die Männer mußten ja wissen, daß ich sie kannte. Auch Halef ärgerte sich über ihre Frechheit. Er lockerte seine Peitsche und meinte:

»Glaubt ihr etwa, daß dieser Effendi und ich blind geworden sind? Ihr seid Schurken und Lügner! Ihr seid Dscheheïne und gehört zu Abu Seïf. Wenn ihr es nicht gesteht, wird euch meine Peitsche sprechen lehren!«

»Was geht es euch an, wer wir sind?«

Ich sprang vom Kamel, ohne es niederknien zu lassen, und nahm Halef die Peitsche aus der Hand.

»Laßt euch nicht auslachen, Männer! Hört, was ich euch sage! Was diese Krieger vom Stamm der Ateïbeh von euch wollen, geht mich nichts an. Mir aber sollt ihr Antwort geben auf ein paar Fragen. Tut ihr es, so habt ihr von mir nichts weiter zu befürchten. Tut ihr es aber nicht, dann werde ich euch mit dieser Peitsche so zeichnen, daß ihr euch nie wieder vor einem freien, tapferen Araber sehen lassen könnt!«

Mit Schlägen zu drohen ist eine der größten Beleidigungen für einen Beduinen. Die beiden griffen sofort zu ihren Messern.

»Wir werden dich töten, bevor du uns zu schlagen versuchst!« drohte der eine.

»Ihr habt wohl noch nie gespürt, wie mächtig die Peische aus der Haut des Nilpferdes in der Hand eines Franken ist! Sie schneidet so scharf wie ein Yatagan, sie fällt schwerer nieder als eine Keule, und sie ist schneller als eine Kugel aus euren Tabandschat (Pistolen). Seht ihr denn nicht, daß die Waffen aller dieser Männer auf euch gerichtet sind? Laßt also eure Messer im Gürtel und antwortet! Ihr seid zu Abu Seïf geschickt worden?«

»Ja«, klang es zögernd, da sie bemerkten, daß kein Entrinnen möglich war.
»Um ihm zu sagen, daß ich euch entkommen bin?«
»Ja.«
»Wo habt ihr ihn getroffen?«
»In Mekka.«
»Wie seid ihr so schnell nach Mekka und wieder zurück gekommen?«
»Wir haben uns in Dschidda Kamele gemietet.«
»Wie lange bleibt Abu Seïf in der heiligen Stadt?«
»Nur kurze Zeit. Er will nach Taïf, wo sich der Scherif Emir befindet.«
»Dann bin ich schon mit euch fertig.«
»Sihdi, du willst diese Räuber entkommen lassen?« rief Halef. »Ich werde sie erschießen, damit sie keinem mehr schaden können.«
»Ich habe ihnen mein Wort gegeben, und das wirst du achten. Komm!«
Ich stieg wieder auf und ritt davon. Halef folgte mir, Albani blieb zurück. Er hatte seinen langen Sarraß gezogen und blieb gelassen auf seinem Kamel sitzen, als die Ateïbeh absprangen, um die Dscheheïne zu überwältigen. Die Gefangenen wurden an die Kamele gebunden. Zwei Ateïbeh ritten zurück, um die Gefangenen in das Lager zu schaffen. Die anderen folgten uns.
»Du hast sie begnadigt, Sihdi, aber sie werden trotzdem sterben«, meinte Halef.
»Ihr Schicksal ist nicht meine und auch nicht deine Sache! Denke daran, was dir heute noch bevorsteht. Ein Bräutigam muß ein friedlicher Mensch sein.«
»Sihdi, würdest du auch den Dalil bei dieser Hanneh machen?«
»Ja, wenn ich ein Moslem wäre.«
»Sihdi, du bist ein Christ, ein Franke, mit dem man über diese Dinge reden kann. Weißt du, was Liebe ist?«
»Ja. Die Liebe ist ein Abführmittel. Wer davon ißt, bekommt Bauchschmerzen.«
»O Sihdi, wer wird die Liebe mit einem Abführmittel vergleichen! Allah möge deinen Verstand erleuchten und dein Herz erwärmen! Ein gutes Weib ist wie eine Pfeife von Jasmin und wie ein Beutel, dem es nie an Tabak fehlt. Und die Liebe zu einer Jungfrau, die ist ... die ist ... wie ... der Turban auf einem kahlen Kopf und wie die Sonne am Himmel der Wüste.«

»Ja. Und wen ihre Strahlen treffen, der bekommt den Sonnenstich. Ich glaube, du hast ihn schon, Halef. Allah helfe dir!«
»Sihdi, ich weiß, daß du niemals ein Bräutigam sein willst. Ich bin aber einer, und deshalb ist mein Herz geöffnet wie eine Nase, die den Duft der Blumen trinkt.«
Unser kurzes Gespräch war zu Ende, denn die anderen hatten uns mittlerweile eingeholt. Über den Zwischenfall wurde kein Wort verloren. Als die Stadt in Sicht kam, ließ der Scheik seine Tiere halten. »Hier werde ich warten, Sihdi«, sagte er. »Wie lange wird es dauern, bis du wiederkommst?«
»Ich werde zurück sein, bevor die Sonne einen Weg zurückgelegt hat, der so lang ist wie deine Lanze.«
»Und das Papier oder Pergament wirst du nicht vergessen?«
»Nein. Ich werde auch Tinte und Feder mitbringen.«
»Allah schütze dich, bis wir dich wiedersehen!« sagte der Scheik. Die Ateïbeh hockten sich neben ihre Kamele auf den Boden, und wir drei ritten in die Stadt.
»Nun, war das kein Abenteuer?« fragte ich Albani.
»Allerdings. Und was für eins! Es hätte ja beinahe Mord und Totschlag gegeben. Ich hielt mich wirklich zum Kampf bereit.«
»Ja, Sie hatten ganz das Aussehen eines rasenden Roland, mit dem nicht gut Kirschen essen ist. Wie ist Ihnen der Ritt bekommen?«
»Hm! Anfangs haben Sie mich heftig in Trab gebracht, aber dann ging es ganz leidlich. – Sie wollen wirklich mit diesen Arabern reiten? Dann werden wir uns wohl nicht wiedersehen.«
»Wahrscheinlich nicht, da Sie ja die nächste Gelegenheit zur Abreise benutzen wollen. Doch ich habe so viele Beispiele eines ganz unerwarteten Zusammentreffens erlebt, daß ich ein Wiedersehen zwischen uns nicht für unmöglich halte.«
Diese Worte sollten sich später wirklich erfüllen. Für jetzt aber nahmen wir, nachdem wir dem Kamelverleiher seine Tiere zurückgebracht hatten, so herzlich Abschied, wie es sich für Landsleute gehört, die sich in der weiten Ferne getroffen haben. Dann ging ich mit Halef zu meiner Wohnung, um meine Habseligkeiten zusammenzupacken und mich von unserem Wirt zu verabschieden. Ich hatte nicht geglaubt, daß ich die Wohnung so bald aufgeben würde. Auf zwei gemieteten Eseln ritten wir zur Stadt hinaus. Dort bestiegen wir zwei Kamele, die die Ateïbeh für uns bereithielten, und ritten zum Lager der Araber zurück.

12 Vor den Toren von Mekka

Während des Ritts ging es sehr einsilbig zu. Am schweigsamsten war die Tochter des Scheiks. Sie sprach kein Wort: aber in ihren Augen glühte ein böses Feuer. Wenn sie nach links hinüberblickte, wo sie hinter dem niedrigen Horizont das Schiff Abu Seïfs vermutete, faßte sie jedesmal an den Griff ihres Khandschar oder den Kolben der langen Flinte, die quer über ihrem Sattel lag.

Als wir in der Nähe des Lagers ankamen, ritt Halef zu mir heran.

»Sihdi«, fragte er, »wie sind die Gebräuche deines Landes? Pflegt dort einer, der sich ein Weib nimmt, die Braut zu beschenken?«

»Das tut wohl jeder bei uns und auch bei euch.«

»Ja, auch im ganzen Schark (Osten) ist das Sitte. Aber da Hanneh nur zum Schein für einige Tage meine Frau werden soll, weiß ich nicht, ob ein Geschenk nötig ist.«

»Ein Geschenk ist eine Höflichkeit, die immer angenehme Gefühle erregt. Ich würde an deiner Stelle höflich sein.«

»Aber was soll ich ihr geben? Ich bin arm und auch gar nicht auf eine Hochzeit vorbereitet. Meinst du, daß ich ihr vielleicht mein Feuerzeug verehre?«

Halef hatte sich in Kairo ein kleines Döschen aus Pappe gekauft und verwahrte darin Zündhölzer. Das Ding war für ihn selbst wertvoll. Er hatte dem Händler das Zwanzigfache für die Dose gezahlt, die kaum dreißig Pfennig wert war. Die Liebe brachte ihn zu dem heroischen Entschluß, auf sein kostbares Besitztum zu verzichten.

»Gib es ihr«, antwortete ich ernsthaft.

»Gut, sie soll es haben! Aber wird sie es mir auch wiedergeben, wenn sie nicht mehr meine Frau ist?«

»Sie wird es behalten.«

»Allah karim, Gott ist gnädig; er wird es nicht zulassen, daß ich mein Eigentum verliere! Was soll ich tun, Sihdi?«

»Wenn dir das Feuerzeug so lieb ist, gib ihr etwas anderes!«

»Was denn? Ich habe weiter nichts. Ich kann ihr doch weder meinen Turban noch meine Flinte noch die Nilpferdpeitsche geben!«

»Dann gib ihr überhaupt nichts!«

Besorgt schüttelte er den Kopf.
»Das geht nicht, Sihdi. Sie ist meine Braut und muß irgend etwas bekommen. Was sollen die Ateïbeh von dir denken, wenn dein Diener ein Weib nimmt, ohne es zu beschenken?«
Der Schlaukopf war auf den Gedanken gekommen, an meinen Ehrgeiz und natürlich auch an meinen Geldbeutel zu appellieren.
»Preis sei Allah, der dein Gehirn erleuchtet, Halef!« sagte ich lachend. »Mir geht es aber ebenso wie dir. Ich kann deiner Braut weder meinen Mantel noch meine Jacke noch meine Büchse schenken!«
»Allah ist gerecht und barmherzig, Effendi. Er bezahlt für jede Gabe tausendfältige Zinsen. Trägt dein Kamel nicht auch ein Ledersäckchen, in dem du Dinge versteckt hast, die eine Braut in Entzücken versetzen würden?«
»Und wenn ich dir etwas davon geben wollte, würde ich es wiederbekommen, wenn Hanneh nicht mehr dein Weib ist?«
»Du mußt es zurückverlangen!«
»Das ist nicht Sitte bei uns. Aber weil du mir tausendfältige Zinsen in Aussicht stellst, werde ich nachher das Säckchen öffnen und sehen, ob ich etwas für dich finde.«
Da richtete er sich erfreut im Sattel auf.
»Sihdi, du bist der weiseste und beste Effendi, den Allah erschaffen hat. Deine Güte ist breiter als die Sahara und deine Wohltätigkeit länger als der Nil. Dein Vater war der berühmteste und der Vater deines Vaters der erhabenste Mann unter allen Leuten im Königreich Nemsistan. Deine Mutter war die schönste der Rosen und die Mutter deiner Mutter die lieblichste Blume des Abendlandes. Deine Söhne mögen zahlreich sein wie die Sterne am Himmel, deine Töchter wie der Sand in der Wüste und die Kinder deiner Kinder zahllos wie die Tropfen des Meeres!«
Es war ein Glück, daß wir jetzt das Lager erreichten, sonst hätte seine Dankbarkeit sich noch überschlagen. Das Ledersäckchen enthielt tatsächlich verschiedenes, was sich vortrefflich zu einem Geschenk für ein Beduinenmädchen eignete. Der Kaufmann Isla Ben Maflei nämlich hatte mich mit einer Sammlung von Dingen ausgerüstet, die auf meinen weiteren Wanderungen als Geschenke dienen sollten. Es waren lauter Gegenstände, die nicht viel Platz wegnahmen und auch keinen allzu großen Wert besaßen, bei den Bewohnern der Wüstenländer aber zu den begehrten Seltenheiten gehörten.

Während unserer Abwesenheit war ein Zelt geräumt und für mich hergerichtet worden. Nachdem ich es bezogen hatte, öffnete ich den Ledersack und nahm ein Medaillon heraus, unter dessen Glasdeckel sich ein kleines Teufelchen bewegte. Es hing an einer Kette von Glasperlen, die bei Licht in allen Regenbogenfarben funkelten. Der Schmuck hätte in Paris gewiß nicht mehr als zwei Franc gekostet. Ich zeigte ihn Halef.

Er warf einen Blick darauf und fuhr erschrocken zurück.

»Maschallah, Wunder Gottes! Das ist ja der Schaitan, den Gott verfluchen möge! Sihdi, wie bekamst du den Teufel in deine Gewalt?«

»Er kann dir nichts tun, er ist fest eingeschlossen.«

»Er kann nicht heraus, wirklich nicht?«

»Nein.«

»Kannst du mir das bei deinem Bart schwören?«

»Bei meinem Bart!«

»Dann zeig her, Sihdi! Aber wenn es ihm gelingt, herauszukommen, bin ich verloren, und meine Seele komme über dich und deine Väter!«

Er faßte die Kette vorsichtig mit den äußersten Fingerspitzen, legte das Medaillon auf den Erdboden und kniete nieder, um es zu betrachten.

»Wallahi – billahi – tallahi – bei Allah, es ist der Schaitan! Siehst du, wie er das Maul aufreißt und die Zunge herausstreckt? Er verdreht die Augen und wackelt mit den Hörnern. Er ringelt den Schwanz, droht mit den Krallen und stampft mit den Füßen! O weh, wenn er das Kästchen zertritt!«

»Das kann er nicht. Es ist ja nur eine Figur, weiter nichts!«

»Eine künstliche Figur, von Menschenhänden gemacht? Effendi, du täuschst mich, damit ich Mut bekomme. Wer kann den Teufel machen? Kein Mensch, kein Gläubiger, kein Christ und auch kein Jude! Du bist der größte Alim und der kühnste Held, den die Erde trägt, denn du hast den Schaitan bezwungen und in dieses enge Zindan (Gefängnis) gesperrt! Hamdulillah, nun ist die Erde sicher vor ihm und seinen Geistern, und alle Nachkommen des Propheten können jauchzen und sich freuen über die Qualen, die er hier auszustehen hat! Warum zeigst du mir diese Kette, Sihdi?«

»Du sollst sie deiner Braut zum Geschenk machen.«

»Ich –? Diese Kette, die kostbarer ist als alle Diamanten im

*Beduinenfrauen
gehen oft unverschleiert*

Thron des großen Mogul? Wer diese Kette besitzt, der wird berühmt unter allen Söhnen und Töchtern der Gläubigen. Willst du sie wirklich verschenken?«
»Ja.«
»So sei gütig, Sihdi, und erlaube, daß ich sie für mich behalte! Ich werde dem Mädchen doch lieber mein Feuerzeug geben.«
»Nein, du gibst ihr diese Kette. Ich befehle es dir!«
»Dann muß ich gehorchen. Aber wo hast du sie und die andern Sachen gehabt, ehe du sie gestern in das Säckchen tatest?«
»Von Kairo bis hierher ist eine gefährliche Gegend. Deshalb habe ich diese Kostbarkeiten in den Beinen meiner türkischen Hosen, meiner Schalwars, bei mir getragen.«
»Sihdi, deine Klugheit und Vorsicht geht noch über die List des

Teufels, den du gezwungen hast, in deinen Schalwars zu wohnen. Wann soll ich Hanneh die Kette geben?«
»Wenn sie dein Weib geworden ist.«
»Sie wird die berühmteste sein unter allen Banat Al Arab. Alle Stämme werden erzählen und rühmen, daß sie den Schaitan gefangenhält. Darf ich auch die andern Schätze sehen?«
Es kam nicht dazu, denn der Scheik ließ Halef und mich zu sich bitten. Wir fanden in seinem Zelt alle Ateïbeh versammelt.
»Sihdi, hast du ein Pergament mitgebracht?« fragte Malek.
»Ich habe Papier, das so gut ist wie Pergament.«
»Willst du den Vertrag schreiben?«
»Wenn du es wünschst, ja.«
»Können wir beginnen?«
Halef, an den diese Frage gerichtet war, nickte. Einer der anwesenden Männer erhob sich und fragte ihn:
»Wie lautet dein voller, ganzer Name?«
»Ich heiße Halef Omar Ben Hadschi Abul Abbas Ibn Hadschi Dawuhd al Gossarah.«
»Aus welchem Land stammst du?«
»Ich stamme aus dem Gharb, dem Westen, wo die Sonne hinter der großen Wüste untergeht.«
»Zu welchem Stamm gehörst du?«
»Der Vater meines Vaters, die beide Allah segnen möge, bewohnte mit dem berühmten Stamm der Uëlad Selim und Uëlad Bu Seba den großen Dschebel Schur Schum.«
Der Frager, der offenbar ein Verwandter der Braut war, wandte sich nun an den Scheik.
»Wir alle kennen dich, o Tapferer, o Wackerer, Weiser und Gerechter. Du bist Hadschi Malek Iffandi Ibn Achmed Chalid el Eini Ben Abul Ali el Besami Abu Schehab Abdolatif el Hanifi, ein Scheik des tapferen Stammes der Beni Ateïbeh. Hier dieser Mann ist ein Held vom Stamme Uëlad Selim und Uëlad Bu Seba, der auf den Bergen wohnt, die bis zum Himmel reichen und Dschebel Schur Schum heißen. Er führt den Namen Halef Omar Ben Hadschi Abul Abbas Ibn Hadschi Dawuhd al Gossarah und ist der Freund eines großen Effendi aus Franghistan, den wir als Gast in unseren Zelten aufgenommen haben. Du hast eine Enkelin. Ihr Name ist Hanneh. Ihr Haar ist wie Seide, ihre Haut wie Öl, und ihre Tugenden sind rein und glänzend wie die Flocken des Schnees, die auf dem Gebirge wehen. Halef Omar

begehrt sie zum Weib. Sprich, o Scheik, was du dazu zu sagen hast!«

Der Angeredete mimte ein würdevolles Nachdenken und antwortete:

»Du hast gesprochen, mein Sohn. Setze dich nun und höre auch meine Rede. Dieser Halef Omar Ben Hadschi Abul Abbas Ibn Hadschi Dawuhd al Gossarah ist ein Held, dessen Ruhm schon vor Jahren bis zu uns gedrungen ist. Sein Arm ist unüberwindlich, sein Lauf gleicht dem der Gazelle, sein Auge hat den Blick des Adlers. Er wirft den Dscherid mehrere hundert Schritt weit, seine Kugel trifft sicher, und sein Khandschar hat das Blut vieler Feinde gesehen. Dazu hat er den Koran gelernt und ist im Rat einer der Klügsten und Erfahrensten. Deshalb hat ihn dieser gewaltige Bei der Franken seiner Freundschaft für wert gehalten. Warum sollte ich ihm meine Tochter verweigern, wenn er bereit ist, meine Bedingungen zu erfüllen?«

»Welche Bedingungen stellst du ihm?« fragte der vorige Sprecher.

»Das Mädchen ist die Tochter eines mächtigen Scheiks, daher kann er sie nicht zu einem niedrigen Preis haben. Ich fordere eine Stute, fünf Reitkamele, zehn Lastkamele und fünfzig Schafe.«

Bei diesen Worten machte Halef ein Gesicht, als habe er diese fünfzig Schafe, zehn Last- und fünf Reitkamele samt der Stute soeben mit Haut und Haar verschlungen. Woher sollte er diese Tiere nehmen? Glücklicherweise fuhr der Scheik fort:

»Dafür gebe ich dem Mädchen eine Morgengabe von einer Stute, fünf Reitkamelen, zehn Lastkamelen und fünfzig Schafen. Eure Weisheit wird einsehen, daß es bei so trefflichen Verhältnissen ganz unnötig ist, den Preis und die Morgengabe gegenseitig auszutauschen. Ich verlange, daß Halef Omar morgen früh beim Salatul Fagr, dem Gebet beim Sonnenaufgang, eine Wallfahrt nach Mekka antritt, bei der er sein Weib mitnehmen muß. Sie verrichten dort die heiligen Gebräuche und kehren dann sofort zu uns zurück. Er hat sein Weib als Jungfrau zu behandeln und sie nach seiner Rückkehr wieder abzuliefern. Für diesen Dienst erhält er ein Kamel und einen Sack voll Datteln. Hat er aber sein Weib nicht als eine Fremde betrachtet, so erhält er nichts und wird getötet.«

Der Redeführer drehte sich zu Halef um:

»Du hast es gehört. Wie lautet deine Antwort?«
Es war Halef anzusehen, daß ihm ein gewisser Punkt nicht recht paßte, nämlich das Verlangen, sein Weib wieder herzugeben. Er war jedoch so klug, sich in die gegenwärtigen Umstände zu schicken, und nahm die Bedingungen an.
»So mache die Schrift, Effendi«, bat der Scheik. »Einmal für mich und das zweitemal für Halef.«
Ich erfüllte diese Bitte und las dann das Geschriebene vor. Es erhielt die Zustimmung des Scheiks, der auf jedes Exemplar Wachs tropfen ließ und den Knauf seines Dolches als Petschaft gebrauchte, nachdem er und Halef unterzeichnet hatten.
Damit waren die Formalitäten erfüllt. Die Hochzeitsfeier konnte beginnen. Sie war sehr bescheiden, da es sich nur um eine Scheinheirat handelte. Es wurde ein Hammel geschlachtet und gebraten. Während er am Spieß über dem Feuer hing, veranstaltete man ein Scheingefecht, bei dem aber nicht geschossen wurde.
Als die Nacht hereinbrach, begann das Mahl. Nur die Männer aßen. Erst als wir satt waren, bekamen die Frauen die Überreste. Bei dieser Gelegenheit mußte auch Hanneh erscheinen. Das benutzte Halef, um sich von seinem Platz zu erheben und ihr das Geschenk zu überreichen. Der in der Kapsel eingesperrte Teufel war ein Wunder, das über alle ihre Begriffe ging. Alle meine Versuche, ihnen die Mechanik zu erklären, halfen nichts. Sie glaubten mir nicht, weil der Schaitan doch lebendig war. Ich wurde als der größte Held und Zauberer gefeiert, aber das Ende war, daß Hanneh das Geschenk nicht bekam. Der gefangene Schaitan war ein so großes Wunder, daß nur der Scheik selbst für würdig gehalten wurde, die unvergleichliche Kostbarkeit aufzubewahren. Er nahm die Kapsel allerdings erst an sich, nachdem ich ihm mit aller Feierlichkeit versichert hatte, daß es dem Teufel niemals gelingen werde, zu entkommen und Unheil anzurichten.
Mitternacht war nah, als ich mich ins Zelt zurückzog, um zu schlafen. Halef leistete mir Gesellschaft.
»Sihdi, muß ich alles halten und erfüllen, was du heute niedergeschrieben hast?« ließ er sich hören.
»Ja. Du hast es versprochen!«
Es verging eine Weile, dann klang es kleinlaut:
»Würdest du dein Weib auch wieder hergeben?«
»Nein.«

»Trotzdem sagst du, daß ich mein Versprechen halten muß!«
»Allerdings. Wenn ich mir ein Weib nehme, verspreche ich nicht, es wieder herzugeben.«
»O Sihdi, warum hast du mir nicht gesagt, daß ich es ebenso machen soll!«
»Bist du ein Knabe, daß du einen Vormund brauchst? Und wie kann ein Christ einem Moslem in Heiratsdingen Vorschriften machen? Ich glaube, du möchtest Hanneh behalten!«
»Du hast es erraten.«
»Das heißt also, du willst mich verlassen?«
»Dich, Sihdi? Oh –!«
Er räusperte sich verlegen, fand aber keine Antwort.
Ein unverständliches Brummen und später einige Seufzer waren alles, was ich zu hören bekam. Halef warf sich von einer Seite auf die andere. Es war klar, daß sein Wohlgefallen an dem Mädchen mit seiner Anhänglichkeit zu mir in lebhaften Widerspruch geraten war. Ich mußte ihn sich selbst überlassen und schlief bald ein.
Mein Schlaf war so fest, daß mich erst ein lautes Kamelgetrampel weckte. Ich stand auf und trat vor das Zelt. Im Osten erhellte sich bereits der Horizont, und über der Bucht war er hellrot gefärbt. Wahrscheinlich brannte es dort. Diese Vermutung wurde bestätigt durch das rege Leben im Lager. Die Männer waren fortgewesen und kehrten jetzt zurück, reich mit Beute beladen. Auch die Tochter des Scheiks hatte sich ihnen angeschlossen. Als sie vom Kamel stieg, bemerkte ich, daß ihr Gewand mit Blut bespritzt war. Malek bot mir den Morgengruß und meinte, auf die Feuerwolke zeigend: »Siehst du, daß wir das Schiff gefunden haben? Sie schliefen, als wir kamen, und sind nun zu ihren Hunden von Vätern versammelt.«
»Du hast sie getötet und das Schiff beraubt?«
»Beraubt? Was meinst du mit diesem Wort? Gehört nicht dem Sieger das Eigentum des Besiegten? Wer will uns streitig machen, was wir erbeutet haben?«
»Das Geld, das Abu Seïf geraubt hat, gehört dem Großscherif!«
»Dem Scherif Emir, der uns ausgestoßen hat? Selbst wenn ihm das Geld gehörte, würde er es nicht wiederbekommen. Es fällt mir gar nicht ein, es herauszugeben. Aber die Zeit des Morgengebetes naht. Mach dich bereit, uns zu folgen. Wir können nicht länger warten.«

»Wo wirst du dein Lager aufschlagen?«
»An einer Stelle, von wo ich die Straße zwischen Mekka und Dschidda beobachten kann. Abu Seïf darf mir nicht entgehen.«
»Hast du auch an die Gefahren gedacht, die dir drohen?«
»Meinst du, daß sich ein Ateïbeh vor Gefahren fürchtet?«
»Nein, aber selbst der mutigste Mann muß zugleich auch vorsichtig sein. Wenn dir Abu Seïf in die Hände fällt und du ihn tötest, mußt du diese Gegend sofort verlassen. Du wirst dann vielleicht das Kind deiner Tochter verlieren, das sich zu dieser Zeit mit Halef in Mekka aufhält.«
»Ich werde Halef sagen, wo er uns in diesem Fall zu suchen hat. Hanneh muß nach Mekka, bevor wir fortgehen. Sie ist die einzige von uns, die noch nicht in der heiligen Stadt war. Später ist es ihr vielleicht unmöglich, dahin zu kommen. Deshalb habe ich mich schon lange nach einem Dalil für sie umgesehen.«
»Hast du dich entschieden, wohin du gehen wirst?«
»Wir ziehen in die Wüste nach Maskat zu, und dann senden wir vielleicht einen Boten an den Euphrat zu den Beni Schammar oder zu den Beni Obeïde, um uns in ihren Stamm aufnehmen zu lassen.«

Der kurzen Dämmerung folgte der Tag. Die Sonne berührte den Horizont, und die Araber, die noch nach dem vergossenen Blut rochen, knieten nieder zum Gebet. Bald darauf waren die Zelte abgebrochen. Der Zug setzte sich in Bewegung. Als es ganz hell war, sah ich erst, welche große Beute sich die Ateïbeh vom Schiff geholt hatten. Sie waren durch diesen Überfall plötzlich zu wohlhabenden Leuten geworden. Aus diesem Grund waren sie ungewöhnlich munter.

Ich hielt mich etwas zurück und war verärgert, daß ich mich als unschuldige Ursache für den Untergang der Dscheheïne betrachten mußte. Ich konnte mir zwar keinen Vorwurf machen, aber mein Gewissen ließ mir doch keine Ruhe. Auch die Nähe Mekkas machte mir zu schaffen. Da lag sie, die heilige, die verbotene Stadt! Sollte ich sie meiden, oder sollte ich es wagen, sie zu besuchen? Es zuckte mir in allen Gliedern, und trotzdem mußte ich die Bedenken ebenfalls berücksichtigen. Was hatte ich davon, wenn der Besuch gelang? Ich konnte sagen, daß ich in Mekka gewesen war – weiter nichts. Wurde ich entdeckt, so war mein Tod sicher, und was für ein Tod! Aber hier konnte das Überlegen und Abwägen der Gründe zu nichts führen. Ich beschloß, mich nach den Verhältnissen zu richten. So hatte ich es oft gehalten und war immer gut dabei gefahren.

Um sowenig wie möglich Begegnungen zu haben, machte der Scheik einen Umweg. Er erlaubte keine Ruhepause, bis der Abend hereinbrach. Wir befanden uns in einer engen Schlucht, die von steilen Granitwänden eingefaßt war. Zwischen ihnen ritten wir eine Strecke weit, bis wir in eine Art Talkessel gelangten, aus dem es keinen zweiten Ausgang zu geben schien. Hier stiegen wir ab. Die Zelte wurden errichtet, die Frauen zündeten ein Feuer an. Heute gab es eine reichliche und mannigfaltige Mahlzeit, die aus Abu Seïfs Schiffsküche stammte. Dann kam der von allen ersehnte Augenblick der Beuteverteilung.

Da ich damit nichts zu schaffen hatte, verließ ich die anderen und machte die Runde um den Talkessel. An einer Stelle schien es mir, als ob man hier doch emporsteigen könne. Ich versuchte es. Die Sterne leuchteten hell; es gelang. Nach etwa einer Viertelstunde stand ich oben auf der Höhe des Berges und hatte einen freien Blick nach allen Seiten. Dort unten im Süden sah es aus wie eine Reihe kahler Berge, über die sich jener weißliche Schimmer erhob, den die Lichter größerer Städte emporzustrahlen pflegen. Dort lag Mekka.

Unter mir hörte ich die lauten Stimmen der Ateïbeh, die sich um ihren Anteil an der Beute stritten. Es dauerte lange, bis ich zu ihnen zurückkehrte. Der Scheik empfing mich mit den Worten:

»Effendi, warum bist du nicht bei uns geblieben? Du mußt von allem, was wir auf dem Schiff fanden, deinen Teil bekommen!«

»Ich? Du irrst. Ich bin nicht dabeigewesen und habe also auch nichts zu fordern.«

»Hätten wir die Dscheheïne gefunden, wenn du uns nicht begegnet wärst? Du bist unser Führer gewesen, ohne es zu wollen, darum sollst du erhalten, was dir zusteht.« – »Ich nehme nichts an!«

»Effendi, ich kenne deinen Glauben zuwenig und darf ihn nicht beschimpfen, weil du mein Gast bist. Aber es ist falsch, wenn er dir verbietet, Beute zu nehmen. Die Feinde sind tot, und ihr Fahrzeug ist zerstört. Sollen wir diese Sachen, die wir so gut brauchen können, verbrennen und zerstören?«

»Wir wollen uns nicht streiten. Aber behaltet, was ihr habt!«

»Wir behalten es nicht. Erlaube, daß wir es Halef, deinem Begleiter, geben, obgleich auch er schon seinen Teil bekommen hat.«

»Meinetwegen!«

Am Rande der Oase

Der kleine Halef Omar floß über vor Dank. Er hatte einige Waffen und Kleidungsstücke erhalten und außerdem einen Beutel mit Silbermünzen. Er ließ keine Ruhe, ich mußte ihm das Geld vorzählen, um Zeuge zu sein, daß er heute ein reicher Mann geworden war. Sein Anteil betrug ungefähr achthundert Piaster und reichte aus, einen armen Araber glücklich zu machen.
»Mit diesem Geld kannst du mehr als fünfzigmal die Kosten bestreiten, die du in Mekka haben wirst«, sagte der Scheik.
»Wann soll ich zur heiligen Stadt gehen?« fragte ihn Halef.
»Morgen vormittag.«
»Ich war noch niemals dort. Wie muß ich mich verhalten?«
»Das will ich dir sagen. Es ist die Pflicht jedes Pilgers, nach seiner Ankunft unverzüglich zur großen Moschee, der Beithullah, zu gehen. Du reitest also dorthin, läßt davor die Kamele halten

und trittst ein. Dort findest du ganz sicher einen Fremdenführer, der dich in allem unterrichten wird; nur mußt du ihn vorher und nicht später nach dem Preis fragen, weil du sonst betrogen wirst. Sobald du die Kaaba erblickst, verrichtest du zwei Gebetsverbeugungen, Rikaa genannt, und sprichst die dabei vorgeschriebenen Gebete, zum Dank dafür, daß du die heilige Stätte glücklich erreicht hast. Dann gehst du zum Mimbar, der Kanzel, und ziehst die Schuhe aus. Sie bleiben dort stehen und werden bewacht, denn es ist im Beithullah nicht wie in anderen Moscheen erlaubt, die Schuhe in der Hand zu behalten. Dann beginnt der Tawaf, der Gang um die Kaaba, der siebenmal wiederholt werden muß.«
»Auf welcher Seite?«
»Nach rechts, so daß die Kaaba stets auf deiner linken Seite bleibt. Die ersten drei Gänge werden mit schnellen Schritten getan.«
»Warum?«
»Zum Andenken an den Propheten. Es hatte sich einmal das Gerücht verbreitet, daß er sehr gefährlich erkrankt sei, und um dieses Gerücht zu widerlegen, lief er dreimal schnell um die Kaaba herum. Die folgenden Gänge geschehen langsam. Du kennst die Gebete, die dabei gesprochen werden müssen. Nach jedem Umgang wird der heilige Stein geküßt. Zuletzt, wenn der Tawaf beendet ist, drückst du die Brust an die Tür der Kaaba, breitest die Arme aus und bittest Allah laut um Vergebung aller deiner Sünden.«
»Dann bin ich fertig?«
»Nein. Du hast nun seitwärts zu Al-Madschem zu gehen und vor dem Mekam Ibrahim zwei Rikaa zu verrichten. Al-Madschem ist eine kleine, mit Marmor ausgelegte Vertiefung, aus der Abraham und Ismael den Kalk genommen haben sollen, als sie die Kaaba bauten. Der Stein, der Abraham bei diesem Bau als Fußgestell gedient haben soll, heißt Mekam Ibrahim. – Dann begibst du dich zum heiligen Brunnen Zam Zam und trinkst nach einem kurzen Gebet so viel Wasser daraus, wie dir beliebt. Ich werde dir einige Flaschen mitgeben, die du mir füllen und mitbringen mußt. Das heilige Wasser ist ein Mittel gegen alle Krankheiten des Leibes und der Seele.«
»Das ist die Zeremonie an der Kaaba. Was folgt dann?«
»Nun kommt der Gang von Szafa nach Merua. Auf dem Hügel Szafa stehen drei offene Bogen. Dort stellst du dich hin, wendest

das Gesicht zur Moschee, hebst die Hände zum Himmel und bittest Allah um Beistand auf dem heiligen Weg. Dann gehst du sechshundert Schritt weiter zum Altan von Merua. Unterwegs siehst du vier steinerne Pfeiler, an denen du springend vorüberlaufen mußt. Auf Merua verrichtest du wieder ein Gebet und legst den Weg dann noch sechsmal zurück.«
»Dann ist alles getan?«
»Nein, denn nun mußt du dir dein Haupt scheren lassen und Umrah besuchen, das so weit außerhalb der Stadt liegt, wie wir uns jetzt von Mekka befinden. Dann erst hast du die heiligen Handlungen erfüllt und kannst zurückkehren. Im Monat der großen Wallfahrt muß der Gläubige noch mehr tun und braucht lange Zeit dazu, weil viele Tausende von Pilgern zusammenkommen. Du aber brauchst nur zwei Tage und kannst am dritten wieder bei uns sein.«
Diesem Unterricht folgten noch verschiedene Fingerzeige, die aber für mich keinen Wert hatten, weil sie sich meist nur auf Hanneh bezogen. Ich legte mich zur Ruhe. Als Halef endlich erschien, horchte er, ob ich bereits eingeschlafen war. Er merkte, daß ich noch nicht schlief, und fragte: »Sihdi, wer wird dich bedienen?«
»Ich selbst. Willst du mir einen Gefallen tun, Halef?«
»Ja. Du weißt, daß ich für dich alles tue, was ich kann und darf.«
»Du sollst dem Scheik Wasser vom heiligen Brunnen Zam Zam mitbringen. Bring mir auch eine Flasche mit!«
»Sihdi, verlange alles von mir, nur das nicht; denn das kann ich unmöglich tun. Von diesem Brunnen dürfen nur die Gläubigen trinken. Wenn ich dir Wasser brächte, würde mich nichts vor der Hölle retten!«
Dieser Bescheid wurde mit so fester Überzeugung ausgesprochen, daß ich nicht weiter in Halef zu dringen versuchte. Nach einer Pause fragte er: »Willst du nicht selbst das heilige Wasser holen?«
»Das darf ich ja nicht!«
»Du darfst es, wenn du dich vorher zum rechten Glauben bekehrst.«
»Das werde ich nicht tun. Und jetzt wollen wir schlafen.«
Am nächsten Morgen ritt er als würdiger Ehemann mit seinem Weib von dannen. Er nahm die Weisung mit, zu sagen, er komme aus fernen Landen, und ja nicht zu verraten, daß seine Begleiterin, die sich verschleiert hatte, eine Ateïbeh sei. Mit ihm ritt eine Strecke weit ein Krieger, der die Straße zwischen Mekka und

Dschidda bewachen sollte. Auch am Eingang unserer Schlucht wurde ein Wachtposten aufgestellt.
Der erste Tag verging ohne besonderen Vorfall. Am zweiten Morgen bat ich den Scheik um die Erlaubnis zu einem kleinen Streifzug. Er gab mir ein Kamel und sagte, ich solle vorsichtig sein, damit unser Aufenthalt nicht entdeckt werde. Ich hatte gehofft, meinen Ritt allein machen zu können, aber die Tochter des Scheiks kam zu mir, als ich das Kamel besteigen wollte, und fragte: »Effendi, darf ich mit dir reiten?«
»Du darfst«, stimmte ich zu, weil mir in dieser Lage nichts anderes übrigblieb.
Als wir die Schlucht verlassen hatten, schlug ich unwillkürlich die Richtung nach Mekka ein. Ich hatte geglaubt, meine Begleiterin würde mich warnen, aber sie hielt sich an meiner Seite, ohne ein Wort zu verlieren. Als wir ungefähr den vierten Teil einer Wegstunde zurückgelegt hatten, schwenkte sie etwas nach rechts ab und bat mich: »Folge mir, Effendi!«
»Wohin?«
»Ich will sehen, ob unser Wächter an seinem Platz ist.«
Nach kaum fünf Minuten sahen wir ihn. Er saß auf einer Anhöhe und schaute unbeirrbar nach Süden.
»Er braucht uns nicht zu sehen«, sagte sie. »Komm, Effendi, ich werde dich führen, wohin du willst!«
Was meinte sie mit diesen Worten? Sie lenkte nach links hinüber und sah mich dabei lächelnd an. Dann ließ sie die Tiere weit ausgreifen und hielt endlich in einem engen Tal an, wo sie abstieg und sich auf den Boden niederließ.
»Setz dich zu mir und laß uns plaudern«, sagte sie. Die Frau wurde mir immer rätselhafter, aber ich kam ihrer Aufforderung nach.
»Hältst du deinen Glauben für den allein richtigen, Effendi?« begann sie die eigenartige Unterhaltung.
»Gewiß!« antwortete ich.
»Ich auch«, bemerkte sie ruhig.
»Du auch?« fragte ich verwundert. Es war das erstemal, daß ein moslemischer Mund mir gegenüber ein solches Bekenntnis aussprach.
»Ja, Effendi, ich weiß, daß nur deine Religion die richtige ist.«
»Woher weißt du das?«
»Ich habe nachgedacht. Der erste Ort, an dem es Menschen gab, war das Paradies. Dort lebten alle Geschöpfe beieinander, ohne

sich ein Leid zu tun. So hat es Allah gewollt. Deshalb ist auch die Religion die richtige, die das gleiche gebietet. Das ist die Religion der Christen.«
»Kennst du sie so genau?«
»Nein, aber ein alter Türke hat uns einst von ihr erzählt. Er sagte, daß ihr betet: ›Und vergib uns unsere Schuld, wie auch wir vergeben unseren Schuldigern.‹ – Ist das richtig?«
»Ja.«
»Und daß in euerm heiligen Buch steht: ›Gott ist die Liebe, und wer in der Liebe bleibt, der ist in Gott und Gott in ihm.‹ Sage mir, ob auch das richtig ist!«
»Auch das ist richtig.«
»Also habt ihr den richtigen Glauben. Darf ein Christ eine Jungfrau rauben?«
»Nein. Wenn er es täte, würde man ihn schwer bestrafen.«
»Siehst du, daß eure Religion besser ist als unsere? Bei euch hätte Abu Seïf mich nicht rauben und zwingen dürfen, sein Weib zu sein. – Kennst du die Geschichte dieses Landes?«
»Ja.«
»Dann weißt du auch, wie die Türken und Ägypter gegen uns gewütet haben, obwohl wir *eines* Glaubens sind. Sie haben unsere Mütter geschändet und unsere Väter zu Tausenden auf die Pfähle gespießt, geviertelt, verbrannt, ihnen Arme und Beine, Nasen und Ohren abgeschnitten, die Augen ausgestochen, ihre Kinder zerschmettert oder zerrissen. Ich hasse diesen Glauben, aber ich muß ihn behalten.«
»Warum mußt du ihn behalten? Es steht dir zu jeder Zeit frei...«
»Schweig!« unterbrach sie mich barsch. »Ich sage dir meine Gedanken, aber du sollst nicht mein Lehrer sein! Ich weiß selbst, was ich tue. Ich werde mich rächen an allen, die mich beleidigt haben.«
»Und doch meinst du, daß die Religion der Liebe die richtige sei?«
»Ja. Aber soll ich allein lieben und verzeihen? Sogar dafür, daß wir die heilige Stadt nicht betreten dürfen, werde ich mich rächen. Es ist dein heimlicher Wunsch, Mekka zu besuchen?«
»Wer sagt dir das?«
»Antworte mir!«
»Ich wünschte allerdings, die Stadt sehen zu können.«

»Das ist sehr gefährlich; aber ich will mich rächen und habe dich deshalb an diesen Ort geführt. – Würdest du die Gebräuche mitmachen, wenn du in Mekka wärst?«
»Es wäre mir lieb, dies vermeiden zu können.«
»Du willst deinen Glauben nicht beleidigen und tust recht daran. Geh nach Mekka! Ich werde hier auf dich warten!«
War das nicht sonderbar? Sie wollte sich am Islam dadurch rächen, daß sie seine heiligste Stätte durch den Fuß eines Ungläubigen entweihen ließ. Als Missionar hätte ich hier eine Aufgabe lösen können – freilich nur mit großem Aufwand an Zeit und Mühe. Als »Weltenbummler« war es mir unmöglich.
»Wo liegt Mekka?« fragte ich.
»Wenn du diesen Berg überschreitest, siehst du es im Tal liegen.«
»Warum soll ich gehen und nicht reiten?«
»Wenn du geritten kommst, wird man dich für einen Pilger halten und nicht unbeachtet lassen. Betrittst du aber die Stadt zu Fuß, wird jeder meinen, du wärst bereits dort gewesen und hättest nur einen Spaziergang gemacht.«
»Und du willst wirklich auf mich warten? Wie lange?«
»Eine Zeit, die ihr Franken vier Stunden nennt.«
»Das ist kurz.«
»Bedenke, daß du leicht entdeckt werden kannst, wenn du lange bleibst. Du darfst nur einmal durch die Straßen gehen und die Kaaba sehen. Das ist genug.«
Sie hatte recht. Es war doch gut gewesen, daß ich beschlossen hatte, mich vom Augenblick leiten zu lassen. Ich erhob mich. Sie deutete auf meine Waffen und schüttelte den Kopf.
»Du siehst ganz und gar wie ein Eingeborener aus, aber trägt ein Araber solche Waffen? Laß deine Flinte hier, nimm meine dafür.«
Da überflog mich im ersten Augenblick eine Art von Mißtrauen, aber ich hatte wirklich keinen Grund, daran festzuhalten. Daher vertauschte ich meine Büchse und stieg dann den Berg hinauf. Als ich den Gipfel erreicht hatte, sah ich Mekka in der Entfernung von einer halben Stunde zwischen kahlen, unbelebten Höhen im Tal vor mir liegen. Ich unterschied die Zitadelle Dschebel Schad und einige Moscheen. Beithullah, die Hauptmoschee, lag im südlichen Teil der Stadt. Dorthin lenkte ich zunächst meine Schritte. Es war mir wie einem Soldaten zumute, der zwar schon bei einigen kleinen Treffen mitgefochten hat, plötzlich aber den Donner einer großen Schlacht hört.

13 Abu Seïfs Ende

Ich gelangte glücklich in die Stadt. Da ich mir die Lage der Moschee gemerkt hatte, brauchte ich nicht zu fragen. Die Häuser, zwischen denen ich ging, waren aus Stein. Die Straße hatte man mit dem Sand der Wüste bestreut. Bereits nach kurzer Zeit stand ich vor dem großen Rechteck des Beithullah. Langsam ging ich um die Moschee herum. Die vier Seiten bestanden aus Säulenreihen, über denen sich sechs Minarehs erhoben. Ich zählte zweihundertvierzig Schritt Länge und zweihundertfünf Schritt Breite. Da ich mir das Äußere erst nachher betrachten wollte, trat ich durch eins der Tore ein. Darin saß ein Makkawi, wie die Bewohner der Stadt genannt werden, der mit kupfernen Flaschen handelte.
»As-salam Alaikum!« grüßte ich ihn würdevoll. »Was kostet eine solche Kuleh?«
»Zwei Piaster.«
»Allah segne deine Söhne und die Söhne deiner Söhne, denn deine Preise sind niedrig. Hier hast du zwei Piaster, und hier nehme ich mir eine Kuleh.«
Ich steckte die Flasche zu mir und ging zwischen den Säulen hindurch. Da ich mich in der Nähe der Kanzel befand, zog ich meine Schuhe aus. Nun besichtigte ich das Innere des heiligen Hauses. Ziemlich in der Mitte stand die Kaaba. Da sie mit der Kiswa aus schwarzer Seide verhängt war, bot sie einen fremdartigen Anblick. Zu ihr führen sieben gepflasterte Wege, zwischen denen ebenso viele Grasplätze liegen. Neben der Kaaba bemerkte ich den heiligen Brunnen Zam Zam, vor dem mehrere Beamte an Pilger Wasser verteilten.
Das ganze Heiligtum machte auf mich durchaus keinen heiligen Eindruck. Koffer- und Sänftenträger rannten mit ihren Lasten hin und her; öffentliche Schreiber saßen unter den Kolonnaden, sogar Obst- und Backwarenhändler waren zu sehen. Bei einem zufälligen Blick durch die Säulenreihen bemerkte ich ein Reitkamel, das eben draußen niederkniete, um seinen Herrn absteigen zu lassen. Es war ein Tier von wundervoller Schönheit. Sein Besitzer kehrte mir den Rücken zu und winkte einen Diener der Moschee herbei, der bei dem Hedschin bleiben sollte. Dies beob-

achtete ich nur so im Vorübergehen, als ich zum Brunnen schritt. Ich wollte mir meine Kuleh füllen lassen, mußte aber einige Zeit warten, bis ich an der Reihe war. Dann gab ich ein kleines Geschenk, verschloß das Gefäß und steckte es zu mir. Als ich mich umdrehte, stand ich keine zehn Schritt von Abu Seïf entfernt.
Ein gewaltiger Schreck fuhr mir in die Glieder, doch lähmte er mich glücklicherweise nicht. In solchen Augenblicken denkt und handelt der Mensch zehnmal so schnell wie gewöhnlich. Ohne auffällig zu fliehen, strebte ich mit meinen längsten Schritten den Säulen zu, vor denen das Kamel des Abu Seïf lag. Dieses Tier allein konnte mich retten. Es war eines jener fahlen Hedschan, wie man sie am Schammargebirge findet.
Meine Schuhe waren verloren. Ich hatte keine Zeit, sie zu holen, denn schon hörte ich hinter mir den Ruf:
»Ein Giaur, ein Giaur! Fangt ihn, ihr Hüter des Heiligtums!«
Die Wirkung dieses Rufs war einfach großartig. Ich hatte keine Zeit, mich umzusehen. Hinter mir hörte ich das Getöse eines Wasserfalls, das Geheul eines Orkans, das Stampfen und Trampeln einer nach Tausenden zählenden Büffelherde.
Jetzt war es aus mit meinen gleichmäßigen Schritten. Ich schnellte vollends über den Platz hinüber, sprang zwischen den Säulen hindurch, die drei Stufen empor und stand vor dem Kamel, dessen Beine nicht gefesselt waren. Ein Fausthieb warf den Diener zur Seite. Im nächsten Augenblick saß ich im Sattel, den Revolver in der Hand. Aber – würde das Tier gehorchen?
»E – o – ah! E – o – ah!«
Gott sei Dank! Bei dem bekannten Ruf erhob sich das Hedschin in zwei Rucken, und windschnell ging es davon. Schüsse krachten hinter mir. Nur vorwärts, vorwärts!
Hätte ich eines jener halsstarrigen Tiere erwischt, die man so oft findet, wäre ich bestimmt verloren gewesen.
In weniger als drei Minuten befand ich mich außerhalb der Stadt. Ich wagte mich erst umzusehen, als ich die halbe Höhe des Berges schon hinter mir hatte. Unten wimmelte es von Reitern, die mich verfolgten. Die Gläubigen waren sofort in die nächsten Karawansereien geeilt und hatten die dort lagernden Tiere bestiegen.
Wohin sollte ich mich wenden? Zur Tochter des Scheiks, die dadurch verraten wurde? Und doch mußte ich sie warnen! Ich feuerte mein Tier durch unaufhörliche Zurufe an. Seine Schnellig-

Die Kaaba ist das Herzstück der islamischen Welt

keit war unvergleichlich. Oben auf der Höhe blickte ich noch einmal zurück und bemerkte, daß ich mich in Sicherheit befand. Ein einziger Reiter war mir verhältnismäßig nahe gekommen. Es war Abu Seïf. Zufällig hatte gerade er ein besonders schnelles Pferd erwischt.
Ich flog drüben den Abhang hinab. Die Tochter Maleks erspähte mich. Daß ich auf einem Hedschin saß und in solcher Eile herbeigestürmt kam, ließ sie die Sachlage erraten. Sie schwang sich sofort auf ihr Kamel und nahm das zweite Tier, auf dem ich vorher gesessen hatte, beim Halfter.
»Wer hat dich entdeckt?« rief sie mich in Hörweite an.
»Abu Seïf.«
»Allah akbar! Verfolgt dich der Schurke?«
»Er ist mir ziemlich nah.«

»Und viele andere?«
»Sie kommen erst mit weitem Abstand.«
»Dann komm mir nicht näher und reite immer geradeaus über Berg und Tal.«
»Warum?«
»Du wirst es sehen.«
»Ich muß erst zu dir. Gib mir meine Waffen!«
Im Vorüberreiten wechselten wir die Gewehre. Dann versteckte sich die Wüstentochter hinter einem Felsvorsprung. Jetzt erriet ich ihre Absicht. Sie wollte Abu Seïf zwischen sich und mich bringen. Er erschien nach einigen Augenblicken oben auf der Höhe. Ich ließ mein Tier etwas langsamer gehen und bemerkte, daß er nun seine Anstrengungen verdoppelte. Während ich die nächste Berglehne hinaufritt, jagte er drüben herab und quer über

die Senke, ohne an den Spuren zu erkennen, daß ich nicht allein gewesen war.

Als ich den Gipfel erreichte, sah ich auf der Höhe hinter mir schon die nächsten Verfolger. Tief unten hatte sich meine Gefährtin nun auch in Bewegung gesetzt. Ihr Vorhaben war gelungen. Abu Seïf ritt zwischen uns. Da sie das zweite Kamel nicht mehr am Halfter führte, sondern frei nachlaufen ließ, mußte er sie für einen meiner Verfolger halten, wenn er sich umsah.

Für mich war nichts mehr zu befürchten. Da die andern Verfolger immer weiter zurückblieben, mußte ich nur noch darauf achten, daß Abu Seïf uns nicht entwischte. Ich versuchte deshalb aus dem hügeligen Gelände heraus und in die Ebene zu kommen und zügelte mein Hedschin immer mehr.

Es dauerte etwa eine Dreiviertelstunde, bis ich endlich die offene Wüste erreichte. Ich richtete es so ein, daß sich Abu Seïf immer außer Schußweite hinter mir befand. Jetzt erschien auch die Tochter des Scheiks am Fuß der Hügelkette. Zur gleichen Zeit sah ich auf dem Kamm der letzten Höhe noch einen Verfolger auftauchen, der ein ausgezeichnetes Kamel zu reiten schien, denn er kam uns immer näher. Sein Tier war dem Pferd Abu Seïfs weit überlegen.

Ich begann bereits Befürchtungen zu hegen, und zwar nicht meinetwegen, sondern wegen meiner Gefährtin. Da sah ich zu meinem Erstaunen, daß der schnelle Reiter seitwärts abbog, als wolle er uns in einem Bogen überholen. Ich blickte schärfer zurück. War das möglich? Dort der kleine Kerl auf dem fliegenden Hedschin sah genauso aus wie Halef. Wie kam er zu einem solchen Tier, und wie kam er unter unsere Verfolger? Ich hielt mein Kamel an, um ihn genau ins Auge zu fassen. Ja, es war Halef und kein anderer. Er wollte sich mir zu erkennen geben und schlug mit den Armen in der Luft herum, als wollte er Schwalben fangen.

Ich blieb ruhig sitzen und nahm die Büchse zur Hand. Der Verfolger war im Bereich meiner Stimme.

»Rrrrreee, du Vater des Säbels!« rief ich ihm zu. »Bleib fern, sonst sende ich dir eine Kugel!«

»Fernbleiben, du Hund?« schrie er. »Ich werde dich lebendig fangen und nach Mekka bringen, du Schänder des Heiligtums!«

Ich konnte nichts anderes tun: ich zielte und feuerte. Um ihn zu schonen, hatte ich auf die Brust seines Pferdes gehalten. Es über-

schlug sich und begrub ihn unter sich, wälzte sich einige Male über ihm und verendete. Ich wartete, daß Abu Seïf sich schleunigst hervorarbeiten werde, aber es geschah nicht. Entweder hatte er sich verletzt, oder er tat nur so, um mich in seine Nähe zu locken. Ich ritt vorsichtig auf ihn zu und kam zu gleicher Zeit mit der Ateïbeh bei ihm an. Er lag mit geschlossenen Augen im Sand und rührte sich nicht.
»Effendi, deine Kugel ist meiner zuvorgekommen!« klagte das Weib.
»Ich habe nur auf sein Pferd geschossen. Allerdings kann er das Genick oder etwas anderes gebrochen haben. Ich werde nachsehen.«
Ich stieg ab und untersuchte ihn. Wenn er sich nicht innerlich verletzt hatte, war er nur betäubt. Die Ateïbeh zog ihren Khandschar.
»Was willst du tun?« fragte ich schnell.
»Mir seinen Kopf nehmen.«
»Das tust du nicht, denn auch ich habe ein Recht auf Abu Seïf.«
»Mein Recht ist älter!«
»Aber mein Recht ist größer! Ich habe ihn zu Fall gebracht.«
»Das ist nach den Sitten dieses Landes richtig. Tötest du ihn?«
»Was tust du, wenn ich ihn nicht töte, sondern freigebe oder einfach hier liegen lasse?«
»Damit gibst du dein Recht auf, und ich mache meinen Anspruch geltend.«
»Ich gebe es nicht auf.«
»Dann nehmen wir Abu Seïf mit, und es wird sich entscheiden, was mit ihm geschieht.«
Jetzt kam auch Halef herbei.
»Maschallah! Sihdi, was hast du getan?«
»Erzähl mir lieber, wie du hierherkommst!«
»Ich bin dir nachgeritten!«
»Das sehe ich. Drücke dich etwas deutlicher aus!«
»Sihdi, du weißt, daß ich sehr viel Geld habe. Wozu soll ich es in meiner Tasche tragen? Ich wollte mir ein Hedschin dafür kaufen und ging zu einem Händler, der am südlichen Ende der Stadt wohnt. Hanneh war bei mir. Während ich mir seine Tiere besah, unter denen dieses hier das beste und so teuer war, daß es nur ein Pascha oder Emir bezahlen konnte, erhob sich draußen ein großer Lärm. Ich eilte mit dem Händler hinaus und hörte,

daß ein Giaur das Heiligtum geschändet habe und geflohen sei. Ich dachte sogleich an dich, Sihdi, und sah dich auch einen Augenblick später davonreiten. Alles drängte in den Hof, um Tiere zu deiner Verfolgung zu holen. Ich tat dasselbe und ergriff dieses Hedschin. Nachdem ich zuvor Hanneh befohlen hatte, ins Lager zu reiten und dem Scheik den Vorfall zu erzählen, warf ich dem Händler, der mir das Tier nicht borgen wollte, den Kaufpreis für das Kamel hin und ritt dir nach, um dich zu fangen. Die anderen blieben alle zurück. Nun habe ich dich und auch das Hedschin.«

»Du wirst es billig gekauft haben.«

»Darüber reden wir später, Sihdi. Die Verfolger sind noch immer hinter uns. Wir können nicht hierbleiben. Was tun wir mit diesem ›Vater des Säbels‹ und des Betrugs?«

»Wir binden ihn auf das ledige Kamel und nehmen ihn mit. Er wird wohl wieder zu sich kommen.«

»Und wohin fliehen wir?«

»Ich weiß den Ort«, antwortete die Ateïbeh. »Auch du kennst ihn, Halef. Mein Vater, der Scheik, hat es dir gesagt für den Fall, daß du uns nicht mehr im Lager angetroffen hättest.«

»Du meinst die Höhle Atafrah?«

»Ja. Hanneh hätte dich hingeführt. Kommt, helft mir den Gefangenen binden.«

Sechs Händen war es nicht schwer, Abu Seïf auf das Kamel zu heben, das mich vom Lager bis in die Nähe der Stadt getragen hatte. Was der Gefangene bei sich trug, nahm die Tochter Maleks an sich. Dann stiegen wir wieder auf und ritten nach Südosten.

Unterwegs machte mir Halef bittere Vorwürfe.

»Sihdi«, meinte er, »habe ich dir nicht gesagt, daß kein Ungläubiger die heilige Stadt besuchen darf? Du hättest beinahe das Leben verloren.«

»Warum schlugst du mir die Bitte ab, mir Wasser aus Mekka mitzubringen?«

»Weil ich sie nicht erfüllen durfte.«

»Nun habe ich mir das Wasser selbst geholt. Sieh her! Das ist das echte Wasser vom Zam Zam!«

»Allah karim, Sihdi! Es hat dich zu einem wahren Gläubigen und sogar zu einem Hadschi gemacht. Ein Giaur darf nicht in die Stadt. Aber wer vom Wasser des Zam Zam hat, der ist ein

Hadschi und folglich auch ein echter Moslem. Habe ich dir nicht immer gesagt, daß du dich noch bekehren würdest, ob du willst oder nicht?«

Das war eine ebenso drollige wie kühne Auffassung der Sachlage. Aber sie hatte immerhin den Erfolg, das moslemische Gewissen meines guten Halef zu beschwichtigen. Deshalb fiel es mir nicht ein, seine Anschauung zu widerlegen.

Die Landschaft um Mekka ist wasserarm. Wo sich ein Brunnen findet, ist er sicherlich der Mittelpunkt eines Dorfes oder wenigstens eines zeitweiligen Lagers. Diese Stellen mußten wir meiden. So kam es, daß wir trotz der Hitze des Tages keinen Halt machten, bis wir eine Gegend erreichten, die reich an zerklüfteten Felsen war. Wir folgten der Ateïbeh über Schutt und Geröll und zwischen mächtigen Steinblöcken hindurch, bis wir an einen Felsspalt gelangten, der unten ungefähr die Breite eines Kamels hatte.

»Das ist die Höhle«, sagte unsere Führerin. »Auch die Tiere können hinein, wenn wir ihnen die Sättel abnehmen.«

»Wir bleiben hier?« fragte ich.

»Ja, bis der Scheik da ist. Er wird sicher kommen, weil Hanneh ihn benachrichtigt hat. Wenn jemand von den Ateïbeh nicht zum Lager kommt, ist er hier in dieser Höhle zu suchen. Steigt ab und folgt mir!«

Abu Seïf war wieder zu sich gekommen, aber er hatte während des ganzen Rittes keinen Laut von sich gegeben und die Augen geschlossen gehalten. Er wurde zuerst in die Höhle gebracht. Wenn man dem Spalt folgte, wurde er immer breiter und bildete schließlich einen Raum, der groß genug für vierzig bis fünfzig Männer und Tiere war. Zum Glück gab es in der Höhle genug Wasser, das sich im Hintergrund angesammelt hatte.

Nachdem wir den Gefangenen und die Kamele in Sicherheit gebracht hatten, suchten wir draußen nach dem großbüscheligen Rattamgras, das die sehr willkommene Eigenschaft besitzt, im grünen Zustand ebenso gut zu brennen wie im getrockneten. Das war für die Nacht, denn am Tag konnte es uns nicht einfallen, ein Feuer anzuzünden, dessen Rauch unsern Zufluchtsort verraten hätte.

Übrigens brauchten wir keine große Sorge zu haben, verfolgt zu werden. Unser Weg hatte uns meist über so steinigen Boden geführt, daß unsere Spuren sicher nicht gefunden werden konnten.

Eine überraschende Entdeckung machte ich, als ich die Satteltasche von Abu Seïfs Kamel untersuchte. Sie enthielt Geld, und zwar eine nicht unbedeutende Summe.
Unsere Tiere waren müde und wir auch. Die Fesseln des Gefangenen waren fest. So konnten wir ruhig schlafen. Natürlich teilte ich mich mit Halef in die Wache. So vergingen die letzten Tagesstunden. Die Nacht brach herein. Beim Morgengrauen hatte ich die Wache. Von einem näher kommenden Geräusch aufmerksam gemacht, lugte ich zum Spalt hinaus und sah einen Mann, der sich vorsichtig herbeischlich. Ich erkannte in ihm einen der Ateïbeh und trat hinaus.
»Allah sei Dank, daß ich dich sehe, Effendi!« begrüßte er mich. »Der Scheik hat mich vorausgeschickt, um festzustellen, ob ihr hier zu finden seid. Nun brauche ich nicht zurückzukehren, denn das ist das abgemachte Zeichen, daß ich euch hier getroffen habe.«
»Wen vermutest du außer mir noch hier?«
»Deinen Diener Halef, die Tochter des Scheiks und vielleicht auch noch Abu Seïf als Gefangenen.«
»Wie kannst du diese alle hier erwarten?«
»Effendi, das ist nicht schwer zu erraten. Hanneh kam mit den beiden Kamelen allein ins Lager und erzählte, du seist in Mekka gewesen und geflohen. Die Tochter Maleks war mit dir geritten und hat dich sicher nicht verlassen, obgleich du eine große Sünde begangen hast. Halef kam dir nach, und hinter den Bergen fanden unsere Posten das erschossene Pferd des Dscheheïne, ihn selbst aber nicht. Ihr hattet Abu Seïf also bei euch.«
»Wann kommt der Scheik?«
»Vielleicht schon bevor eine Stunde vergangen ist.«
»Dann komm herein.«
Der Ateïbeh würdigte den Gefangenen keines Blickes und legte sich sofort zum Schlafen nieder. Kurze Zeit später langte die kleine Karawane vor der Höhle an. Man lud ab, und alles wurde hereingeschafft. Ich hatte erwartet, vom Scheik Vorwürfe zu hören. Aber seine erste Frage war:
»Hast du den Dscheheïne gefangen?«
»Ja.«
»Er ist hier?«
»Unverletzt und gesund.«
»Dann werden wir über ihn richten!«

Bis man alles geordnet hatte, war es Mittag geworden. Nun sollte das Gericht beginnen. Vorher hatte ich mit Halef eine sonderbare Unterredung.

»Sihdi, erlaube mir eine Frage«, bat er.

»Sprich!«

»Nicht wahr, du weißt noch alles, was du über mich und Hanneh niedergeschrieben hast?«

»Alles.«

»Wann muß ich Hanneh wieder hergeben?«

»Sobald du die Wallfahrt beendet hast.«

»Aber ich habe sie noch nicht beendet!«

»Was fehlt noch?«

»Nichts, denn ich bin in Mekka mit allem fertig, da es sehr schnell gegangen ist. Aber ich möchte mein Weib behalten, und da ist mir eingefallen, daß zu einer richtigen Hadsch auch ein Besuch in Medina gehört.«

»Das ist richtig. Was sagt Hanneh dazu?«

»Sihdi, sie liebt mich. Glaube es — sie hat es mir selbst gesagt!«

»Und du liebst sie wieder?«

»Sehr! Steht nicht geschrieben, daß Allah dem Adam eine Rippe genommen und daraus die Eva geschaffen hat? Unter der Rippe liegt das Herz, also wird das Herz des Mannes stets beim Weibe sein.«

»Aber was wird der Scheik dazu sagen?«

»Das ist es ja, was mir Sorge macht, Sihdi!«

»Andere Sorgen hast du nicht?«

»Nein.«

»Und ich? Was werde ich dazu sagen?«

»Du? Oh, du wirst mir deine Einwilligung geben, denn ich werde dich trotzdem nicht verlassen, solange du mich bei dir haben willst.«

»Dein Weib könnte aber doch nicht mit uns durch die Welt ziehen. Ist dir das klar?«

»Das soll sie auch nicht. Ich werde sie bei ihrem Stamm lassen, bis ich zurückkehren kann.«

»Halef, das ist ein Opfer, das ich nicht verlangen kann. Aber da ihr euch so liebhabt, mußt du natürlich alles tun, um sie behalten zu dürfen. Vielleicht läßt sich der Scheik umstimmen, daß du sie nicht wieder herzugeben brauchst.«

»Sihdi, ich gebe sie nicht wieder her, und wenn ich fliehen müßte.

Sie weiß, daß ich Hadschi Halef Omar Ben Hadschi Abul Abbas Ibn Hadschi Dawuhd al Gossarah bin, und sie würde mit mir bis an das Ende der Welt gehen!«

Mit dieser selbstbewußten Versicherung schritt Halef stolz davon. Unterdessen hatte sich ein Kreis gebildet, in dessen Mitte Abu Seïf getragen worden war. Ich wurde aufgefordert, an der Verhandlung teilzunehmen, und setzte mich neben Scheik Malek nieder.

»Effendi«, begann er, »ich habe gehört, daß du behauptest, Rechte an diesem Mann zu haben. Ich weiß, daß das die Wahrheit ist. Willst du ihn uns abtreten oder willst du mit uns über sein Schicksal abstimmen?«

»Ich werde mit abstimmen, ebenso Halef, denn auch er hat Rache an Abu Seïf zu nehmen.«

»Dann nehmt dem Gefangenen die Fesseln ab!«

Er wurde losgebunden, blieb aber bewegungslos, wie tot, liegen.

»Abu Seïf, erhebe dich vor diesen Männern, um dich zu verantworten!« rief der Scheik.

Er blieb liegen, ohne auch nur die Augenlider aufzuschlagen.

»Er hat die Sprache verloren, ihr seht es, ihr Männer. Warum sollen wir da mit ihm reden? Er weiß, was er getan hat, und wir wissen es auch. Was könnten uns da Worte und Fragen nützen? Ich sage, daß er sterben muß, um den Schakalen, Hyänen und Geiern zum Fraß zu dienen. Wer meiner Rede zustimmt, der soll sich äußern.«

Alle gaben ihre Zustimmung. Ich allein wollte mein Veto einlegen, wurde aber durch ein unvorhergesehenes Ereignis daran gehindert. Bei den letzten Worten des Scheiks erhob sich der Gefangene plötzlich, schnellte zwischen zwei Ateïbeh hindurch und sprang dem Ausgang zu. Ein lauter Schrei der Bestürzung erscholl, dann erhoben sich alle, um ihm nachzujagen.

Ich war der einzige, der zurückblieb. Abu Seïf hatte große Schuld auf sich geladen und nach den Gesetzen der Wüste mehr als den Tod verdient. Dennoch war es mir unmöglich gewesen, für diese Strafe zu stimmen. Vielleicht gelang es ihm, zu entkommen. Dann hätten wir allerdings keine Stunde länger in der Höhle bleiben dürfen.

Ich wartete längere Zeit allein. Als erster kam der alte Scheik zurück. Er war hinter den jungen Männern zurückgeblieben.

»Warum hast du dich nicht an der Verfolgung beteiligt, Effendi?« fragte er mich.

»Weil deine tapferen Männer ihn auch ohne meine Hilfe fangen werden. Ob sie ihn wieder bekommen?«

»Ich weiß es nicht. Abu Seïf ist ein berühmter Läufer. Als wir vor die Höhle kamen, war er schon verschwunden. Wenn wir ihn nicht fangen, müssen wir fliehen, weil er die Höhle kennt.«

Nach und nach kehrten mehrere Männer zurück. Sie hatten ihn nicht laufen sehen und auch seine Spur nicht gefunden. Später kam Halef. Zuletzt kehrte die Tochter des Scheiks zurück, deren Nasenflügel vor Wut zitterten. Ein kurzer Meinungstausch ergab, daß niemand den Vater des Säbels gesehen hatte. Die Bestürzung der Ateïbeh und der Umstand, daß ihm durch den engen Gang immer nur einer folgen konnte, hatte Abu Seïf einen Vorsprung gewährt. Der Boden draußen war außerdem gut geeignet, die Spur zu verwischen.

»Hört, ihr Männer«, sagte der Scheik, »er wird unser Versteck verraten. Wollen wir sofort aufbrechen oder noch einen Versuch machen, ihn auf unseren Tieren zu erwischen? Wenn wir diese Gegend im Kreis umreiten, ist es leicht möglich, daß wir ihn bemerken.«

»Wir fliehen nicht, sondern wir suchen ihn«, sagte seine Tochter. Die anderen stimmten zu.

»Dann nehmt eure Kamele und folgt mir. Wer den Entflohenen bringt, tot oder lebendig, soll eine große Belohnung bekommen.«

Da trat Halef vor. »Den Preis habe ich schon verdient«, sagte er, »draußen liegt der Vater des Säbels. Er ist tot.«

»Wo hast du ihn gefunden?« fragte der Scheik.

»Du mußt wissen, daß mein Sihdi ein Meister im Kampf und im Auffinden aller Arten von Spuren ist. Er hat mich gelehrt, die Spuren im Sand, im Gras, auf der Erde und auf dem Felsen zu finden. Er hat mir gezeigt, wie man bei der Verfolgung eines Flüchtigen nachdenken muß. Ich war der erste, der hinter Abu Seïf die Höhle verließ; aber ich sah ihn schon nicht mehr. Erst rannte ich nach links hinauf, dann nach rechts hinab. Da ich nichts von ihm bemerkte, dachte ich, er könnte vielleicht so klug gewesen sein, sich gleich nach seinem Austritt aus der Höhle zu verstecken. Ich sah mich hinter den Steinen um und fand ihn auch. Es gab einen kurzen Kampf, dann drang ihm mein Messer ins Herz. Seinen Körper werde ich euch zeigen.«

Ich blieb wieder in der Höhle, die anderen folgten Halef, um den toten Abu Seïf zu sehen.
Bald kehrten sie jubelnd zurück. »Was verlangst du als Belohnung?« fragte der Scheik den tapferen kleinen Halef.
»Herr, ich komme aus einem fernen Land, in das ich wohl nicht wieder zurückkehren werde. Hältst du mich für würdig, so nimm mich in deinen Stamm auf.«
»Ateïbeh willst du werden? Was sagt dein Herr dazu?«
»Er ist damit einverstanden. Nicht wahr, Sihdi?«
»Ja«, nahm ich das Wort. »Ich vereinige meinen Wunsch mit seinem.«
»Ich würde auf der Stelle zustimmen«, erklärte der Scheik. »Aber ich muß erst diese Leute befragen. Die Aufnahme eines Fremden ist eine wichtige Sache, die viel Zeit erfordert. Hast du Verwandte hier in der Nähe?«
»Nein.«
»Hast du eine Blutrache auf dich geladen?«
»Nein.«
»Bist du ein Sunnit oder ein Schiit?«
»Ein Anhänger der Sunna.«
»Du hast wirklich noch kein Weib und keine Kinder gehabt?«
»Nein.«
»Wenn es sich so verhält, können wir zur Beratung schreiten.«
»Dann beratet auch noch über eine andere Sache«, bat Halef.
»Worüber?«
»Sihdi, willst du nicht an meiner Stelle reden?«
Ich erhob mich vom Boden und nahm eine möglichst würdevolle Haltung ein. Dann begann ich meine Rede.
»Vernimm meine Worte, o Scheik, und Allah öffne dir das Herz, damit sie Eingang in die Gnade deines Willens finden. Ich bin Kara Ben Nemsi, ein Emir unter den Ulema und Kriegern in Franghistan. Ich kam nach Afrika und auch in dieses Land, um seine Bewohner zu sehen und viele Taten zu verrichten. Dazu brauchte ich einen Diener, der alle Mundarten des Westens und Ostens versteht, der klug und weise ist und sich vor keinem Löwen, vor keinem Panther und vor keinem Menschen fürchtet. Ich fand diesen Hadschi Halef Omar Ben Hadschi Abul Abbas Ibn Hadschi Dawuhd al Gossarah und bin mit ihm bis heute über alle Maßen zufrieden gewesen. Er ist stark wie ein Eber, treu wie ein Windspiel, klug wie ein Luchs und schnell wie eine

Antilope. Wir haben über den Abgründen des Schotts gekämpft, wir sind eingebrochen und haben uns doch gerettet. Wir haben die Tiere des Feldes und der Wüste bezwungen; wir haben dem bösen Samum getrotzt; ja wir sind sogar bis an die Grenze Nubiens vorgedrungen und haben eine Gefangene, die Blume aller Blumen, aus der Gewalt ihres Peinigers befreit. Wir sind in das Bilad el Arab gekommen, und was wir da erlebten, das habt ihr bereits erfahren und seid auch Zeugen davon gewesen. Halef ist mit Hanneh, deiner Enkelin, nach Mekka geritten. Sie ist zum Schein sein Weib geworden, und er hat unterschrieben, daß er sie wieder hergeben werde. Nun aber hat Allah ihre Herzen geleitet, daß sie einander liebgewannen und nie wieder voneinander scheiden möchten. Du bist Hadschi Malek Ibn Achmed Chalid Ben Abul Ali Abu Abdolatif el Hanifi, der weise und tapfere Scheik dieser Söhne der Ateïbeh. Deine Einsicht wird dir sagen, daß ich einen solchen Begleiter wie Halef nicht gern von mir lasse. Aber ich wünsche, daß er glücklich ist, und daher richte ich die Bitte an dich, ihn in den Stamm der Ateïbeh aufzunehmen und den Vertrag zu zerreißen, in dem er dir versprochen hat, sein Weib zurückzugeben. Ich weiß, daß du mir diese Bitte erfüllen wirst, und ich werde, wenn ich einst in meine Heimat zurückgekehrt bin, deinen Ruhm und den Ruhm der Ateïbeh verbreiten im ganzen Abendland. Inschallah!«

Alle hatten mir aufmerksam zugehört. Malek antwortete:
»Effendi, ich weiß, daß du ein berühmter Emir der Nemsi bist, obwohl eure Namen so kurz sind wie die Klinge eines Frauenmessers. Du bist ausgezogen wie ein Sultan, der unerkannt große Taten verrichtet, und noch die Kinder unserer Kinder werden von deinem Heldentum erzählen. Hadschi Halef Omar ist bei dir wie ein Wesir, dessen Leben seinem Sultan gehört. Ihr seid in unsere Zelte gekommen, um uns große Ehre zu bereiten. Wir lieben dich und ihn – und wir werden unsere Stimmen vereinigen, um ihn zum Sohn unseres Stammes zu machen. Auch werde ich mit Hanneh sprechen. Wenn sie bei ihm bleiben will, werde ich den Vertrag zerreißen, wie du es erbeten hast, denn er ist ein tapferer Krieger, der Abu Seïf, den Dieb und Räuber, getötet hat. Jetzt aber erlaube uns, ein Mahl zu bereiten, um den Tod des Feindes zu feiern und dann die Beratung in würdiger Weise vorzunehmen. Du bist unser Freund und Bruder, obwohl du einen anderen Glauben hast als wir. Inschallah!«

»Schrecklich wird der Herr über sie sein; denn er wird alle falschen Götter vertilgen, und es sollen ihn anbeten alle Inseln der Heiden, ein jeglicher an seinem Ort. Und er wird seine Hand ausstrecken über Mitternacht, um Assur umzubringen. Ninive wird er öde machen und so dürre wie eine Wüste, daß darinnen sich lagern werden alle Tiere der Heidenländer; auch Rohrdommeln und Kormorane werden wohnen auf den Türmen und in den Fenstern singen, und die Raben auf den Balken, denn die Öde wird auf den Schwellen sein. Das ist die lustige Stadt, die so sicher war und bei sich sprach: ich bin es und keine mehr. Wie ist sie so wüste geworden, daß die wilden Tiere darinnen wohnen?«
An diese Worte des Propheten Zephanja mußte ich denken, als unser Boot beim letzten Schimmer des Tages am rechten Tigrisufer anlegte. Das ganze Gebiet rechts und links vom Strom ist wie ein Grab, eine ungeheure, öde Begräbnisstätte. Die Ruinen des alten Rom und Athen werden von der Sonne beleuchtet, und die Denkmäler des einstigen Ägypten ragen gewaltig zum Himmel empor. Sie reden von der Macht, dem Reichtum und dem Kunstsinn der Völker, die sie errichtet haben. Hier aber, an den Strömen Euphrat und Tigris, liegen nur wüste Trümmerhaufen, über die der Beduine achtlos dahinreitet, ohne zu ahnen, daß unter den Hufen seines Pferdes die Jubelrufe und Seufzer von Jahrtausenden begraben liegen.
Wo ist der Turm, den die Menschen im Lande Sinear bauten, als sie zueinander sprachen: »Kommt, lasset uns eine Stadt und einen Turm bauen, dessen Spitze bis an den Himmel reicht, damit wir uns einen Namen machen!«? Stadt und Turm wurden gebaut, aber die Stätte ist verwüstet. Die Namen der Völker, die diese Stadt nacheinander bewohnten, sind verschollen und können von unseren Forschern nur mit Mühe erraten werden.
Aber wie kam ich an den Tigris und in das Dampfboot, das uns bis unter die Stromschnellen von Kelab getragen hatte?
Ich war mit den Ateïbeh bis in die Wüste Ed Dahna gezogen, da ich es nach meiner Flucht aus Mekka nicht wagen konnte, mich im Westen des Landes sehen zu lassen. Die Nähe von Maskat verlockte mich, diese Stadt zu besuchen. Ich tat es ohne Be-

*Der geflügelte
Tiermensch –
ein religiöses Motiv –
der Assyrer*

gleitung, besah mir die betürmten Mauern, die befestigten Straßen, die Moscheen und portugiesischen Kirchen, bewunderte auch die belutschistanische Leibgarde des Imam und setzte mich endlich in eins der offenen Kaffeehäuser, um mir eine Tasse Keschreh munden zu lassen. Dieser Trank wird aus den Schalen der Kaffeebohne gebraut und mit Zimt und Nelken gewürzt. Meine Beschaulichkeit wurde durch eine Gestalt gestört, die den Eingang verdunkelte. Ich blickte auf und sah vor mir einen Mann, der einer längeren Betrachtung würdig war.
Ein hoher grauer Zylinderhut saß auf einem dünnen langen Kopf, der in bezug auf Haarwuchs fast eine Wüste war. Ein unendlich breiter, dünnlippiger Mund legte sich einer Nase in den Weg, die zwar scharf und lang genug war, aber dennoch die Absicht verriet, sich hinab bis zum Kinn zu verlängern. Der bloße dürre Hals ragte aus einem sehr breiten, umgelegten, tadellos geplätteten Hemdkragen. Dann folgten ein graukarierter Schlips, eine graukarierte Weste, ein graukarierter Rock und graukarierte Beinkleider, ebensolche Gamaschen und staubgraue Stiefel. In der Rechten trug der graukarierte Mann ein Instrument, das einer Kartoffelhacke sehr ähnlich war, und in der Linken eine doppelläufige Pistole. Aus der äußeren Brusttasche sah ein zusammengefaltetes Zeitungsblatt neugierig hervor.

»Kahve verin – gebt Kaffee!« schnarrte er mit einer Stimme, die dem Ton einer Sperlingsklapper glich.
Er setzte sich auf ein Senije, das eigentlich als Tisch dienen sollte, von ihm aber als Sessel gebraucht wurde. Bald bekam er den Kaffee, senkte die Nase auf den Trank, schnüffelte den Duft ein, schüttete den Inhalt auf die Straße hinaus und stellte die Tasse auf den Boden.
»Tütün verin – gebt Tabak!« befahl er jetzt.
Er erhielt eine bereits angezündete Pfeife, tat einen Zug, blies den Rauch durch die Nase, spuckte aus und warf die Pfeife neben die Tasse.
»Verin« – er dachte nach, aber das türkische Wort wollte nicht kommen, und Arabisch verstand er vielleicht gar nicht. Daher schnarrte er kurzweg: »Roastbeef verin!«
Der Kahvedschi verstand ihn nicht.
»Roastbeef!« wiederholte der Mann und machte mit dem Mund und allen zehn Fingern die Bewegung des Essens.
»Kabab!« erklärte ich dem Wirt, der sogleich hinter der Tür verschwand, um die Speise zu bereiten. Sie besteht aus kleinen viereckigen Fleischstücken, die am Spieß über dem Feuer gebraten werden.
Jetzt schenkte der Karierte auch mir seine Aufmerksamkeit.
»Araber?« fragte er.
»No.«
»Türke?«
»No.«
Jetzt zog er die dünnen Augenbrauen erwartungsvoll in die Höhe.
»Englishman?«
»Nein. Ich bin Deutscher.«
»Deutscher? Was hier machen?«
»Kaffee trinken!«
»Very well! Was sein?«
»Ich bin writer, Schriftsteller.«
»Ah! Was hier wollen in Maskat?«
»Ansehen.«
»Und dann weiter?«
»Weiß noch nicht.«
»Haben Geld?«
»Ja.«

»Wie heißen?«
Ich nannte meinen Namen. Sein Mund öffnete sich. Die dünnen Lippen bildeten genau ein gleichseitiges Viereck, das die breiten, langen Zähne des Mannes sehen ließ. Die Brauen stiegen noch höher als vorher, und die Nase wedelte mit der Spitze, als wollte sie sich danach erkundigen, was das Loch unter ihr jetzt sagen werde. Dann griff er in den Rockschoß, zog ein Notizbuch hervor, blätterte darin und fuhr in die Höhe, um den Hut abzunehmen und mir eine Verbeugung zu machen.
»Welcome, Sir; kenne Sie!«
»Tatsächlich? Woher denn?«
»Bin Freund von Sir John Raffley, Mitglied vom Travellers Club, London, Near Street 47.«
»Wirklich? Sie kennen Sir John? Wo befindet er sich jetzt?«
»Auf Reisen – hier oder dort – weiß nicht. Sie waren mit ihm auf Jagd?«
»Allerdings.«
»Haben Zeit?«
»Hm! Warum stellen Sie diese Frage?«
»Habe gelesen von Babylon – Ninive – Ausgrabung – Teufelsanbeter. Will hin – auch ausgraben – Fowlingbull holen – Britischem Museum schenken. Kann nicht Arabisch – will gern Begleiter haben. Machen Sie mit – bezahle gut, sehr gut!«
»Darf ich um Ihren Namen bitten?«
»Lindsay, David Lindsay – Titel nicht, brauche nicht – Sir David sagen.«
»Sie beabsichtigen wirklich, an den Euphrat und Tigris zu gehen?«
»Yes. Habe Dampfboot – fahre hinauf – steige aus – Dampfboot wartet, oder zurück nach Bagdad – kaufe Pferde und Kamel – reisen, jagen, ausgraben, Britischem Museum schenken, Travellers Club erzählen. Sie mitgehen?«
»Ich bin am liebsten selbständig.«
»Natürlich! Können mich verlassen, wann wollen – werde gut bezahlen, sehr fein bezahlen – nur mitgehen.«
»Wer ist denn noch dabei?«
»Soviel Sie wollen – aber lieber Sie, ich, zwei Diener.«
»Wann fahren Sie ab?«
»Übermorgen – morgen – heute – gleich!«
Das war ein Angebot, das mir sehr gelegen kam. Ich überlegte

nicht lange und schlug ein. Natürlich stellte ich die Bedingung, daß es mir zu jeder Zeit freistände, meine eigenen Wege zu gehen. Sir David führte mich an den Hafen, wo ein allerliebstes kleines Dampfboot lag, und ich merkte schon nach einer halben Stunde, daß ich mir keinen besseren Gefährten wünschen konnte. Er wollte Löwen und alle möglichen Bestien schießen, die Teufelsanbeter besuchen und mit aller Gewalt einen Fowlingbull, wie er es nannte, einen geflügelten Stier ausgraben, um ihn dem Britischen Museum zu schenken. Diese Pläne waren abenteuerlich, fanden aber gerade deshalb meine volle Zustimmung. Ich war auf meinen Wanderungen noch viel seltsameren Käuzen begegnet als Sir David Lindsay.
Leider ließ er mich nicht noch einmal zu den Ateïbeh zurück. Ein Bote mußte meine Sachen holen und Halef benachrichtigen, wohin ich reisen wollte. Als er zurückkehrte, erzählte er mir, daß Halef mit einem Ateïbeh eine Reise zu den Abu-Salman- und Schammar-Arabern plante, um mit ihnen über die Aufnahme der Ateïbeh zu verhandeln. Er werde mein Hedschin mitnehmen und mich später schon wieder ausfindig machen.
Diese Nachricht war mir lieb. Daß Halef zu dieser Botschaft ausersehen war, bewies mir, daß er der Liebling seines Schwiegervaters geworden war.
Wir fuhren den Persischen Golf hinauf, sahen uns Basra und Bagdad an und gelangten später, den Tigris aufwärts dampfend, an die Stelle, wo wir heute anlegten.
Oberhalb unseres Landungsplatzes mündete der Zab As-Saghir in den Tigris. Die Ufer waren mit dichtem Bambusdschungel bewachsen. Obwohl schon die Nacht hereinbrach, bestand Lindsay darauf, an Land zu gehen und die Zelte aufzuschlagen. Ich hatte keine rechte Lust dazu, konnte ihn aber nicht gut allein lassen und folgte ihm. Die Bemannung des Dampfbootes bestand aus vier Leuten. Das Boot sollte bei Tagesanbruch nach Bagdad zurückkehren. So faßte der Engländer gegen meinen Rat den Entschluß, alles noch auszuladen, auch die vier Pferde, die er in Bagdad gekauft hatte.
»Es wäre besser, wenn wir das bleiben ließen, Sir«, warnte ich ihn.
»Warum?«
»Weil wir es morgen bei Tageslicht leichter tun könnten.«
»Geht auch am Abend – bezahle gut!«

»Wir und die Pferde sind auf dem Fahrzeug sicherer als auf dem Land.«
»Gibt es hier Diebe – Räuber – Mörder?«
»Den Arabern ist niemals zu trauen. Wir sind noch nicht eingerichtet!«
»Werden ihnen nicht trauen, uns aber doch einrichten – haben Büchsen. Jeder Spitzbube wird niedergeschossen!«
Lindsay ging nicht von seinem Vorsatz ab. Erst nach zwei Stunden waren wir mit der Arbeit fertig. Die beiden Zelte waren aufgerichtet; zwischen ihnen und dem Ufer wurden die Pferde angepflockt. Nach dem Abendbrot gingen wir schlafen. Ich hatte die erste, die beiden Diener die zweite und dritte und Lindsay selbst die vierte Wache.
Die Nacht war wunderschön. Vor uns rauschten die Fluten des breiten Stromes, und hinter uns erhoben sich die Höhen des Dschebel Dschahannem. Die Helle des Sternenhimmels erleuchtete das Land ringsumher.
Als meine Wache vorüber war, weckte ich den Diener und sagte ihm, was er zu tun hätte. Er hieß Bill, war ein Irländer und machte den Eindruck, als seien seine Muskeln dreißigmal stärker als sein Geist. Er grinste verschmitzt zu meinen Anweisungen und begann dann auf und ab zu gehen. Ich schlief ein.
Ich erwachte, weil ich am Arm gerüttelt wurde. Lindsay stand vor mir in seinem graukarierten Anzug, den er selbst in der Wüste nicht abzulegen beschlossen hatte.
»Sir, wachen Sie auf!«
Ich sprang auf die Füße und fragte: »Ist etwas geschehen?«
»Hm – ja!«
»Was?«
»Unangenehm! Pferde fort!«
»Die Pferde? Haben sie sich losgerissen?«
»Weiß nicht.«
»Waren sie noch da, als Sie die Wache übernahmen?«
»Yes!«
»Aber Sie haben doch gewacht!«
»Yes!«
»Wo denn?«
»Dort.«
Er deutete auf einen einzelnen Hügel, der ziemlich entfernt von unsern Zelten lag.

»Warum dort drüben?«
»Ist wohl ein Ruinenhügel – hingegangen wegen Fowlingbull.«
»Und als Sie zurückkamen, waren die Pferde fort?«
»Yes!«
Ich untersuchte die Pfähle. Die Enden der Leinen hingen noch daran. Die Tiere waren losgeschnitten worden.
»Sie haben sich nicht losgerissen, sondern sind geraubt worden!« erläuterte ich.
Lindsays Mund bildete das bekannte Lippenviereck. Er lachte vergnügt.
»Yes! Von wem?«
»Von Dieben!«
Er machte ein noch vergnügteres Gesicht.
»Very well, von Dieben – wo sind sie – wie heißen sie?«
»Weiß ich es?«
»No – ich auch nicht – schön, sehr schön! – Abenteuer da!«
»Seit dem Diebstahl ist noch keine Stunde vergangen. Warten wir noch fünf Minuten, dann ist es hell genug, um die Spuren zu erkennen.«
»Schön – ausgezeichnet! Sind Präriejäger gewesen – Spuren finden – nachlaufen – totschießen – großartiges Vergnügen – bezahle gut, sehr gut!«
Er ging ins Zelt, um seine Vorbereitungen zu treffen. Ich erkannte nach kurzer Zeit im Schein der Dämmerung die Spuren von sechs Männern und teilte ihm diese Entdeckung mit.
»Sechs? Wieviel wir?«
»Nur zwei. Zwei müssen bei den Zelten bleiben, und das Boot bleibt auch liegen, bis wir zurückkehren.«
»Yes! Das befehlen und dann fort!«
»Sind Sie ein guter Fußgänger, oder soll ich Bill mitnehmen?«
»Bill? Pah! Weshalb gehe an Tigris! Abenteuer! Marschiere gut – laufe wie Hirsch!«
Nachdem die nötigen Anweisungen erteilt worden waren, warf er die rätselhafte Hacke und seine Büchse über die Schulter und folgte mir. Wir mußten die Diebe einholen, bevor sie zu einer größeren Gruppe stießen. Deshalb schritt ich so schnell aus, wie ich konnte. Die langen, karierten Beine meines Gefährten hielten sich wacker. Es war eine Lust, so mit ihm zu marschieren.
Es war Frühjahr. Der Boden glich daher nicht einer Wüste, son-

dern einer Wiese, nur daß die Blumen büschel- oder vielmehr buschweise aus der Erde schossen. Wir waren noch nicht weit gekommen, da hatten sich unsere Hosen schon vom Blütenstaub gefärbt. Wegen des Pflanzenwuchses war die Spur deutlich zu erkennen. Sie führte uns an ein Nebenflüßchen, das vom Dschebel Dschahannem herkam und sehr aufgeregtes Wasser führte. An seinem Ufer mündete die Spur in eine Stelle, die von Pferdehufen zertreten war. Eine neue Untersuchung ergab von hier aus zehn statt vier Hufspuren. Zwei von den sechs Dieben waren bis hierher zu Fuß gegangen, anstatt zu reiten. Hier waren die Pferde versteckt gewesen.

Lindsay machte ein mißvergnügtes Gesicht.

»Miserabel – tot ärgern! Werden entkommen!«

»Weshalb?«

»Haben nun alle Pferde – wir laufen.«

»Wir können sie trotzdem einholen, wenn Sie aushalten, aber das ist nicht einmal nötig. Man darf nicht nur beobachten, sondern man muß auch nachdenken.«

»Bitte sehr.«

»Sind diese Leute zufällig an unseren Lagerplatz gekommen?«

»Hm!«

»Vielleicht, vielleicht auch nicht. Es scheint mir, als ob sie dem Schiff zu Lande gefolgt sind. Ist das der Fall, so führt ihre Spur zwar nach Westen, aber nur deshalb, weil sie über diesen Fluß müssen und sich bei Hochwasser mit den fremden Pferden nicht hineintrauen.«

»Also Umweg machen müssen?«

»Ja. Sie werden sich eine Furt oder irgendeine bessere Übergangsstelle suchen und dann wieder in die alte Richtung lenken.«

»Schön, gut – sehr gut!«

Er warf die Kleidung ab und trat ans Ufer.

»Ja, Sir David, sind Sie denn ein so guter Schwimmer?«

»Yes!«

»Es ist hier nicht ganz gefahrlos, wenn man die Waffen und die Kleider trockenhalten will. Machen Sie aus den Kleidern einen Turban über Ihren Hut!«

»Gut – sehr gut – werde machen!«

Auch ich wickelte meine Kleider zu einem hohlen Bündel, das ich mir auf den Kopf setzte. Dann gingen wir ins Wasser. Der

Engländer war wirklich ein gewandter Schwimmer. Wir kamen ganz gut hinüber und zogen die Kleider wieder an.
Lindsay überließ sich ganz meiner Führung. Wir gingen noch ungefähr zwei englische Meilen nach Süden und schwenkten dann nach Westen ab, wo uns die Höhen eine weite Aussicht gewährten. Wir stiegen einen Berg hinauf und sahen uns um. So weit das Auge reichte, zeigte sich kein lebendes Wesen.
»Nothing – nichts – keine Seele – miserabel!«
»Ich sehe auch nichts!«
»Wenn Sie geirrt – oho, was dann?«
»Dann haben wir noch Zeit, sie dort am Flüßchen zu verfolgen. Mir hat noch keiner ungestraft ein Pferd gestohlen. Ich werde auch hier nicht eher umkehren, bis ich die vier Tiere wiederhabe.«
»Ich auch nicht.«
»Nein. Sie müssen bei Ihrem Eigentum bleiben.«
»Eigentum? Pah! Wenn fort, dann neues kaufen – Abenteuer gern bezahlen – sehr gut.«
»Halt! Bewegt sich da draußen nicht etwas?«
»Wo?«
»Dort!« Ich deutete mit der Hand die Richtung an. Er riß die Augen und den Mund weit auf und spreizte die Beine auseinander. Seine Nasenflügel öffneten sich – es sah aus, als sei sein Riechorgan auch mit der Eigenschaft begabt zu sehen, oder wenigstens mit einer Art Witterungs- und Ahnungsvermögen.
»Richtig – sehe auch!«
»Es kommt auf uns zu.«
»Yes! Wenn Räuber, dann schieße alle tot!«
»Sir David, es sind Menschen!«
»Diebe! Müssen tot – unbedingt tot!«
»Dann tut es mir leid, Sie verlassen zu müssen.«
»Verlassen? Warum?«
»Ich wehre mich meiner Haut, wenn ich angegriffen werde, aber ich morde keinen Menschen ohne Not. Ich denke, Sie sind Engländer?«
»Well! Werde nicht töten – nur Pferde nehmen!«
»Sie scheinen es wahrhaftig zu sein!«
»Yes! Zehn Punkte – stimmt!«
»Vier sind ledig und sechs beritten.«
»Hm! Guter Präriejäger Sie – recht gehabt – Sir John viel erzählt – bei mir bleiben – gut bezahlen, sehr gut!«

»Schießen Sie sicher?«
»Hm, ziemlich!«
»Dann kommen Sie. Wir müssen uns zurückziehen, damit sie uns nicht entdecken. Unser Operationsfeld liegt unten zwischen dem Berg und dem Fluß. Gehen wir noch zehn Minuten weiter nach Süden, dort tritt die Höhe so nah an das Wasser heran, daß die Diebe nicht entkommen können.«

Wir eilten jetzt im vollen Lauf bergab und erreichten bald die Stelle, die ich ausgesucht hatte. Der Fluß war von Schilf und Bambus eingesäumt. Am Fuß des Berges fanden sich Mimosen und ein hohes Wermutgebüsch.

»Was nun?« fragte der Engländer.

»Sie verbergen sich hier im Schilf und lassen die Leute vorüber. Am Ausgang der Enge verstecke ich mich hinter den Mimosen. Wenn wir die Diebe zwischen uns haben, treten wir beide vor. Ich schieße ganz allein, da ich mich vielleicht besser nach den Umständen zu richten verstehe, und Sie gebrauchen Ihr Gewehr nur auf meinen besonderen Befehl – oder wenn Ihr Leben gefährdet ist.«

»Well – gut, sehr gut – feines Abenteuer!«

Er verschwand im Schilf, und auch ich suchte mir meinen Platz. Schon nach kurzer Zeit hörten wir Hufschlag. Sie kamen näher, an Lindsay vorüber, ohne böse Ahnung, ohne sich umzusehen. Ich sah den Engländer jetzt aus dem Schilf tauchen und trat vor. Sie hielten sofort ihre Pferde an. Meine Büchse hing über der Schulter, den Henrystutzen hielt ich in der Hand.

»As-salam Alaikum!«

Der freundliche Gruß verblüffte sie. »Wa Alaikum As-salam!« antwortete einer von ihnen. »Was tust du hier?«

»Ich warte auf meine Brüder, die mir helfen sollen.«

»Wieso brauchst du Hilfe?«

»Du siehst, daß ich ohne Pferd bin. Wie soll ich durch die Wüste kommen? Du hast vier Tiere übrig. Willst du mir nicht eins davon verkaufen?«

»Wir verkaufen kein Pferd!«

»Ich höre, daß du ein Liebling Allahs bist. Du willst nur deshalb kein Pferd verkaufen, weil dein gutes Herz dir gebietet, es mir zu schenken.«

»Allah heile deinen Verstand! Es fällt mir gar nicht ein, ein Pferd zu verschenken.«

»O du Muster von Barmherzigkeit, du wirst einst die Wonnen des Paradieses vierfach kosten; denn du willst mir nicht bloß ein Pferd, sondern vier verehren, weil ich so viele brauche!«
»Allah karim – Gott ist gnädig! Dieser Mensch ist gewiß und wahrhaftig verrückt.«
»Bedenke, mein Bruder, daß die Verrückten nehmen, was man ihnen nicht freiwillig gibt! Sieh dich um! Vielleicht gibst du dem Mann dort, was du mir verweigerst.«
Erst jetzt, beim Anblick des Engländers, wurde den Arabern ihre Lage klar. Sie legten die Lanzen zum Stoß ein.
»Was wollt ihr?« fragte mich der Sprecher.
»Unsere Pferde, die ihr uns heute nacht gestohlen habt.«
»Du bist wahrhaftig toll! Wenn wir dir Pferde genommen hätten, hättest du uns zu Fuß niemals einholen können.«
»Meinst du? Ihr wißt, daß diese vier Pferde den Franken gehören, die dort mit dem Schiff angekommen sind. Wie könnt ihr glauben, daß Franken sich ungestraft bestehlen lassen und daß sie nicht klüger sind als ihr! Ich habe gewußt, daß ihr am Fluß einen Umweg machen mußtet, bin herübergeschwommen und euch zuvorgekommen. Ich will kein Blut vergießen, darum bitte ich euch, mir die Pferde freiwillig zurückzugeben. Dann könnt ihr gehen, wohin ihr wollt!«
Er lachte. »Ihr seid zwei Männer, und wir sind sechs.«
»Gut! Dann muß jeder von uns tun, was er für richtig hält!«
»Gib den Weg frei!« Der Araber legte die mit Straußenfedern verzierte Lanze ein und trieb sein Pferd auf mich zu. Ich hob den Stutzen. Der Schuß krachte. Roß und Reiter stürzten. Ich brauchte keine Minute, um noch fünfmal zu zielen und fünfmal abzudrücken. Alle Pferde stürzten, nur unsere Tiere, die man zusammengekoppelt hatte, waren unversehrt. Der Araber, der sie an der Leine hielt, ließ sie los. Wir benützten den Augenblick der Verwirrung, sprangen auf und jagten davon.
Hinter uns ertönte das wütende Geschrei der Araber. Wir machten uns nichts daraus, sondern brachten die Riemen unserer Tiere in Ordnung und ritten lachend davon.
»Magnificent – prächtig – schönes Abenteuer – hundert Pfund wert! Wir zwei, sie sechs – sie uns vier Pferde genommen, wir ihnen sechs genommen – ausgezeichnet – herrlich!«
»Ein Glück, daß es so ausgezeichnet, so herrlich abgelaufen ist, Sir David. Wären unsere Tiere scheu geworden, dann wären wir

nicht so schnell weggekommen und hätten leicht ein paar Kugeln erwischen können.«
»Machen wir auch Umweg oder reiten geradeaus?«
»Geradeaus. Wir kennen unsere Pferde. Der Übergang wird gelingen.«
Wir kamen in guter Zeit wieder bei unseren Zelten an. Bald nach unserer Ankunft stieß das Boot vom Land ab. Wir blieben allein in der Wüste zurück.
Lindsay wollte anfangs viel Gepäck und Lebensmittel mitnehmen, ich hatte ihn aber zu einer anderen Ansicht bekehrt. Wer ein Land kennenlernen will, der muß sich auch auf die Gaben dieses Landes beschränken. Ein Reiter darf nie mehr bei sich haben, als sein Tier zu tragen vermag. Übrigens waren wir reichlich mit Munition versehen, was die Hauptsache ist, und außerdem verfügte Sir David über so bedeutende Geldvorräte, daß wir davon den Reiseaufwand für Jahre bestreiten konnten.
»Allein am Tigris«, meinte er. »Nun gleich graben nach Fowlingbulls und anderen Altertümern!«
Der gute Mann hatte offenbar viel von den Ausgrabungen bei Khorsabad, Hammam Ali, Nimrud und Al Hadar gelesen und gehört und war dadurch auf den Gedanken gekommen, nun seinerseits auch das Britische Museum zu bereichern und dadurch ein berühmter Mann zu werden.
»Jetzt gleich?« fragte ich ihn. »Das wird nicht gehen!«
»Warum? Habe Hacke mit.«
»Mit diesem Instrument werden Sie nicht viel machen können. Wer hier graben will, muß sich erst mit der Regierung verständigen.«
»Regierung? Welche?«
»Die türkische.«
»Pah! Hat Ninive den Türken gehört?«
»Allerdings nicht, denn damals war von den Türken noch keine Rede. Aber die Ruinen gehören jetzt zum türkischen Grund und Boden, obgleich hier der Arm des Sultans nicht sehr mächtig ist. Die arabischen Nomaden sind die eigentlichen Herren, und wer hier graben will, muß sich zunächst auch mit ihnen in freundschaftliche Beziehungen setzen, da er sonst weder seines Eigentums noch seines Lebens sicher ist. Darum habe ich Ihnen ja geraten, Geschenke für die Stammesältesten mitzunehmen.«
»Die seidenen Gewänder?«

»Ja. Sie sind hier am meisten gesucht und nehmen wenig Raum ein.«
»Well, setzen wir in freundschaftliche Beziehung – aber sogleich und sofort – nicht?«
Ich wußte, daß seine Ausgrabungen nicht über die Planung hinauskommen würden, hatte mir aber vorgenommen, ihm den Spaß nicht zu verderben.
»Ich bin dabei. Nun fragt es sich, welchem Häuptling man zunächst seinen Besuch zu machen hat.«
»Vorschläge!«
»Der mächtigste Stamm heißt Al-Schammar. Er hat aber seine Weidegründe weit oben am südlichen Abhang der Sindscharberge und am rechten Ufer des Wadi Tharthar.«
»Wie weit ist Sindschar von hier?«
»Einen ganzen Breitengrad. Fast zweihundert Kilometer.«
»Sehr weit! Was sind noch für Araber hier?«
»Die Obeïde, Abu Selman, Abu Ferhan und andere. Leider läßt sich nie genau bestimmen, wo man diese Horden zu suchen hat, da sie sich stets auf der Wanderschaft befinden. Wenn ihre Herden einen Platz abgeweidet haben, bricht man die Zelte ab und zieht weiter. Dabei leben die einzelnen Stämme in ewiger, blutiger Feindschaft miteinander. Sie müssen sich gegenseitig ausweichen. Das trägt auch nicht wenig zur Unregelmäßigkeit ihres Lebens bei.«
»Schönes Leben – viel Abenteuer – viel Ruinen finden – viel ausgraben – ausgezeichnet – exzellent!«
»Am besten ist es, wir reiten in die Wüste hinein und fragen den ersten Beduinen, der uns begegnet, nach dem Wohnort des nächsten Stammes.«
»Gut – well – sehr schön! Gleich jetzt reiten und fragen!«
»Wir könnten heute noch hierbleiben!«
»Bleiben und nicht graben? Nein – geht nicht! Zelte ab und fort!«
Ich mußte ihm seinen Willen lassen, zumal ich mir bei näherem Überlegen sagte, daß es wegen des heutigen Zusammenstoßes besser sei, den Ort zu verlassen. Wir brachen also die leichten Zelte ab, die von den Pferden der Diener getragen werden mußten, saßen auf und schlugen den Weg zum Sabakah-See ein.
Es war ein wundervoller Ritt durch die blumenreiche Steppe. Jeder Schritt der Pferde wirbelte neue Wohlgerüche auf. Man konnte

*Auch die Beduinenstämme
sind heute modern bewaffnet*

selbst die weichste und saftigste Savanne Nordamerikas nicht mit dieser Gegend vergleichen.
Nach einer knappen Stunde kamen drei Reiter auf uns zugesprengt. Sie sahen mit ihren fliegenden Mänteln und wehenden Straußenfedern prächtig aus. Mit lautem Geschrei ritten sie auf uns los.
»Sie brüllen. Werden sie stechen?« fragte der Engländer.
»Nein. Das ist die Begrüßungsweise dieser Leute. Wer sich dabei zaghaft zeigt, wird nicht als Mann betrachtet.«

»Werden Männer sein!«
Er hielt Wort und zuckte nicht mit der Wimper, als der eine mit seiner Lanze genau auf ihn zujagte und erst sein Pferd herumriß, als die Lanzenspitze beinahe Sir Davids Brust berührte.
»As-salam Alaikum! Wohin wollt ihr?«
»Willkommen!« antwortete ich. »Von welchem Stamm bist du?«
»Vom Stamm der Haddedihn, der zu dem großen Volk der Schammar gehört.«
»Wie heißt dein Scheik?«
»Er führt den Namen Mohammed Emin.«
»Ist er hier in der Nähe zu finden?«
»Wenn du zu ihm willst, werden wir euch begleiten.«
Die Haddedihn machten kehrt und schlossen sich uns an. Während wir in würdevoller Haltung in den Sätteln saßen, sprengten sie in weiten Kreisen um uns herum, um ihre Reiterkünste sehen zu lassen. Ihr Hauptkunststück war der plötzliche Halt mitten im rasenden Lauf. Dem Engländer gefiel das Schaureiten der Araber.
»Prächtig! So kann ich es nicht – würde den Hals brechen!«
»Ich habe noch andere Reiter gesehen.«
»Ah! Wo?«
»Ein Ritt auf Leben und Tod in einem amerikanischen Urwald, auf einem zugefrorenen Fluß, wenn das Pferd keine Eisen hat, oder in einem steinigen Cañon ist doch noch etwas anderes.«
»Hm. Werde auch nach Amerika gehen – reiten in Urwald – auf Flußeis – im Cañon – schönes Abenteuer – prachtvoll! Was sagten diese Leute?«
»Sie grüßten uns und fragten nach dem Ziel unseres Rittes; sie werden uns zu ihrem Scheik bringen. Er heißt Mohammed Emin und ist der Anführer der Haddedihn.«
»Tapfere Leute?«
»Diese Männer nennen sich alle tapfer und sind es auch bis zu einem gewissen Grad. Ein Wunder ist das nicht. Die Frau muß alles machen, und der Mann tut nichts als reiten, rauchen, rauben, kämpfen, klatschen und faulenzen.«
»Schönes Leben – prächtig – möchte Scheik sein – viel ausgraben – manchen Fowlingbull finden und London schicken – hm!«

15 Der Araberhengst Rih

Nach und nach wurde die Steppe belebter. Wir merkten, daß wir uns den Haddedihn näherten. Sie befanden sich zum großen Teil noch in Bewegung, als wir sie erreichten. Es ist nicht leicht, den Anblick zu beschreiben, den ein Araberstamm auf dem Zug nach seinem neuen Weideplatz macht. Ich hatte vorher die Sahara und einen Teil von Arabien durchzogen und dabei viele Stämme der westlichen Araber kennengelernt. Hier bot sich mir ein ganz neuer Anblick dar. Denselben Unterschied, der zwischen den Oasen der Sahara und dem »Lande Sinear« der heiligen Schrift herrscht, beobachtet man auch im Leben und bei allen Verhältnissen ihrer Bewohner.
Hier ritten wir auf einer fast unbegrenzten Merdsch, einer Art Prärie, die nicht die mindeste Ähnlichkeit mit einer Waha, einer Oase des Westens, hatte. Sie glich vielmehr einem riesigen Savannenteppich, der aus lauter Blumen bestand. Hier schien nie der fürchterliche Samum gewütet zu haben; hier war keine Spur einer Wanderdüne zu erblicken. Hier gab es kein zerklüftetes und verschmachtetes Wadi, und man meinte, daß hier keine Fata Morgana die Macht besäße, den müden, einsamen Wanderer zu täuschen. Die weite Ebene hatte sich mit duftendem Leben geschmückt, und auch die Menschen zeigten keine Spur jener »Wüstenstimmung«, der westlich vom Nil kein Mensch entgehen kann. Es lag über diesem bunten Gefilde ein Farbton, der überhaupt nicht an das versengende, tödliche Licht der großen Wüste erinnerte.
Wir befanden uns jetzt mitten in einer nach Tausenden zählenden Herde von Schafen und Kamelen. So weit das Auge reichte, wogte ein Meer von grasenden und wandernden Tieren. Wir sahen lange Reihen von Ochsen und Eseln, die mit schwarzen Zelten beladen waren, mit bunten Teppichen, ungeheuren Kesseln und allerlei anderem Gerät. Auf diese Berge von Gepäck hatte man alte Männer und Weiber gebunden, die nicht mehr gehen oder sich nicht ohne Stütze im Sattel aufrecht halten konnten. Zuweilen trug eines der Tiere kleine Kinder, die so in den Sattelsäcken befestigt waren, daß nur ihre Köpfe durch die kleine Öffnung schauten. Zur Erhaltung des Gleichgewichts trug das

Lasttier dann auf der anderen Seite junge Lämmer und Zickel, die blökend und meckernd ebenso aus den Öffnungen der Säcke hervorblickten.
Dann kamen Mädchen, nur mit dem enganliegenden arabischen Hemd bekleidet, Mütter mit Kindern auf den Schultern, Knaben, die Lämmer vor sich hertrieben, Dromedartreiber, die ihre edlen Pferde nebenbei am Zügel führten, und endlich zahlreiche Reiter, die mit bebuschten Lanzen bewaffnet waren und auf der Ebene nach den Tieren jagten, die sich nicht in die Ordnung des Zuges fügen wollten.
Eigentümliche Gestalten bildeten die Reitkamele, die zum Tragen vornehmer Frauen bestimmt waren. Ich hatte in der Sahara sehr oft Dschemal gesehen, die Frauen in einem wiegenähnlichen Korb trugen. Eine Vorrichtung, wie ich sie hier zu sehen bekam, war mir noch nicht vorgekommen. Zwei lange Stangen waren vor und hinter dem Höcker des Kamels quer über den Rücken gelegt, an ihren Enden zusammengezogen und mit Lederstreifen oder Stricken verbunden.
Dieses Gestell ist mit Fransen und Quasten von Wolle in allen Farben, mit Muschel- und Perlenschnüren verziert, ebenso der Sattel und das Riemenzeug. Auf dem Höcker ragt eine aus Leisten und Stoffüberzug bestehende Vorrichtung empor, die fast einem Schilderhaus gleicht und mit allerlei Quasten und Trodelwerk behangen ist. In diesem Aussichtsturm sitzt die Dame. Die ganze Vorrichtung ist sehr hoch, und wenn sie am Horizont erscheint, könnte man sie wegen des schwankenden Gangs der Kamele für einen riesigen Schmetterling halten, der die Flügel auf und nieder schlägt.
Unser Erscheinen erregte bei jeder Gruppe Aufsehen, die wir überholten. Ich selbst trug daran wohl weniger Schuld als Sir David, dem ja ebenso wie seinen Dienern der Europäer auf den ersten Blick anzusehen war. Er mußte in seinem graukarierten Anzug hier noch mehr auffallen als ein Araber, der in seiner malerischen Tracht vielleicht auf einem öffentlichen Platz in München oder Leipzig erschienen wäre.
Unsere Führer ritten voran, bis wir endlich ein großes Zelt erblickten, vor dem viele Lanzen in der Erde steckten. Daran war zu erkennen, daß es das Zelt des Häuptlings war.
Die beiden Araber sprangen ab und traten ein. Nur wenige Augenblicke später kamen sie in Begleitung eines alten Arabers wie-

der. Er hatte die Gestalt und das Äußere eines Patriarchen. Genauso mußte Abraham ausgesehen haben, wenn er aus seinem Haus im Hain Mamre trat, um seine Gäste zu begrüßen. Der schneeweiße Bart hing ihm bis über die Brust herab. Trotzdem machte der Greis den Eindruck eines rüstigen Mannes. Seine dunklen Augen musterten uns nicht gerade einladend und freundlich. Er hob die Hand zum Herzen und grüßte: »Salam!«
Das ist der Gruß eines Mohammedaners, wenn ein Ungläubiger zu ihm kommt. Jeden Gläubigen empfängt er dagegen mit dem »As-salam Alaikum!«
»Alaikum!« antwortete ich und sprang vom Pferd.
Er sah mich wegen dieser Antwort forschend an, dann fragte er: »Bist du ein Moslem oder ein Giaur?«
»Seit wann empfängt der Sohn des edlen Stammes der Schammar seine Gäste mit einer solchen Frage? Sagt nicht der Koran: ›Speise den Fremdling und tränke ihn; laß ihn bei dir ruhen, ohne seinen Ausgang und seinen Eingang zu kennen!‹ – Allah mag es dir verzeihen, daß du deine Gäste wie ein türkischer Polizist empfängst!«
Er hob wie abwehrend die Hand. »Dem Schammar und dem Haddedihn ist jeder willkommen, nur der Lügner und Verräter nicht.«
Er warf dabei einen bezeichnenden Blick auf den Engländer.
»Wen meinst du mit diesen Worten?« fragte ich ihn.
»Ich meine die Männer, die aus dem Abendland kommen, um den Pascha gegen die Söhne der Wüste aufzuhetzen. Wozu braucht die Königin der Inseln (Königin von England) einen Konsul in Mossul?«
»Diese drei Männer gehören nicht zum Konsulat. Wir sind müde Wanderer und begehren von dir weiter nichts als einen Schluck Wasser für uns und ein paar Datteln für unsere Pferde.«
»Wenn ihr nicht zum Konsulat gehört, sollt ihr haben, was ihr begehrt. Tretet ein und seid mir willkommen!«
Wir banden unsere Pferde an die Lanzen und gingen ins Zelt. Dort bekamen wir Kamelmilch zu trinken. Die Speise bestand nur aus dünnem, hartem und halbverbranntem Gerstenkuchen – ein Zeichen, daß der Scheik uns nicht als Gäste betrachtete. Während des kurzen Mahles musterte er uns finster, ohne ein Wort zu sprechen. Er mußte triftige Gründe haben, Fremden zu mißtrauen, und ich sah ihm an, daß er neugierig war, Näheres über uns zu erfahren.

Lindsay schaute sich in dem Zelt um und fragte mich:
»Böser Kerl, nicht?«
»Scheint so.«
»Sieht ganz so aus, als ob er uns fressen wollte. Was sagte er?«
»Er begrüßte uns als Ungläubige. Wir sind noch nicht seine Gäste und müssen uns vorsehen.«
»Nicht seine Gäste? Wir essen und trinken doch bei ihm!«
»Der Scheik hat uns das Brot nicht mit eigener Hand gegeben, und Salz gar nicht. Er sieht, daß Sie ein Engländer sind. Die Englishmen scheint er zu hassen.«
»Weshalb?«
»Weiß es nicht.«
»Fragen!«
»Geht nicht, das wäre unhöflich. Ich denke aber, daß wir es noch erfahren werden.«
Wir waren fertig mit dem kleinen Imbiß. Ich erhob mich.
»Du hast uns Speise und Trank gegeben, Mohammed Emin. Wir danken dir und werden deine Gastfreundschaft rühmen überall, wohin wir kommen. Lebe wohl! Allah segne dich und die Deinen.«
Diesen schnellen Abschied hatte er nicht erwartet.
»Warum wollt ihr mich schon verlassen? Bleibt hier und ruht euch aus!«
»Wir werden lieber gehen, denn die Sonne deiner Gnade leuchtet nicht über uns.«
»Ihr seid trotzdem sicher hier in meinem Zelt.«
»Meinst du? Ich glaube nicht an die Sicherheit im Zelt eines Arabers vom Stamm der Schammar.«
Der Scheik fuhr mit der Hand zum Dolch.
»Willst du mich beleidigen?«
»Nein. Ich will dir nur meine Gedanken sagen. Das Zelt eines Schammar bietet dem Gastfreund keine Sicherheit. Wieviel weniger also dem, der nicht einmal Gastfreundschaft genießt!«
»Soll ich dich niederstechen?« schrie er. »Wann hat jemals ein Schammar die Gastfreundschaft gebrochen?«
»Sie ist gebrochen worden, nicht nur gegenüber Fremden, sondern sogar gegen Angehörige des eigenen Stammes.«
Das war allerdings eine fürchterliche Beschuldigung. Aber ich sah nicht ein, warum ich einem Mann gegenüber höflich sein sollte, der uns wie Bettler aufgenommen hatte. Ich fuhr fort:

»Du wirst mich nicht niederstechen, Scheik, denn erstens habe ich die Wahrheit gesprochen, und zweitens würde mein Dolch dich zuerst treffen.«

»Beweise, daß du die Wahrheit sprichst!«

»Ich werde dir eine Geschichte erzählen. Es gab einen großen, mächtigen Stamm, dem viele kleinere Unterstämme angehörten. Dieser Stamm wurde geführt von einem großen, tapferen Häuptling, in dessen Herzen aber die List neben der Falschheit wohnte. Seine Leute wurden mit ihm unzufrieden und fielen nach und nach von ihm ab. Sie wandten sich dem Häuptling eines Unterstammes zu. Der Scheik schickte zu diesem Häuptling und ließ ihn zu einer Besprechung einladen. Er kam aber nicht. Da sandte der Scheik seinen eigenen Sohn. Der war mutig und tapfer und liebte die Wahrheit. Er sprach zu dem Häuptling: ›Folge mir. Ich schwöre dir bei Allah, daß du sicher bist im Zelt meines Vaters. Ich werde mit meinem Leben dafür einstehen.‹ Da antwortete der Häuptling: ›Ich würde nicht zu deinem Vater gehen, selbst wenn er tausend Eide ablegte, mich zu schonen. Dir aber glaube ich. Und um dir zu zeigen, daß ich dir vertraue, werde ich ohne Begleitung mit dir gehen.‹

Sie bestiegen ihre Pferde und ritten davon. Als sie das Zelt des Scheiks betraten, war es voller Krieger. Der Häuptling wurde eingeladen, sich an der Seite des Scheiks niederzulassen. Er bekam das Mahl und die Rede der Gastfreundschaft, aber danach wurde er überfallen. Der Sohn des Scheiks wollte ihn retten, man hielt ihn aber fest. Der Onkel des Scheiks warf den Häuptling zu Boden und erwürgte ihn. Der Sohn zerriß seine Kleider und machte seinem Vater Vorwürfe, mußte jedoch fliehen, sonst wäre er wohl auch ermordet worden. Kennst du diese Geschichte, Scheik Mohammed Emin?«

»Ich kenne sie nicht. So etwas kann sich in Wirklichkeit gar nicht ereignen.«

»Es hat sich ereignet, und zwar in deinem eigenen Stamm. Der Verratene hieß Nedschris, der Sohn Ferhan, der Onkel Hadschar, und der Scheik war der berühmte Scheik Sofuk vom Stamm der Schammar.«

Mohammed Emin wurde verlegen.

»Woher kennst du diese Namen? Du bist kein Schammar, kein Obeïde, kein Abu Selman. Du redest die Sprache der westlichen Araber, und deine Waffen sind anders als die der Araber von

Al-Dschasirah, dem Zweistromland zwischen Euphrat und Tigris. Von wem hast du diese Geschichte gehört?«

»Die Schande eines Stammes spricht sich ebenso rasch herum wie der Ruhm eines Volkes. Du weißt, daß ich die Wahrheit gesprochen habe. Wie kann ich dir vertrauen? Du bist ein Haddedihn, die Haddedihn gehören zu den Schammar, und du hast uns die Gastfreundschaft verweigert. Wir werden gehen.«

Mit einer Armbewegung erhob der Scheik Widerspruch.

»Du sollst frei sein. Diese Ungläubigen aber sollen die Fremdensteuer, die Dschizya, bezahlen, bevor sie fortgehen.«

»Sie werden nichts bezahlen, denn sie stehen unter meinem Schutz.«

»Den brauchen sie nicht, denn sie stehen unter dem Schutz ihres Konsuls, den Allah verderben möge.«

»Ist er dein Feind?«

»Er ist mein Feind, weil er den Gouverneur von Mossul überredet hat, meinen Sohn gefangenzunehmen. Er hat die Obeïde, die Abu Hammed und die Dschowari gegen mich aufgehetzt und sie veranlaßt, meine Herden zu rauben. Nun wollen sich diese drei Stämme vereinigen, um mich und die Haddedihn zu verderben.«

»Warum rufst du nicht die anderen Schammar-Stämme zu Hilfe?«

»Sie können nicht kommen, denn der Statthalter hat ein Heer gesammelt, um ihre Weideplätze am Sindschar mit Krieg zu überziehen. Ich bin auf mich selbst angewiesen. Allah möge uns beschützen!«

»Mohammed Emin, ich habe gehört, daß die Obeïde, die Abu Hammed und die Dschowari Räuber sind. Ich liebe sie nicht, ich bin ein Freund der Schammar. Die Schammar sind die edelsten und tapfersten Araber, die ich kenne. Ich wünsche, daß es dir gelingen möge, alle deine Feinde zu besiegen.«

Ich wollte ihm mit diesen Worten nicht etwa schmeicheln, sondern sprach aus voller Überzeugung. Das mußte er wohl auch herausgehört haben, denn ich sah, daß er ein freundlicheres Gesicht machte.

»Du bist in Wirklichkeit ein Freund der Schammar?« versuchte sich der Scheik zu vergewissern.

»Ja, und ich beklage es sehr, daß Zwietracht unter ihnen herrscht, so daß ihre Macht beinahe gebrochen ist.«

»Gebrochen? Allah ist groß, und noch sind die Schammar tapfer genug, um mit ihren Gegnern zu kämpfen. Wer hat dir von uns erzählt?«

»Ich habe schon vor langer Zeit von euch gelesen und gehört. Die letzten Nachrichten bekam ich bei den Söhnen der Ateïbeh.«

»Du warst bei den Ateïbeh?« fragte er überrascht. »Sie sind zahlreich und mächtig, aber es ruht ein Fluch auf ihnen.«

»Du meinst Scheik Malek, der ausgestoßen wurde?«

»Allah akbar, du kennst Malek, meinen Freund und Bruder?«

»Ich kenne ihn und seine Leute.«

»Wo hast du sie getroffen?«

»Ich stieß auf sie in der Nähe von Dschidda und bin mit ihnen bis nach Ed Dahna, zur Wüste von Maskat, gezogen.«

»Wenn du sie alle kennst – du mußt verzeihen, daß ich von einem Weib spreche, aber sie ist kein Weib, sondern ein Mann –, vielleicht kennst du auch Amscha, die Tochter Maleks?«

»Ich kenne sie. Sie war das Weib von Abu Seïf und hat Rache an ihm genommen.«

»Hat sich ihre Rache erfüllt?«

»Ja, Abu Seïf ist tot. Hadschi Halef Omar, mein Freund und Diener, hat ihn gefällt und dafür Hanneh, Amschas Tochter, zum Weib erhalten.«

»Dein Diener? Also bist du kein gewöhnlicher Krieger?«

»Ich bin Alamani und reise durch die Länder, um Abenteuer zu bestehen.«

»Ah, jetzt weiß ich es. Du reist unerkannt wie Harun Al-Raschid. Du bist ein Scheik, ein Emir, und ziehst auf Kämpfe und Abenteuer aus. Dein Diener hat den mächtigen Vater des Säbels getötet, dann mußt du als sein Herr ein noch größerer Held sein. Wo befindet sich der tapfere Hadschi Halef Omar?«

Es fiel mir nicht ein, seiner guten Meinung von mir zu widersprechen. Ich antwortete:

»Du wirst ihn vielleicht bald zu sehen bekommen. Scheik Malek wird ihn schicken, um die Schammar zu fragen, ob er mit seinen Ateïbeh unter ihrem Schutz wohnen darf.«

»Sie werden mir willkommen sein, sehr willkommen. Erzähle mir von ihnen!«

Er war während des Gespräches erregt aufgesprungen, setzte sich aber jetzt wieder hin. Ich folgte seiner Bitte und berichtete über mein Zusammentreffen mit den Ateïbeh, soweit ich es für richtig hielt. Als ich damit fertig war, sagte der Scheik:

»Verzeih, aber davon konnte ich nichts ahnen. Du hast nun einmal diese Engländer bei dir, und sie sind meine Feinde. Nun aber sollt ihr meine Gäste sein. Erlaube mir, daß ich gehe und euch ein Mahl richten lasse.«
Jetzt erst konnte ich mich bei ihm sicher fühlen. Ich griff unter mein Gewand und zog die Flasche mit dem »heiligen« Wasser hervor.
»Wirst du das Mahl bei Bint Amm bestellen?« fragte ich. Bint Amm heißt, wörtlich übersetzt, eigentlich Base. Nur in dieser Umschreibung kann man mit einem Araber von seiner Frau sprechen.
»Ja, das werde ich tun.«
»Dann weihe sie mit einigen Tropfen aus diesem Gefäß. Es enthält Wasser vom Brunnen Zam Zam. Allah sei mit dir!«
»Effendi, du bist ein tapferer Held. Komm und besprenge sie selbst, es wird eine Ehre für sie sein. Die Frauen der Schammar fürchten sich nicht, ihr Gesicht vor Männern sehen zu lassen.«
Ich hatte schon davon gehört, daß die Frauen und Mädchen der Schammar keine Freundinnen des Schleiers seien. Während meines heutigen Rittes war ich ja auch vielen von ihnen begegnet, deren Gesicht ich unverhüllt gesehen hatte.
Der Scheik erhob sich und winkte mir, ihm zu folgen. In der Nähe seines Zeltes stand ein zweites. Als wir es betraten, bemerkte ich drei Araberinnen und zwei schwarze Mädchen. Die schwarzen waren wohl Sklavinnen, die anderen aber jedenfalls Mohammed Emins Frauen. Zwei von ihnen rieben zwischen zwei Steinen Gerste zu Mehl, die dritte leitete von einem erhöhten Platz aus diese Arbeit. Sie war offenbar die Gebieterin.
In einer Ecke des Zeltes standen mehrere Säcke mit Reis, Datteln, Kaffee, Gerste und Bohnen, die mit einem kostbaren Teppich bedeckt waren. Sie bildeten den Thron der Gebieterin. Sie war noch jung, schlank und von hellerer Gesichtsfarbe als die anderen Frauen. Ihre Züge waren regelmäßig, ihre Augen dunkel und glänzend. Sie hatte die Lippen dunkelrot und die Augenbrauen schwarz gefärbt. Stirn und Wangen waren mit Schönheitspflästerchen belegt, und an den bloßen Armen und Füßen konnte man eine tiefrote Tätowierung bemerken. Von jedem Ohr hing ein goldener Ring herab. Auch die Nase war mit einem großen Ring versehen, an dem mehrere edle Steine funkelten. Der Nasenring mußte ihr beim Essen sehr im Weg sein. Um

ihren Nacken hingen dicke Reihen von Perlen, Korallenstücken, assyrischen Zylindern und bunten Steinen. Silberne Ringe umgaben ihre Knöchel, Arm- und Handgelenke. Die andern Frauen waren weniger geschmückt.

»Salam!« grüßte der Scheik. »Hier bringe ich euch einen Helden vom Stamm der Alaman, der euch mit dem Segen des Zam Zam beglücken will.«

Sofort warfen sich alle Frauen auf die Erde. Auch die vornehmste glitt von ihrem Thron und kniete nieder. Ich ließ einige Tropfen Wasser in die Hand laufen und verspritzte sie über die Gruppe.

»Nehmt hin, ihr Blumen der Wüste! Der Gott aller Völker erhalte euch lieblich und froh, daß euer Duft das Herz eures Gebieters erquicke!«

Als die Frauen merkten, daß ich das Gefäß wieder zu mir steckte, erhoben sie sich und beeilten sich, mir zu danken. Dann befahl der Scheik:

»Nun beeilt euch, ein Mahl zu bereiten, das dieses Mannes würdig ist. Ich werde Gäste laden, damit mein Zelt voll werde und alle sich der Ehre freuen, die uns heute widerfahren ist.«

Wir kehrten in sein Zelt zurück. Während ich eintrat, blieb er draußen stehen, um einigen Beduinen seine Befehle zu erteilen.

»Wo waren Sie?« fragte Sir David.

»Im Zelt der Frauen.«

»Ah! Nicht möglich!«

»Doch, es stimmt!«

»Diese Weiber lassen sich sehen?«

»Warum nicht?«

»Hm! Wundervoll! Hier bleiben! Auch Weiber ansehen!«

»Je nach Umständen. Man hält mich für einen frommen Mann, da ich Wasser aus dem Brunnen Zam Zam habe, wovon nach dem Glauben dieser Leute schon ein Tropfen Wunder tut.«

»Ah! Miserabel! Habe kein Zam Zam!«

»Würde Ihnen auch nichts helfen, da Sie nicht Arabisch verstehen!«

»Sind hier Ruinen?«

»Nein. Aber ich glaube, daß wir nicht weit zu gehen brauchen, um welche zu finden.«

»Dann sofort fragen! Ruinen finden; Fowlingbull ausgraben! War übrigens ein schauderhaftes Essen hier!«

»Wird besser. Wir werden gleich einen echt arabischen Schmaus bekommen!«
»Ah! Schien mir nicht danach auszusehen, der Scheik.«
»Seine Ansicht über uns hat sich geändert. Ich kenne einige Freunde von ihm, und das hat uns hier das Gastrecht erworben. Aber lassen Sie die Diener abtreten. Es könnte die Araber beleidigen, wenn sie mit ihnen in einem Raum sein müssen.«
Als der Scheik wieder erschienen war, dauerte es nicht lange, bis sich die Gäste versammelten. Es waren so viele, daß das Zelt voll wurde. Sie lagerten sich je nach ihrem Rang im Kreis. Der Scheik saß zwischen mir und Sir David in der Mitte. Bald wurde das Mahl von den Sklavinnen ins Zelt gebracht.
Zunächst wurde ein Sufrah vor uns hingelegt. Das ist eine Art Tischtuch aus gegerbtem Leder, das am Rand mit farbigen Streifen, Fransen und Verzierungen besetzt ist. Es enthält eine Anzahl von Taschen und kann zusammengelegt auch als Vorratsbehälter für Lebensmittel benutzt werden. Dann wurde der Kaffee gebracht. Zunächst bekam jeder nur ein kleines Täßchen voll. Dann folgte eine Schüssel mit Salatah, einem erfrischenden Gericht aus saurer Milch mit gesalzenen und gepfefferten Gurkenschnittchen. Zugleich wurde ein Topf mit kaltem Wasser vor den Scheik gestellt, aus dem die Hälse von drei Flaschen ragten. Zwei davon waren, wie ich bald merkte, mit Raki gefüllt. Die dritte enthielt eine wohlriechende Flüssigkeit, mit der uns der Gastgeber nach jedem Gang besprützte.
Nun folgte ein gewaltiger Napf voll flüssiger Butter. Sie wird hier Samn genannt und von den Arabern als Vorgericht und Nachtisch, aber auch bei jeder anderen Gelegenheit mit Vorliebe verspeist. Dann wurden kleine Körbe mit Datteln hereingebracht. Ich erkannte die köstliche, flachgedrückte Al-Schelebi, die etwa so verpackt wird wie bei uns die Feige. Sie ist ungefähr fünf Zentimeter lang, kleinkernig und von ebenso herrlichem Geruch wie Geschmack. Dann sah ich die seltene Adschwa, die niemals in den Handel kommt, weil der Prophet von ihr gesagt hat: »Wer das Fasten durch den täglichen Genuß von sechs oder sieben Adschwa bricht, der braucht weder Gift noch Zauber zu fürchten.«
Auch die Hilwah, die süßeste, die Dschuseirija, die grünste, die Al-Birni und die Al-Seihani waren vertreten. Für die geringeren Gäste gab es Balah, am Baum getrocknete Datteln, außerdem Dschebeli und Hilajah. Auch Kelladar Al-Scham, »syrische Hals-

bänder«, lagen da. Das sind Datteln, die man in siedendes Wasser taucht, damit sie ihre gelbe Farbe behalten. Dann reiht man sie auf eine Schnur und läßt sie in der Sonne trocknen.
Nach den Datteln trug man ein Gefäß mit Kanufa, das sind mit Zucker bestreute Nudeln, auf. Nun hob der Scheik die Hände.
»Bismillah!« rief er und gab damit das Zeichen zum Beginn des Mahls.
Er langte mit den Fingern in die einzelnen Näpfe, Schüsseln und Körbe und steckte erst mir, dann dem Engländer in den Mund, was er für die besten Brocken hielt. Ich hätte lieber meine eigenen Finger gebraucht, mußte ihn aber gewähren lassen, da ich ihn sonst schwer beleidigt hätte. Lindsay aber verzog seinen Mund, als er die erste Nudel hineingestopft bekam, nach seiner bekannten Weise zu einem Viereck und machte ihn nicht eher wieder zu, als bis ich ihn bat:
»Essen Sie, Sir David, wenn Sie diese Leute nicht tödlich beleidigen wollen!«
Er klappte den Mund zu, schluckte den Bissen hinunter und meinte dann in englischer Sprache:
»Brr! Habe doch Messer und Gabel in meinem Gepäck!«
»Lassen Sie sie stecken! Wir müssen uns nach der Sitte des Landes richten.«
»Schauderhaft!«
»Was sagt dieser Mann?« fragte der Scheik.
»Er ist ganz entzückt über dein Wohlwollen.«
»Oh, ihr seid prächtige Menschen!«
Bei diesen Worten fuhr er mit der Hand in die saure Milch und klebte dem ehrenwerten Englishman eine Portion unter die lange Nase. Sir David schnaubte ein paarmal, um sich Luft und Mut zu machen, und versuchte dann, die Gabe des Wohlwollens mit Hilfe seiner Zunge vom unteren Teil seines Gesichts hinweg in das Innere jener Öffnung zu bringen, die man Vorhof des Verdauungsapparates nennen kann.
»Schrecklich!« jammerte er dann. »Muß ich mir das wirklich gefallen lassen?«
»Ja.«
»Ohne Gegenwehr?«
»Ohne! Aber rächen können Sie sich.«
»Wie soll ich das anfangen?«
»Passen Sie auf, wie ich es mache.«

Ich griff in die Nudeln und steckte dem Scheik eine Portion davon in den Mund. Er hatte sie noch nicht verschluckt, da griff David Lindsay schon in die flüssige Butter und langte ihm eine Handvoll hin. Was ich vom Scheik als einem Moslem nicht erwartet hatte, das geschah: er schluckte die Gabe eines Ungläubigen ohne Sträuben herunter. Vielleicht nahm er sich vor, sich später zu waschen und sich durch längeres oder kürzeres Fasten wieder zu reinigen.

Während wir beide auf diese Weise vom Scheik gespeist wurden, teilte ich meine Gaben reichlich unter die andern aus. Sie betrachteten das als eine große Ehre und hielten mir den Mund mit sichtbarem Vergnügen hin. Bald war von den Speisen nichts mehr übrig.

Nun klatschte der Scheik in die Hände. Man brachte eine Sini. Das ist eine große, mit Zeichnungen und Inschriften geschmückte Schüssel von fast anderthalb Meter Umfang. Sie war gefüllt mit Birgani, einem Gemenge von Reis und Hammelfleisch, das in zerlassener Butter schwamm. Dann kam ein Wara Maschi, ein stark gewürztes Ragout aus Hammelschnitten, nachher Kabab, kleine, auf Holzstäbchen gespießte Bratenstückchen, dann Kima, gekochtes Fleisch, eingelegte Granatäpfel, Quitten und endlich Rahat, ein Zuckerwerk von der Art, wie auch wir es in verschiedenen Sorten beim Nachtisch bekommen.

Endlich Schluß? O nein! Als ich das Mahl schon beendet glaubte, wurde erst das Hauptstück gebracht: ein Hammel, ganz am Spieß gebraten. Ich konnte nichts mehr essen.

»Al-Hamdulillah!« rief ich daher, steckte meine Hände in den Wassertopf und trocknete sie an meinem Gewand ab.

Das war das Zeichen, daß ich nicht mehr essen würde. Der Morgenländer kennt bei Tafel das lästige »Nötigen« nicht. Wer sein »Al-Hamd« gesagt hat, dem wird nichts mehr angeboten. Das fiel auch dem Engländer auf. »Al-Hamdillah!« rief auch er, fuhr mit den Händen in das Wasser und – betrachtete sie dann verlegen.

Der Scheik bemerkte es und hielt ihm seinen Umhang hin.

»Sage deinem Freund«, meinte er zu mir, »daß er seine Hände an meinem Kleid trocknen möge. Die Engländer verstehen wohl nicht viel von Reinlichkeit, denn sie haben nicht einmal ein Gewand, an dem sie sich abtrocknen können.«

Ich teilte Lindsay das Angebot des Scheiks mit, und er machte ausgiebigen Gebrauch davon.

Nun wurde von dem Raki gekostet, und dann wurde jedem der Kaffee und eine Pfeife gereicht. Nun erst begann der Scheik, mich seinen anderen Gästen vorzustellen:
»Ihr Männer vom Stamm der Haddedihn Al-Schammar! Dieser Mann ist ein großer Emir und Hadschi aus dem Land der Alamani, sein Name lautet...«
»Kara Ben Nemsi«, fiel ich ihm ins Wort.
»Ja, sein Name lautet Kara Ben Nemsi Effendi, er ist der größte Krieger seines Landes und der weiseste Gelehrte seines Volkes. Er hat den Brunnen Zam Zam bei sich und geht in alle Länder, um Abenteuer zu suchen. Laßt uns sehen, ob es ihm gefällt, mit uns gegen unsere Feinde zu ziehen!«
Das brachte mich in eine merkwürdige Lage. Was sollte ich antworten? Denn eine Antwort erwarteten alle von mir, das war ihren Blicken anzusehen. Ich entschloß mich kurz:
»Ich kämpfe für alles Rechte und Gute gegen alles, was unrecht und falsch ist. Mein Arm gehört euch. Vorher aber muß ich diesen Mann, meinen Freund, dahin bringen, wohin zu geleiten ich ihm versprochen habe.«
»Wohin ist das?«
»Das muß ich euch erklären. Vor mehreren tausend Jahren lebte in diesem Land ein Volk, das große Städte und herrliche Paläste besaß. Das Volk ist untergegangen, seine Städte und Paläste liegen verschüttet unter der Erde. Wer in die Tiefe gräbt, der kann sehen und lernen, wie es vor Jahrtausenden gewesen ist, und dies will mein Freund tun. Er will in der Erde suchen nach alten Zeichen und Schriften, um sie zu enträtseln und zu lesen...«
»Und nach Gold, um es mitzunehmen«, fiel der Scheik ein.
»Nein«, antwortete ich. »Er ist reich. Er hat Gold und Silber, soviel er braucht. Er sucht nur Schriften und Bilder. Alles andere will er den Bewohnern dieses Landes lassen.«
»Und was sollst du dabei tun?«
»Ich soll ihn an eine Stelle führen, wo er findet, was er sucht.«
»Dazu braucht er dich nicht. Du kannst also getrost mit uns in den Kampf ziehen. Wir können ihm genug solche Stellen zeigen. Das ganze Land ist voller Ruinen und Trümmer.«
»Aber es kann niemand mit ihm sprechen, wenn ich nicht bei ihm bin. Ihr versteht seine Sprache nicht, und er kennt eure auch nicht.«
»Dann soll er zuvor mit uns in den Kampf ziehen, und später

werden wir euch viele Stellen zeigen, wo ihr Schriften und Bilder finden könnt.«
Lindsay merkte, daß von ihm die Rede war.
»Was sagen sie?« fragte er mich.
»Sie fragen mich, was Sie in diesem Land wollen.«
»Haben Sie ihnen gesagt, daß ich Fowlingbulls ausgraben will?«
»Ja. Sie wollen, daß ich Sie verlasse und mit ihnen in den Kampf ziehe. Sie halten mich für einen großen Helden.«
»Hm! Und wo finde ich Fowlingbulls?«
»Die Haddedihn wollen Ihnen welche zeigen.«
»Ah! Aber ich verstehe diese Leute nicht!«
»Das habe ich ihnen gerade gesagt.«
»Was geantwortet?«
»Sie sollen auch mit in den Kampf ziehen, und hinterher wollen sie uns zeigen, wo Inschriften und dergleichen zu finden sind.«
»Well! Wir ziehen mit ihnen!«
»Das geht nicht! Wir gefährden uns dabei. Und was gehen uns die Streitigkeiten anderer Leute an?«
»Nichts. Aber gerade deshalb können wir gehen, mit wem wir wollen.«
»Das müssen wir uns genau überlegen.«
»Fürchten Sie sich?«
»Nein.«
»Ich dachte! Also mitziehen. Sagen Sie es ihnen!«
»Sie werden es sich noch anders überlegen!«
»Nein!«
Sir David drehte sich auf die Seite, und das war ein untrügliches Zeichen, daß er sein letztes Wort gesprochen hatte. Ich wandte mich also wieder an den Scheik:
»Ich habe dir vorhin gesagt, daß ich für alles Rechte und Gute kämpfe. Ist eure Sache recht und gut?«
»Soll ich sie dir erzählen?«
»Ja.«
»Hast du vom Stamm der Dschehesch gehört?«
»Ja. Es ist ein treuloser Stamm. Er verbündet sich oft mit den Abu Selman und den Tai-Arabern, um die Nachbarstämme zu berauben.«
»Du weißt es. Er fiel über meinen Stamm her und raubte uns mehrere Herden. Wir eilten ihm nach und nahmen ihm alles wieder ab. Nun hat uns der Scheik der Dschehesch beim Gouverneur

verklagt und ihn bestochen. Der Gouverneur schickte zu mir und lud mich mit den vornehmsten Kriegern meines Stammes zu einer Besprechung nach Mossul ein. Ich war verwundet worden und konnte weder reiten noch gehen. Darum schickte ich meinen Sohn mit fünfzehn Kriegern. Der Statthalter war treulos, nahm sie gefangen und schickte sie an einen Ort, den ich noch nicht herausbekommen habe.«
»Hast du dich nach ihnen erkundigt?«
»Ja, aber ohne Erfolg, weil kein Mann meines Stammes sich nach Mossul wagen kann. Die Stämme der Schammar waren entrüstet über diesen Verrat und töteten einige Soldaten des Gouverneurs. Nun rüstet er gegen uns und hat zugleich die Obeïde, die Abu Hammed und die Dschowari gegen mich gehetzt, obwohl sie gar nicht zu seinem Bereich gehören, sondern nach Bagdad.«
»Wo lagern deine Feinde?«
»Sie rüsten erst.«
»Willst du dich nicht mit den anderen Schammar-Stämmen verbünden?«
»Wo sollten da unsere Herden Weide finden?«
»Du hast recht. Ihr wollt euch teilen und den Gouverneur in die Wüste locken, um ihn zu vernichten?«
»Ganz richtig. Sein Heer ist für die Schammar ungefährlich. Anders ist es aber mit meinen Feinden; sie sind Araber und wissen in der Wüste Bescheid. Ich darf sie nicht bis zu unseren Weideplätzen kommen lassen.«
»Wieviel Krieger zählt dein Stamm?«
»Elfhundert.«
»Und deine Gegner?«
»Mehr als dreimal soviel.«
»Wie lange dauert es, die Krieger deines Stammes zu versammeln?«
»Einen Tag.«
»Wo haben die Obeïde ihr Lager?«
»Am Unterlauf des Zab As-Saghir.«
»Und die Abu Hammed?«
»In der Nähe von Al-Fatha, an der Stelle, wo der Tigris durch die Hamrinberge bricht.«
»Auf welcher Seite?«
»Auf beiden.«
»Und die Dschowari?«

»Zwischen dem Dschebel Khernina und dem rechten Ufer des Tigris.«
»Hast du Kundschafter losgeschickt?«
»Nein.«
»Das hättest du tun sollen.«
»Es geht nicht. Jeder Schammar ist an seiner Tätowierung sofort zu erkennen; er wäre verloren, wenn man ihn entdeckte. Aber...«
Er schwieg und sah mich forschend an. Dann fuhr er fort:
»Emir, du bist wirklich der Freund von Malek, dem Ateïbeh, und auch unser Freund?«
»Ja.«
»Komm, ich werde dir etwas zeigen!«
Er verließ das Zelt. Ich folgte ihm mit dem Engländer und allen arabischen Gästen. Neben dem großen Zelt hatte man während unseres Mahles ein kleineres für die beiden Diener aufgeschlagen. Im Vorübergehen bemerkte ich, daß man auch sie mit Speise und Trank versorgt hatte. Außerhalb des Zeltkreises standen die Pferde des Scheiks angebunden. Zu ihnen führte er mich. Sie waren alle ausgezeichnet, zwei aber begeisterten mich. Eins war eine junge Schimmelstute, das schönste Geschöpf, das ich jemals gesehen hatte. Ihre Ohren waren lang, dünn und durchscheinend, die Nasenlöcher hoch, aufgeblasen und tiefrot, Mähne und Schweif wie Seide.
»Herrlich!« rief ich unwillkürlich.
»Sag: Maschallah!« bat der Scheik.
Der Araber ist in Beziehung auf das sogenannte »Beschreien« sehr abergläubisch. Wem irgend etwas sehr gefällt, der hat »Maschallah« zu sagen, wenn er nicht anstoßen will.
»Maschallah!« antwortete ich.
»Glaubst du, daß ich auf dieser Stute den wilden Esel des Sindschar müde gejagt habe, bis er zusammenbrach?«
»Unmöglich!«
»Bei Allah, es ist wahr! Ihr könnt es bezeugen!«
»Wir bezeugen es!« riefen die Araber wie aus einem Mund.
»Diese Stute geht nur mit meinem Leben von mir«, erklärte der Scheik. »Welches Pferd gefällt dir noch?«
»Dieser Hengst. Sieh diese Gliederung, dieses Gleichmaß, diesen Adel und die seltene Färbung, ein Schwarz, das in Blau übergeht!«
»Das ist noch nicht alles. Der Hengst hat die drei höchsten

Tugenden eines guten Pferdes: Schnellfüßigkeit, Mut und einen langen Atem.«
»Woran erkennst du das?«
»Die Haare wirbeln sich an der Kruppe; das zeigt, daß er schnellfüßig ist. Sie wirbeln sich am Beginn der Mähne; das zeigt, daß er einen langen Atem hat, und sie wirbeln sich in der Mitte der Stirn; das zeigt, daß er einen feurigen, stolzen Mut besitzt. Er läßt seinen Reiter nie im Stich und trägt ihn durch tausend Feinde. Hast du einmal ein solches Pferd besessen?«
»Ja.«
»Dann bist du ein reicher Mann.«
»Es kostete mich nichts – es war ein Mustang.«
»Was ist ein Mustang?«
»Ein wildes Pferd, das man sich erst einfangen und zähmen muß.«
»Würdest du diesen Rapphengst kaufen, wenn ich wollte und wenn du könntest?«
»Ich würde ihn auf der Stelle kaufen.«
»Du kannst ihn dir verdienen!«
»Unmöglich!«
»Ja. Du kannst ihn geschenkt bekommen.«
»Unter welcher Bedingung?«
»Wenn du uns sichere Nachricht bringst, wo die Obeïde, Abu Hammed und Dschowari sich vereinigen werden.«
Beinahe hätte ich vor Freude geschrien. Der Preis war hoch, aber das Roß war noch mehr wert. Ich besann mich nicht lange und fragte:
»Bis wann verlangst du diese Nachricht?«
»Sobald du sie bringen kannst.«
»Und wann bekomme ich das Pferd?«
»Wenn du zurückgekehrt bist.«
»Du hast recht, ich kann es nicht eher verlangen. Aber dann kann ich deinen Auftrag auch nicht ausführen.«
»Warum?«
»Weil vielleicht alles darauf ankommt, daß ich ein Pferd reite, auf das ich mich in jeder Beziehung verlassen kann.«
Er sah zu Boden.
»Weißt du, daß bei einem solchen Unternehmen der Hengst sehr leicht verlorengehen kann?«
»Ich weiß es. Es kommt aber auch auf den Reiter an. Aber wenn

ich ein solches Pferd unter mir habe, wüßte ich keinen Menschen, der mich oder das Tier fangen könnte.«
»Reitest du so gut?«
»Ich reite nicht so wie ihr. Das Pferd eines Schammar müßte ich erst an mich gewöhnen!«
»Dann sind wir dir überlegen!«
»Überlegen? Seid ihr gute Schützen?«
»Wir schießen im Galopp die Taube vom Zelt.«
»Gut. Leih mir den Hengst und schicke zehn Krieger hinter mir her. Ich werde mich nicht auf tausend Lanzenlängen von deinem Lager entfernen und gebe ihnen die Erlaubnis, auf mich zu schießen, sooft es ihnen beliebt. Sie werden mich nicht fangen und mich auch nicht treffen.«
»Du sprichst im Scherz, Effendi!«
»Ich rede im Ernst.«
»Und wenn ich dich beim Wort nehme?«
»Meinetwegen!«
Die Augen der Araber leuchteten vor Vergnügen. Gewiß war jeder von ihnen ein vortrefflicher Reiter. Sie brannten darauf, daß der Scheik auf mein Angebot einging.
Mohammed Emin blickte unschlüssig vor sich nieder.
»Ich weiß, welcher Gedanke dein Herz bewegt, o Scheik«, sagte ich. »Sieh mich an! Trennt ein Mann sich von solchen Waffen, wie ich sie trage?«
»Nie!«
Ich nahm meine Gewehre und legte sie vor ihm hin.
»Sieh her, ich lege sie dir zu Füßen als Pfand, daß ich nicht die Absicht habe, dir den Hengst zu rauben. Wenn das noch nicht genug ist, soll mein Wort und auch hier mein Freund dein Pfand sein.«
Jetzt lächelte er beruhigt. »Also zehn Mann?« fragte er zweifelnd.
»Meinetwegen auch zwölf oder fünfzehn.«
»Sie dürfen auf dich schießen?«
»Ja. Wenn ich erschossen werde, soll sie kein Vorwurf treffen. Wähle deine besten Reiter und Schützen aus!«
»Du bist tollkühn!«
»Das sieht nur so aus.«
»Sie dürfen sich nur hinter dir halten?«
»Sie können reiten, wie und wohin sie wollen, um mich zu fangen oder mit ihrer Kugel zu treffen.«

»Allah karim, dann bist du schon jetzt ein toter Mann!«
»Sobald ich wieder an diesem Platz angelangt bin, ist das Spiel zu Ende!«
»Gut, du willst es nicht anders. Ich werde meine Stute reiten, um alles beobachten zu können.«
»Erlaube mir zuvor, den Hengst zu probieren!«
Ich saß auf, und während der Scheik die Haddedihn bestimmte, die mich fangen sollten, merkte ich, daß ich mich auf den Hengst verlassen konnte. Dann sprang ich wieder ab und entfernte den Sattel. Das stolze Tier merkte, daß etwas Ungewöhnliches im Gang war. Seine Augen funkelten, die Mähne hob sich, und seine Beine gingen wie die Füße einer Tänzerin, die versuchen will, ob das Parkett des Saales glatt genug ist. Ich schlang dem Hengst einen Riemen um den Hals und knüpfte eine Schlinge an die eine Seite des fest angezogenen Bauchgurtes.
»Du reitest ohne Sattel?« fragte der Scheik. »Wozu diese Riemen?«
»Das wirst du bald sehen. Hast du die Wahl unter deinen Kriegern getroffen?«
»Ja. Hier sind zehn!«
Sie saßen schon auf ihren Pferden. Gleichzeitig stiegen alle Araber auf, die sich in der Nähe befanden.
»Dann kann es losgehen. Seht ihr das einzelne Zelt, sechshundert Schritt von hier? Sobald ich es erreicht habe, könnt ihr auf mich schießen. Ihr braucht mir keinen Vorsprung zu lassen. Vorwärts!«
Ich sprang auf. Der Hengst schoß wie ein Pfeil davon. Die Araber folgten ihm hart auf den Hufen. Es war ein Prachtpferd. Ich hatte die Hälfte der angegebenen Entfernung noch nicht zurückgelegt, als der erste Verfolger schon fünfzig Schritt zurückgefallen war.
Jetzt bückte ich mich und steckte den Arm in den Halsriemen und das Bein in die Schlinge. Kurz vor dem bezeichneten Zelt sah ich mich um. Alle zehn Araber hielten ihre langen Flinten oder Pistolen schußbereit. Ich warf den Hengst im rechten Winkel herum. Einer der Verfolger parierte sein Pferd so plötzlich, wie es nur ein Araber fertigbekommt. Das Tier stand wie aus Erz gegossen. Er hob die Flinte empor. Der Schuß krachte.
»Allah, Wallah, Tallah!« riefen die Haddedihn.
Sie glaubten, ich sei getroffen, denn ich war nicht mehr zu sehen.

*Auch in der Gegenwart
sind die prachtvollen Reiterspiele der Araber noch lebendig*

Nach Art der Indianer hatte ich mich vom Pferd geworfen und hing nun mit Hilfe des Riemens und der Schlinge an der Seite des Tieres, die den Verfolgern abgewendet war. Ein Blick unter dem Hals des Rappen hindurch überzeugte mich, daß niemand mehr zielte. Sofort richtete ich mich wieder im Sattel auf, drückte das Pferd nach rechts hinüber und jagte weiter.

»Allah akbar! Maschallah!« hörte ich hinter mir. Die Haddedihn konnten sich die Sache noch nicht erklären.

Sie steigerten ihre Geschwindigkeit und hoben wieder die Flinten. Ich zog den Rappen nach links, warf mich wieder ab und ritt in einem spitzen Winkel an ihrer Flanke vorüber. Sie konnten nicht schießen, wenn sie nicht das Pferd treffen wollten. Ob-

wohl die Jagd gefährlich aussah, war sie bei der Vortrefflichkeit meines Pferdes doch nicht besonders schwierig. Indianern gegenüber hätte ich diese Taktik allerdings nicht anwenden dürfen. Wir jagten einigemal um das ausgedehnte Lager herum. Dann galoppierte ich, immer an der Seite des Pferdes hängend, mitten zwischen den Verfolgern hindurch an die Stelle, wo ich den Ritt begonnen hatte.
Als ich abstieg, zeigte der Rappe keine Spur von Schweiß oder Schaum. Er war wirklich kaum mit Geld zu bezahlen. Nach und nach kamen auch die Verfolger an. Es waren fünf Schüsse auf mich abgegeben worden, aber keiner hatte getroffen. Der alte Scheik faßte mich bei der Hand.

»Hamdullillah! Preis sei Allah, daß du nicht verwundet bist! Ich habe Angst um dich gehabt. Es gibt im ganzen Stamm der Schammar keinen Reiter wie dich.«
»Du irrst. Es gibt in deinem Stamm sehr viele, die besser reiten als ich, aber sie haben nicht gewußt, daß sich der Reiter hinter seinem Pferd verbergen kann. Wenn ich von keiner Kugel getroffen wurde, habe ich es nicht mir, sondern diesem Pferd zu danken. Erlaubst du vielleicht, daß wir das Spiel einmal verändern?«
»Wie?«
»Es soll so bleiben wie vorhin, nur mit dem Unterschied, daß ich auch ein Gewehr mitnehmen und auf die zehn Männer schießen darf.«
»Allah verhüte ein solches Unglück, du würdest sie alle vom Pferd schießen!«
»Dann wirst du jetzt glauben, daß ich mich weder vor den Obeïde noch vor den Abu Hammed oder den Dschowari fürchte, wenn ich diesen Hengst unter mir habe?«
»Ich glaube es.« Er rang sichtlich mit einem Entschluß, dann fügte er hinzu: »Du bist Kara Ben Nemsi, der Freund meines Freundes Malek. Ich vertraue dir. Nimm den Hengst und reite gegen Morgen. Bringst du mir keine Botschaft, bleibt er mein Eigentum, kommst du aber mit wichtigen und guten Nachrichten zurück, gehört er dir. Dann werde ich dir auch sein Geheimnis sagen.«
Jedes arabische Pferd hat nämlich, wenn es besser als mittelmäßig ist, sein Geheimnis; das heißt, es ist auf ein gewisses Zeichen eingeübt, auf das es den höchsten Grad seiner Schnelligkeit entwickelt. Es verringert dieses Tempo nicht eher, bis es entweder zusammenbricht oder von seinem Reiter angehalten wird. Der Reiter verrät das geheime Zeichen nicht einmal seinem Freund, seinem Vater oder Bruder, seinem Sohn und seinem Weib und wendet es nur an, wenn er sich in Lebensgefahr befindet.
»Erst dann willst du mir das Geheimnis sagen?« antwortete ich. »Kann nicht der Fall eintreten, daß nur das Geheimnis mich und das Pferd zu retten vermag?«
»Du hast recht. Aber du bist noch nicht der Besitzer des Rappen.«
»Ich werde es bald sein!« rief ich. »Und sollte ich es nicht werden, so wird das Geheimnis in mir vergraben sein, daß keine Seele es je erfährt.«

»So komm!«
Er führte mich auf die Seite und flüsterte mir zu:
»Wenn der Rappe fliegen soll wie der Falke in den Lüften, lege ihm die Hand leicht zwischen die Ohren und rufe laut das Wort ›Rih!‹.«
»Rih, das heißt Wind?«
»Ja, Rih ist der Name des Pferdes, denn es ist noch schneller als der Wind. Es ist so schnell wie der Sturm.«
»Ich danke dir, Scheik. Ich werde deinen Auftrag so gut ausführen, als wäre ich ein Sohn der Haddedihn. Wann soll ich reiten?«
»Morgen mit Anbruch des Tages, wenn es dir beliebt.«
»Welche Datteln nehme ich mit für den Rappen?«
»Er frißt nur Balahat. Ich brauche dir nicht zu sagen, wie ein so kostbares Pferd zu behandeln ist?«
»Nein.«
»Schlafe heute an seinem Leib und sage ihm die hundertste Sure, die von den schnelleilenden Rossen handelt, in die Nüstern. Dann wird es dich lieben und dir gehorchen bis zum letzten Atemzug. Kennst du diese Sure des Korans?«
»Ja, sie heißt Al-Adiyat.«
»Sprich sie mir vor!«
Er war wirklich sehr besorgt um mich und sein Pferd. Ich gehorchte seinem Willen:
»Im Namen Allahs, des Allbarmherzigen! Bei den schnelleilenden Rossen mit freudig-lautem Schnauben, die stampfend Feuerfunken schlagen und die wetteifernd des Morgens früh auf den Feind einstürmen und so den Staub aufjagen und die feindlichen Scharen durchbrechen, wahrlich, der Mensch ist undankbar gegen seinen Herrn, und er muß solches bezeugen. Zu unmäßig hängt er der Liebe zu irdischen Gütern an. Weiß er denn nicht, daß dann, wenn alles, was in den Gräbern bloßgelegt ist und was in des Menschen Brust verborgen, an das Licht gebracht ist, daß dann, an diesem Tag, ihr Herr sie vollkommen durchschaut?«
»Ja, du kennst diese Sure. Ich habe sie dem Rappen des Nachts tausendmal vorgesagt. Tu es auch, dann wird er merken, daß du sein Herr geworden bist. Aber jetzt komm in das Zelt zurück!«
Der Engländer war bisher stiller Zuschauer gewesen. Nun kam er an meine Seite.
»Warum auf Sie geschossen?«

»Ich wollte ihnen etwas zeigen, was sie noch nicht kennen.«
»Ah, schön, Prachtpferd!«
»Wissen Sie, wem es gehört, Sir David?«
»Dem Scheik, wem sonst?«
»Mir.«
»Sir, mein Name ist David Lindsay. Ich lasse mir nichts weismachen, merken Sie sich das!«
»Gut, dann behalte ich alles andere für mich!«
»Was?«
»Daß ich Sie morgen früh verlasse, um auf Kundschaft auszureiten. Von den Feindseligkeiten haben Sie schon gehört. Ich soll erkunden, wann und wo die feindlichen Stämme zusammentreffen. Wenn es mir gelingt, bekomme ich diesen Rappen geschenkt.«
»Glückskind! Werde mitreiten, mithorchen, mitkundschaften!«
»Das geht nicht.«
»Warum nicht?«
»Sie können mir nichts nützen, sondern nur schaden. Ihre Kleidung...«
»Pah, ziehe mich als Araber an!«
»Ohne ein Wort Arabisch zu verstehen?«
»Richtig! Wie lange ausbleiben?«
»Ich weiß noch nicht. Einige Tage. Ich muß über den Zab As-Saghir hinunter, und der ist ziemlich weit von hier.«
»Böser Weg! Schlechtes Volk von Arabern!«
»Ich werde mich in acht nehmen.«
»Werde dableiben, wenn Sie mir einen Gefallen tun.«
»Welchen?«
»Nicht bloß nach Beduinen forschen.«
»Wonach sonst noch?«
»Nach schönen Ruinen. Muß nachgraben, Fowlingbull finden, nach London ins Museum schicken!«
»Das werde ich tun, verlassen Sie sich darauf!«
»Well! Fertig, eintreten!«
Wir nahmen unsere Plätze im Zelt wieder ein und verbrachten den Rest des Tages mit allerlei Erzählungen, wie sie der Araber liebt. Am Abend wurde Musik gemacht und gesungen, wobei es nur zwei Instrumente gab: die Rubabah, eine Art Zither mit nur einer Saite, und die Tabel, eine kleine Pauke, die im Verhältnis zu den leisen, einförmigen Tönen der Rubabah einen entsetzlichen

Lärm machte. Dann wurde das Nachtgebet gesprochen, und wir gingen zur Ruhe.
Der Engländer schlief im Zelt des Scheiks, ich aber ging zu dem Hengst, der auf der Erde lag, und streckte mich zwischen seinen Füßen aus. Habe ich ihm die hundertste Sure wirklich in die Nüstern gesagt? Durchaus! Dabei hat mich nicht etwa der Aberglaube geleitet. Das Pferd war an diesen Vorgang gewöhnt. Wir wurden also auf diese Weise schnell vertraut miteinander. Da ich beim Aufsagen der Worte dicht an seinen Nüstern atmete, lernte es die Witterung seines neuen Gebieters kennen. Ich lag zwischen seinen Füßen wie ein Kind zwischen den Beinen eines treuen Neufundländers.
Als der Tag graute, öffnete sich das Zelt des Scheiks. Der Engländer trat heraus. »Geschlafen, Sir?« fragte er.
»Ja.«
»Ich nicht. Sehr lebendig im Zelt.«
»Die anderen Schläfer?«
»Nein.«
»Wer sonst?«
»Die fleas, lice und gnats!«
»An Ungeziefer, wie Flöhe, Läuse und Stechmücken, werden Sie sich bald gewöhnen, Sir David!«
»Nie. Konnte auch nicht schlafen, weil ich an Sie dachte.«
»Warum?«
»Konnten fortreiten, ohne mich noch zu sprechen. Habe Sie noch viel zu fragen.«
»Fangen Sie ruhig an!«
Ich hatte ihm schon am Abend vorher allerlei Auskunft erteilen müssen. Jetzt zog er sein Notizbuch heraus.
»Werde mich führen lassen an Ruinen. Muß Arabisch reden. Mir sagen verschiedenes. Was heißt Freund?« – »Khalil.«
»Feind?« – »Khassm.«
»Muß bezahlen. Was heißt Dollar?« – »Ridschal Frandsch.«
»Werde Steine graben. Was heißt Stein?«
»Hadschar und auch Hadschr oder Chadschr.«
So fragte er mich nach vielen Wörtern, die er sich alle notierte. Dann wurde es im Lager lebendig, und ich mußte in das Zelt des Scheiks kommen, um das Frühmahl einzunehmen. Dabei wurde noch vieles beraten. Dann nahm ich Abschied, stieg zu Pferd und verließ das Lager der Haddedihn.

16 Gefangener der Abu Hammed

Ich hatte mir vorgenommen, zunächst den am weitesten südlich lagernden Stamm, die Dschowari, aufzusuchen. Es wäre am besten gewesen, dem Wadi Tharthar zu folgen, das fast parallel mit dem Tigris verläuft. Leider war aber zu vermuten, daß an den Ufern dieses Wadis die Obeïde ihre Herden weideten. Deshalb hielt ich mich weiter westlich. Ich mußte mich so einrichten, daß ich den Tigris etwa eine Meile oberhalb von Tikrit erreichte. Dann traf ich sicher auf den gesuchten Stamm.
Mit Nahrungsmitteln war ich reichlich versehen. Wasser brauchte ich für mein Pferd nicht, da der Pflanzenwuchs in vollem Saft stand. Also hatte ich weiter keine Sorge, als die Richtung einzuhalten und jede feindliche Begegnung zu vermeiden. Für das erste hatte ich meinen Ortssinn, die Sonne und den Kompaß, und für das zweite das Fernrohr, mit dessen Hilfe ich alles erkennen konnte, bevor ich selbst gesehen wurde.
Der Tag verging ohne Abenteuer. Am Abend legte ich mich hinter einem einsamen Felsen zur Ruhe. Bevor ich einschlief, überlegte ich, ob es nicht vielleicht besser sei, gleich bis Tikrit zu reiten, weil ich dort ohne Aufsehen vieles erfahren konnte, was ich wissen wollte. Leider war das ein nutzloser Gedanke, wie ich am nächsten Morgen feststellte. Ich hatte nämlich sehr fest geschlafen und erwachte durch das warnende Schnauben meines Pferdes. Als ich aufblickte, sah ich fünf Reiter von Norden her auf meinen Lagerplatz zukommen. Sie hatten mich bereits gesehen. Fliehen wollte ich nicht, obwohl mich der Rappe schnell davongetragen hätte. Ich erhob mich also, bestieg mein Pferd und nahm den Stutzen zur Hand.
Sie kamen im Galopp näher und zügelten ihre Pferde einige Schritt vor mir. Da sie keine feindseligen Gesichter hatten, machte ich mir keine Sorgen.
»As-salam Alaikum!« grüßte der eine.
»Wa Alaikum As-salam!« antwortete ich.
»Du hast diese Nacht hier geschlafen?«
»Das stimmt.«
»Hast du kein Zelt, unter dem du dein Haupt zur Ruhe legen könntest?«

»Nein. Allah hat seine Gaben ungleichmäßig verteilt. Dem einen gibt er ein Dach von Filz und dem andern den Himmel zur Decke.«
»Du könntest aber ein Zelt besitzen, denn du hast ein Pferd, das mehr wert ist als hundert Zelte.«
»Es ist mein einziger Besitz.«
»Verkaufst du es?«
»Nein.«
»Du mußt zu einem Stamm gehören, der nicht weit von hier sein Lager hat.«
»Warum?«
»Dein Hengst ist noch frisch.«
»Und doch wohnt mein Stamm viele Tagereisen von hier, weit hinter den heiligen Städten im Westen.«
»Wie heißt dein Stamm?«
»Uëlad Alaman.«
»Ja, da drüben im Westen sagt man meist Uëlad statt Beni. Warum entfernst du dich so weit von deinem Land?«
»Ich habe Mekka besucht und will nun auch noch die Duar (Zeltdörfer) und Städte sehen, die gegen Persien liegen, damit ich viel erzählen kann, wenn ich heimkehre.«
»Wohin geht dein Weg?«
»Immer nach Sonnenaufgang, wohin Allah mich führt.«
»Dann kannst du dich uns anschließen.«
»Wo ist euer Ziel?«
»Oberhalb der Khernina-Klippen, wo unsere Herden am Ufer und auf den Inseln des Tigris weiden.«
Sollten diese Leute etwa gar Dschowari sein? Sie hatten mich ausgefragt. Es war also nicht unhöflich, wenn ich mich ebenfalls erkundigte.
»Welchem Stamm gehören diese Herden?«
»Den Abu Mohammed.«
»Sind noch andere Stämme in der Nähe?«
»Ja. Südlich die Alabëide, die dem Scheik von Khernina Tribut bezahlen, und nördlich die Dschowari.«
»Wem bezahlen die Dschowari den Tribut?«
»Man merkt, daß du aus fernen Landen kommst. Die Dschowari zahlen nicht, sondern sie nehmen sich Tribut. Es sind Diebe und Räuber, vor denen unsere Herden keinen Augenblick sicher sind. Komm mit uns, wenn du gegen sie kämpfen willst!«

»Ihr bekämpft die Dschowari?«
»Ja. Wir haben uns mit den Alabeïde verbündet. Willst du Taten vollbringen, dann kannst du es bei uns lernen. Das ist besser, als hier am Hügel des Löwen zu schlafen.«
»Ich kenne diesen Platz nicht. Ich war müde und habe mich zur Ruhe gelegt, wo ich vom Pferd stieg.«
»Allah karim, Gott ist gnädig! Du bist ein Liebling Allahs, sonst hätte dich der Würger der Herden zerrissen. Kein Araber möchte hier eine Stunde schlafen, denn an diesem Felsen halten die Löwen ihre Zusammenkünfte.«
»Es gibt hier am Tigris Löwen?«
»Ja, am Unterlauf des Stroms. Weiter oben findest du nur Leoparden. Willst du mit uns reiten?«
»Wenn ich euer Gast sein darf.«
»Du bist es. Nimm unsere Hand und laß uns Datteln tauschen.«
Wir legten die flachen Hände ineinander. Nun bekam ich von jedem eine Dattel, die ich aß, während ich fünf andere dafür gab, die ebenfalls aus der Hand verzehrt wurden. Dann ritten wir nach Südosten. Einige Zeit später passierten wir das Tharthar. Das Gelände wurde allmählich bergiger.
Ich lernte meine fünf Begleiter unterwegs als ehrliche und offene Nomaden kennen. Sie hatten bei einem befreundeten Stamm eine Hochzeitsfeier mitgemacht und kehrten nun zurück, begeistert über die schwungvollen Festlichkeiten, die sie erlebt hatten.
Das Gelände hob sich noch eine Strecke weit, dann senkte es sich plötzlich wieder. Rechts wurden in großer Entfernung die Ruinen von Alt-Tikrit sichtbar, links sahen wir den Dschebel Khernina, und vor uns breitete sich das Tal des Tigris aus. Nach einer halben Stunde erreichten wir den Strom. Er war hier ungefähr anderthalb Kilometer breit. Sein Wasser wurde von einer großen, langgestreckten, grün bewachsenen Insel geteilt, auf der ich mehrere Zelte erblickte.
»Kommst du mit hinüber? Du wirst unserem Scheik willkommen sein!«
»Wie kommen wir auf die Insel?«
»Du wirst es gleich sehen. Man hat uns schon entdeckt. Komm weiter flußaufwärts, wo das Kellek landet.«
Ein Kellek ist ein Floß, das in der Regel doppelt so lang wie breit ist. Es besteht aus aufgeblasenen Ziegenfellschläuchen, die durch Querhölzer verbunden sind, über die Balken oder Bretter gelegt

werden. Das einzige Bindemittel sind Weidenruten. Gesteuert wird so ein Floß durch zwei Ruder, deren Riemen aus gespaltenen und wieder zusammengebundenen Bambusstücken angefertigt sind.

Ein solches Floß stieß drüben von der Insel ab. Es war so groß, daß es mehr als sechs Reiter tragen konnte, und brachte uns wohlbehalten hinüber.

Wir wurden von einer Menge Kinder, einigen Hunden und einem alten, ehrwürdig aussehenden Araber begrüßt. Es war der Vater eines meiner Gefährten.

»Erlaube, daß ich dich zum Scheik führe«, sagte der bisherige Wortführer.

Auf unserem Weg stießen mehrere Männer zu uns, die sich bescheiden hinter uns hielten und mich durch keine Frage belästigten. Ihre Blicke hingen voller Bewunderung an meinem Pferd. Der Weg endete vor einer geräumigen Hütte, die aus Weidenstämmen gefertigt, mit Bambus gedeckt und innen mit Matten ausgekleidet war. Als wir eintraten, erhob sich ein kräftig gebauter Mann von dem Teppich, auf dem er gesessen hatte. Er war damit beschäftigt gewesen, sein Messer auf einem Stein zu schärfen.

»As-salam Alaikum!« grüßte ich.

»Wa Alaikum As-salam!« antwortete er und sah mich scharf an.

»Erlaube mir, o Scheik, dir diesen Mann zu bringen«, bat mein Begleiter. »Er ist ein vornehmer Krieger, so daß ich ihm mein Zelt nicht anzubieten wage.«

»Wen du bringst, der ist mir willkommen«, hieß die Antwort. »Setze dich, o Fremdling. Du bist müde und hungrig, du sollst ruhen und essen. Erlaube aber zuvor, daß ich nach deinem Pferd sehe!«

Das war ganz das Verhalten eines Arabers: erst das Pferd und dann der Mann. Als er wieder eintrat, sah ich ihm sofort an, daß ihm der Anblick des Rappen Achtung eingeflößt hatte.

»Du hast ein edles Tier, Maschallah! Möge es dir erhalten bleiben! Ich kenne es.«

Ich stutzte. »Woher kennst du es?« fragte ich den Scheik.

»Es ist das beste Roß der Haddedihn.«

»Auch die Haddedihn kennst du?«

»Ich kenne alle Stämme. Aber dich kenne ich nicht.«

Das Kopftuch des Beduinen wird durch zwei Ringe gehalten

»Kennst du den Scheik der Haddedihn?«
»Ja, es ist Mohammed Emin. Er hat dich zu mir gesandt?«
»Nein, und trotzdem komme ich als sein Bote zu dir.«
»Ruhe dich erst aus, bevor du erzählst.«
»Ich bin nicht müde, und was ich dir zu sagen habe, ist so wichtig, daß ich es gleich sagen möchte.«
»So sprich!«
»Ich höre, daß die Dschowari deine Feinde sind.«
»Sie sind es«, antwortete er finster.
»Sie sind auch die Feinde der Haddedihn und meine Feinde.«
»Ich weiß es.«
»Ich hörte, daß du dich mit den Alabeïde vereinigt hast. Deshalb muß ich mit dir etwas besprechen.«
»Bevor du beginnst, mußt du dich erst erholen. Du darfst uns erst verlassen, wenn meine Ältesten über die Sache beraten haben.«
Nach kaum einer Stunde saßen acht Männer um mich und den Scheik herum und rissen große Fetzen Fleisch von dem Hammel, der aufgetragen worden war. Diese acht Männer waren die Ältesten der Abu Mohammed. Ich erzählte ihnen, wie ich zu den Haddedihn gekommen und der Bote ihres Scheiks geworden war.
»Was für Vorschläge willst du uns machen?« fragte der Scheik.
»Keine. Über eure Häupter sind mehr Jahre gezogen als über mein Haupt. Es ziemt dem Jüngeren nicht, dem Alten die Wege vorzuschreiben.«
»Du sprichst die Sprache der Weisen. Dein Haupt ist noch jung, aber dein Verstand ist alt, sonst hätte Mohammed Emin dich nicht zu seinem Gesandten gemacht. Rede! Wir werden hören und dann entscheiden.«
»Wieviel Krieger zählt dein Stamm?«
»Neunhundert.«
»Und die Alabeïde?«
»Achthundert.«
»Das sind siebzehnhundert. Genau halb soviel, wie die Feinde zusammen zählen.«
»Wie viele Krieger haben die Haddedihn?«
»Elfhundert. Doch auf die Zahl kommt es nicht allein an. Wißt ihr vielleicht, wann sich die Dschowari mit den Abu Hammed vereinigen wollen?«
»Am Tage nach dem nächsten Yom Al-Sabt, dem Sonnabend.«

»Weißt du das genau?«
»Wir haben einen guten Freund bei den Dschowari.«
»Und wo werden die Stämme zusammentreffen?«
»Bei den Ruinen von Khan Khernina. Und dann werden sich diese beiden Stämme mit den Obeïde vereinigen.«
»Wo?«
»Zwischen dem Wirbel ʾAl-Kalab und den Ausläufern des Dschebel Dschahannem.«
»Wann?«
»Am dritten Tag nach dem Yom Al-Sabt.«
»Du bist gut unterrichtet. Wohin werden sie sich dann wenden?«
»Zu den Weideplätzen der Haddedihn.«
»Und was wolltet ihr tun?«
»Wir wollten die Zelte überfallen, in denen sie ihre Frauen und Kinder zurücklassen, und dann ihre Herden mitnehmen.«
»Wäre das klug?« fragte ich.
»Wir holen uns wieder, was uns geraubt wurde.«
»Ganz richtig. Aber die Haddedihn sind nur elfhundert, die Feinde dagegen dreitausend Krieger. Die verbündeten Stämme hätten die Haddedihn geschlagen, wären als Sieger zurückgekehrt und euch nachgejagt, um euch nicht nur die Beute, sondern auch eure jetzige Habe wegzunehmen. Wenn ich unrecht habe, so sagt es.«
»Du hast recht. Wir dachten, die Haddedihn würden durch andere Stämme der Schammar verstärkt werden.«
»Diese Stämme werden vom Gouverneur von Mossul angegriffen. Sie können den Haddedihn nicht helfen.«
»Was rätst du uns? Wäre es nicht am besten, die Feinde einzeln zu vernichten?«
»Ihr würdet einen Stamm besiegen und die andern beiden aufmerksam machen. Sie müssen kurz nach ihrer Vereinigung, also bei dem Wirbel Al-Kalab, angegriffen werden. Wenn es euch recht ist, wird Mohammed Emin am dritten Tag nach dem Yom Al-Sabt mit seinen Kriegern vom Dschebel Dschahannem herabsteigen und sich auf die Feinde werfen, während ihr sie von Süden angreift und in den Strudel Al-Kalab treibt.«
Dieser Plan wurde nach längerer Beratung angenommen und dann noch genau besprochen. Darüber war ein großer Teil des Nachmittags vergangen. Der Abend rückte heran, so daß mir nichts anderes übrigblieb, als während der Nacht dort zu blei-

ben. Am nächsten Morgen wurde ich in aller Frühe wieder ans Ufer gesetzt und ritt den Weg zurück, den ich gekommen war.
Meine Aufgabe war so leicht und einfach gelöst worden, daß ich mich fast schämen mußte, es zu erzählen. Der Rappe durfte nicht so billig verdient werden. Was konnte ich aber sonst noch tun? War es nicht vielleicht besser, den Kampfplatz vorher ein wenig zu studieren? Diesen Gedanken wurde ich nicht mehr los.
Ich kehrte also gar nicht über das Tharthar zurück, sondern ritt an seinem linken Ufer nach Norden, auf den Dschebel Dschahannem zu. Erst als der Nachmittag schon halb verstrichen war, kam mir der Gedanke, ob nicht das Wadi, in dem ich mit dem Engländer die Pferdediebe getroffen hatte, ein Teil der Dschahannem-Berge sei. Ich konnte diese Frage nicht beantworten, setzte meinen Weg fort und hielt mich später mehr nach rechts, um in die Nähe des Dschebel Mukehil zu kommen.
Die Sonne war schon fast bis zum Horizont niedergesunken, als ich vor mir zwei Reiter bemerkte, die schnell näher kamen. Als sie mich sahen, hielten sie einen Augenblick an, kamen aber dann auf mich zu. Ich zügelte mein Pferd und erwartete sie.
Es waren zwei Männer in rüstigem Alter. Sie hielten vor mir an.
»Wer bist du?« fragte der eine mit einem lüsternen Blick auf den Rappen.
So eine Anrede war mir unter Arabern noch nicht vorgekommen.
»Ein Fremdling«, erwiderte ich kurz.
»Woher kommst du?«
»Von Westen, wie ihr seht.«
»Wohin willst du?«
»Wohin das Kismet mich führt.«
»Komm mit uns! Du sollst unser Gast sein.«
»Ich danke dir. Ich habe bereits einen Gastfreund, der für ein Lager sorgt.«
»Wen?«
»Allah. – Lebt wohl!«
Ich war zu sorglos gewesen, denn noch hatte ich mich nicht abgewandt, da langte der eine in den Gürtel. Im nächsten Augenblick flog mir seine Wurfkeule so heftig an den Kopf, daß ich vom Pferd stürzte. Zwar dauerte die Betäubung nicht lange, aber die Räuber hatten mich doch unterdessen binden können.
»As-salam Alaikum!« grüßte einer der beiden spöttisch. »Wir

waren vorhin nicht höflich genug, und daher war dir unsere Gastfreundschaft nicht angenehm. Wer bist du?«
Ich antwortete natürlich nicht.
»Wer du bist?«
Ich schwieg, obwohl er seine Frage durch einen Fußtritt bekräftigte.
»Laß ihn«, meinte der andere. »Allah wird ein Wunder tun und ihm den Mund öffnen. Soll er reiten oder gehen?«
»Gehen!«
Sie lockerten mir die Riemen um die Beine und banden mich an den Steigbügel des einen Pferdes. Dann nahmen sie meinen Rappen beim Zügel, und fort ging es, scharf nach Osten. Ich war trotz meines guten Pferdes ein Gefangener. Das hatte mir mein Übermut eingebrockt.
Der Weg stieg allmählich an. Wir kamen zwischen Bergen hindurch. Endlich sah ich mehrere Feuer, die uns aus einem Tal entgegenleuchteten. Es war mittlerweile Nacht geworden. Wir kamen an mehreren Zelten vorbei und hielten endlich vor einem Zelt, aus dem in diesem Augenblick ein junger Mann trat. Er sah mich und ich ihn – wir erkannten einander.
»Maschallah! Wer ist dieser Gefangene?« fragte er.
»Wir fingen ihn draußen in der Ebene. Er ist ein Fremder, der uns keine Blutrache bringen wird. Sieh dieses Tier an, das er ritt!«
»Allah akbar, das ist ja der Rappe von Mohammed Emin, dem Haddedihn! Führt diesen Kerl hinein zu meinem Vater, dem Scheik, damit er verhört wird. Ich rufe die andern zusammen.«
»Was tun wir mit dem Pferd?«
»Es bleibt vor dem Zelt des Scheiks.«
»Und seine Waffen?«
»Bringt sie in das Zelt!«
Eine halbe Stunde später stand ich wieder vor einer Versammlung. Nun konnte mein Schweigen nichts mehr nützen. Ich beschloß daher, zu sprechen.
»Kennst du mich?« fragte der Älteste der Anwesenden.
»Nein.«
»Weißt du, wo du dich befindest?«
»Nein.«
»Kennst du diesen tapferen jungen Araber?«
»Ja.«

»Wo hast du ihn gesehen?«
»Am Dschebel Dschahannem. Er hatte vier Pferde gestohlen, die ich mir wiederholte.«
»Lüge nicht!«
»Wer bist du, daß du dir einen solchen Ton erlaubst?«
»Ich bin Zedar Ben Huli, der Scheik der Abu Hammed.«
»Zedar Ben Huli, der Scheik der Pferderäuber!«
»Schweig! Dieser junge Krieger ist mein Sohn.«
»Du kannst auf ihn stolz sein!«
»Schweig, sage ich dir, sonst wirst du es bereuen! Wer ist ein Pferderäuber? Du bist es! Wem gehört das Pferd, das du geritten hast?«
»Mir.«
»Lüge nicht!«
»Zedar Ben Huli, danke Allah, daß mir die Hände gebunden sind. Sonst würdest du mich niemals wieder einen Lügner nennen!«
»Bindet ihn fester!« befahl er. »Du sagst die Unwahrheit. Ich kenne diesen Hengst ganz genau. Er gehört Mohammed Emin, dem Scheik der Haddedihn. Wie kommst du zu diesem Pferd?«
»Er hat es mir geschenkt.«
»Du lügst! Kein Araber verschenkt ein solches Pferd.«
»Ich sagte dir schon, du darfst Allah dafür danken, daß ich gefesselt bin!«
»Warum hat er dir es geschenkt?«
»Das ist seine und meine Sache. Dich geht das gar nichts an!«
»Du mußt dem Scheik der Haddedihn einen großen Dienst erwiesen haben, da er dir ein solches Geschenk gibt. Wir wollen dich nicht weiter danach fragen. Wann hast du die Haddedihn verlassen?«
»Vorgestern früh.«
»Wo weiden ihre Herden?«
»Ich weiß es nicht. Die Herden des Arabers sind bald hier, bald dort.«
»Könntest du uns zu ihnen führen?«
»Nein.«
»Wo warst du seit vorgestern?«
»Überall.«
»Gut. Du willst nicht antworten, also wirst du erleben, was mit dir geschieht. Führt ihn fort!«

Ich wurde in ein kleines, niedriges Zelt geschafft und dort angebunden. Rechts und links von mir kauerten zwei Beduinen, die später abwechselnd schliefen. Ich hatte geglaubt, daß noch heute über mein Schicksal entschieden würde, hatte mich aber geirrt. Die Versammlung ging auseinander, ohne daß ich etwas über ihren Beschluß erfuhr. Ich schlief ein und träumte, ich läge nicht hier im Zelt am Tigris, sondern in einer Oase der Sahara. Das Wachfeuer loderte, Dattelpalmensaft kreiste von Hand zu Hand, und die Märchen gingen von Mund zu Mund. Da ließ sich plötzlich jener grollende Donner vernehmen, den keiner vergessen kann, der ihn einmal gehört hat: der Donner der Löwenstimme. Assad Bei, der Herdenwürger, nahte, um sich sein Nachtmahl zu holen. Wieder und näher ertönte seine Stimme – da wachte ich auf.

War das ein Traum gewesen? Neben mir lagen die beiden Abu Hammed, und ich hörte, wie einer von ihnen betete. Da grollte der Donner zum drittenmal. Es war Wirklichkeit – ein Löwe umschlich das Lager.

»Schlaft ihr?« fragte ich.
»Nein.«
»Hört ihr den Löwen?«
»Ja. Heute ist es das drittemal, daß er sich bei uns Nahrung holt.«
»Erschlagt ihn doch!«
»Wer soll ihn töten, den Mächtigen, den Erhabenen, den Herrn des Todes?«
»Feiglinge! Kommt der Löwe auch in das Innere des Lagers?«
»Nein. Sonst ständen die Männer nicht vor ihren Zelten, um seine Stimme zu hören.«
»Ist der Scheik auch dabei?«
»Ja.«
»Geh hinaus zu ihm und sag ihm, daß ich den Löwen töten werde, wenn er mir mein Gewehr gibt.«
»Du bist wahnsinnig! Ist das dein Ernst?«
»Ja. Scher dich hinaus!«
Ich war furchtbar aufgeregt und zerrte an meinen Fesseln. Nach einigen Minuten kam der Mann zurück. Er band mich los.
»Mitkommen!« befahl er. Draußen standen viele Männer mit den Waffen in der Hand. Aber keiner wagte es, sich aus dem Schutz der Zelte zu entfernen.

»Du hast mit mir sprechen wollen. Was willst du?« fragte der Scheik.
»Erlaube mir, den Löwen zu erlegen.«
»Du kannst keinen Löwen töten! Zwanzig von uns reichen nicht aus, ihn zu jagen, und viele Männer würden dabei sterben.«
»Ich töte ihn allein; es ist nicht mein erster Löwe.«
»Wenn du ihn erlegen willst, habe ich nichts dagegen. Allah gibt das Leben und Allah nimmt es wieder. Es steht alles im Buch verzeichnet.«
»Dann gib mir mein Gewehr!«
»Welches?«
»Das schwere, und mein Messer.«
»Bringt ihm beides«, gebot der Scheik.
Der gute Mann sagte sich jedenfalls, daß ich ein Kind des Todes und er dann unbestrittener Erbe meines Pferdes sei. Mir aber ging es um den Löwen, um die Freiheit und um das Pferd zugleich. Das alles konnte ich haben, wenn ich meine Büchse wiederbekam.
Sie wurde mir zusammen mit dem Messer gebracht.
»Willst du mir nicht die Handfesseln lösen lassen, Scheik?« fragte ich.
»Du willst wirklich nur den Löwen erschießen?«
»Ja.«
»Löst ihm die Hände!«
Jetzt war ich frei. Die anderen Waffen lagen im Zelt des Scheiks, und davor stand der Rappe. Ich hatte keine Befürchtungen mehr. Es war die Stunde, in der der Löwe am liebsten um die Herden schleicht: kurz vor Morgengrauen. Ich fühlte an meinen Gürtel, ob der Patronenbeutel noch vorhanden sei, dann ging ich bis zum ersten Zelt. Hier blieb ich eine Weile stehen, um meine Augen an die Dunkelheit zu gewöhnen. Vor mir und zu beiden Seiten sah ich einige Kamele und zahlreiche Schafe, die sich zusammengedrängt hatten. Die Hunde, die sonst des Nachts auf die Herden aufpaßten, waren entflohen und hatten sich hinter oder in den Zelten versteckt.
Ich legte mich auf den Boden und kroch leise und langsam vorwärts. Ich wußte, daß ich den Löwen eher riechen würde, als ich ihn bei dieser Dunkelheit zu Gesicht bekam. Da – es war, als bebte der Boden unter mir – erscholl der Donner seiner Stimme seitlich von mir. Einige Augenblicke später hörte ich einen dump-

fen Aufprall, dann ein leises Stöhnen, ein Knacken und Krachen wie von zermalmten Knochen. Höchstens zwanzig Schritt vor mir funkelten zwei Feuerkugeln. Ich kannte dieses grünliche Licht. Trotz der Dunkelheit hob ich das Gewehr, zielte, so gut es ging, und drückte ab.
Ein gräßliches Gebrüll durchzitterte die Luft. Der Blitz meines Schusses hatte dem Löwen seinen Feind gezeigt. Aber auch ich hatte ihn gesehen. Er lag auf dem Rücken eines Kamels und zermalmte den Halswirbel des Tieres mit seinen Zähnen. Hatte ich ihn getroffen? Ein großer dunkler Gegenstand schnellte durch die Luft und landete höchstens drei Schritt vor mir auf dem Boden. Die Lichter funkelten stärker. Kniend drückte ich den zweiten und letzten Schuß los, diesmal nicht zwischen die Augen, sondern gerade mitten in das eine Auge hinein. Dann ließ ich die Büchse blitzschnell fallen und nahm das Messer zur Hand. Der Löwe war von dem tödlichen Schuß zurückgeworfen worden. Trotzdem zog ich mich vorsichtshalber einige Schritte zurück, um wieder zu laden. Ringsum herrschte Stille. Auch im Lager war kein Hauch zu hören. Man hielt mich wohl für tot. Ich wartete ab. Sobald der erste Schimmer des Tages den Körper des Löwen einigermaßen erkennen ließ, wagte ich mich näher. Er war tot. Sofort machte ich mich daran, ihn aus der Haut zu schälen. Ich hatte meine Gründe, nicht lange damit zu warten. Es fiel mir gar nicht ein, diese Trophäe zurückzulassen. Die Arbeit ging mehr nach dem Gefühl als nach dem Gesicht vor sich, war aber doch beendet, als der Morgenschimmer etwas kräftiger wurde.
Nun nahm ich das Fell, legte es mir über die Schulter und kehrte ins Lager zurück. Ich sah erst jetzt, daß es wohl nur ein kleines Zweiglager der räuberischen Abu Hammed war. Die Männer, Frauen und Kinder saßen erwartungsvoll vor ihren Zelten. Als sie mich erblickten, erhob sich ein ungeheurer Lärm. Allah wurde in allen Tönen angerufen, und hundert Hände streckten sich nach meiner Beute aus.
»Du hast ihn getötet?« rief der Scheik. »Wirklich? Allein?«
»Allein!«
»Wahrscheinlich hast du einen Zauber, einen Talisman, mit dessen Hilfe du diese Tat vollbracht hast!«
»Ja.«
»Wo ist er?«
»Hier!«

Ich hielt ihm die Büchse vor die Nase.
»Das ist es nicht. Du willst es uns nicht sagen. Wo liegt der Körper des Löwen?«
»Draußen, rechts vor den Zelten. Holt ihn euch!«
Die meisten Männer liefen davon. Das hatte ich erhofft.
»Wem gehört die Haut des Löwen?« fragte der Scheik und sah meine Trophäe gierig an.
»Darüber wollen wir in deinem Zelt beraten. Kommt mit!«
Sie folgten mir. Es waren nur zehn oder zwölf Männer da. Gleich beim Eintritt entdeckte ich meine anderen Waffen. Sie hingen an einem Pfahl. Mit zwei Schritten stand ich dort, riß sie herab, warf die Büchse über die Schulter und nahm den Stutzen in die Hand. Die Löwenhaut störte mich wegen ihrer Größe und Schwere sehr, aber ich wollte es doch versuchen, sie mitzunehmen. Rasch stand ich wieder am Eingang des Zeltes.
»Zedar Ben Huli, ich habe dir versprochen, mit dieser Büchse nur auf den Löwen zu schießen, aber auf wen ich mit diesem andern Gewehr schießen werde, das habe ich nicht gesagt.«
»Es gehört hierher. Gib es zurück.«
»Es gehört in meine Hand, und die wird es behalten.«
»Er will fliehen – haltet ihn!«
Da erhob ich den Stutzen zum Schuß.
»Halt! Wer es wagt, mich aufzuhalten, ist eine Leiche! Zedar Ben Huli, ich danke dir für die Gastfreundschaft, die ich bei dir genossen habe. Wir sehen uns wieder!«
Ich trat hinaus. Eine Minute lang wagte es keiner, mir zu folgen. Diese kurze Zeit genügte, den Rappen zu besteigen und die Haut vor mich hinzulegen. Als sich das Zelt wieder öffnete, galoppierte ich bereits am Ende des Lagers.
Hinter mir erscholl wütendes Geschrei. Ich bemerkte, daß alle zu den Waffen und zu den Pferden rannten. Als ich das Lager hinter mir hatte, ritt ich nur im Schritt. Der Rappe scheute vor dem Fell. Er konnte den Geruch des Löwen nicht vertragen und schnaubte ängstlich zur Seite. Jetzt blickte ich nach hinten und sah die Verfolger zwischen den Zelten hervorquellen. Nun ließ ich den Hengst traben. Erst als der vorderste Verfolger in Schußweite gekommen war, wollte ich den Rappen weiter ausgreifen lassen. Ich überlegte es mir aber anders, hielt an, drehte mich um und zielte. Der Schuß krachte, und das Pferd brach tot unter seinem Reiter zusammen. Den Pferdedieben konnte eine solche Lehre

nichts schaden. Nun erst ritt ich Galopp, wobei ich den abgeschossenen Lauf wieder lud.
Als ich mich wieder umdrehte, waren die beiden nächsten Abu Hammed nah genug gekommen. Ihre Flinten konnten mich freilich noch nicht erreichen. Ich hielt, drehte mich um und zielte – zwei Schüsse knallten nacheinander, zwei Pferde stürzten nieder. Das war den andern doch zuviel. Sie stutzten und blieben zurück. Als ich mich nach längerer Zeit wieder umsah, entdeckte ich sie in weiter Ferne. Es sah so aus, als ob sie nur noch meinen Spuren folgten.
Jetzt jagte ich, um sie irrezuführen, fast eine Stunde lang nach Westen. Dann bog ich auf steinigem Boden, wo die Hufspuren nicht zu sehen waren, nach Norden um und hatte bereits gegen Mittag den Tigris erreicht. Nicht weit davon fand ich die Stelle, wo der Dschebel Dschahannem in die Mukehil-Berge übergeht. Hier gab es einzelne Erhöhungen, die durch tiefe und nicht sehr breite Täler getrennt wurden. Das breiteste Tal würde vermutlich von den Feinden als Durchzugsstraße benutzt werden. Deshalb prägte ich mir das Gelände und die Zugänge zum Tal möglichst genau ein. Dann ritt ich auf das Wadi Tharthar zu, das ich am Nachmittag überquerte. Weil ich das Pferd schonen mußte, hielt ich noch eine Nachtruhe, bevor ich mich wieder auf den Weg zu den Haddedihn machte.

17 Der Schaitan taucht auf

Am nächsten Mittag stieß ich wieder auf die erste Schafherde der Haddedihn. Ich ritt im Galopp auf das Zeltlager zu, ohne auf die Zurufe von allen Seiten zu achten. Der Scheik kam gerade aus seinem Zelt, als ich davor eintraf.
»Al-Hamdulillah – Preis sei Gott, daß du wieder da bist!« begrüßte er mich. »Wie ist es gegangen?«
»Gut.«
»Hast du etwas erfahren?«
»Alles! Rufe die Ältesten zusammen. Ich werde euch Bericht erstatten.«
Jetzt erst bemerkte er die Löwenhaut, die auf der anderen Seite des Pferdes herunterhing.
»Maschallah, ein Löwe! Wie kommst du zu diesem Fell?«
»Ich habe es ihm abgezogen.«
»Also hast du mit dem Herrn des Donners gesprochen? Wie viele Jäger waren dabei?«
»Keiner.«
»Allah sei mit dir, daß dich dein Gedächtnis nicht verlasse!«
»Ich war allein!«
»Wo?«
»Im Lager der Abu Hammed.«
»Die hätten dich erschlagen!«
»Sie haben es nicht getan, wie du siehst. Sogar Zedar Ben Huli hat mir das Leben gelassen.«
»Ihn hast du auch gesehen?«
»Ich habe ihm drei Pferde erschossen.«
»Erzähle!«
»Nicht jetzt, sonst muß ich alles zweimal erzählen. Ruf die Leute, dann sollst du alles ausführlich hören!«
Er ging. Ich wollte gerade in sein Zelt treten, als ich den Engländer in vollem Galopp daherstürmen sah.
»Habe soeben gehört, daß Sie da sind, Sir«, rief er schon von weitem. »Haben Sie was gefunden?«
»Ja. Die Feinde, das Schlachtfeld und alles.«
»Pah! Auch Ruinen mit Fowlingbull?«
»Auch!«

»Schön, sehr gut! Werde graben, finden und nach London schikken. Erst aber wohl kämpfen?«
»Ja, Sir David.«
»Gut, werde fechten wie Bayard. Ich auch gefunden.«
»Was?«
»Seltenheit, Schrift.«
»Wo?«
»Loch, hier in der Nähe. Ziegelstein.«
»Eine Schrift auf einem Ziegelstein?«
»Yes! Keilschrift. Können Sie lesen?«
»Ein wenig.«
»Ich nicht. Wollen sehen!« Er ging in das Zelt und brachte seinen kostbaren Fund zum Vorschein.
»Hier ansehen, lesen!«
Der Stein war beinahe vollständig zerbröckelt. Die wenigen Keile der verwitterten Inschrift waren kaum zu unterscheiden.
»Nun?« fragte David Lindsay neugierig.
»Warten Sie. Das ist nicht so leicht, wie Sie denken. Ich finde nur drei Worte, die vielleicht zu entziffern wären. Sie heißen, wenn ich nicht irre: ›Tetuda Babrut ésis.‹«
»Was heißt das?«
»Zum Ruhm Babylons erbaut.«
Der gute David Lindsay verzog seinen viereckigen Mund bis an die Ohren.
»Lesen Sie richtig, Sir?«
»Ich denke schon.«
»Was daraus entnehmen? Hier doch gar nicht Babylon!«
»Meinetwegen Rio de Janeiro! Reimen Sie sich das Dings da selbst zusammen. Ich habe jetzt keine Zeit dazu.«
»Aber warum ich Sie mitgenommen?«
»Heben Sie den Ziegelkloß auf, bis ich Zeit habe!«
»Well! Was haben Sie zu tun?«
»Es wird gleich eine Versammlung sein, in der ich meine Erlebnisse erzählen werde.«
»Werde auch dabeisein.«
»Und übrigens muß ich vorher essen. Ich habe Hunger wie ein Bär.«
»Auch da werde ich dabeisein.«
Er begleitete mich ins Zelt.
»Wie sind Sie denn mit Ihrem Arabisch ausgekommen?«

»Miserabel! Verlange Brot – Araber bringt Stiefel; verlange Hut – Araber bringt Salz; verlange Flinte – Araber bringt Kopftuch. Schauderhaft, schrecklich! Lasse Sie nicht wieder fort!«
Nach der Rückkehr des Scheiks brauchte ich nicht lange auf die Mahlzeit zu warten. Während ich aß, trafen die Ältesten des Stammes ein. Die Pfeifen wurden angezündet, der Kaffee ging herum. Dann drängte Lindsay: »Anfangen, Sir! Bin neugierig.«
Die Araber warteten geduldig, bis mein Hunger gestillt war. Dann begann ich:
»Ihr habt mir eine schwere Aufgabe gestellt, aber es ist mir wider Erwarten leicht geworden, sie zu lösen. Und dabei bringe ich euch eine so ausführliche Nachricht, wie ihr sie sicherlich nicht erwartet habt. Die Feinde sind schon mit ihren Vorbereitungen fertig. Die Plätze wurden festgelegt, wo die drei Stämme sich vereinigen sollen, und ebenso wurde der Zeitpunkt bestimmt, an dem sie sich treffen wollen.«
»Aber du hast es nicht erfahren können!« sagte der Scheik.
»Doch! Die Dschowari werden sich am nächsten Yom Al-Sabt mit den Abu Hammed bei den Ruinen von Khan Khernina vereinigen. Diese beiden Stämme stoßen dann drei Tage später zwischen dem Wirbel Al-Kalab und den Ausläufern des Dschebel Dschahannem mit den Obeïde zusammen.«
»Weißt du das genau?«
»Ja.«
»Von wem?«
»Vom Scheik der Abu Mohammed.«
»Hast du mit ihm gesprochen?«
»Ich war sogar in seinem Zelt.«
»Die Abu Mohammed leben mit den Dschowari und Abu Hammed nicht in Frieden.«
»Der Scheik sagte es. Er kannte deinen Rappen, ist dein Freund und wird dir mit dem Stamm der Alabeïde zu Hilfe kommen.«
Da sprangen alle Anwesenden auf und schrien begeistert. Ich wurde von ihnen beinahe erdrückt. Dann mußte ich alles so ausführlich wie möglich erzählen. Sie glaubten mir alles, nur daß ich den Löwen so ganz allein und noch dazu bei stockfinsterer Nacht erlegt haben wollte, schienen sie zu bezweifeln. Der Araber ist gewohnt, dieses Tier nur am Tag, und zwar in möglichst zahlreicher Gesellschaft, anzugreifen. Ich legte ihnen schließlich das Fell vor.

»Hat diese Haut ein Loch?«
Sie besahen meine Beute sehr aufmerksam.
»Nein«, lautete die Entscheidung.
»Wenn Araber einen Löwen töten, hat die Haut viele Löcher. Ich habe ihm zwei Kugeln gegeben. Die erste Kugel kam zu hoch ab, weil ich in der Finsternis nicht genau zielen konnte. Sie hat die Kopfhaut gestreift und das Ohr verletzt. Hier seht ihr es. Die zweite Kugel gab ich ihm, als er zwei oder drei Schritt von mir entfernt war. Sie ist ihm in das linke Auge gedrungen. Ihr seht das hier, wo das Fell versengt ist.«
»Allah akbar, es ist wahr! Du hast dieses furchtbare Tier so nah an dich herankommen lassen, daß dein Pulver seine Haare verbrannte. Wenn es dich nun gefressen hätte?«
»So hätte es so im Buch des Schicksals gestanden. Ich habe diese Haut für dich mitgebracht, Scheik. Nimm sie von mir als Geschenk, und benutze sie als Schmuck deines Zeltes!«
»Ist das dein Ernst?« fragte Mohammed Emin erfreut.
»Mein Ernst.«
»Ich danke dir, Kara Ben Nemsi Effendi! Auf diesem Fell werde ich schlafen, und der Mut des Löwen wird in mein Herz einziehen.«
»Es bedarf dieser Haut nicht, um deine Brust mit Mut zu erfüllen, den du übrigens auch bald brauchen wirst.«
»Wirst du gegen unsere Feinde mitkämpfen?«
»Ja. Sie sind Diebe und Räuber und haben auch mir nach dem Leben getrachtet. Ich stelle mich unter deinen Befehl, und mein Freund wird das gleiche tun.«
»Nein. Du sollst nicht gehorchen, sondern befehlen. Du mußt der Anführer einer Abteilung sein.«
»Davon wollen wir später sprechen. Darf ich jetzt an eurer Beratung teilnehmen?«
»Du hast recht; wir müssen beraten, denn wir haben nur noch fünf Tage Zeit.«
»Hast du mir nicht gesagt, daß nur ein Tag nötig ist, um die Krieger der Haddedihn um dich zu versammeln?«
»So ist es.«
»So würde ich an deiner Stelle heute noch Boten aussenden.«
»Warum noch heute?«
»Weil es nicht genug ist, die Krieger beisammen zu haben. Sie müssen auch auf den Kampf eingeübt werden.«

Er lächelte stolz.

»Die Söhne der Haddedihn sind seit ihren Knabenjahren den Kampf gewohnt. Wir werden unsere Feinde überwinden. Wieviel streitbare Männer hat der Stamm der Abu Mohammed?«

»Neunhundert.«

»Und die Alabeïde?«

»Achthundert.«

»Dann sind wir zusammen achtundzwanzighundert Mann. Dazu kommt die Überraschung, weil uns der Feind nicht erwartet. Wir müssen siegen!«

»Oder wir werden besiegt!«

»Maschallah, du tötest den Löwen und fürchtest den Menschen?«

»Du irrst. Der Mut zählt doppelt, wenn er vorsichtig ist. Hältst du es nicht für möglich, daß die Alabeïde und Abu Mohammed zu spät eintreffen?«

»Das ist möglich.«

»Dann stehen wir mit elfhundert gegen dreitausend Mann. Der Feind wird erst uns und dann unsere Freunde vernichten. Wie leicht kann er erfahren, daß wir ihm entgegenziehen wollen! Dann fällt auch die Überraschung weg. Und was nützt es dir, wenn du kämpfst und den Feind nur zurückschlägst? Wäre ich der Scheik der Haddedihn, ich schlüge den Feind so zu Boden, daß er sich lange Zeit nicht wieder erheben könnte und mir jährlich einen Tribut bezahlen müßte.«

»Wie wolltest du das anstellen?«

»Ich würde nicht wie die Araber, sondern wie die Franken kämpfen.«

»Wie kämpfen die Franken?«

Jetzt erhob ich mich, um eine Rede über europäische Kriegskunst zu halten – ausgerechnet ich, der Laie in Fragen des Krieges. Aber ich mußte mich ja um diesen braven Stamm der Haddedihn kümmern. Vielleicht lag es sogar in meiner Hand, Grausamkeiten zu mildern, die bei diesen Leuten stets mit einem Sieg verbunden sind.

Ich beschrieb also zunächst ihre eigene Fechtart und schilderte deren Nachteile. Dann begann der eigentliche Vortrag. Sie hörten mir aufmerksam zu. Als ich fertig war, begann der Scheik als erster wieder zu sprechen: »Deine Rede ist gut und wahr. Sie könnte uns den Sieg bringen und vielen von unseren Leuten das Leben retten – wenn wir Zeit hätten, uns einzuüben.«

»Wir haben Zeit.«
»Sagtest du nicht, daß es viele Jahre dauert, ein solches Heer aufzustellen?«
»Das ist richtig. Aber wir wollen ja nicht ein Heer ausbilden, sondern nur die Obeïde in die Flucht schlagen. Dazu brauchen wir nur eine Vorbereitung von zwei Tagen. Wenn du heute noch deine Boten aussendest, sind die Krieger morgen versammelt. Ich zeige ihnen den geschlossenen Angriff zu Pferd, der die Feinde über den Haufen werfen wird, und den Kampf zu Fuß mit dem Feuergewehr.«
Ich nahm ein Kamelstöckchen von der Wand und zeichnete damit die Lageskizze auf den Boden.
»Hier fließt der Tigris, hier ist der Wirbel; hier liegt der Dschebel Mukehil und hier sind die Dschahannem-Berge. Der Feind trifft hier zusammen. Die beiden ersten Stämme kommen am rechten Ufer des Flusses heraufgezogen, hinter ihnen unbemerkt unsere Verbündeten. Die Obeïde setzen vom linken Ufer herüber. Um zu uns zu gelangen, müssen sie zwischen diesen Bergen hindurch. Diese Wege führen aber alle in das große Wadi Deradsch, das man das Tal der Stufen nennt, weil seine steilen Wände wie Stufen emporsteigen. Es hat nur einen Eingang und einen Ausgang. Hier müssen wir sie erwarten. Wir besetzen die Höhen mit Schützen, die den Feind niederschießen, ohne daß ihnen selbst etwas geschehen kann. Den Ausgang verschließen wir mit einer Brustwehr, die auch von Schützen verteidigt wird. Hier in diesen beiden Seitenschluchten verbergen sich die Reiter, die in dem Augenblick hervorbrechen, wenn sich der Feind vollständig im Tal befindet. Am Eingang wird er dann von unseren Verbündeten im Rücken angegriffen.«
»Maschallah, deine Rede ist wie die Rede des Propheten, der die Welt erobert hat. Ich werde deinen Rat befolgen, wenn die andern damit einverstanden sind. Wer dagegen ist, soll sich melden.« Es widersprach niemand, darum fuhr der Scheik fort:
»Ich werde jetzt gleich die Boten aussenden.«
»Sei vorsichtig, Scheik, und laß deinen Kriegern nicht sagen, um was es sich handelt. Es wäre sonst leicht möglich, daß der Feind etwas über unseren Plan erfährt.«
Er nickte zustimmend und entfernte sich. Sir David Lindsay hatte dieser langen Unterredung ungeduldig zugehört. Jetzt ergriff er die Gelegenheit zum Sprechen: »Sir, ich bin auch noch da!«

»Das sehe ich, Sir David.«
»Wollte auch etwas erfahren. Was haben Sie erlebt?«
Ich mußte lächeln. »Leider konnte ich meinen Vortrag nicht in englischer Sprache halten. Sie sollen aber jetzt das Wichtigste erfahren.«
Ich teilte ihm in aller Kürze meine Erlebnisse und den Inhalt der Besprechung mit. Er war entsetzlich aufgeregt.
»Ah! Kein wilder Angriff, sondern militärische Streitmacht! Taktik! Strategie! Feind umzingeln! Prächtig! Herrlich! Ich auch mit! Sie sind General, ich bin Adjutant.«
»Wir würden uns beide sehr gut machen auf diesen Posten. Ein General, der von der Kriegführung so viel versteht wie ein Flußpferd vom Stricken, und ein Adjutant, der sich nicht verständlich machen kann! Übrigens würde es klüger sein, wenn Sie sich von der Sache fernhielten.«
»Warum?«
»Wegen des Vizekonsuls in Mossul.«
»Aha! Warum eigentlich?«
»Man vermutet, daß er hierbei seine Hand im Spiel hat.«
»Soll die Hand wegnehmen! Was geht mich Konsul an? Pah!«
Jetzt kam der Scheik wieder. Er hatte die Boten abgeschickt und brachte allerlei neue Gedanken mit:
»Hat der Scheik der Abu Mohammed gesagt, welchen Teil der Beute er erwartet?«
»Nein.«
»Was fordern die Alabeïde?«
»Ich weiß es nicht.«
»Du hättest fragen sollen!«
»Ich habe nicht gefragt, weil ich als Scheik der Haddedihn nicht nach Beute fragen würde.«
»Maschallah! Wonach sonst? Wer ersetzt mir meinen Schaden?«
»Der besiegte Feind.«
»Also muß ich doch in seine Weideplätze einbrechen und seine Weiber und Kinder und das Vieh fortführen!«
»Das ist nicht notwendig. Willst du gegen Frauen Krieg führen? Du gibst die Gefangenen nicht eher frei, bis du erhalten hast, was du forderst. Ist unser Sieg vollständig, verlangst du einen jährlichen Tribut und behältst den Scheik oder einige seiner Verwandten als Geiseln zurück.«
Nun wurde über diesen Punkt beraten. Man nahm ihn an.

»Und nun noch das letzte«, sagte ich dann. »Es ist notwendig, daß wir alle Bewegungen unserer Feinde und unserer Verbündeten kennen. Wir müssen deshalb von hier bis nach Al-Deradsch eine Postenkette ziehen.«
»Wie meinst du das?«
»In Al-Deradsch verstecken sich zwei unserer Krieger. Sie lassen sich nicht sehen und beobachten alles. Von Al-Deradsch bis hierher stellst du in gewissen Entfernungen andere von deinen Leuten auf. Es genügen vier Mann, die darauf zu achten haben, daß sie von keinem Fremden gesehen werden. Sie sollen uns alles berichten, was die ersten beiden erkunden. Einer trägt die Nachricht zum andern und kehrt dann auf seinen Posten zurück.«
»Dieser Plan ist gut. Ich werde ihn befolgen.«
»Eine ähnliche Linie stellst du zwischen hier und den Weideplätzen der Abu Mohammed auf. Ich habe das schon mit ihrem Scheik besprochen. Er wird die Hälfte dieser Linie mit seinen Leuten bilden. Kennst du die Ruine Al-Farr? Dort wird sein letzter Posten zu treffen sein.«
»Wieviel Männer werde ich dazu brauchen?«
»Nur sechs. Die Abu Mohammed stellen die gleiche Zahl. Wieviel Krieger hast du hier im Lager?«
»Es können vierhundert sein.«
»Ich bitte dich, sie zusammenzurufen. Wir können unsere Übungen heute noch beginnen.«
Das brachte Leben in die Versammlung. Nach einer halben Stunde waren die vierhundert Mann beisammen. Der Scheik hielt ihnen eine lange, blumige Rede und ließ sie zum Schluß auf den Bart des Propheten schwören, keinem Fremden etwas über die Kriegsvorbereitungen zu erzählen. Dann befahl er ihnen, sich in Reih und Glied aufzustellen.
Wir ritten die lange Reihe entlang. Alle waren zu Pferd. Jeder hatte Messer, Säbel und die lange, befiederte Lanze, die bei besserer Schulung eine fürchterliche Waffe sein könnte. Viele trugen außerdem den gefährlichen Nabbut, die Keule, oder eine kurze Wurflanze.
Die Schußwaffen ließen zu wünschen übrig. Einige Krieger hatten noch den alten Lederschild mit Köcher, Pfeil und Bogen. Andere besaßen Luntenflinten, die ihren Eigentümern gefährlicher waren als dem Feind. Die übrigen schleppten Hinterlader mit überlangen Läufen. Diese ließ ich vortreten. Die andern schickte

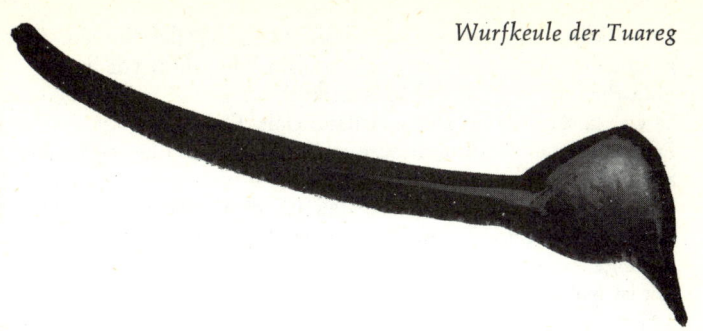

Wurfkeule der Tuareg

ich fort und befahl ihnen, am nächsten Morgen wiederzukommen. Die Zurückgebliebenen ließ ich absitzen und Proben ihrer Schießkunst ablegen. Im allgemeinen konnte ich mit ihnen zufrieden sein. Es waren rund zweihundert Mann. Ich bildete zwei Gruppen aus ihnen und begann meinen Unterricht. Damit war es allerdings nicht weit her. Die Leute sollten im Gleichschritt marschieren und laufen können und ein Schnellfeuer unterhalten lernen. Sie waren gewohnt, nur zu Pferde anzugreifen und den Feind zu reizen, ohne ihm ernstlich standzuhalten. Jetzt kam alles darauf an, sie so weit zu bringen, daß sie einen Angriff zu Fuß auszuhalten lernten, ohne die Fassung zu verlieren.

Am nächsten Morgen nahm ich die anderen Krieger vor. Sie mußten lernen, einen geschlossenen Angriff mit der Lanze durchzuführen, nachdem die Gewehre abgeschossen waren. Die Leute begriffen schnell und waren begeistert.

Gegen Abend war die Verbindung zu den Abu Mohammed hergestellt. Gleichzeitig bekamen wir die Nachricht, daß ihr Scheik bereits von meinem Abenteuer bei den Abu Hammed gehört hatte. Von diesem Zeitpunkt an wurde durch die Posten ein regelmäßiger Nachrichtendienst aufrechterhalten.

Es war schon beinahe dunkel, als ich den Rapphengst bestieg, um noch einen Schnellritt in die Steppe zu machen. Ich war noch nicht weit geritten, da kamen mir zwei Reiter entgegen. Der eine hatte eine gewöhnliche, mittelgroße Gestalt. Der andere war klein und schien von der Unterhaltung mit seinem Begleiter stark in Anspruch genommen zu sein, denn er fuchtelte mit Armen und Beinen in der Luft herum, als wollte er Mücken fangen.

Unwillkürlich mußte ich an meinen kleinen Halef denken. Ich galoppierte auf sie zu und parierte mein Pferd dicht vor ihnen.
»Maschallah! Sihdi, bist du das wirklich?«
Es war tatsächlich der kleine Hadschi Halef Omar!
Er sprang vom Pferd und faßte mein Gewand, um es vor Freude zu küssen.
»Hamdulillah, Preis sei Gott, daß ich dich wiedersehe, Sihdi! Ich habe mich nach dir gesehnt wie der Tag nach der Sonne.«
»Wie geht es dem würdigen Scheik Malek?«
»Er ist wohlauf.«
»Amscha?«
»Ebenso.«
»Und Hanneh, deine Freundin?«
»O Sihdi, sie ist wie eine Haura des Paradieses.«
»Wo sind die andern?«
»Am Abhang des Schammargebirges. Sie haben mich vorausgeschickt, damit ich beim Scheik der Haddedihn um Aufnahme bitten kann.«
»Ich habe bereits vorgesorgt. Da drüben ist das Lager der Haddedihn. Ihr Scheik heißt Mohammed Emin.«
»Wird er uns aufnehmen? Kennst du ihn?«
»Ich habe mit ihm schon über euch gesprochen. Sieh dir diesen Hengst an. Wie gefällt er dir?«
»Sihdi, ich habe ihn schon bewundert. Er ist sicher der Abkömmling einer Stute von Koheli.«
»Der Hengst gehört mir. Der Scheik hat ihn mir geschenkt. Daran kannst du sehen, daß er mein Freund ist!«
»Allah gebe ihm dafür ein langes Leben! Wird er uns aufnehmen, Sihdi? Was meinst du?«
»Ihr werdet ihm willkommen sein. Kommt, wir wollen zum Lager reiten.«
Wir setzten uns in Marsch.
»Sihdi«, meinte Halef, »die Wege Allahs sind unerforschlich. Ich glaubte, lange nach dir suchen zu müssen. Nun bist du der erste, den ich treffe. Wie bist du zu den Haddedihn gekommen?«
Ich erzählte ihm das Wichtigste.
»Weißt du, was ich jetzt bei Scheik Mohammed bin?« fragte ich ihn dann.
»Nun?«
»General.«

»Hat er denn Truppen?«
»Nein. Aber er hat Krieg. Gegen die Obeïde, Abu Hammed und Dschowari.«
»Das sind Räuber, die am Zab und am Tigris wohnen. Ich habe viel von ihnen gehört, aber nichts Gutes.«
»Sie rüsten gegen Mohammed Emin. Eigentlich wollten sie ihn überfallen. Wir haben aber rechtzeitig davon gehört. Daher kommt es, daß ich nun sein General bin, der seine Krieger unterrichtet.«
»Ja, Sihdi, ich weiß, daß du alles verstehst und alles kannst. Es ist ein wahres Glück, daß du kein Giaur mehr bist!«
»Kein Giaur? Wieso?«
»Du hast dich ja zum wahren Glauben bekehrt.«
»Wer sagt dir das?«
»Du warst in Mekka und hast den heiligen Brunnen Zam Zam bei dir. Also bist du ein guter Moslem geworden. Habe ich dir nicht immer gesagt, daß ich dich bekehren würde, ob du willst oder nicht?«
Wir erreichten das Lager und stiegen vor dem Zelt des Scheiks ab. Als wir eintraten, hatte er seine Ältesten um sich versammelt. »As-salam Alaikum!« grüßte Halef.
Ich stellte die beiden Ankömmlinge vor.
»Erlaube mir, o Scheik, dir diese beiden Männer zu bringen, die mit dir sprechen wollen. Dieser hier heißt Nasar Ibn Motallah, und das ist Hadschi Halef Omar Ben Hadschi Abul Abbas Ibn Hadschi Dawuhd al Gossarah, von dem ich dir schon erzählt habe.«
»Von ihm erzählt? Ich weiß nichts davon.«
»Ich habe ihn niemals bei seinem vollen Namen, sondern immer nur Hadschi Halef Omar genannt.«
»Dein Diener und Begleiter, der Abu Seïf, den Vater des Säbels, erschlagen hat?«
»Ja. Er gehört jetzt zum Stamm der Ateïbeh, dessen Scheik dein Freund Malek ist.«
»Seid mir willkommen, Männer der Ateïbeh! Sei mir willkommen, Hadschi Halef Omar! Deine Gestalt ist klein, aber dein Mut ist groß, und deine Tapferkeit ist erhaben. Möchten alle Männer so sein wie du! Bringst du mir Kunde von Malek, meinem Freund?«
»Ja. Er läßt dich grüßen und fragen, ob du ihn und seine Leute in den Stamm der Haddedihn aufnehmen willst.«

»Ich kenne sein Schicksal, aber er soll mir willkommen sein. Wo befindet er sich jetzt?«

»Am Abhang des Schammargebirges, anderthalb Tagereisen von hier entfernt. Ich höre, daß du Krieger brauchst?«

»So ist es. Es ist Feindschaft ausgebrochen zwischen uns und unseren Nachbarn.«

»Ich werde dir sechzig tapfere Leute bringen.«

»Sechzig? Mein Freund Kara Ben Nemsi hat mir doch gesagt, daß ihr weniger seid!«

»Wir haben auf unserer Reise die Reste des Hariel-Stammes bei uns aufgenommen.«

»Was für Waffen tragt ihr?«

»Säbel, Dolch, Messer und lauter gute Flinten. Mehrere haben sogar Pistolen. Wie ich mit den Waffen umzugehen verstehe, wird dir mein Sihdi sagen. Soll einer von uns sofort aufbrechen und Scheik Malek mit seinen Leuten herholen?«

»Ihr seid müde.«

»Wir sind nicht müde. Ich reite sofort zurück.«

Sein Begleiter fiel ihm ins Wort:

»Du hast deinen Sihdi hier gefunden und mußt bleiben. Ich werde zurückkehren.«

»Wir wollen dir vorher Speise und Trank reichen«, meinte der Scheik.

»Herr, ich habe einen Schlauch und auch Datteln auf meinem Pferd.«

»Aber dein Pferd wird müde sein«, sagte der Scheik. »Nimm meins, es hat mehrere Tage ausgeruht und wird dich schnell zu Malek bringen.«

Bereits nach wenigen Minuten befand er sich auf dem Rückweg zu den Ateïbeh.

Am nächsten Mittag war meine Truppe vollzählig. Ich hatte Offiziere und Unteroffiziere ernannt, die jeden Neuangekommenen sofort einwiesen. Am Spätnachmittag begann die Schlußübung meines Heeres. Sie fiel zur allgemeinen Zufriedenheit aus. Das Fußvolk schoß ausgezeichnet, und die Bewegungen der berittenen Truppen wurden mit eleganter Sicherheit ausgeführt.

Noch während des Manövers kam der Schlußmann unserer Postenkette angeritten.

»Was bringst du?« fragte der Scheik, dessen Gesicht zufrieden strahlte.

»Gestern abend haben sich die Dschowari mit den Abu Hammed vereinigt.«
»Und die Abu Mohammed?«
»Sie sind bereits hinter ihnen her.«
»Haben sie Kundschafter vorausgeschickt, damit ihr Marsch nicht verraten wird?«
»Es ist alles geschehen, was du angeordnet hast.«
Der Mann hielt noch bei uns, als ein anderer angeritten kam. Es war der letzte Posten der Kette zum Wadi Deradsch.
»Ich bringe eine wichtige Nachricht«, berichtete er. »Die Obeïde haben Leute vom Zab herübergeschickt, die das Gelände erkunden sollen.«
»Wieviel Männer waren es?«
»Acht.«
»Wie weit sind sie gekommen?«
»Bis zum Ende von Al-Deradsch.«
»Haben sie unsere Leute gesehen?«
»Nein, sie hielten sich verborgen. Dann haben sie im Tal gelagert und viel miteinander gesprochen.«
»Dabei hätte man sie belauschen sollen!«
»Das hat Ibn Nazar auch getan.«
Ibn Nazar war einer der beiden Posten, die das Wadi Deradsch bewachen sollten.
»Was hat er gehört? Wenn es wichtig ist, soll er eine Belohnung bekommen.«
»Sie haben gesagt, daß die Obeïde morgen zur Mittagszeit übersetzen wollen, um die Abu Hammed und Dschowari zu treffen. Dann wollen sie gemeinsam bis Al-Deradsch vordringen und während der Nacht lagern, weil sie glauben, dort nicht gesehen zu werden. Am Morgen danach wollen sie über uns herfallen.«
»Sind die acht Männer wieder fortgeritten?«
»Nur sechs von ihnen. Zwei mußten zurückbleiben, um das Tal zu bewachen.«
»Reite zurück und sage Ibn Nazar und seinem Gefährten, daß ich heute noch zu ihnen kommen werde. Einer muß zurückbleiben, um die beiden zu bewachen. Der andere soll mich beim letzten Posten erwarten und mir den Weg zeigen.«
Der Mann ritt ab. Der vorige wartete noch auf Antwort.
»Du hast zugehört?« fragte ich ihn.
»Ja, Effendi.«

»Dann trage unsere Botschaft weiter zum Scheik der Abu Mohammed. Er soll sich hart hinter dem Feind halten und nicht sehen lassen. Sind die feindlichen Stämme in das Wadi Deradsch eingedrungen, soll er sie sofort im Rücken angreifen und nicht wieder herauslassen. Alle Täler zwischen Al-Mukehil und dem Dschebel Dschahannem sind zu besetzen. Das übrige wird unsere Sorge sein.«
Der Posten jagte davon. Wir brachen unsere Übung ab, um den Leuten Ruhe zu gönnen.
»Du willst nach Al-Deradsch?« fragte der Scheik auf dem Rückweg. »Was hast du dort vor?«
»Ich will die beiden Kundschafter gefangennehmen.«
»Kann das kein anderer für dich tun?«
»Nein. Die Sache ist so wichtig, daß ich sie selbst übernehmen muß. Wenn diese beiden nicht unschädlich gemacht werden, ist unser ganzer Plan verdorben.«
»Nimm dir ein paar Männer mit.«
»Das ist nicht nötig. Unsere beiden Posten und ich, das reicht aus.«
»Sihdi, ich gehe mit!« meinte Halef, der an meiner Seite geblieben war. Ich hatte nichts dagegen, zumal ich wußte, daß er sich nicht abweisen lassen würde.
»Ich weiß nur nicht, ob dein Pferd einen so schnellen Ritt aushalten wird. Wir müssen während der Nacht hin und zurück.«
»Ich werde ihm eins von meinen Pferden geben«, schlug der Scheik vor.
Eine Stunde später waren wir unterwegs. Ich saß auf meinem Rappen und Halef auf einem Goldbraunen, der seinem Herrn alle Ehre machte. Wir legten die Strecke bis zum letzten Posten in kurzer Zeit zurück. Ibn Nazar erwartete uns.
»Du hast die beiden Männer belauscht?« fragte ich ihn.
»Ja, Effendi.«
»Du sollst einen Sonderanteil an der Beute erhalten. Wo ist dein Gefährte?«
»Ganz in der Nähe der beiden Kundschafter.«
»Führe uns!«
Der Ritt ging weiter. Die Nacht war halb dunkel. Bald erblickten wir den Höhenzug, hinter dem das Wadi Deradsch lag. Ibn Nazar bog seitwärts ein. Wir mußten ein Felsengewirr erklimmen und gelangten an den Eingang einer Art von Höhle.

»Hier sind unsere Pferde, Effendi.«
Wir stiegen ab und brachten auch unsere Pferde in das Versteck. Sie standen so sicher, daß wir sie gar nicht zu bewachen brauchten. Dann gingen wir auf dem Kamm des Höhenzugs weiter, bis sich das Tal zu unseren Füßen öffnete.
»Nimm dich in acht, Effendi, daß kein Stein hinabfällt, der uns verraten könnte!«
Wir kletterten vorsichtig hinunter. Ich ging hinter dem Führer, Halef hinter mir, immer einer in den Fußstapfen des andern. Endlich kamen wir unten an. Eine Gestalt kam uns entgegen. Es war Nazars Gefährte.
»Wo sind die beiden Kundschafter?« fragte ich leise.
»Siehst du die Ecke des Felsens dort rechts?«
»Ja.«
»Sie liegen dahinter.«
»Und ihre Pferde?«
»Die sind etwas weiter talabwärts angebunden.«
»Bleibt hier und folgt mir, wenn ich euch rufe. Komm, Halef!«
Ich legte mich auf die Erde und kroch vorwärts. Halef folgte mir. Wir kamen unbemerkt bis an die Ecke. Ich spürte Tabakgeruch und hörte halblaute Stimmen. Nachdem ich mich bis dicht an die Kante vorgeschoben hatte, konnte ich die Worte verstehen:
»Zwei gegen sechs?«
»Ja. Der eine hat schwarz und grau ausgesehen, ist lang und dünn gewesen wie eine Lanze und hat ein graues Rohr auf dem Kopf gehabt.«
»Der Schaitan!«
»Nein, nur ein böser Geist, ein Dschinn.«
»Aber der andere ist der Teufel gewesen?«
»Wie ein Mensch, aber fürchterlich! Sein Mund hat geraucht, und seine Augen haben Feuer gespuckt. Er hat nur die Hand erhoben, und da sind alle sechs Pferde tot zusammengestürzt. Mit den andern vier aber sind die beiden Teufel – Allah möge sie verfluchen! – durch die Luft davongeritten.«
»Gräßlich! Allah behüte uns vor dem dreimal gesteinigten Teufel! Und dann ist er auch noch in das Lager der Abu Hammed gekommen?«
»Gekommen nicht. Sie haben ihn gebracht.«
»Wie?«
»Sie haben ihn für einen gewöhnlichen Menschen gehalten und

sein Pferd für den berühmten Rappen des Scheik Mohammed Emin der Haddedihn. Sie wollten das Pferd haben und nahmen ihn gefangen. Als sie ihn aber ins Lager brachten, erkannte ihn der Sohn des Scheiks.«
»Er hätte ihm die Freiheit geben sollen.«
»Der Sohn des Scheiks glaubte immer noch, daß er vielleicht doch ein Mensch wäre.«
»Hatten sie ihn denn nicht gefesselt?«
»Ja. Aber da kam ein Löwe ins Lager, und der Fremde sagte, er wolle ihn ganz allein erlegen, wenn man ihm seine Büchse gebe. Man gab sie ihm, und er ging in die dunkle Nacht hinaus. Kurze Zeit später fielen Blitze vom Himmel und es krachten zwei Schüsse. Nach einigen Minuten kam er. Er hatte das Fell des Löwen umgeworfen, stieg auf sein Pferd und ritt durch die Luft davon.«
»Hat keiner versucht, ihn festzuhalten?«
»Doch. Aber die Männer griffen in die Luft. Und als man ihm nachjagte, fielen drei Kugeln vom Himmel und töteten die drei besten Pferde.«
»Woher weißt du das?«
»Der Bote erzählte es, den Zedar Ben Huli an unseren Scheik sandte. Glaubst du nun, daß es der Schaitan war?«
»Er war es.«
»Was würdest du tun, wenn er hier vor dir auftauchte?«
»Ich würde auf ihn schießen und dazu die heilige Al-Fatiha beten.«
Ich trat um die Ecke und stand vor ihnen.
»So bete sie!« gebot ich ihm.
»Allah karim!« – »Allah akbar!«
Diese beiden Ausrufe waren alles, was sie hervorbrachten.
»Ich bin der Mensch, von dem du erzählt hast. Du nennst mich den Schaitan. Wehe dir, wenn du ein Glied rührst, um dich zu verteidigen! Halef, nimm ihnen die Waffen ab.«
Sie ließen es ruhig geschehen. Ich meinte, ihre Zähne klappern zu hören.
»Binde ihnen die Hände mit ihren Gürteln!«
Damit war Halef bald fertig. Ich durfte davon überzeugt sein, daß die Knoten nicht aufgehen würden.
»Jetzt beantwortet mir meine Fragen, wenn euch euer Leben lieb ist! Von welchem Stamm seid ihr?«

»Wir sind Obeïde.«
»Eure Leute gehen morgen über den Tigris?«
»Ja.«
»Wieviel Krieger habt ihr?«
»Zwölfhundert.«
»Womit sind sie bewaffnet?«
»Mit Pfeilen und Flinten.«
»Habt ihr vielleicht auch Pistolen?«
»Nicht viele.«
»Wie setzt ihr über – auf Kähnen?«
»Auf Flößen. Wir haben keine Kähne.«
»Wie viele Krieger haben die Abu Hammed?«
»Soviel wie wir.«
»Wie sind sie bewaffnet?«
»Sie haben mehr Pfeile als Flinten.«
»Und wie viele Männer bringen euch die Dschowari?«
»Tausend.«
»Haben sie Pfeile oder Flinten?«
»Sie haben beides.«
»Kommen nur eure Krieger herüber, oder werdet ihr auch eure Herden mitnehmen?«
»Nur die Krieger kommen.«
»Warum wollt ihr die Haddedihn überfallen?«
»Der Pascha hat es uns befohlen.«
»Er hat euch nichts zu befehlen, ihr untersteht dem Statthalter von Bagdad. Wo sind eure Pferde?«
»Dort.«
»Ihr seid meine Gefangenen. Bei jedem Fluchtversuch werde ich euch niederschießen.« Ich rief nach Nazar und seinem Gefährten und befahl ihnen, die beiden Obeïde auf ihren Pferden festzubinden. Die Obeïde ergaben sich in ihr Schicksal. Sie stiegen ohne Weigerung auf und wurden so auf ihren Tieren befestigt, daß gar nicht an eine Flucht zu denken war.
»Jetzt holt unsere Pferde von drüben, und bringt sie an den Taleingang«, befahl ich weiter. »Ibn Nazar, du bleibst hier in Al-Deradsch zurück. Der andere soll Halef helfen, die Gefangenen ins Lager zu bringen.«
Die beiden Haddedihn verschwanden, um unsere Pferde am äußersten Abhang des Tales herabzuführen. Dann stiegen wir auf und kehrten zurück, während Nazar auf seinem Posten blieb.

»Ich werde voranreiten. Kommt so schnell wie möglich nach.«
Ich gab meinem Pferd die Schenkel. Meine Eile hatte zwei Gründe: erstens war meine Anwesenheit im Lager nötig, und zweitens hatte ich heute endlich Gelegenheit, das Geheimnis und den höchsten Leistungsgrad meines Rappen zu probieren. Er flog leicht wie ein Vogel über die Ebene dahin. Der schnelle Lauf schien ihm Vergnügen zu machen, denn er wieherte einigemal freudig auf. Plötzlich legte ich ihm die Hand zwischen die Ohren.
»Rih!«
Auf diesen Ruf legte er die Ohren zurück. Es schien länger und dünner zu werden. Dem bisherigen Galopp hätten hundert andere gute Pferde nicht zu folgen vermocht. Aber was nun folgte, war wie die Windstille im Vergleich mit einer rasenden Bö, wie der Gang einer Ente gegenüber dem Flug einer Schwalbe. Die Geschwindigkeit eines Rennkamels kam nicht an das Tempo dieses Pferdes heran. Dabei war der Lauf des Rappen sehr glatt und gleichmäßig. Mohammed Emin hatte recht, als er mir sagte, dieses Pferd werde mich durch tausend Reiter hindurchtragen. Ich fühlte mich unendlich glücklich, der Besitzer dieses ausgezeichneten Renners zu sein.
Aber ich mußte nun daran denken, die äußerste Anspannung aller Kräfte zu beenden. Ich ließ den Rappen in Trab fallen und legte ihm liebkosend die Hand an den Hals. Das kluge Tier wieherte freudig bei diesem Beweis meiner Anerkennung.
Als ich das Lager erreichte, hatte ich vom Wadi Deradsch nur den vierten Teil der Zeit gebraucht, die für den Hinweg notwendig gewesen war. In der Nähe des Zeltes, das der Scheik bewohnte, hielt auf Kamelen und Pferden eine Menge dunkler Gestalten, die ich wegen der Dunkelheit nicht genau erkennen konnte.
Im Zelt wartete eine angenehme Überraschung auf mich: Malek stand vor dem Scheik, der soeben dabei war, den Ankömmling zu begrüßen.
»As-salam Alaikum!« begrüßte mich der Ateïbeh. »Meine Augen freuen sich, dich zu sehen, und mein Ohr ist entzückt, die Schritte deines Fußes zu vernehmen!«
»Allah segne deine Ankunft, Freund meiner Seele!« antwortete ich. »Er hat ein Wunder getan, um dich heute schon zu uns zu bringen.«
»Welches Wunder meinst du?«

»Wir konnten dich heute unmöglich erwarten. Es sind ja drei Tagreisen von hier bis zum Dschebel Schammar und zurück!«
»Du sagst die Wahrheit. Aber dein Bote brauchte nicht bis dorthin zu reiten. Nachdem er uns mit Halef verlassen hatte, erfuhr ich von einem verirrten Hirten, daß die Krieger der Haddedihn hier ihre Herden weiden. Ihr Scheik, der berühmte und tapfere Mohammed Emin, ist mein Freund. So beschlossen wir, nicht auf Halefs Rückkehr zu warten, sondern seiner Botschaft zuvorzukommen.«
»Dein Entschluß war gut, denn ohne ihn hätten wir dich heute nicht begrüßen können.«
»Wir trafen den Boten auf der Mitte des Weges, und mein Herz freute sich, als ich erfuhr, daß ich dich, Kara Ben Nemsi, bei den Kriegern der Haddedihn finden würde. Allah liebt dich und mich. Er leitet unsere Füße auf Pfaden, die sich wieder begegnen. Aber wo ist Hadschi Halef Omar, der Sohn meiner Achtung und meiner Liebe?«
»Er ist unterwegs hierher. Ich ritt voraus und ließ ihn mit zwei Gefangenen zurück. Es wird nicht lange dauern, bis er hier eintrifft.«
»Also hast du Erfolg gehabt?« fragte Mohammed Emin.
»Ja. Die Kundschafter sind in unserer Hand. Sie können uns nicht mehr schaden.«
»Ich höre«, meinte Malek, »daß Feindschaft ausgebrochen ist zwischen den Haddedihn und den Räubern am Tigris?«
»Du hast recht gehört. Morgen, wenn die Sonne am höchsten gestiegen ist, werden unsere Gewehre donnern und unsere Säbel blitzen.«
»Ihr werdet sie überfallen?«
»Sie wollen uns überfallen, aber wir werden sie empfangen.«
»Dürfen euch die Männer der Ateïbeh ihre Säbel leihen?«
»Ich weiß, dein Säbel ist wie Dhal Fikar, der blitzende Säbel des Propheten, dem niemand widerstehen kann. Du bist uns willkommen mit allen, die bei dir sind. Wieviel Männer hast du mitgebracht?«
»Ungefähr sechzig.«
»Sind sie müde?«
»Ist der Araber müde, wenn er den Schall der Waffen hört und das Getöse des Kampfes vernimmt? Gib uns frische Pferde, dann werden wir euch überallhin folgen, wohin ihr uns führt.«

»Ich kenne euch. Eure Kugeln treffen sicher, und die Spitzen eurer Lanzen verfehlen niemals ihr Ziel. Du wirst mit deinen Männern die Schanze verteidigen, die den Ausgang des Schlachtfeldes verschließen soll.«

Während dieser Unterredung saßen Maleks Leute draußen ab. Ich hörte, daß ihnen ein Mahl aufgetragen wurde. Auch das Zelt des Scheiks wurde reichlich mit Speise versehen. Wir hatten das Abendessen noch nicht beendet, als der kleine Halef eintrat und die Ankunft der Gefangenen meldete. Sie wurden dem Scheik sofort vorgeführt. Mohammed Emin sah sie verächtlich an und fragte: »Ihr seid vom Stamm der Obeïde?«

»So ist es, o Scheik.«

»Die Obeïde sind Feiglinge. Sie fürchten sich, die tapferen Krieger der Haddedihn allein zu bekämpfen, und haben sich deshalb mit den Abu Hammed und Dschowari verbündet. Ihre Übermacht sollte uns erdrücken. Wir aber werden sie auffressen und verzehren. Wißt ihr, was die Pflicht eines richtigen Kriegers ist, wenn er einen Feind bekämpfen will?«

Sie sahen zu Boden und antworteten nicht.

»Ein tapferer Araber kommt nicht wie ein Meuchelmörder. Er sendet einen Boten, um den Kampf zu verkünden, damit es ein ehrlicher Streit ist. Haben eure Anführer das getan?«

»Wir wissen es nicht, o Scheik.«

»Ihr wißt es nicht? Allah verkürze eure Zungen! Euer Mund trieft von Lüge und Falschheit! Ihr wißt es nicht und hattet doch den Auftrag, das Tal Deradsch zu bewachen, damit ich keine Kunde von eurem Einfall bekommen konnte! Ich werde euch so behandeln, wie ihr es verdient. Man rufe Abu Manßur, den Besitzer des Messers!«

Einer der Anwesenden entfernte sich und kam bald darauf mit einem Mann zurück, der ein Kästchen bei sich trug.

»Man binde sie, daß sie sich nicht wehren können, und nehme ihnen das Kopftuch ab!«

Das geschah, und dann wandte sich der Scheik an den Mann mit dem Kästchen.

»Was ist die Zierde des Mannes und des Kriegers, Abu Manßur?«

»Das Haar, das sein Gesicht verschönt.«

»Was hat mit einem Mann zu geschehen, der sich fürchtet wie ein Weib und die Unwahrheit sagt wie die Tochter eines Weibes?«

»Er soll wie ein Weib und wie die Tochter eines Weibes behandelt werden.«

»Diese beiden Männer tragen Bärte, aber sie sind Weiber. Sorge dafür, daß man sie als Weiber erkennt, Abu Manßur!«

»Soll ich ihnen den Bart nehmen, o Scheik?«

»Ich befehle es dir!«

»Allah segne dich, du Tapferer und Weiser unter den Kindern der Haddedihn! Du bist freundlich und milde gegen die Deinen und gerecht gegen die Feinde deines Stammes. Ich werde deinem Befehl gehorchen.«

Er öffnete sein Kästchen, das verschiedene Instrumente enthielt, und zog einen krummen Dolch heraus, dessen blanke Klinge im Scheine des Zeltfeuers funkelte.

»Warum nimmst du nicht das Bartmesser?« fragte ihn der Scheik.

»Soll ich den Bart dieser Feiglinge mit dem Messer wegnehmen und dann damit den Scheitel der tapferen Haddedihn berühren?«

»Du hast recht. Mach es so, wie du es dir vorgenommen hast!«

Die gebundenen Obeïde wehrten sich nach Kräften gegen die Behandlung, mit der die allergrößte Schande für sie verbunden war.. Ihr Sträuben half ihnen aber nichts. Sie wurden festgehalten. Der Dolch Abu Manßurs war so scharf, daß die Barthaare wie mit der Schneide eines Rasiermessers abgeschnitten wurden.

»Nun schafft die Kerle hinaus«, befahl der Scheik. »Sie sind Weiber und sollen von den Weibern bewacht werden. Man bringe ihnen Brot, Datteln und Wasser. Wenn sie zu entkommen versuchen, gebe man ihnen eine Kugel!«

Das Abscheren des Bartes war nicht nur eine Strafe, sondern auch ein gutes Mittel, die Gefangenen an einem Fluchtversuch zu hindern. Sie wagten es bestimmt nicht, sich bei ihren Stammesgenossen ohne Bart sehen zu lassen.

Jetzt erhob sich der Scheik. Ich sah es seiner feierlichen Miene an, daß nun etwas Ungewöhnliches folgen sollte.

»La Ilah Illa-llah!« begann er. »Es gibt keinen Gott außer Allah. Alles, was da lebt, hat er geschaffen, und wir sind seine Kinder. Warum sollen sich hassen, die sich lieben, und warum sollen sich entzweien, die zueinander gehören? Es rauschen viele Zweige im Wald, und auf der Ebene stehen viele Halme und Blumen. Sie sind einander gleich, darum kennen sie sich und halten zusammen. Sind wir einander nicht auch gleich? Scheik Malek, du bist ein großer Krieger. Ich habe zu dir gesagt: ›Wir haben Salz miteinander gegessen.‹ Kara Ben Nemsi Effendi, auch du bist ein großer Krieger, und ich habe zu dir gesagt: ›Wir haben Salz miteinander gegessen.‹ Ihr wohnt in meinem Zelt. Ihr seid meine Freunde und meine Gefährten. Ihr sterbt für mich, und ich sterbe für euch. Habe ich die Wahrheit gesagt? Habe ich recht gesprochen?«

Wir nickten ernst und feierlich mit dem Kopf.

»Aber das Salz löst sich auf und vergeht«, fuhr Mohammed Emin fort. »Das Salz ist das Zeichen der Freundschaft. Wenn es sich aufgelöst hat und aus dem Körper verschwunden ist, ist auch die Freundschaft zu Ende und muß wieder erneuert werden. Ist das gut? Ich sage nein! Tapfere Männer schließen ihre Freundschaft nicht durch das Salz. Es gibt einen Stoff, der nie im Körper vergeht: das Blut. Es bleibt bis zum Tod, und die Freundschaft, die durch das Blut geschlossen wird, hört erst auf, wenn man stirbt. Scheik Malek, gib mir deinen Arm!«

Malek merkte ebenso wie ich, um was es sich handelte. Er entblößte seinen Unterarm und hielt ihn Mohammed Emin dar. Der ritzte ihn leicht mit der Spitze seines Messers und ließ die hervorquellenden Tropfen in einen kleinen, mit Wasser gefüllten hölzernen Becher fallen. Dann winkte er mich herbei.

»Kara Ben Nemsi Effendi, willst du mein Freund sein und der Freund dieses Mannes, der sich Scheik Malek Al-Ateïbeh nennt?«

»Ich will es.«

»Willst du es sein bis zum Tod?«

»Ich will es.«

»Sind deine Freunde und Feinde auch unsere Freunde und Feinde, und unsere Freunde und Feinde sind auch deine Freunde und Feinde?«

»Sie sind es.«

»Gib mir deinen Arm!«

Er schnitt leicht durch die Haut und ließ die wenigen Blutstropfen, die hervorquollen, in den Becher fallen. Dann tat er dasselbe an seinem Arm und schwenkte zuletzt den Becher, um das Blut mit dem Wasser zu vermischen.

»Jetzt teilt den Trank der Freundschaft in drei Teile und genießt ihn mit dem Gedanken an den Allwissenden, der unsere geheimsten Gedanken kennt. Wir haben sechs Füße, sechs Arme, sechs Augen, sechs Ohren, sechs Lippen, und dennoch sei es nur ein

Fuß, ein Arm, ein Auge, ein Ohr und eine Lippe. Wir haben drei Herzen und drei Köpfe, aber dennoch sei es nur ein Herz und ein Kopf.«

Er reichte mir den Becher hin.

»Kara Ben Nemsi Effendi, dein Volk wohnt am weitesten von hier. Trink deinen Teil zuerst, und gib den Becher an unseren Freund Malek weiter.«

Ich hielt eine kurze Rede und nahm einen Schluck. Malek folgte mir, und Mohammed Emin trank den Rest aus. Dann umarmte und küßte er uns.

»Jetzt bist du mein Rafik, mein Freund und Blutsbruder«, sagte er jedem von uns, »und ich bin dein Rafik. Unsere Freundschaft sei ewig, wenn auch Allah unsere Wege scheiden mag!«

Die Kunde von dieser Blutsbrüderschaft verbreitete sich schnell durch das ganze Lager. Viele Haddedihn kamen ins Zelt, um uns zu beglückwünschen. Das nahm geraume Zeit in Anspruch, so daß wir erst spät wieder nur zu dritt beieinander saßen.

Wir mußten Scheik Malek eine Beschreibung des Geländes liefern, auf dem der Kampf voraussichtlich stattfinden würde, und ihn über unseren Verteidigungsplan unterrichten. Er war mit allen Vorbereitungen einverstanden und fragte schließlich:

»Können die Feinde nicht nach Norden ausweichen?«

»Sie könnten zwischen dem Fluß und dem Dschebel Dschahannem durchbrechen«, antwortete ich. »Aber wir werden ihnen auch diesen Weg verlegen. Scheik Mohammed, hast du angeordnet, daß Werkzeuge besorgt werden, damit eine Brustwehr errichtet werden kann?«

»Das ist geschehen.«

»Sind die Frauen ausgewählt, die uns begleiten sollen, um die Verwundeten zu verbinden?«

»Sie sind bereit.«

»Dann laß Pferde aussuchen für Scheik Malek und seine Männer. Wir müssen uns auf den Weg machen, denn der Tag wird bald anbrechen.«

18 Die Schlacht im Wadi Deradsch

Eine halbe Stunde später setzten sich die Haddedihn in Bewegung, und zwar nicht in einem regellosen, aufgelösten Schwarm, wie es sonst bei den Arabern üblich ist, sondern in gutgeordneten Abteilungen. Jeder wußte, wohin er gehörte.
Vor uns ritten die Krieger, hinter uns auf Kamelen und unter Führung einiger rüstiger Greise die Frauen, die unsere Verwundeten betreuen sollten. Zuletzt kamen die Männer, die für unsere Verbindung zum Weideplatz und für die Beaufsichtigung der Gefangenen verantwortlich waren.
Als sich die Sonnenscheibe über dem Horizont zeigte, stiegen alle ab und warfen sich auf die Erde, um das Morgengebet zu verrichten.
Von den Posten erfuhren wir, daß nichts vorgefallen war. Wir erreichten ohne Störung den langgezogenen Dschebel Deradsch, hinter dem sich das Tal fast eine Stunde lang von West nach Ost erstreckt. Die Schützen stiegen ab. Ihre Pferde wurden in der Ebene angepflockt. Nicht weit davon wurden die Kamele abgeladen und die Zelte aufgeschlagen, die wir mitgenommen hatten. Sie waren für die Verwundeten bestimmt. Wasser in Schläuchen war genug, Verbandszeug dagegen nur sehr wenig vorhanden.
Die Postenkette, die uns mit den Abu Mohammed verband, hatten wir hinter uns hergezogen, so daß wir mit ihnen immer in Verbindung blieben. Fast stündlich trafen Meldungen von ihnen ein. Die letzte besagte, daß die Feinde unseren Aufmarsch noch nicht entdeckt hatten.
Sir David Lindsay hatte sich am vergangenen Abend und auch heute kaum bemerkbar gemacht. Es war mir auch keine Zeit geblieben, mich um ihn zu kümmern. Jetzt hielt er an meiner Seite. »Wo Schlachtfeld, Sir? Hier?« fragte er.
»Nein, hinter dieser Höhe«, antwortete ich.
»Bei Ihnen bleiben?«
»Wie Sie wollen.«
»Wo sind Sie? Infanterie, Kavallerie, Pioniere?«
»Kavallerie. Wir werden aber ebenso schießen wie fechten, wenn es notwendig ist.«

»Bleibe bei Ihnen.«
»Dann warten Sie hier. Meine Abteilung hält an dieser Stelle, bis ich sie abhole.«
»Nicht ins Tal?«
»Nein. Wir werden an den Tigris ziehen, um den Feind daran zu hindern, nach Norden auszuweichen.«
»Wieviel Mann?«
»Hundert.«
»Well! Sehr gut, ausgezeichnet!«
Ich hatte diesen Posten mit Absicht übernommen. Zwar war ich Freund und Gefährte der Haddedihn, aber es widerstrebte mir doch, Menschen zu töten, die mir nichts getan hatten. Der Streit, der zwischen den Arabern ausgetragen werden sollte, ging mich gar nichts an. Da nicht damit zu rechnen war, daß die Feinde sich nach Norden wenden würden, hatte ich gebeten, mich der Abteilung anschließen zu dürfen, die dem Gegner dort das Vordringen verwehren sollte. Am liebsten wäre ich am Verbandplatz zurückgeblieben, das war aber nicht möglich. Man hätte mich für einen Feigling gehalten.
Jetzt führte Mohammed Emin seine Reiterei ins Tal. Ich schloß mich ihr an. Sie wurde in die beiden Seitentäler rechts und links verteilt. Dann folgten die Fußtruppen. Sie erstiegen die Höhen rechts und links, um den Feind von oben herab fassen zu können. Das letzte Drittel Fußtruppen, das aus Scheik Malek und seinen Leuten bestand, blieb am Eingang des Tales zurück. Nun kehrte ich um und ritt mit meinen hundert Mann los.
Unser Ritt ging nach Norden, bis wir einen Paß fanden, der es uns ermöglichte, den Dschebel zu übersteigen. Nach einer Stunde sahen wir den Tigris vor uns. Weiter nach Süden gab es eine Stelle, an der das Gebirge sich bis an das Wasser vorschob und einen Halbkreis bildete, aus dem man sehr schwer entkommen konnte, wenn man einmal hineingeraten war. Hier stellte ich meine Leute auf, denn an dieser Stelle konnten wir ohne Schwierigkeiten eine zehnfache Übermacht aufhalten.
Nachdem ich Posten aufgestellt hatte, saßen wir ab und machten es uns bequem. Sir David Lindsay fragte mich:
»Schon mal hiergewesen?«
»Nein«, antwortete ich.
»Vielleicht Ruinen in der Nähe?«
»Weiß nicht.«

»Bitte fragen!«
Ich erkundigte mich und übersetzte ihm die Antwort.
»Weiter nördlich. Bei Asch-Schirkat, dort sind die Ruinen von Assur.«
»Fowlingbulls dort?«
»Das müßte man erst feststellen.«
»Wie lange noch Zeit bis zum Kampf?«
»Bis Mittag, vielleicht auch länger. Vielleicht gibt es für uns gar keinen Kampf.«
»Werde unterdessen einmal ansehen.«
»Was?«
»Asch-Schirkat. Fowlingbulls ausgraben, Londoner Museum schicken, berühmt werden, well!«
»Das wird jetzt nicht gut möglich sein.«
»Warum?«
»Weil Sie bis dorthin ungefähr fünfzehn englische Meilen reiten müßten.«
»Ah! Hm! Miserabel! Werde dableiben!«
Er legte sich hinter ein Euphorbiengebüsch. Ich beschloß, einen Erkundungsritt zu unternehmen, gab meinen Leuten die nötigen Weisungen und ritt südwärts den Tigris entlang.
Mein Rappe war, wie alle Schammarpferde, ein ausgezeichneter Kletterer. Ich konnte es wagen, mit ihm den Dschebel zu ersteigen. Deshalb ritt ich zur Höhe empor, um mir einen Überblick zu verschaffen. Oben musterte ich mit meinem Fernrohr den östlichen Horizont. Bei dieser Gelegenheit sah ich, daß jenseits des Flusses reges Leben herrschte. Am südlichen Ufer des Zab wimmelte die Ebene bis beinahe zum Tell Hamlia hinab von Reitern. Unterhalb der Stromschnellen lagen mehrere große Haufen von Ziegenschläuchen, aus denen man wohl die Flöße bauen wollte, die zum Übersetzen nötig waren. Das diesseitige Ufer des Tigris konnte ich nicht sehen, und zwar wegen des Berges, hinter dem das Wadi Deradsch lag. Da ich noch Zeit hatte, nahm ich mir vor, auch diese Höhe zu ersteigen.
Der Ritt auf dem Kamm des Höhenzuges war sehr anstrengend. Es dauerte über eine Stunde, bis ich den höchsten Punkt erreichte. Mein Pferd war so frisch, als ob es eben erst aus dem Schlaf erwacht wäre. Ich koppelte es an und kletterte über eine Art Felsenmauer hinauf. Unter mir lag das Wadi Deradsch. Ich sah im Hintergrund die fertige Brustwehr mit ihren Verteidigern und

bemerkte auf beiden Seiten die hinter den Felsen verborgenen Schützen. Gerade gegenüber sah ich den Hinterhalt der Reiterei. Dann richtete ich das Fernrohr nach Süden.
Dort lag Zelt an Zelt, aber ich sah, daß man bereits damit beschäftigt war, sie abzubrechen. Das waren die Abu Hammed und die Dschowari. Dort hatten wohl auch die Scharen von Sardanapal, Kyaxares und Alyattes gelagert. Dort hatte man die Pferde in den Fluten des Tigris getränkt, als Nebukadnezar nach Ägypten zog, um Königin Hophra abzusetzen.
Ich sah, daß die Ziegenhäute aufgeblasen und miteinander verbunden wurden, sah die Reiter, die ihre Pferde auf die Flöße führten. Ich sah die Flöße abstoßen und am diesseitigen Ufer landen. Es war mir, als müsse ich das Geschrei hören, mit dem sie von ihren Verbündeten begrüßt wurden, die sich auf ihre Pferde warfen, um eine glänzende Fantasia, ein Scheingefecht, aufzuführen.
Ich stellte erfreut fest, daß sie ihre Pferde jetzt schon anstrengten. Die Tiere würden müde sein, wenn der Kampf begann.
So saß ich fast eine Stunde lang. Die Obeïde waren jetzt alle am anderen Ufer des Tigris. Ich sah, daß sich der Zug nach Norden in Bewegung setzte. Jetzt kletterte ich wieder herab, bestieg mein Pferd und kehrte zurück. Die Stunde der Entscheidung war gekommen.
Ich brauchte wieder fast eine Stunde, um die Stelle zu erreichen, wo ich vom Bergkamm hinabreiten konnte. Als ich die Höhe gerade verlassen wollte, sah ich weit entfernt am nördlichen Horizont etwas blitzen. Es machte den Eindruck, als ob die Sonnenstrahlen auf ein Glasstückchen fielen. Wir konnten den Feind nur von Süden her erwarten. Trotzdem nahm ich mein Fernrohr zur Hand und suchte die Stelle ab, an der ich den blitzenden Schein bemerkt hatte. Nur mit Mühe entdeckte ich dicht am Fluß eine Anzahl dunkler Punkte, die sich abwärts bewegten. Es mußten Reiter sein. Einer von ihnen hatte das Gefunkel verursacht. Waren es Feinde? Sie waren ebenso weit nördlich von dem Versteck meiner Leute entfernt, wie ich mich südlich davon befand. Ich durfte nicht lange überlegen, sondern mußte ihnen zuvorkommen.
Ich trieb meinen Rappen an, der mich rasch abwärts trug. Als er die Talsohle unter den Hufen hatte, flog er wie ein Vogel dahin. Ich war überzeugt, daß ich zur rechten Zeit eintreffen würde.

Als ich bei meiner Abteilung angekommen war, rief ich die Leute zusammen und berichtete, was ich beobachtet hatte. Wir schafften die Pferde aus dem Halbkessel heraus, den das Gelände bildete. Dann versteckte sich die Hälfte der Haddedihn hinter dem südlichen Vorsprung, während die andere Hälfte sich hinter Euphorbien und Gummipflanzen verbarg, um den Ankommenden den Rückzug abzuschneiden.
Wir brauchten nicht lange zu warten, bis wir Hufschlag hörten. Sir David Lindsay lag neben mir und horchte, wobei er die Büchse im Anschlag hielt.
»Wieviel?« fragte er.
»Konnte sie nicht genau zählen«, antwortete ich. »Ungefähr zwanzig.«
»Pah! Warum dann so viel Mühe?«
Er erhob sich und setzte sich auf einen Steinblock. Seine beiden Diener folgten ihm.
Da kamen sie schon um die Ecke. Voran ein großer, kräftiger Araber, der unter seiner Aba einen Schuppenpanzer trug. Diesen Panzer hatte ich vorhin blitzen sehen. Der Araber saß stolz wie ein König auf seinem Pferd. Er sah so aus, als hätte er sich noch niemals in seinem Leben gefürchtet. Selbst jetzt, als er sich so unerwartet der ungewöhnlichen Gestalt des Engländers gegenübersah, zuckte er mit keiner Wimper. Nur die Hand fuhr zum krummen Säbel.
Der Anführer ritt einige Schritte vor und wartete, bis seine Leute nachgekommen waren. Dann winkte er einem Mann an seiner Seite, der lang und hager auf seinem Gaul hing, als hätte er noch nie zuvor einen Sattel berührt. Man sah ihm seine griechische Abstammung an. Er fragte den Engländer in arabischer Sprache:
»Wer bist du?«
David Lindsay erhob sich, lüftete den Hut und machte eine halbe Verbeugung, sagte aber kein Wort.
Der Frager wiederholte seine Worte in türkischer Sprache.
»I am an Englishman – ich bin Engländer«, lautete die Antwort.
»Dann begrüße ich Sie, verehrter Herr!« klang es jetzt in englischen Lauten. »Es ist eine außerordentliche Überraschung, hier in dieser Einsamkeit einen Sohn Albions zu treffen. Darf ich um Ihren Namen bitten?«
»David Lindsay.«

»Das sind Ihre Diener?«
»Yes.«
»Aber was tun Sie hier?«
»Nothing – nichts.«
»Sie müssen doch ein Ziel haben?«
»Yes. To dig – ausgraben.«
»Was?«
»Fowlingbulls.«
»Ah!« lächelte der Mann überlegen. »Dazu braucht man Mittel, Zeit, Leute und Erlaubnis. Wie sind Sie hierhergekommen?«
»Mit Dampfer.«
»Wo ist er?«
»Nach Bagdad zurück.«
»Sie sind mit den beiden Dienern ausgestiegen?«
»Yes.«
»Hm, sonderbar! Und wohin wollen Sie jetzt?«
»Wo Fowlingbulls sind. Wer ist das da?«
Er deutete dabei auf den Mann im Schuppenpanzer. Der Grieche übersetzte dem Araber das bisherige Gespräch und antwortete dann:
»Dieser berühmte Mann ist Esla Al-Mahem, Scheik der Obeïde-Araber, die da drüben ihre Weideplätze haben.«
Ich staunte über diese Antwort. Also war der Scheik während des Aufbruchs seines Stammes nicht bei seinen Leuten gewesen.
»Wer Sie?« fragte der Engländer weiter.
»Ich bin Dolmetscher beim englischen Vizekonsul in Mossul.«
»Ah! Wohin?«
»Eine Unternehmung gegen die Haddedihn-Araber.«
»Unternehmung? Krieg? Kampf? Warum?«
»Diese Haddedihn sind ein störrischer Stamm, dem man einmal auf die Finger klopfen muß. Sie haben mehrere Jasidi beschützt, als diese Teufelsanbeter vom Gouverneur von Mossul angegriffen wurden. Aber wie kommt es, daß...«
Er schwieg plötzlich, denn hinter der Felswand wieherte eins unserer Pferde, und ein anderes folgte diesem Beispiel. Sofort griff der Scheik in die Zügel, um vorwärts zu reiten und nachzusehen. Jetzt erhob ich mich.
»Erlauben Sie, daß auch ich mich Ihnen vorstelle!« sagte ich.
Der Scheik blieb vor Überraschung stehen.

»Wer sind Sie?« fragte der Dolmetscher. »Auch ein Engländer? Sie laufen aber doch genau wie ein Araber herum!«
»Ich bin Deutscher und gehöre zur Expedition dieses Herrn. Wir wollen hier Fowlingbulls ausgraben und uns zugleich ein wenig um die Sitten dieses Landes kümmern.«
»Was ist das für ein Mann?« fragte der Scheik den Griechen.
»Ein Alaman.«
»Sind die Alaman Gläubige?«
»Sie sind Christen«, antwortete ich arabisch.
»Du gehörst zu diesem Inglis?« fragte der Araber. »Wie lange seid ihr schon in dieser Gegend?«
»Mehrere Tage.«
Seine Brauen zogen sich zusammen.
»Kennst du die Haddedihn?« fragte er weiter.
»Ich kenne sie. Ich bin sogar der Rafik ihres Scheiks.«
»Dann bist du verloren! Ich nehme dich gefangen, dich und diese drei.«
»Du bist stark«, sagte ich spöttisch, »aber Zedar Ben Huli, der Scheik der Abu Hammed, war auch stark!«
»Was willst du mit ihm?«
»Er nahm mich gefangen, behielt mich aber nicht.«
»Maschallah! Bist du der Mann, der den Löwen getötet hat?«
»Ja, der bin ich.«
»Dann bist du mein Gefangener. Mir entkommst du nicht.«
»Oder du bist mein Gefangener und entkommst mir nicht. Sieh dich um!«
Er tat es, bemerkte aber niemand.
»Auf, ihr Männer!« befahl ich laut.
Sofort erhoben sich sämtliche Haddedihn und legten die Gewehre auf ihn und seine Leute an.
»Ah, du bist klug wie ein Fuchs und tötest den Löwen, aber mich fängst du nicht!« rief er aus.
Der Obeïde riß den krummen Säbel heraus, drängte sein Pferd zu mir heran und holte aus zum tödlichen Hieb. Es war nicht schwer, mit ihm fertig zu werden. Ich schoß auf sein Pferd. Es stürzte. Er fiel zu Boden. Schon hatte ich ihn gepackt. Jetzt begann ein Ringen, das mir bewies, daß er ein kräftiger Mann war. Ich mußte ihm den Turban abreißen und ihm einen betäubenden Hieb auf die Schläfe versetzen.
Während dieses kurzen Ringens wogte es rund um mich her.

Aber was da geschah, war nicht als Kampf zu bezeichnen. Ich hatte den Haddedihn befohlen, nur auf die Pferde zu schießen. Deshalb wurden durch die erste Salve sämtliche Pferde der Obeïde entweder getötet oder schwer verletzt. Die Krieger lagen am Boden. Von allen Seiten starrten ihnen die langen, bewimpelten Lanzen der Haddedihn entgegen. Selbst der Fluß bot keine Gelegenheit zur Flucht, da unsere Kugeln jeden Schwimmenden erreicht hätten.

»Gebt euch keine Mühe, ihr Krieger der Obeïde«, sagte ich, als das Durcheinander sich aufgelöst hatte. »Ihr seid in unseren Händen. Ihr seid zwanzig Mann, wir zählen über hundert Reiter. Euer Scheik befindet sich in meiner Hand!«

»Schießt ihn nieder!« befahl ihnen der Scheik.

»Wenn einer von euch eine Waffe gegen mich erhebt, werden diese beiden Männer euren Scheik töten!« antwortete ich und zeigte auf Lindsays Diener, die den gepanzerten Araber bewachten.

»Schießt ihn nieder, den Wolf, den Schakal, den Hasen!« schrie Esla Al-Mahem trotz meiner Drohung.

»Laßt euch das ja nicht einfallen!« warnte ich. »Sonst geht es euch schlecht!«

»Eure Brüder werden euch und mich rächen!« rief der Scheik.

»Eure Brüder? Die Obeïde? Vielleicht auch die Abu Hammed und die Dschowari?«

Er blickte mich überrascht an.

»Was weißt du von ihnen?« stieß er hervor.

»Daß sie in diesem Augenblick ebenso von den Kriegern der Haddedihn überrumpelt werden, wie ich dich und deine Männer gefangen habe.«

»Du lügst! Du bist ein Tier, das niemand beißen kann. Meine Krieger werden dich mit allen Söhnen und Töchtern der Haddedihn fangen und mitnehmen.«

»Allah behüte deinen Kopf, daß du die Gedanken nicht verlierst! Würden wir hier auf dich warten, wenn wir nicht gewußt hätten, was du gegen Scheik Mohammed Emin unternehmen willst?«

»Woher weißt du, daß ich am Grab des Hadschi Ali war?«

Davon wußte ich gar nichts, aber ich beschloß, auf den Busch zu klopfen.

»Du warst am Grab des Hadschi Ali, um Glück für dein Unternehmen zu erbitten. Aber dieses Grab liegt auf dem linken Ufer

des Tigris, und du bist dann an dieses Ufer gegangen, um im Wadi Murr auszukundschaften, wo sich die andern Stämme der Schammar befinden.«
Ich sah ihm an, daß ich mit meiner Kombination das Richtige getroffen hatte. Er stieß trotzdem ein höhnisches Gelächter aus und antwortete:
»Dein Verstand ist faul und träge wie Tigrisschlamm. Gib uns frei, dann soll dir nichts geschehen!«
Jetzt lachte ich und fragte:
»Was wird uns geschehen, wenn ich euch nicht freigebe?«
»Meine Leute werden mich suchen und finden. Dann seid ihr verloren!«
»Deine Augen sind blind und deine Ohren taub. Du hast weder gehört noch gesehen, was vorging, ehe deine Männer über den Fluß kamen.«
»Was soll geschehen sein?« fragte er verächtlich.
»Sie werden von den Haddedihn erwartet; ebenso, wie ich dich erwartet habe.«
»Wo?«
»Im Wadi Deradsch.«
Jetzt erschrak er.
»Du siehst, daß euer Plan verraten ist«, setzte ich hinzu. »Du weißt, daß ich bei den Abu Hammed war. Ehe ich dorthin kam, war ich bei den Abu Mohammed. Sie und die Alabeïde haben sich mit den Haddedihn verbündet, euch im Wadi Deradsch einzuschließen. Horch!«
Es war jetzt ein dumpfes Knattern zu hören.
»Hörst du diese Schüsse? Deine Leute sind bereits im Tal eingeschlossen und werden alle niedergemacht, wenn sie sich nicht ergeben.«
»Ist das wahr?« rief er. »Dann töte mich!«
»Du bist ein Feigling!«
»Ist es feige, wenn ich den Tod verlange?«
»Ja. Du bist der Scheik der Obeïde, der Vater deines Stammes. Es ist deine Pflicht, ihm in der Not beizustehen. Du aber willst ihn verlassen!«
»Bist du verrückt? Wie kann ich ihm beistehen, wenn ich gefangen bin!«
»Mit deinem Rat. Die Haddedihn sind keine Scheusale, die nach Blut lechzen. Sie wollen euern Überfall zurückweisen und dann

Frieden mit euch schließen. Bei dieser Beratung darf der Scheik der Obeïde nicht fehlen.«
»Sagst du die Wahrheit?«
»Ich sage sie. – Achtung, haltet den Kerl fest!«
Dieser Ruf galt dem Griechen. Er hatte bisher ruhig dagestanden. Jetzt sprang er plötzlich auf einen meiner Leute zu, stieß ihn zur Seite und lief davon. Ein paar Schüsse krachten hinter ihm her, aber in der Eile war nicht genau gezielt worden. Es gelang ihm, den Felsvorsprung zu erreichen und dahinter zu verschwinden.
»Schießt jeden nieder, der sich von der Stelle rührt!«
Mit diesen Worten eilte ich dem Flüchtling nach. Als ich den Felsvorsprung erreicht hatte, war der Grieche schon über hundert Schritt davon entfernt.
»Stehenbleiben!« rief ich ihm nach.
Er sah sich rasch um, lief aber weiter. Es tat mir leid, aber ich war gezwungen, auf ihn zu schießen. Allerdings nahm ich mir vor, ihn nach Möglichkeit nur zu verwunden. Ich zielte scharf und drückte ab. Er lief noch ein kleines Stück weiter. Dann blieb er stehen. Es war, als ob ihn eine unsichtbare Hand einmal um seine eigene Achse drehte, dann fiel er um.
»Holt ihn her!« befahl ich.
Daraufhin liefen einige Haddedihn zu ihm und trugen ihn herbei. Die Kugel saß in seinem Oberschenkel.
»Du siehst, daß wir Ernst machen, Esla Al-Mahem. Befiehl deinen Leuten, sich zu ergeben!«
»Und wenn ich es ihnen nicht befehle?« fragte er.
»Dann zwingen wir sie, und es wird Blut fließen, was wir gern vermeiden wollen.«
»Wirst du mir später bezeugen, daß ich mich nur ergeben habe, weil ihr fünfmal mehr seid als wir und weil du mir sagst, daß meine Leute im Wadi Deradsch eingeschlossen sind?«
»Ich bezeuge es dir!«
»Dann gebt eure Waffen ab!« knirschte er. »Aber Allah verderbe dich bis in die tiefste Hölle, wenn du mich belogen hast!«
Die Obeïde wurden entwaffnet.
»Sir!« rief mir Lindsay plötzlich während dieses Vorganges zu. Er hielt den Arm des verwundeten Griechen fest und meldete:
»Frißt Papier, der Kerl!«
Ich trat näher. Der Grieche hatte noch einen Papierfetzen in der zusammengeballten Hand.

»Hergeben!« sagte ich. – »Nein!«
Ein Druck auf seine Hand – er schrie vor Schmerz auf und öffnete die Finger. Das Papier war der Teil eines Briefumschlags und enthielt nur ein einziges Wort: Bagdad. Der Kerl hatte den andern Teil des Umschlags und den Brief entweder schon verschlungen oder noch im Mund.
»Gib heraus, was du im Mund hast!« forderte ich ihn auf.
Ein höhnisches Lächeln war seine Antwort. Zugleich sah ich, wie er den Kopf etwas hob, um leichter schlucken zu können. Sofort faßte ich ihn bei der Kehle. Unter meinem Griff machte er in der Angst des Erstickens den Mund auf. Es gelang mir, ein Papierklümpchen ans Tageslicht zu fördern. Die Fetzen enthielten nur wenige Zeilen in Geheimschrift. Es schien unmöglich zu sein, die einzelnen Stücke richtig zusammenzusetzen. Ich faßte den Griechen scharf ins Auge und fragte ihn:
»Von wem stammt dieses Schreiben?«
»Ich weiß es nicht«, antwortete er.
»Von wem hast du es bekommen?«
»Ich weiß es nicht.«
»Wenn du nicht antwortest, wirst du nicht verbunden«, drohte ich. »Dann lasse ich dich hier zurück als Fraß für die Geier und Schakale!«
»Ich muß schweigen!« sagte er.
»Gut, dann schweig auf ewig!«
Ich stand auf. Das wirkte.
»Frag, Effendi!« sagte er ängstlich.
»Von wem hast du diesen Brief?«
»Vom englischen Vizekonsul in Mossul.«
»An wen war er gerichtet?«
»An den Konsul in Bagdad.«
»Kennst du seinen Inhalt?«
»Nein. Ich schwöre, daß ich keinen Buchstaben zu lesen bekam!«
»Aber du ahnst, was er enthielt?«
»Politik!«
»Das war nicht schwer zu raten.«
»Weiter darf ich nichts sagen.«
»Hast du einen Schwur abgelegt?«
»Ja.«
»Du bist Grieche? Woher?«
»Aus Lemnos.«

»Ich dachte es mir. Wie hast du es zum Dragoman in Mossul gebracht? Du brauchst mir nicht zu antworten, ich kann mir vorstellen, wie du zu deinem schmutzigen Posten gekommen bist. Warum hetzt ihr diese Stämme gegeneinander auf? Und du willst ein Christ sein? Pfui Teufel! Hast du auch den Russen gedient?«
»Ja, Effendi. In Stambul.«
»Das habe ich mir gedacht. Ich sehe, daß du wenigstens noch fähig bist, die Wahrheit zu sagen. Deshalb will ich dich nicht der Rache der Haddedihn übergeben.«
»Meine Seele wird dich dafür segnen!« stammelte der Grieche.
»Behalte deinen Segen! Wie ist dein Name?«
»Alexander Koletis.«
Ich bat einen der beiden Diener Sir Davids, die Wunde am Bein des Dolmetschers zu verbinden. Wer weiß, ob ich nicht anders gehandelt hätte, wenn ich damals gewußt hätte, unter welchen Umständen ich diesen Menschen später wiedersehen sollte. Ich wandte mich an den gefesselten Scheik.
»Esla Al-Mahem, du bist ein tapferer Mann. Es tut mir leid, einen mutigen Krieger gefesselt zu sehen. Willst du mir versprechen, stets an meiner Seite zu bleiben und keinen Fluchtversuch zu machen?«
»Warum?«
»Dann werde ich dir deine Fesseln abnehmen lassen.«
»Ich verspreche es!«
»Beim Bart des Propheten?«
»Beim Bart des Propheten und bei meinem eigenen.«
»Nimm deinen Leuten dasselbe Versprechen ab!«
»Schwört mir, diesem Manne nicht zu entfliehen!« gebot er.
»Wir schwören es!« ertönte die Antwort.
»Dann sollt ihr nicht gefesselt werden«, versprach ich ihnen. Zugleich löste ich die Fesseln des Scheiks.
»Effendi, du bist ein edelmütiger Krieger«, sagte er. »Du hast nur unsere Tiere töten lassen, uns aber verschont. Allah segne dich, obwohl mir mein Pferd lieber war als ein Bruder.«
Ich sah es seinem Gesicht an, daß dieser Mann weder Verrat noch Gemeinheit oder Treulosigkeit kannte. Deshalb sagte ich:
»Du hast dich zu diesem Kampf gegen die Angehörigen deines Volkes von fremden Mächten verleiten lassen. Sei in Zukunft klüger! Willst du dein Schwert, deinen Dolch und deine Flinte wiederhaben?«

*Zum Krieger gehört der Dolch
als Waffe und Zierde*

»Das wirst du nicht tun, Effendi!« erwiderte er erstaunt.
»Ich tue es. Ein Scheik soll der Edelste seines Stammes sein. Ich mag dich nicht wie einen Huteijeh oder wie einen Chelawijeh, wie den Angehörigen eines verachteten Stammes, behandeln. Du sollst vor den Scheik der Haddedihn treten wie ein freier Mann, mit den Waffen in der Hand.«
Ich gab ihm seinen Säbel und auch die anderen Waffen. Er sprang auf und starrte mich an.
»Wie ist dein Name, Effendi?«
»Die Haddedihn nennen mich Kara Ben Nemsi.«
»Du bist Christ, Effendi! Heute habe ich die Erfahrung gemacht, daß die Nassara keine Hunde sind, sondern daß sie manchmal großzügiger und weiser handeln als die Moslems. Mit den Waffen, die du mir wiedergibst, überwindest du mich leichter, als es mit deinen eigenen Waffen geschehen wäre, mit denen du mich töten konntest. Zeig mir deinen Dolch!«
Ich reichte ihm die Waffe. Er prüfte die Klinge und meinte dann:
»Dieses Eisen breche ich mit der Hand auseinander. Sieh dagegen meine Dschanbije!«

Er zog sein Messer aus der Scheide. Es war ein Kunstwerk, zweischneidig, leicht gekrümmt, wunderbar verziert. In arabischer Sprache stand zu beiden Seiten der Wahlspruch: »Nur nach dem Sieg in die Scheide.« Dieser Dolch war vermutlich von einem jener alten, berühmten Waffenschmiede in Damaskus angefertigt worden, die heutzutage ausgestorben sind und mit denen sich jetzt keiner mehr messen kann.
»Gefällt er dir?« fragte der Scheik.
»Er ist wohl fünfzig Schafe wert!«
»Sage hundert oder hundertfünfzig, denn es haben ihn zehn meiner Väter getragen, und er ist niemals zersprungen. Er gehört dir. Gib mir deinen dafür!«
Das war ein Tausch, den ich nicht zurückweisen durfte, wenn ich den Scheik nicht beleidigen wollte. Ich tauschte also meinen Dolch um.
»Ich danke dir, Esla Al-Mahem. Diese Klinge werde ich zum Andenken an dich und zu Ehren deiner Väter tragen.«
»Sie läßt dich nie im Stich, solange deine Hand fest bleibt!« meinte er.
Da hörten wir den Hufschlag eines Pferdes. Gleich darauf bog ein Reiter um den Felsvorsprung, der unser Versteck nach Süden abschloß. Es war mein kleiner Halef.
»Sihdi, du sollst kommen!« rief er, als er mich erblickte.
»Wie steht es, Hadschi Halef Omar?«
»Wir haben gesiegt. Alle sind gefangen!«
»Alle?«
»Mit ihren Scheiks! Hamdulillah! Nur Esla Al-Mahem fehlt, der Scheik der Obeïde.«
Ich wandte mich an den Gepanzerten.
»Siehst du, daß ich dir die Wahrheit sagte?« Dann fragte ich Halef: »Trafen die Abu Mohammed zur rechten Zeit ein?«
»Sie kamen dicht hinter den Dschowari und schlossen das Wadi so ab, daß kein Feind entkommen konnte. Wer sind diese Männer?«
»Das hier ist Scheik Esla Al-Mahem, von dem du sprachst.«
»Deine Gefangenen?«
»Ja. Sie werden mit mir kommen.«
»Wallah, billah, tallah! Erlaube, daß ich gleich umkehre und Mohammed Emin und Scheik Malek diese Nachricht bringe!«
Er jagte wieder davon.

317

Scheik Esla bestieg eins unserer Pferde. Auch der Grieche wurde auf ein Pferd gesetzt. Die übrigen mußten gehen. So setzte sich der Zug in Bewegung. Wenn der Kampf im Wadi Deradsch nicht mehr Blut gekostet hatte als bei uns, konnten wir zufrieden sein.
Wir hatten das Wadi noch lange nicht erreicht, als ich vier Reiter bemerkte, die uns entgegenkamen. Ich eilte auf sie zu. Es waren Malek, Mohammed Emin und die Scheiks der Abu Mohammed und der Alabeïde.
»Du hast ihn gefangen?« rief mir Mohammed Emin entgegen.
»Esla Al-Mahem? Ja.«
»Allah sei Dank! Nur er fehlte uns noch. Wie viele Männer hat dich der Kampf gekostet?«
»Keinen.«
»Wer wurde verwundet?«
»Niemand von uns. Nur einer der Feinde erhielt einen Schuß.«
»So ist Allah mit uns gnädig gewesen. Wir haben nur zwei Tote und elf Verwundete.«
»Und der Feind?«
»Dem ist es schlimmer ergangen. Er wurde von allen Seiten eingeschlossen, daß er sich nicht mehr rühren konnte. Unsere Schützen trafen gut und konnten doch selbst nicht getroffen werden. Unsere Reiter hielten zusammen, wie du es ihnen gezeigt hast. Sie ritten alles nieder, als sie aus den Schluchten hervorbrachen.«
»Wo befindet sich der Feind jetzt?«
»Gefangen im Wadi. Sie haben alle ihre Waffen abgeben müssen. Niemand kann entkommen, denn das Tal wird von uns bewacht. Dort ist ja Esla Al-Mahem! Wie kommt es, daß er seine Waffen trägt?«
»Er hat mir versprochen, nicht zu entfliehen. Weißt du nicht, daß man den tapferen Feind ehren soll?«
»Er wollte uns vernichten!«
»Dafür soll er bestraft werden.«
»Du hast ihm die Waffen gelassen, und dabei bleibt es, denn du weißt, was du tust. Komm!«
Wir ritten zum Kampfplatz. Die anderen folgten uns so schnell wie möglich. Auf dem Verbandplatz herrschte reges Leben. Nicht weit davon bildete eine Anzahl bewaffneter Haddedihn einen Kreis, in dessen Mitte die besiegten und gefesselten Scheiks saßen. Ich wartete, bis Esla eintraf, und fragte ihn vorsichtig:
»Willst du lieber bei mir bleiben?«

Seine Antwort war, wie ich nicht anders erwartet hatte:
»Sie sind meine Verbündeten. Ich gehöre zu ihnen.«
Er trat in den Kreis und setzte sich zu den anderen Scheiks. Es wurde kein Wort gesprochen, aber ich sah, daß die Leidensgenossen bei seinem Anblick erschraken. Vielleicht hatten sie auf ihn noch Hoffnung gesetzt.
»Führe deine Gefangenen in das Wadi!« bat Mohammed Emin. Ich machte mich auf den Weg. Als ich das Tal erreichte, bot sich mir ein malerischer Anblick. In die Brustwehr war eine Bresche gerissen worden. Zu beiden Seiten der Talwände hatte man Wachtposten aufgestellt. Die Talsohle wimmelte von gefangenen Arabern und Pferden. Dazwischen waren verschiedene Haddedihn damit beschäftigt, die Pferde der Feinde einzufangen, um sie hinaus auf die Ebene zu bringen, wo auch die erbeuteten Waffen auf einem großen Haufen lagen.
»Wie lange wollt ihr die Gefangenen behalten?« fragte ich Mohammed Emin.
»Bis sie zurückkehren dürfen.«
»Und wann soll das geschehen?«
»So bald wie möglich. Wir hätten auf die Dauer nichts zu essen für dieses Heer von Freunden und Feinden.«
»Sechstausend Menschen auf so engem Raum, das kann nur ein paar Tage gut gehen. Wir müssen sofort veranlassen, daß sich die Scheiks versammeln, um über alles zu sprechen, was beschlossen werden muß. Dann müssen die Beschlüsse schleunigst ausgeführt werden.«
Mohammed Emin ging. Nun trat Lindsay auf mich zu.
»Herrlicher Sieg! Nicht wahr?« meinte er.
»Glänzend!« antwortete ich.
»Wie meine Sache gemacht, Sir?«
»Ausgezeichnet!«
»Schön! Hm! Viele Menschen hier.«
»Man sieht es.«
»Ob wohl einige darunter sind, die wissen, wo es Ruinen gibt?«
»Möglich. Man müßte sich erkundigen.«
»Fragen Sie doch mal!«
»Sobald es möglich ist, ja.«
»Jetzt gleich, sofort!«
»Verzeihung, Sir, ich habe jetzt keine Zeit. Vermutlich werde ich bei der Beratung gebraucht, die jetzt beginnen wird.«

»Schön! Hm! Aber nachher fragen! Wie?«
»Bestimmt!« Ich ließ ihn stehen und ging zu den Zelten. Im Beratungszelt der Scheiks ging es lebhaft zu. Man konnte sich nicht über die Grundsätze der Beuteverteilung einigen.
»Wir brauchen deinen Rat, Kara Ben Nemsi Effendi«, sagte Malek. »Du bist in vielen Ländern der Erde gewesen und weißt, was recht und vorteilhaft ist.« – »Fragt, ich werde antworten!«
»Wem gehören die Waffen der Besiegten?« – »Dem Sieger.«
»Wem ihre Pferde?« – »Dem Sieger.«
»Wem die Kleider?« – »Die Räuber nehmen sie, der wahre Gläubige aber läßt sie ihnen.«
»Wem gehört ihr Geld, ihr Schmuck?«
»Der wahre Gläubige nimmt nur die Waffen und Pferde.«
»Wem gehören ihre Herden?«
»Wenn eure Gegner nichts weiter besitzen als ihre Herden, so gehören sie ihnen. Aber sie müssen die Kosten des Krieges und einen jährlichen Tribut davon bezahlen.«
»Du sprichst wie ein Freund unserer Feinde. Wir haben sie besiegt, und nun gehört uns ihr Leben und alles, was sie besitzen.«
»Ich rede als euer Freund, aber auch als ihr Freund. Du sagst, ihr Leben gehöre euch?«
»So ist es nach unserer Anschauung.«
»Wollt ihr ihnen das Leben nehmen?«
»Nein. Wir sind keine Henker und Mörder.«
»Und doch nehmt ihr ihnen die Herden? Können sie denn ohne ihre Herden leben?« – »Nein.«
»Wenn ihr ihnen die Herden nehmt, so nehmt ihr ihnen also auch das Leben. Ihr beraubt euch in diesem Fall sogar selbst. Sie sollen euch doch in Zukunft Tribut bezahlen?«
»Ja.«
»Wovon? Kann ein Araber Tribut bezahlen, wenn er keine Herden hat?«
»Dein Mund spricht weise und verständig.«
»Hört weiter! Wenn ihr ihnen alles nehmt: ihre Kleider, ihre Kostbarkeiten, ihre Herden, dann zwingt ihr sie, zu stehlen und zu rauben, damit sie nicht verhungern. Und wo werden sie stehlen? Bei ihrem Nachbarn zunächst. Das seid ihr! Wo werden sie rauben? Bei dem zuerst, der sie arm gemacht hat und zum Rauben zwingt, und das seid ihr! Was ist besser, Freunde zum Nachbarn zu haben oder Räuber?«

»Natürlich Freunde.«
»So macht die Feinde zu euren Freunden und nicht zu Räubern! Man nimmt dem Besiegten nur das, womit er schaden kann. Wenn ihr ihnen die Waffen und die Pferde nehmt, bekommt ihr zehntausend Waffen und dreitausend Pferde. Ist das wenig?«
»Es ist viel, wenn man es recht bedenkt.«
»Sie haben dann weder Waffen noch Pferde genug, um Krieg zu führen. Ihr werdet sie beherrschen, und sie werden sich unter euren Schutz stellen müssen, um gegen ihre anderen Feinde gerüstet zu sein. Dann werden sie euch auch gegen eure Feinde helfen müssen! Das ist meine Meinung!«
»Du sollst uns noch mehr sagen! Wieviel Tiere sollen wir ihnen jetzt von ihren Herden wegnehmen?« – »Soviel, wie der Schaden beträgt, den euch ihr Überfall gemacht hat.«
»Und wieviel Tribut sollen wir von ihnen fordern?«
»Sie müssen so viel behalten, daß sie ohne große Not leben können. Ein kluger Scheik hätte dabei darauf zu sehen, daß sie nicht wieder mächtig genug werden, um die Niederlage vergelten zu können.«
»Nun bleibt noch die Blutrache übrig. Wir haben mehrere unserer Feinde getötet.«
»Und sie mehrere von euren Kriegern. Ehe die Gefangenen entlassen werden, mögen die Verwandten zusammentreten und den Blutpreis bestimmen. Ihr habt mehr zu bezahlen als sie und könnt es gleich von der Beute abziehen, die ihr gemacht habt.«
»Wird man uns die Kriegsentschädigung bringen?«
»Nein. Ihr müßt sie holen. Die Gefangenen müssen hierbleiben, bis ihr alles bekommen habt. Damit ihr den Tribut auch sicher bekommt, müßt ihr stets einige vornehme Leute der besiegten Stämme als Geiseln bei euch haben. Wird der Tribut nicht gezahlt, kommen die Geiseln in Gefahr.«
»Wir würden sie töten. Nun sollst du uns noch einen letzten Rat geben. Wie verteilen wir die Kriegsentschädigung und den Tribut unter uns? Das ist schwer festzulegen.«
»Es ist sogar sehr leicht zu bestimmen, wenn ihr Freunde seid. Die Entschädigung holt ihr euch, während ihr hier noch beisammen seid, und dann könnt ihr sie nach der Kopfzahl verteilen.«
»Das ist ein guter Vorschlag.«
»Nun seid ihr drei Stämme, und die Feinde sind drei Stämme. Auch die Zahl der Angehörigen dieser Stämme ist fast gleich.

Warum soll nicht je ein Stamm von euch von einem Stamm der Gegner den jährlichen Tribut erhalten? Ihr seid Verbündete und Gefährten. Wollt ihr euch um den Schwanz eines Schafs oder um Hörner eines Stiers zanken und entzweien?«
»Du hast recht. Wer aber soll die Kriegsentschädigung von ihren Weideplätzen holen?«
»So viele Leute, wie dazu nötig sind, und davon sollen zwei Drittel Sieger und ein Drittel Besiegte sein.«
»Das ist gut. Was beanspruchst du von dieser Entschädigung?«
»Nichts. Ich ziehe weiter und brauche keine Herden. Waffen und ein Pferd habe ich schon.«
»Und die drei Männer, die bei dir sind?«
»Die werden nichts nehmen. Sie haben alles, was sie brauchen.«
»Dann wirst du nehmen müssen, was wir dir als Dank darbringen. Dein Haupt ist nicht so alt wie eins von uns, aber du hast unsern Kriegern gezeigt, wie man ohne große Verluste über einen starken Feind siegt.«
»Wenn ihr mir danken wollt, dann seht zu, ob ihr eine Ruine findet, aus der man Figuren und Steine mit fremden Inschriften graben kann. Mein Gefährte sucht nach solchen Dingen. Nun habt ihr gehört, was ich euch zu sagen habe. Allah erleuchte eure Weisheit, damit ich bald erfahre, was ihr beschlossen habt!«
»Du sollst bleiben und mit uns beraten!«
»Ich kann euch weiter nichts sagen. Ihr werdet das Richtige auch allein treffen.«
Ich ging hinaus und besorgte den gefangenen Scheiks Datteln und Wasser. Dabei traf ich Halef, der mich zum Wadi Deradsch begleitete. Ich wollte mich dort noch näher umsehen. Die gefangenen Abu Hammed kannten mich. Als ich an ihnen vorüberging, steckten sie flüsternd die Köpfe zusammen. Im Hintergrund wurde ich von den dort lagernden Abu Mohammed mit Freuden begrüßt. Sie waren begeistert, die mächtigen Feinde so leicht besiegt zu haben. Ich wanderte von Gruppe zu Gruppe. Mehrere Stunden vergingen, bis ich die Zelte wieder erreichte.
Während dieser Zeit hatten die zum Weideplatz der Haddedihn gesandten Boten dafür gesorgt, daß das Lager abgebrochen und in der Nähe des Wadi Deradsch wiederaufgebaut wurde. Die ganze Ebene wimmelte von Herden. Es gab Hammel genug für die Festmahlzeiten, die heute abend in den Zelten zu erwarten waren. Mohammed Emin hatte mich schon gesucht.

»Dein Wort ist so gut wie deine Tat«, meinte er. »Es ist befolgt worden. Die Obeïde werden den Haddedihn, die Abu Hammed den Abu Mohammed und die Dschowari den Alabeïde den Tribut bezahlen.«

»Welche Entschädigung entrichten die einzelnen Stämme?«

Mohammed Emin nannte die Zahlen. Sie waren bedeutend, aber nicht grausam. Das freute mich, zumal ich mir sagen konnte, daß mein Wort hier nicht ganz ohne Einfluß gewesen war gegenüber den unmenschlichen Gewohnheiten, die sonst in solchen Fällen üblich waren. Von Sklaverei war nicht die Rede gewesen.

»Wirst du mir eine Bitte erfüllen?« fragte der Scheik.

»Gern, wenn ich kann. Sprich sie aus!«

»Wir werden einen Teil der Herden der Besiegten holen. Die Männer, die wir losschicken, brauchen kluge und tapfere Anführer. Scheik Malek und ich müssen bei den Gefangenen bleiben. Die Scheiks der Abu Mohammed und der Alabeïde sind bereit. Es fehlt uns der dritte Anführer. Willst du es sein?«

»Einverstanden. Wohin soll ich gehen?«

»Die anderen wollen dir die Wahl überlassen.«

»Dann gehe ich zu den Abu Hammed, weil ich schon einmal dort gewesen bin. Wann sollen wir aufbrechen?«

»Morgen. Wie viele Männer willst du mitnehmen?«

»Vierzig Mann von den Abu Hammed und sechzig von deinen Haddedihn. Auch Halef Omar nehme ich mit.«

»Such dir die Leute heraus.«

»Seid ihr mit den Scheiks der Besiegten schon einig geworden?«

»Noch nicht, aber das wird heute bis zum letzten Gebet geschehen.«

»Behalte die angesehenen Krieger der Feinde hier und gib uns nur die unerfahrenen Männer mit. Sie sind zum Treiben der Herden gut genug. Die anderen solltest du als Geiseln hierbehalten.«

Ich ging, um mir meine Leute auszuwählen. Dabei stieß ich auf Lindsay. »Gefragt, Sir?« redete er mich an.

»Noch nicht.«

»Warum nicht?«

»Ist nicht nötig, denn ich habe den Scheiks Auftrag gegeben, nachzuforschen.«

»Herrlich! Prächtig! Scheiks wissen alles! Werde Ruinen finden!«

»Ich denke schon. Wollen Sie einen spannenden Ritt mitmachen?«

»Wohin?«
»Bis unterhalb von Al-Fatha, wo der Tigris die Mukehil-Berge durchschneidet.«
»Was dort?«
»Die Kriegsentschädigung holen, die aus Herden besteht.«
»Bei wem?«
»Bei dem Stamm Abu Hammed, der uns damals unsere Pferde raubte.«
»Köstlich, Sir! Bin dabei! Wie viele Männer mit?« – »Hundert.«
»Gut! Prächtig! Imposanter Zug. Ruinen dort?«
»Mehrere Gräberhügel, aber am linken Ufer.«
»Kommen nicht hinüber?« – »Nein.«
»Schade! Jammerschade! Könnten nachsuchen! Fowlingbulls finden!«
»Wir werden trotzdem etwas Ausgezeichnetes finden.«
»Was?«
»Etwas Leckeres, was wir lange nicht mehr hatten: Trüffeln.«
»Trüffeln? Oh!« Er sperrte den Mund weit auf, als wollte er eine ganze Trüffelpastete auf einmal verspeisen.
»Sie wachsen haufenweise in der Gegend. Ich habe erfahren, daß damit ein bedeutender Handel nach Bagdad, Basra, Karkuk und As-Sulaimaniya getrieben wird. Sogar bis Kermanschah sollen sie gehen.«
»Reite mit, Sir, reite mit! Trüffeln! Hm! Prachtvoll!« Damit verschwand Sir David, um seinen Dienern die Neuigkeit mitzuteilen. Bis zum Abend rangen sich die drei besiegten Scheiks dazu durch, auf alle Forderungen der Sieger einzugehen. Nun begann ein Freudenfest, für das mancher feiste Hammel sein Leben lassen mußte. Mitten in diesem Trubel lag ich unter duftenden Blüten, umklungen von tausend Stimmen und doch allein mit meinen Gedanken. Vor vielen Jahrhunderten hatten hier die Doryphoren ihre gefürchteten Speere geschwungen. Hier hatte vielleicht auch das Zelt des Holofernes gestanden, aus Gold und Purpur gefertigt und mit Smaragden und Edelsteinen geschmückt. Drüben auf den rauschenden Wellen des Flusses hatten kreisrunde Boote aus Tierfellen geankert, wie sie Herodot als erster beschrieb.
Trotz der Jahrhunderte sind diese Fahrzeuge gleichgeblieben. Die Völker, die zu Herodots Zeiten hier lebten, sind verschwunden. Wie wird es hier aussehen, wenn wieder ein paar Jahrhunderte vergangen sind?

19 Die Entdeckung auf der Tigris-Insel

Am nächsten Vormittag brachen wir auf. Halef und ich ritten mit einem Abu Hammed als Führer voran, die andern folgten. Die Nachhut bildete Sir David Lindsay.
Wir kamen zwischen dem Dschebel Dschahannem und den Mukehil-Bergen hindurch und sahen am linken Ufer des Tigris Tell Hamlia, einen kleinen künstlichen Hügel. Am rechten Ufer lag Kalaat Al-Dschebbor, die »Burg der Tyrannen«. Das war eine Ruine, die aus einigen verfallenen runden Türmen und Verbindungswällen besteht. Bei Brey el Bad, einem ziemlich steilen Felsen, machten wir Mittagspause. Gegen Abend gelangten wir nach Al-Fatha, wo sich der Tigris einen schmalen Weg durch die Mukehil-Berge geschaffen hat. Als wir diese Enge überwunden hatten, schlugen wir das Nachtlager auf. Die Abu Hammed waren unbewaffnet. Vorsichtshalber teilte ich die Haddedihn aber doch in zwei Gruppen, die abwechselnd zu wachen hatten, damit keiner der Gefangenen entfloh. Wäre nur ein einziger verschwunden, dann hätte er seinem Stamm unsere Ankunft verraten, und die besten Tiere wären rechtzeitig versteckt worden.
Beim Morgengrauen brachen wir wieder auf. Der Fluß war breit und hatte viele Inseln. Am linken Ufer zogen sich niedrige Hügel hin; am rechten lag die Ebene offen vor uns. Hier sollten entlang des Flusses die Abu Hammed zu finden sein.
»Habt ihr einen Weideplatz oder mehrere?« fragte ich den Führer.
»Nur einen.«
Ich sah es ihm an, daß er mir die Unwahrheit sagte.
»Du lügst!«
»Ich lüge nicht, Effendi!«
»Gut, ich will mir Mühe geben, dir zu glauben. Aber wenn ich merke, daß du mich täuschst, jage ich dir eine Kugel durch den Kopf!«
»Das wirst du nicht tun, denn ich sage dir, daß wir vielleicht zwei Plätze haben.«
»Vielleicht zwei? Oder doch drei?«
»Nur zwei!«
»Gut. Wenn ich aber drei finde, bist du verloren!«

»Verzeih, Effendi! Sie könnten ja unterdessen noch einen gefunden haben. Dann sind es drei.«
»Aha! Vielleicht sind es sogar vier?«
»Du wirst noch zehn haben wollen!« knurrte der Araber.
»Du bist ein Abu Hammed und willst nicht gern verlieren, was du zusammengeraubt hast. Ich werde nicht weiter in dich dringen.«
»Wir haben vier, Emir«, sagte er ängstlich.
»Aha. Aber jetzt werde ich mich lieber selbst davon überzeugen, wie viele Weideplätze es sind.«
Ich hatte unterdessen den Horizont mit meinem Fernrohr abgesucht und in der Ferne einige bewegliche Punkte entdeckt. Ich rief den Haddedihn herbei, der die Leute unter mir befehligte. Er war ein entschlossener Krieger, den ich für zuverlässig hielt.
»Wir haben vierzig Abu Hammed bei uns. Glaubst du, sie mit dreißig unserer Leute sicher bewachen zu können?«
»Mit zehn, Effendi. Sie haben ja keine Waffen!«
»Ich werde jetzt mit Hadschi Halef Omar vorausreiten, um die Lage zu erkunden. Wenn die Sonne gerade über jenem Strauch steht und ich bis dahin noch nicht zurück bin, schickst du mir dreißig Haddedihn nach, die mich suchen müssen!«
Ich rief den Engländer. Er kam mit seinen beiden Dienern.
»Ich möchte Ihnen einen sehr wichtigen Posten anvertrauen!« sagte ich.
»Well!« antwortete er.
»Ich werde jetzt vorausreiten, um zu sehen, wie weit sich die Weideplätze der Abu Hammed ausdehnen. Bin ich in zwei Stunden nicht zurück, kommen mir dreißig Haddedihn nach.«
»Ich mit?«
»Nein. Sie bleiben bei den übrigen zurück, um die Gefangenen zu bewachen. Wenn einer Miene macht zu entfliehen, schießen Sie ihn nieder.«
»Yes! Wenn einer flieht, schieße alle nieder. Aber Sir, wenn mit den Abu Hammed reden, dann gleich fragen!«
»Was?«
»Nach Ruinen und Fowlingbulls.«
»Gut. Vorwärts, Halef!«
Wir galoppierten über die Ebene auf die Punkte zu, die ich gesehen hatte. Es war eine weidende Schafherde, bei der ein alter Mann stand.

»As-salam Alaikum«, grüßte ich ihn.
»Wa Alaikum As-salam«, antwortete er, sich tief verneigend.
»Ist Friede auf deiner Weide?«
»Es ist Friede, o Herr. Bringst du auch Frieden?«
»Ich bringe ihn. Du gehörst zum Stamm der Abu Hammed?«
»So ist es.«
»Wo ist euer Lager?«
»Da unten hinter der Krümmung des Flusses.«
»Habt ihr mehrere Weideplätze?«
»Warum fragst du, Herr?«
»Weil ich eine Botschaft an alle Leute deines Stammes auszurichten habe.«
»Von wem?«
»Von Zedar Ben Huli, deinem Scheik.«
»Hamdulillah! Du wirst eine frohe Botschaft bringen.«
»Gib mir erst Antwort auf meine Frage, wieviel Weideplätze ihr habt.«
»Sechs. Drei hier am Fluß und drei auf den Inseln im Strom. Alle Inseln hier sind unser Eigentum.«
»Sind sie alle bewohnt?«
»Alle bis auf eine.«
Es lag etwas im Ton dieser Antwort und im Gesicht des Alten, was mich stutzig machte. Ich ließ mir aber nichts anmerken und fragte weiter:
»Wo liegt diese eine Insel?«
»Grade uns gegenüber liegt die erste, und die ich meine, das ist die vierte, Effendi.«
Ich beschloß, auf diese Insel ein scharfes Auge zu haben. Dann erkundigte ich mich:
»Warum ist sie nicht bewohnt?«
»Weil man sie schwer erreichen kann. Der Strom ist gefährlich!«
Dann eignete sie sich ja recht gut als Aufenthaltsort für Gefangene, dachte ich und fuhr fort:
»Wie viele Männer sind in euerm Lager?«
»Bist du wirklich ein Abgesandter des Scheiks, Herr?«
Dieses Mißtrauen verstärkte natürlich auch meine Vorsicht.
»Warum zweifelst du? Ich habe mit ihm und mit den Scheiks der Obeïde und Dschowari gesprochen.«
»Was für eine Botschaft bringst du?«

»Die Botschaft des Friedens.«
»Warum hat der Scheik keinen Mann seines Stammes gesandt?«
»Die Männer der Abu Hammed werden gleich nachkommen.«
Ich wollte ihn nichts mehr fragen und ritt weiter, und zwar ganz nah am Ufer, weil ich die Inseln zählen wollte. Als wir die dritte hinter uns hatten, machte der Fluß eine Biegung. Nun lagen die Zelte des Lagers vor unsern Augen. Die ganze Ebene ringsum wimmelte von Kamelen, Rindern, Ziegen und Schafen. Pferde sah ich nur wenige. Ebenso erblickte ich nur wenige Männer, die noch dazu alt und ungefährlich waren. Wir ritten in die Zeltgasse ein.
Vor einem der Zelte stand ein junges Mädchen, das ein dort angebundenes Pferd streichelte. Als es mich sah, stieß es einen Schrei aus, sprang auf das Pferd und jagte davon. Sollte ich dem Flüchtling nachreiten? Ich tat es nicht. Es würde auch nicht viel geholfen haben, denn ich wurde jetzt von allen umringt, die im Lager geblieben waren: von Greisen, Kranken, Frauen und Mädchen. Ein Greis legte die Hand auf den Hals meines Pferdes und fragte:
»Wer bist du, Herr?«
»Ich bin ein Bote, den euch Zedar Ben Huli sendet.«
»Der Scheik! Mit welcher Botschaft schickt er dich?«
»Das werde ich euch sagen, wenn alle hier versammelt sind. Wie viele Krieger hat er hier zurückgelassen?«
»Fünfzehn junge Männer. Ajema wird fortgeritten sein, um sie zu holen.«
»So erlaube, daß ich absteige. Du aber«, ich wandte mich an Halef, »reite sofort weiter, denn die Dschowari müssen dieselbe Botschaft empfangen.«
Halef verstand, was er tun sollte. Er wandte sein Pferd und sprengte davon.
»Kann dein Gefährte nicht hierbleiben, um sich auszuruhen und zu essen?« fragte der Alte.
»Er ist weder müde noch hungrig. Sein Auftrag verträgt keinen Aufschub. Wo befinden sich die jungen Krieger?«
»Bei der Insel.«
Ah, wieder diese Insel!
»Was tun sie dort?«
»Sie...« Er stockte und fuhr dann fort: »Sie weiden die Herde.«
»Ist diese Insel weit von hier?«

»Nein. Da kommen sie schon.«
Wirklich kam ein Trupp Bewaffneter vom Fluß her auf uns zugeritten. Es waren die Jüngsten des Stammes, fast noch Knaben. Sie und die Alten hatten man zurückgelassen. Sie trugen keine Gewehre, sondern nur Spieße und Keulen. Der erste von ihnen hob die Keule im Reiten und schleuderte sie nach mir.
»Hund, du wagst es, zu uns zu kommen?« schrie er.
Ich hatte zum Glück die Büchse in der Hand und konnte den Wurf mit dem Kolben abfangen. Aber nun waren die Lanzen sämtlicher Knaben auf mich gerichtet. Ich machte mir nicht viel daraus, sondern gab meinem Rappen die Schenkel und drängte ihn hart an das Roß des Angreifers. Als einziger mochte er älter als zwanzig Jahre sein.
»Knabe, du willst einen Gast deines Stammes angreifen?«
Mit diesen Worten riß ich ihn zu mir herüber und setzte ihn vor mir auf den Hengst. Er hing mit schlaffen Gelenken wie eine Gliederpuppe an meiner Hand. Die Angst war ihm in den Leib gefahren.
»Nun stecht, wenn ihr jemand töten wollt!« rief ich.
Sie hüteten sich, mich anzugreifen, denn ich hatte einen lebenden Schild vor mir. Aber sie waren doch nicht ganz unentschlossen. Einige von ihnen stiegen vom Pferd und versuchten, mich von der Seite oder von hinten zu erwischen. Sollte ich sie verwunden? Es wäre jammerschade gewesen. Ich drängte deshalb mein Pferd hart an eins der Zelte, so daß ich den Rücken frei bekam.
»Was habe ich euch getan, daß ihr mich töten wollt?« fragte ich.
»Wir kennen dich«, antwortete einer. »Du sollst uns nicht wieder entkommen, Mann mit der Löwenhaut!«
»Du sprichst kühn, Knabe mit der Lämmerhaut!«
Da hob eine alte Frau heulend ihre Hände empor und rief:
»Ist es der? Oh, tut ihm nichts, er ist fürchterlich!«
»Wir bringen ihn um!« antwortete die Bande.
»Er wird euch zerreißen und dann durch die Luft davonreiten!«
»Ich werde nicht davonreiten, sondern bleiben«, antwortete ich und schleuderte nun meinen Gefangenen mitten unter die Angreifer. Dann glitt ich vom Pferd und trat in das Zelt. Mit einem Schnitt meines Dolches erweiterte ich den Eingang so, daß ich das Tier, das ich keiner Gefahr aussetzen wollte, zu mir hereinziehen konnte. Nun war ich vor den Stichen dieser Wespen geschützt.

Der junge Beduine lernt schon früh, mit Pferd und Waffe umzugehen

»Wir haben ihn! Hamdulillah, wir haben ihn!« jubelte es draußen.
»Umringt das Zelt, laßt ihn nicht heraus!« rief eine andere Stimme.

»Schießt ihn durch die Wände tot!« ertönte ein Ruf.
»Nein, wir fangen ihn lebendig. Er hat den Rappen bei sich. Den dürfen wir nicht verletzen. Der Scheik will ihn haben!«
Daß sich keiner zu mir hereinwagen würde, konnte ich mir denken. Deshalb setzte ich mich gemütlich nieder und langte zum kalten Fleisch, das auf einer Platte in meiner Nähe lag. Übrigens dauerte diese unfreiwillige Einquartierung nicht lange. Halef hatte sein Pferd angestrengt. Bald erdröhnte der Boden unter dem Galopp von dreißig Reitern.
»Allah karim!« hörte ich rufen. »Das sind Feinde!«
Ich trat aus dem Zelt. Von der ganzen Bevölkerung des Lagers war kein Mensch mehr zu sehen. Alle hatten sich in ihre Zelte verkrochen.
»Sihdi!« rief die Stimme Halefs.
»Hier, Hadschi Halef Omar!«
»Hat man dir etwas getan?«
»Nein. Besetzt das Lager, damit niemand entkommt! Wer zu entfliehen versucht, wird niedergestoßen!«
Diese Worte hatte ich so laut gesprochen, daß sie von allen gehört wurden. Ich wollte nur drohen. Dann schickte ich Halef von einem Zelt zum andern, um sämtliche Greise zu holen. Die fünfzehn Knaben brauchte ich nicht. Es dauerte lange, bis die Alten beisammen waren. Sie hatten sich versteckt und kamen nur zitternd und zagend näher. Als sie in ängstlicher Erwartung um mich herum saßen, begann ich die Unterhaltung.
»Habt ihr an der Tätowierung meiner Leute gesehen, zu welchem Stamm sie gehören?«
»Ja. Es sind Haddedihn, Herr.«
»Wo sind eure Krieger?«
»Du wirst es wissen, Herr.«
»Ja, ich weiß es, und ich will es euch sagen! Alle wurden von den Haddedihn gefangen. Nicht ein einziger ist entkommen.«
»Allah karim!«
»Ja, Allah möge ihnen und euch gnädig sein!«
»Er lügt!« flüsterte einer von ihnen, dem das Alter noch nicht allen Mut genommen hatte.
Ich drehte mich zu ihm um:
»Du sagst, daß ich lüge? Dein Haar ist grau, und dein Rücken beugt sich unter der Last der Jahre. Deshalb will ich dir die Worte verzeihen. Warum meinst du, daß ich dich belüge?«

»Wie können die Haddedihn drei ganze Stämme gefangennehmen?«
»Du würdest es glauben, wenn du wüßtest, daß sie nicht allein gewesen sind. Sie waren mit den Abu Mohammed und den Alabeïde verbündet. Sie wußten alles. Als ich von euren Kriegern gefangengenommen wurde, kam ich von den Abu Mohammed, bei denen ich gewesen war, um den Krieg mit ihnen zu besprechen. Im Wadi Deradsch haben wir eure Leute empfangen. Kein einziger ist entkommen. Hört zu, welchen Befehl ich jetzt gebe.«
Ich ging zum Eingang des Zeltes und winkte Halef herbei.
»Reite zurück und hole die gefangenen Abu Hammed!«
Die Greise erschraken jetzt wirklich. Der Alte fragte:
»Ist das wirklich wahr, Herr?«
»Ich sage die Wahrheit. Alle Krieger eures Stammes sind in unserer Hand. Entweder werden sie getötet, oder ihr zahlt das Lösegeld, das für sie gefordert wird.«
»Auch Scheik Zedar Ben Huli ist gefangen?«
»Auch der Scheik.«
»Dann hättest du wegen des Lösegeldes mit ihm reden müssen!«
»Das habe ich auch getan.«
»Was sagte er?«
»Er will es zahlen und hat mir vierzig von euren Leuten mitgegeben, die jetzt gleich kommen werden, um es zu holen.«
»Allah schütze uns! Wie hoch ist es?«
»Das werdet ihr hören. Wieviel Stück zählen eure Herden?«
»Wir wissen es nicht!«
»Ihr lügt! Jeder kennt die Zahl der Tiere, die seinem Stamm gehören. Wieviel Pferde habt ihr?«
»Zwanzig. Außer denen, die mit in den Kampf gezogen sind.«
»Die sind für euch schon verloren. Wie viele Kamele?«
»Dreihundert.«
»Rinder?«
»Zwölfhundert.«
»Esel und Maultiere?«
»Vielleicht dreißig.«
»Schafe?«
»Neuntausend.«
»Euer Stamm ist nicht reich. Das Lösegeld wird zehn Pferde, hun-

dert Kamele, dreihundert Rinder, zehn Esel und Maultiere und zweitausend Schafe betragen.«

Da erhoben die Alten ein fürchterliches Geheul. Sie taten mir leid, aber ich konnte nichts daran ändern. Und wenn ich diese Zahlen mit denen verglich, die unter andern Verhältnissen aufgestellt worden wären, hatte ich ein ganz ruhiges Gewissen. Um dem Jammergeschrei ein Ende zu machen, rief ich grob:

»Ruhe! Scheik Zedar Ben Huli hat es genehmigt.«

»Wir können nicht so viel geben!« lautete die Antwort.

»Ihr könnt es! Was man geraubt hat, kann man leicht wieder herausgeben!«

»Wir haben nichts geraubt.«

»Seid still! Wurde ich nicht selbst von euch überfallen?«

»Das war nur ein Scherz, Herr!«

»Dann treibt ihr gefährliche Scherze. Wie viele Weideplätze habt ihr?«

»Sechs.«

»Auch auf den Inseln?«

»Ja.«

»Auch auf der Insel, auf der vorhin eure jungen Männer waren?«

»Nein.«

»Man sagte mir doch, daß sie dort die Herden weideten! Ihr habt den Mund voller Unwahrheiten! Wer befindet sich auf dieser Insel?«

Die Abu Hammed sahen einander verlegen an. Dann antwortete der Sprecher: »Es sind Männer dort.«

»Was für Männer?«

»Fremde.«

»Woher kommen sie?«

»Wir wissen es nicht.«

»Wer weiß es denn?«

»Nur der Scheik.«

»Wer hat diese Männer zu euch gebracht?«

»Unsere Krieger.«

»Eure Krieger! Und nur der Scheik weiß es, woher sie kommen? Ich sehe, daß ich von euch dreitausend Schafe verlangen muß, nicht nur zweitausend! Oder wollt ihr lieber sprechen?«

»Herr, wir dürfen nicht!«

»Warum nicht?«

»Der Scheik würde uns bestrafen. Sei barmherzig mit uns!«

»Meinetwegen schweigt. Ich will euch die Verlegenheit ersparen.«
Da kam es zwischen den Zelten herangetrabt: es waren die Gefangenen mit ihrer Bewachung. Bei diesem Anblick erhob sich in allen Zelten großes Klagegeschrei. Ich stand auf.
»Jetzt könnt ihr sehen, daß ich die Wahrheit gesprochen habe. Vierzig von euren Kriegern sind da, um das Lösegeld zu holen. Geht jetzt in die Zelte und holt alle Bewohner des Lagers. Es soll ihnen nichts geschehen, ich habe mit ihnen zu reden.«
Es machte einige Mühe, diese Menge von Greisen, Frauen und Kindern zu versammeln. Als sie beisammen waren, trat ich zu den Gefangenen:
»Seht hier eure Väter, eure Mütter, Schwestern und Kinder! Sie sind in meiner Hand, und ich werde sie gefangen fortführen, wenn ihr den Befehlen nicht gehorcht, die ihr jetzt bekommt. Ihr habt sechs Weideplätze, die alle in der Nähe sind. Ich teile euch in sechs Gruppen, von denen sich jede unter die Aufsicht meiner Krieger zu einem der Plätze begibt, um die Tiere herzutreiben. In einer Stunde müssen alle Herden hier beisammen sein!«
Meine Anordnungen wurden befolgt. Die Abu Hammed verteilten sich unter der Aufsicht der Haddedihn. Nur zwölf von meinen Leuten behielt ich zurück. Unter ihnen war Halef.
»Ich werde jetzt weggehen, Halef«, sagte ich.
»Wohin, Sihdi?« fragte er.
»Auf die Insel. Du wirst hier auf Ordnung sehen und später die Auswahl der Tiere leiten. Sorge dafür, daß diesen armen Leuten nicht nur die besten Tiere genommen werden. Die Auswahl soll gerecht vorgenommen werden.«
»Sie haben es nicht verdient, Sihdi!«
»Aber ich will es so. Verstehst du, Halef?«
Sir David Lindsay tauchte auf. »Haben Sie gefragt, Sir?«
»Noch nicht.«
»Nicht vergessen, Sir!«
»Nein. Ich habe Ihnen wieder einen Posten anzuvertrauen.«
»Well! Welchen?«
»Achten Sie darauf, daß keine dieser Frauen entflieht!«
»Yes!«
»Wenn eine von ihnen Miene macht, davonzulaufen, dann . . .«
»Schieße ich sie nieder!«
»O nein, durchaus nicht!«

»Was dann?«
»Dann lassen Sie sie laufen!«
»Well, Sir!«
Diese zwei Worte quetschte er heraus, aber dann brachte er den Mund vor lauter Verwunderung nicht mehr zu. Ich war übrigens fest davon überzeugt, daß schon der bloße Anblick von Sir David Lindsay den Frauen jede Absicht zur Flucht verleiden werde. In seinem karierten Anzug mußte er ihnen wie ein Geist aus einer anderen Welt vorkommen.
Ich nahm zwei Haddedihn mit und ging auf den Tigris zu. Bald hatte ich die vierte Insel vor mir. Sie war lang und schmal und mit dichtem, mannshohem Rohr bewachsen. Ich konnte kein lebendes Wesen erblicken. Aber ich ahnte, daß die Insel ein Geheimnis barg, das ich unbedingt ergründen müßte.
»Sucht nach einem Floß!« befahl ich den beiden Haddedihn.
»Wohin willst du?« – »Auf diese Insel.«
»Effendi, das ist nicht möglich!«
»Warum?«
»Siehst du die reißende Strömung zu ihren beiden Seiten nicht? Jedes Floß würde an ihr zerschellen.«
Der Mann hatte recht. Trotzdem war ich davon überzeugt, daß es irgendeine Verbindung zwischen dem Ufer und dieser Insel geben müsse. Als ich schärfer hinblickte, bemerkte ich, daß an der oberen Spitze der Insel das Rohr niedergetreten war.
»Seht dahin! Meint ihr nicht, daß dort Menschen gewesen sind?«
»Es scheint so, Effendi.«
»Dann muß auch ein Fahrzeug vorhanden sein. Macht euch auf die Suche!«
Sie gingen nach rechts und links am Ufer auf und ab, kamen aber ohne Erfolg zurück. Jetzt suchte ich selbst mit. Endlich entdeckte ich eine Vorrichtung, deren Zweck mir sofort einleuchtete. Am Stamm eines Baumes, der oberhalb der Insel dicht am Wasser stand, war ein langes, starkes Palmfaserseil befestigt. Das Seil war unter dem dichten Gestrüpp neben dem Baum versteckt. Als ich es hervorzog, zeigte sich am andern Ende ein Schlauch aus Bockshaut. Darüber war ein Querholz angebracht, woran man sich jedenfalls mit den Händen festhalten sollte.
»Seht, hier ist das Floß. Es ist allerdings so gebaut, daß es nicht zerschellen kann. Ich werde hinüberschwimmen. Unterdessen paßt ihr hier auf, daß ich nicht gestört werde.«

»Es ist gefährlich, Effendi!«
»Andere sind auch hinübergekommen.«
Ich legte die Oberkleider ab und blies den Schlauch auf. Die Öffnung wurde mit einer daran befestigten Schnur verschlossen.
»Haltet das Seil und laßt es langsam durch die Hände laufen!«
Ich hielt mich am Querholz fest und glitt ins Wasser. Sofort ergriff mich die Strömung. Sie war so stark, daß ein Mann alle Kräfte anstrengen mußte, um das Seil halten zu können. Einen Menschen von drüben herüberzuholen, dazu gehörten wohl die Kräfte von mehreren Männern. Ich landete glücklich, obwohl ich einen tüchtigen Stoß davontrug. Meine erste Sorge war, das Seil so zu befestigen, daß es mir nicht abhanden kommen konnte. Dann ergriff ich den Dolch, den ich mitgenommen hatte.
Von der Spitze der Insel führte durch das Rohrdickicht ein schmaler, ausgetretener Pfad, auf dem ich bald vor eine kleine, aus Bambus, Schilf und Binsen gefertigte Hütte kam. Sie war so niedrig, daß kein Mensch in ihr stehen konnte. Ich fand darin nichts als einige Kleidungsstücke. Es waren die zerfetzten Anzüge von drei Männern. Keine Spur zeigte, daß die Besitzer der Anzüge noch vor kurzer Zeit in der Nähe gewesen waren. Aber der Pfad führte weiter.
Ich folgte ihm. Bald glaubte ich ein Stöhnen zu hören. Ich hastete vorwärts und gelangte an eine Stelle, wo das Rohr abgehauen war. Auf dieser kleinen Blöße bemerkte ich – drei Menschenköpfe, die mit dem Hals auf den Erdboden gestellt waren. So sah es wenigstens aus. Sie waren stark aufgeschwollen. Die Ursache dieser Schwellung war leicht zu erkennen, denn bei meiner Ankunft erhob sich eine dichte Wolke von Moskitos und Schnaken in die Luft. Augen und Mund waren geschlossen. Waren das Totenköpfe, die man aus irgendeinem Grund hierhergestellt hatte?
Ich bückte mich und berührte einen der Köpfe vorsichtig. Da hauchte ein leiser Schmerzenslaut zwischen den Lippen hervor. Die Augen öffneten sich und starrten mich mit gläsernem Blick an. Ich bin gewiß nicht leicht zu erschrecken. Diesmal entsetzte ich mich so heftig, daß ich mehrere Schritte zurückwich.
Gleich darauf trat ich wieder näher und untersuchte die Sache. Wahrhaftig, drei Männer waren bis an den Hals in den feuchten, fauligen Boden eingegraben. »Wer seid ihr?« fragte ich laut.
Da öffneten alle drei die Augen und stierten mich mit wahnsinnigen Blicken an. Die Lippen des einen taten sich auf:

»O Adi!« ächzte er langsam.
Adi? War das nicht der Name des großen Heiligen der Jasidi, der sogenannten Teufelsanbeter?
»Wer hat euch hergebracht?« fragte ich weiter.
Wieder öffnete sich der Mund, aber er brachte keinen Laut mehr heraus. Ich arbeitete mich durch das dichte Röhricht zum Ufer der Insel und füllte beide Hände mit Wasser. Rasch kehrte ich zurück und flößte es den Gemarterten ein. Sie schlürften gierig. Ich konnte nur wenig auf einmal bringen, da es mir unterwegs zwischen den Fingern durchtropfte. Deshalb mußte ich sehr oft hin und her gehen, bevor sie ihren fürchterlichen Durst halbwegs gestillt hatten.
»Gibt es hier eine Hacke?« fragte ich.
»Mitgenommen«, flüsterte der eine.
Ich lief zur oberen Spitze der Insel. Drüben standen meine Begleiter. Ich legte die Hand an den Mund, um das Rauschen des Wassers zu übertönen, und rief ihnen zu: »Holt einen Spaten, eine Hacke und die drei Engländer, aber ganz heimlich!«
Sie verschwanden. Halef durfte ich nicht rufen lassen, weil er drüben nötiger war. Ich wartete mit Ungeduld. Endlich erschienen die Haddedihn mit den drei Engländern und einem Werkzeug, das einer Hacke ähnlich sah.
»Sir David!« rief ich hinüber.
»Yes!« antwortete er.
»Schnell herkommen! Bill und der andere auch! Bringt die Hacke mit!«
»Meine Hacke? Fowlingbulls gefunden?«
»Werden sehen!«
Ich machte den Schlauch los und schob ihn ins Wasser. Eine Weile später stand Sir David auf der Insel. »Wo?« fragte er.
»Warten! Erst die anderen auch herüber!«
»Well!«
Er winkte den Leuten drüben, sich zu beeilen. Bald standen die beiden kräftigen Burschen an unserer Seite. Bill hatte die Hacke bei sich. Ich befestigte den Schlauch wieder. »Kommen Sie, Sir!« sagte ich.
»Ah! Endlich!«
»Sir David, wollen Sie mir noch einmal verzeihen?«
»Was?«
»Ich habe keine Fowlingbulls gefunden.«
»Keine?« Er blieb stehen und riß den Mund weit auf. »Keine?«

»Aber ich habe eine andere, ganz entsetzliche Entdeckung gemacht. Kommen Sie!« Ich ergriff die Hacke und ging voran.
Mit einem Entsetzensruf prallte der Engländer zurück, als wir den Platz erreicht hatten. Jetzt war der Anblick fast noch schrecklicher als vorher, da die drei Köpfe die Augen offen hatten, und sich bewegten, um den Insektenschwarm zu vertreiben.
»Man hat sie eingegraben!« sagte ich.
»Wer?« fragte Lindsay.
»Weiß nicht. Wir werden es erfahren.«
Ich gebrauchte die Hacke mit solcher Hast, und die andern scharrten und kratzten mit den Händen dazu, daß die drei Unglücklichen bereits nach einer Viertelstunde vor uns lagen. Sie waren vollständig nackt. Die Hände und Füße hatte man ihnen mit Baststricken zusammengebunden. Ich wußte, daß die Araber ihre Kranken bei gewissen schlimmen Krankheiten bis an den Kopf in die Erde graben und diesem sogenannten »Einpacken« eine bedeutende Heilkraft zuschreiben; aber diese Männer waren gefesselt, also nicht krank gewesen. Wir trugen sie zum Wasser und bespritzten sie. Das erfrischte ihre Lebensgeister.
»Wer seid ihr?« fragte ich. – »Baadri!« kam die Antwort.
Baadri? Das war der Name eines Dorfes, das nur von Teufelsanbetern bewohnt wurde. Ich hatte also mit meinen Vermutungen doch das Richtige getroffen. »Hinüber mit ihnen!« befahl ich.
»Wie?« fragte der Engländer.
»Ich schwimme zuerst hinüber, um ziehen zu helfen, und nehme zugleich die Kleider mit. Ihr kommt dann nach, jeder mit einem von ihnen.«
»Well! Wird aber nicht leicht sein.«
»Ihr nehmt ihn quer vor euch über die Arme.«
Ich rollte die Kleider zu einem Turban zusammen und stülpte ihn auf den Kopf. Dann ließ ich mich ans Ufer ziehen. Was nun kam, war für mich und die beiden Haddedihn eine harte Arbeit, für die andern außerordentlich gefährlich. Trotzdem gelang es uns, alle sechs glücklich an das Ufer zu bringen.
»Zieht ihnen die Kleider an! Dann bleiben sie zuerst einmal hier liegen. Sir David, Sie werden ihnen etwas zu essen bringen, während die andern Wache halten.«
»Well! Fragen Sie, wer sie eingegraben hat.«
»Der Scheik natürlich.«
»Totschlagen den Kerl!«

20 Zedar Ben Hulis Tod

Unser Abenteuer auf der Tigris-Insel hatte uns lange aufgehalten. Als wir das Lager erreichten, wimmelte die Ebene von Tausenden von Tieren. Das Geschäft des Auswählens war schwierig, aber der kleine Hadschi Halef Omar war seiner Aufgabe gewachsen. Er hatte meinen Hengst bestiegen, um schneller vorwärts zu kommen und nebenbei ein wenig bewundert zu werden. Die Haddedihn waren begeistert bei der Arbeit, die gefangenen Abu Hammed konnten dagegen ihre Wut nicht verheimlichen. Besonders bei den Weibern und Greisen flossen die Tränen. Bei der Weibergruppe fiel mir eine Frau auf, die dem Treiben meiner Leute mit unverhohlener Schadenfreude zusah. Was hatte das zu bedeuten?

»Folge mir!« befahl ich ihr.

»Herr, sei gnädig! Ich habe nichts getan!« flehte sie erschrocken.

»Es soll dir nichts geschehen!« beruhigte ich sie.

Ich führte die Frau in das leere Zelt, in dem ich schon vorher gewesen war. Dort stellte ich mich vor sie hin, sah ihr scharf in die Augen und fragte sie:

»Du hast einen Feind in deinem Stamm?«

Sie blickte überrascht auf. »Effendi, woher weißt du das?«

»Sei ehrlich! Wer ist es?«

»Du wirst es ihm wiedersagen!«

»Nein, denn er ist auch mein Feind. Du haßt den Scheik Zedar Ben Huli?«

»Ja, Effendi, ich hasse ihn, weil er den Vater meiner Kinder töten ließ.«

»Warum ließ er ihn töten?«

»Er war unzufrieden damit, daß der Scheik den größten Teil der Beute für sich behält.«

»Du bist arm?«

»Der Onkel meiner Kinder hat mich zu sich genommen. Auch er ist arm. Er hat nur ein Rind und zehn Schafe, und die wird er heute hergeben müssen. Wenn der Scheik zurückkehrt, werden wir armen Teufel den ganzen Verlust tragen müssen. Der Scheik wird nicht arm, nur der Stamm.«

»Zedar Ben Huli wird nicht zurückkehren, wenn du aufrichtig bist. Ich werde ihn als Gefangenen zurückbehalten und den Abu Hammed einen Scheik geben, der gerecht und ehrlich ist. Dem Onkel deiner Kinder soll heute nichts fortgenommen werden.«
»Herr, deine Hand ist voll Barmherzigkeit. Was willst du von mir wissen?«
»Du kennst die Insel da drüben im Tigris?«
Sie erbleichte.
»Warum fragst du mich danach? Wer das Geheimnis der Insel verrät, den wird der Scheik töten!«
»Wenn du mir das Geheimnis sagst, wird er nicht wiederkommen. Also, wozu dient die Insel?«
»Sie ist der Aufenthalt der Gefangenen des Scheiks.«
»Welcher Gefangenen?«
»Er fängt die Reisenden, die über die Ebene oder auf dem Wasser kommen, und nimmt ihnen alles ab. Wenn sie nichts besitzen, tötet er sie. Wenn sie aber reich sind, hält er sie fest, um ein Lösegeld zu erpressen.«
»Dann kommen sie auf die Insel?«
»Ja, in die Schilfhütte. Sie können nicht fliehen, weil ihnen die Hände und die Füße gebunden werden.«
»Und wenn der Scheik das Lösegeld erhalten hat?«
»Dann tötet er sie trotzdem, um nicht verraten zu werden.«
»Und wenn sie es nicht zahlen wollen oder nicht zahlen können?«
»Dann martert sie der Scheik. Oft läßt er die Gefangenen eingraben.«
»Wer macht den Kerkermeister?«
»Er selbst und seine beiden Söhne.«
»Ist einer von ihnen hier?«
»Der junge Mann, der dich töten wollte, als du in das Lager kamst.«
»Sind jetzt Gefangene auf der Insel?«
»Zwei oder drei. Ich weiß es nicht genau. Das erfahren nur die Männer, die am Überfall beteiligt waren.«
»Wie sind sie ihm in die Hände gefallen?«
»Sie kamen auf einem Kellek den Fluß herab und legten am Abend nicht weit von hier am Ufer an. Da hat er sie überfallen. Das war vor ungefähr zwanzig Tagen.«
»Wie hat er sie behandelt?«

»Ich weiß es nicht.«
»Habt ihr hier viele Takhterwans, ich meine Körbe, in denen die Frauen bei einer Kamelreise sitzen?«
»Es sind mehrere vorhanden.«
Ich zog einige Geldstücke heraus. Sie gehörten zu den Münzen, die ich in den Satteltaschen von Abu Seïf gefunden hatte.
»Ich danke dir! Hier hast du!«
»O Herr, deine Gnade ist größer als ...«
»Schon gut!« unterbrach ich sie. »Ist der Onkel deiner Kinder auch unter den Gefangenen?«
»Ja.«
»Er wird frei sein. Geh zu dem kleinen Mann, der das schwarze Pferd reitet, und sage ihm, daß er dir deine Tiere zurückgeben soll. Der Scheik wird nicht wiederkommen.«
»O Herr!«
»Geh und sage keinem Menschen, worüber wir gesprochen haben!«
Als ich aus dem Zelt kam, war das Abzählen der Tiere schon fast beendet. Ich suchte nach Halef.
»Wer hat dir erlaubt, meinen Rappen zu nehmen?« fragte ich ihn.
»Ich wollte ihn nur an meine Beine gewöhnen, Sihdi!«
»Er wird sich nicht sehr vor ihnen fürchten. Hör zu, Halef, es wird ein Weib kommen und ein Rind und zehn Schafe zurückverlangen. Die gibst du ihr.«
»Ich gehorche, Sihdi!«
»Paß gut auf! Du holst dir drei Takhterwans aus dem Lager und sattelst drei Kamele mit ihnen.«
»Wer soll hineinkommen, Sihdi?«
»Sieh hinüber zum Fluß. Erkennst du das Gebüsch und den Baum da rechts?«
»Ich sehe beides.«
»Dort liegen drei kranke Männer, die in die Körbe kommen sollen. Geh in das Zelt des Scheiks und suche nach Decken für die Körbe, damit die Kranken weich liegen. Aber kein Mensch darf jetzt oder unterwegs erfahren, wen die Kamele tragen!«
»Du weißt, Sihdi, daß ich alles mache, was du befiehlst. Aber so viel schaffe ich nicht allein!«
»Die drei Engländer sind dort und auch zwei Haddedihn. Sie werden dir helfen. Gib mir jetzt den Hengst. Ich werde die Aufsicht wieder übernehmen.«

Nach einer Stunde waren wir mit allem fertig. Es war Halef gelungen, die Kranken unbemerkt auf die Kamele zu bringen. Die große Tierkarawane stand zum Abzug bereit. Jetzt suchte ich nach dem jungen Menschen, der mich heute mit seiner Keule begrüßt hatte. Ich sah ihn unter seinen Gefährten stehen und ritt zu ihm heran. Lindsay stand mit seinen Dienern ganz in der Nähe.

»Sir David, haben Sie oder Ihre Diener so etwas wie eine Schnur bei sich?«

»Denke, daß hier viele Stricke sind.«

Er ging zu den wenigen Pferden, die dem Stamme gelassen werden sollten. Sie waren mit Leinen an die Zeltstangen gebunden. Mit einigen Schnitten trennte er mehrere Leinen ab. Dann kam er zurück.

»Sehen Sie den braunen Burschen da, Sir David?«

Ich gab ihm mit den Augen einen verstohlenen Wink.

»Sehe ihn, Sir.«

»Den übergebe ich Ihnen. Er hatte die drei Unglücklichen zu beaufsichtigen und soll deshalb mitkommen. Binden Sie ihm die Hände auf den Rücken, und befestigen Sie den Strick an Ihrem Sattel oder am Steigbügel. Er soll ein wenig laufen lernen!«

Das Leben der Wüsten-Nomaden wird von den Notwendigkeiten ihrer Herden bestimmt: Wasser und Weide

»Yes, Sir! Sehr schön!«
»Er bekommt weder zu essen noch zu trinken, bis wir das Wadi Deradsch erreichen.«
»Hat es verdient!«
»Sie bewachen ihn. Wenn er Ihnen entkommt, sind wir geschiedene Leute, und Sie können zusehen, wo Fowlingbulls zu finden sind!«
»Werde ihn festhalten. Beim Nachtlager eingraben!«
»Vorwärts also!«
Der Engländer ging zu dem Jüngling und legte ihm die Hand auf die Schulter.
»I beg your pardon, Mylord! Mitgehen, Galgenstrick!«
Er hielt ihn fest. Die beiden Diener banden ihm kunstgerecht die Hände. Der Jüngling war im ersten Augenblick verblüfft, dann drehte er sich zu mir herum.
»Was soll das, Effendi?«
»Du wirst mitkommen.«
»Ich bin kein Gefangener. Ich bleibe hier!« schrie er.
Da drängte sich ein altes Weib herbei.
»Allah karim, Effendi! Was willst du mit meinem Sohn tun?«
»Er wird uns begleiten.«
»Er? Der Stern meines Alters, der Ruhm seiner Gespielen, der Stolz seines Stammes? Was hat er getan, daß du ihn bindest wie einen Mörder, den die Blutrache ereilt?«
»Schnell, Sir David! Binden Sie ihn ans Pferd und dann vorwärts!«
Ich gab das Zeichen zum Aufbruch und ritt davon. Erst hatte ich Mitleid mit dem schwer bestraften Stamm gehabt, aber jetzt widerte mich jedes Abu-Hammed-Gesicht an. Als wir das Lager und das Geheul hinter uns hatten, kam es mir vor, als sei ich aus einer Räuberhöhle entronnen.
Halef hatte sich mit seinen drei Kamelen an die Spitze des Zuges gestellt. Ich ritt zu ihm.
»Liegen die Männer bequem?«
»Wie auf dem Diwan des Padischah, Sihdi.«
»Haben sie gegessen?«
»Nein. Milch getrunken.«
»Um so besser. Können sie reden?«
»Sie haben nur einzelne Worte gesprochen, aber in einer Sprache, die ich nicht verstehe, Sihdi!«

»Es wird Kurdisch sein.«
»Kurdisch?«
»Ja. Ich halte sie für Teufelsanbeter.«
»Teufelsanbeter? Allah il Allah! Herr, behüte uns vor dem neunmal gesteinigten Teufel! Wie kann man den Teufel anbeten, Sihdi!«
»Sie beten ihn nicht an, obgleich man es aus ihrem Namen schließen müßte. Es sind brave, fleißige und ehrliche Leute, halb Christen und halb Mohammedaner.«
»Darum haben sie auch eine Sprache, die kein Moslem versteht. Kannst du sie sprechen?«
»Nein.«
Er fuhr beinahe erschrocken auf.
»Nicht? Sihdi, das ist nicht wahr, du kannst alles!«
»Ich verstehe diese Sprache nicht, sage ich dir.«
»Gar nicht?«
»Hm! Ich kenne eine Sprache, die so ähnlich ist wie das Kurdische. Vielleicht finde ich einige Worte, um mich mit ihnen zu verständigen.«
»Siehst du, daß ich recht hatte, Sihdi?«
»Nur Gott weiß alles. Das Wissen der Menschen aber ist Stückwerk. Ich weiß noch nicht einmal, wie Hanneh, das Licht deiner Augen, mit ihrem Halef zufrieden ist!«
»Zufrieden, Sihdi? Bei ihr kommt erst Allah, dann Mohammed, dann der Teufel, den du ihr an der Kette geschenkt hast. Aber dann kommt gleich Hadschi Halef Omar Ben Hadschi Abul Abbas Ibn Hadschi Dawuhd al Gossarah.«
»Also nach dem Teufel kommst du?«
»Nicht nach dem Schaitan, sondern nach deinem Geschenk, Sihdi!«
»Dann sei ihr dankbar und gehorche ihr!«
Unsere Rückreise ging wegen der Tiere viel langsamer vor sich als die Hinreise. Bei Sonnenuntergang erreichten wir eine Stelle, die noch unterhalb Kalat Al-Dschebbar lag und sich sehr gut zum Nachtlager eignete. Die Hauptaufgabe war jetzt, sowohl die Herden als auch die Abu Hammed zu überwachen. Ich ordnete also die nötigen Maßnahmen an. Als ich mich am späten Abend schon zum Schlaf eingewickelt hatte, kam Sir David noch einmal vorbei.
»Entsetzlich! Fürchterlich, Sir!«
»Was denn? Ist Ihr Gefangener verschwunden?«

»Der? No! Liegt fest angebunden!«
»Was ist denn so entsetzlich und unbegreiflich?«
»Hauptsache vergessen! Trüffeln!«
Ich mußte hellauf lachen.
»Das ist allerdings entsetzlich, Sir David, zumal ich im Lager der Abu Hammed ganze Säcke davon stehen sah.«
»Wo nun Trüffeln herbekommen?«
»Wir werden morgen Trüffeln haben, verlassen Sie sich darauf!«
»Schön! Gute Nacht, Sir!«
Ich schlief ein, ohne mit den drei Kranken gesprochen zu haben. Am nächsten Morgen stand ich schon früh bei ihnen. Die Körbe waren so gestellt, daß ihre Insassen einander sehen konnten. Ihr Aussehen war ein wenig besser geworden. Sie hatten sich bereits so weit erholt, daß ihnen das Sprechen keine Beschwerden mehr machte.
Alle drei sprachen sehr gut Arabisch, obwohl sie gestern in halb bewußtlosem Zustand nur Worte ihrer Muttersprache hervorgebracht hatten. Als ich mich ihnen näherte, sah mich einer von ihnen glückstrahlend an.
»Du bist es!« rief er, bevor ich grüßen konnte. »Du bist es! Ich erkenne dich wieder!«
»Wer bin ich, mein Freund?«
»Du warst es, der mir erschien, als der Tod die Hand nach meinem Herzen ausstreckte. Oh, Kara Ben Nemsi Effendi, ich danke dir!«
»Du kennst meinen Namen?«
»Wir kennen ihn, denn Hadschi Halef Omar hat uns viel von dir erzählt, seit wir aufgewacht sind.«
Ich drehte mich zu Halef um:
»Schwatztante!«
»Sihdi, darf ich denn nicht von dir sprechen?« verteidigte sich der Kleine.
»Ja. Aber ohne Prahlerei.«
»Seid ihr so kräftig, daß ihr sprechen könnt?« wandte ich mich nun an die Kranken.
»Ja, Effendi!«
»Dann sagt mir, wer ihr seid.«
»Ich heiße Pali, der hier heißt Selek und der Melaf.«
»Wo ist eure Heimat?«

»Unsere Heimat heißt Baadri, nördlich von Mossul.«
»Wie kamt ihr in die Lage, in der ich euch fand?«
»Unser Bei schickte uns nach Bagdad, um dem Statthalter Geschenke und eine Botschaft von ihm zu bringen.«
»Nach Bagdad? Gehört ihr nicht nach Mossul?«
»Effendi, der Gouverneur von Mossul ist ein böser Mann, der uns hart bedrückt. Der Statthalter von Bagdad besitzt das Vertrauen des Großherrn. Er sollte sich für uns einsetzen.«
»Wie seid ihr da gereist? Nach Mossul und den Strom herab?«
»Nein. Wir gingen zum Gomelfluß, bauten uns ein Floß und fuhren darauf in den Khazir Su weiter und dann in den Zab Al-Khabir, der in den Tigris mündet. Dort landeten wir und wurden während des Schlafs vom Scheik der Abu Hammed überfallen.«
»Er beraubte euch?«
»Er nahm uns die Geschenke und den Brief ab und alles, was wir bei uns trugen. Dann wollte er uns zwingen, an unseren Stamm zu schreiben und ein Lösegeld zu verlangen.«
»Ihr habt euch geweigert?«
»Ja, weil wir arm sind und kein Lösegeld bezahlen können.«
»Warum habt ihr nicht an euern Bei geschrieben?«
»Er hätte es bezahlt. Wir wußten aber, daß es vergebens gewesen wäre, weil man uns trotzdem getötet hätte.«
»Ihr hattet recht. Man hätte euch das Leben genommen, selbst wenn das Lösegeld bezahlt worden wäre.«
»Dann wurden wir gefoltert. Wir bekamen Schläge, wurden stundenlang an Händen und Füßen aufgehängt und schließlich in die Erde gegraben.«
»Und diese ganze lange Zeit hindurch wart ihr gefesselt?«
»Ja.«
»Ihr wißt, daß sich euer Henker in unseren Händen befindet?«
»Hadschi Halef Omar hat es uns erzählt.«
»Der Scheik soll seine Strafe bekommen!«
»Effendi, wir wollen keine Strafe. Du bist Moslem und willst dich rächen. Wir haben einen anderen Glauben. Weil wir dem Leben wiedergegeben worden sind, wollen wir ihm verzeihen.«
Das also waren Teufelsanbeter!
»Ihr irrt euch«, sagte ich, »ich bin kein Moslem, sondern Christ.«
»Christ!« rief er überrascht. »Was für ein Christ bist du, Effendi? Ein Chaldäer?«
»Nein. Ich bin Franke.«

»Kennst du die Jungfrau, die Gott geboren hat?«
»Ja.«
»Kennst du Isa, den Sohn des Vaters? Glaubst du auch, daß Isa wiederkommen wird?«
»Ich glaube es.«
»Effendi, dein Glaube ist gut und recht! Wir freuen uns, daß wir dich getroffen haben! Du wirst unsere Bitte verstehen. Vergib dem Scheik der Abu Hammed, was er uns angetan hat!«
»Wir werden sehen! Wißt ihr, wohin wir reiten?«
»Ja, zum Wadi Deradsch.«
»Ihr werdet dort auf die Haddedihn stoßen und ihrem Scheik willkommen sein.«
Nach dieser kurzen Unterredung wurde der Ritt fortgesetzt. Bei Kalat Al-Dschebbar gelang es mir, eine Menge Trüffeln zu entdecken, worüber der Engländer entzückt war. Er suchte sich einen Vorrat zusammen und versprach mir, mich zu einer Trüffelpastete einzuladen, die er selbst zubereiten wolle.
Als der Mittag vorüber war, lenkten wir zwischen die Berge von Dschahannem und Mukehil ein und ritten auf das Wadi Deradsch zu. Ich hatte unsere Ankunft nicht melden lassen, um Scheik Mohammed Emin zu überraschen. Aber die Wachen der Abu Mohammed bemerkten uns und gaben das Zeichen zu einem Jubel, der das ganze Tal erfüllte. Mohammed Emin und Malek kamen uns sofort entgegengeritten und begrüßten uns. Meine Herde kam als erste an.
Zu den Weideplätzen der Haddedihn gab es keinen andern Weg als durch das Wadi. Hier lagerten noch alle Gefangenen. Man kann sich die Blicke der Abu Hammed vorstellen, als sie ein aus ihren Herden stammendes Tier nach dem andern an sich vorbeiziehen lassen mußten. Endlich waren wir wieder auf der Ebene. Ich stieg vom Pferd.
»Wer ist in den Takhterwans?« fragte Mohammed Emin.
»Drei Männer, die Scheik Zedar Ben Huli zu Tode martern wollte«, sagte ich. »Ich werde dir noch von ihnen erzählen. Wo sind die gefangenen Scheiks?«
»Hier im Zelt. Da sind sie.«
Sie kamen gerade heraus. Die Augen des Scheiks der Abu Hammed blitzten tückisch, als er seine Herde erkannte. Er trat auf mich zu.
»Hast du mehr gebracht, als du sollst?«

»Du meinst Tiere?«
»Ja.«
»Ich habe so viel gebracht, wie mir befohlen war.«
»Ich werde nachzählen!«
»Meinetwegen«, antwortete ich kalt. »Aber trotzdem habe ich mehr gebracht, als ich sollte.«
»Was?«
»Willst du es sehen? Dann rufe diesen Mann!«
Ich zeigte dabei auf seinen älteren Sohn, der soeben am Eingang des Zeltes erschien. Er rief ihn herbei.
»Kommt alle mit!« sagte ich.
Mohammed Emin, Malek und die drei gefangenen Scheiks folgten mir zu den drei Kamelen. Halef ließ die Jasidi gerade aus den Takhterwans steigen.
»Kennst du diese Männer?« fragte ich Zedar Ben Huli.
Er fuhr erschrocken zurück, sein Sohn ebenfalls.
»Die Jasidi!« rief er entsetzt.
»Ja, die Jasidi, die du langsam umbringen wolltest, wie du schon viele gemordet hast, du Ungeheuer!«
Der Scheik funkelte mich mit wahren Pantheraugen an.
»Was hat er getan?« fragte Esla Al-Mahem, der Obeïde.
»Laß es dir erzählen! Du wirst staunen, was für ein Mensch dein Kampfgefährte ist.«
Ich schilderte, wie und in welchem Zustand ich die drei Männer gefunden hatte. Als ich schwieg, traten alle von Zedar Ben Huli zurück. Dadurch wurde der Blick auf den Eingang des Tales frei, wo sich in diesem Augenblick drei Reiter zeigten: Lindsay mit seinen beiden Dienern. Er hatte sich verspätet. Neben seinem Pferd trabte der jüngere Sohn des Scheiks.
Zedar Ben Huli sah den jungen Menschen und wandte sich mir sofort wieder zu.
»Allah akbar! Was ist das! Mein zweiter Sohn gefangen?«
»Wie du siehst!«
»Was hat er getan?«
»Er half dir bei deinen Schandtaten. Ich habe ihn mitgebracht, damit deine beiden Söhne den Kopf ihres in die Erde gegrabenen Vaters zwei Tage lang bewachen können. Danach sollst du wieder frei sein. Eigentlich ist diese Strafe viel zu gering für dich und deine Söhne. Geh, binde deinen Jüngsten los!«
Zedar Ben Huli lief zum Pferd des Engländers und griff nach

dem Strick. Sir David war gerade abgestiegen und wehrte die Hand des Scheiks ab.
»Pack dich! Dieser Kerl gehört mir!« rief er.
Da riß der Scheik dem Engländer eine seiner Riesenpistolen aus dem Gürtel, zielte kurz und feuerte. Sir David hatte sich blitzschnell umgedreht. Trotzdem traf ihn die Kugel in den Arm. Im nächsten Augenblick krachte ein zweiter Schuß. Bill, einer der beiden Diener, hatte seine Büchse erhoben, um seinen Herrn zu verteidigen. Seine Kugel fuhr dem Scheik durch den Kopf. Die beiden Söhne des Scheiks warfen sich auf den Schützen, wurden aber abgewehrt und überwältigt.
Ich wandte mich schaudernd ab. Die Strafe, die ich für Zedar Ben Huli vorgesehen hatte, wäre zu unbedeutend gewesen. Nun war auch mein Wort erfüllt, das ich jener Frau gegeben hatte: der Scheik kehrte nicht in sein Lager zurück.
Es verging eine Weile, bis wir alle unsere Fassung wiedergewonnen hatten. Dann fragte mich Halef:
»Sihdi, wohin soll ich diese drei Männer bringen?«
»Das muß der Scheik bestimmen«, antwortete ich.
Mohammed Emin kam näher.
»Marhaba – seid mir willkommen! Bleibt bei Mohammed Emin, bis ihr euch von euren Leiden erholt habt!«
Da blickte Selek schnell auf.
»Mohammed Emin?« fragte er.
»So heiße ich.«
»Du bist kein Schammar, sondern ein Haddedihn?«
»Die Haddedihn gehören zu den Schammar.«
»O Scheik, dann habe ich eine Botschaft für dich!«
»Was für eine Botschaft?«
»Es war in Baadri. Bevor wir unsere Reise antraten, ging ich zum Bach, um Wasser zu schöpfen. In dessen Nähe lag ein Trupp Arnauten, die einen jungen Mann bewachten. Er bat mich, ihm zu trinken zu geben. Als ich seine Bitte erfüllt hatte, tat er so, als ob er trank, und flüsterte mir zu: ›Geh zu den Haddedihn, zu meinem Vater Mohammed Emin, und sage ihm, daß ich nach Al-Amadiya geschafft werde. Die andern sind hingerichtet worden.‹ Das ist es, was ich dir zu sagen habe.«
Der Scheik sah den Jasidi erschrocken an.
»Amad Al-Ghandur, mein Sohn!« rief er. »Er muß es gewesen sein! Wie sah er aus?«

»Er war groß wie du, nur etwas breiter. Sein schwarzer Bart hing ihm bis zur Brust herab.«
»Er ist es! Hamdulillah! Endlich habe ich eine Spur von ihm! Freut euch, Männer, freut euch mit mir! Heute soll ein Festtag sein für alle, ob sie Freunde oder Feinde sind! Wann hast du mit ihm geredet?«
»Sechs Wochen sind seitdem vergangen, o Herr!«
»Ich danke dir! Sechs Wochen, eine lange Zeit! Aber er soll nicht länger schmachten. Ich hole ihn, und wenn ich ganz Amadiya erobern und zerstören müßte! Kara Ben Nemsi Effendi, reitest du mit oder willst du mich bei dieser Fahrt im Stich lassen?«
»Ich reite mit!«
»Allah segne dich! – Kommt, laßt uns diese Botschaft allen Männern der Haddedihn verkündigen!«
Er eilte zum Wadi. Halef trat auf mich zu und erkundigte sich:
»Sihdi, ist es wahr, daß du mitgehst?«
»Ja, ich reite mit.«
»Sihdi, darf ich dich begleiten?«
»Halef, denke an dein Weib!«
»Hanneh ist gut aufgehoben, aber du brauchst einen treuen Diener! Darf ich mitkommen?«
»Gut, ich nehme dich mit. Aber vorher mußt du Scheik Mohammed Emin und Scheik Malek fragen, ob sie es erlauben.«

21 Beim Pascha in Mossul

Ich saß in Mossul und wartete auf eine Audienz beim Pascha, dem Statthalter des Bezirkes.
Zusammen mit Mohammed Emin wollte ich hinauf in die kurdischen Berge reiten, um seinen Sohn Amad Al-Ghandur durch List oder Gewalt aus der Festung Amadiya herauszuholen. Diese Aufgabe war nicht so ohne weiteres zu lösen.
Der tapfere Scheik der Haddedihn wäre am liebsten mit den Kriegern seines ganzen Stammes aufgebrochen, um sich durch das türkische Gebiet zu schlagen und Amadiya frei und offen zu überfallen. Leider gab es hundert überzeugende Gründe, die die Ausführung eines so abenteuerlichen Planes unmöglich machten. Ein einzelner Mann hatte mehr Aussicht auf Erfolg als eine ganze Armee von Beduinen. Deshalb war Mohammed Emin endlich auf meinen Vorschlag eingegangen, das Unternehmen nur zu dritt auszuführen. Diese drei waren er, Halef und ich.
Es hatte viel Überredungskunst gekostet, um Sir David Lindsay klarzumachen, daß er uns mit seinem Mangel an Sprachkenntnis und Anpassungsfähigkeit mehr Schaden als Nutzen gebracht hätte. Schließlich hatte er sich doch dazu entschlossen, bei den Haddedihn zu bleiben und dort auf unsere Rückkehr zu warten. Ihm stand der verwundete Grieche Alexander Koletis als Dolmetscher zur Verfügung. Sir David konnte in aller Ruhe nach Fowlingbulls graben. Die Haddedihn hatten versprochen, ihm so viel Ruinen zu zeigen, wie er wollte.
Die Streitigkeiten der Haddedihn mit ihren Feinden waren vor unserer Abreise geschlichtet worden. Die drei Stämme hatten sich unterworfen und Geiseln bei den Siegern zurückgelassen. Deshalb brauchte Mohammed Emin nicht mehr bei seinen Leuten zu bleiben. Er war nicht mit nach Mossul geritten, weil das für ihn zu gefährlich gewesen wäre. Wir hatten uns verabredet, uns in den Ruinen von Khorsabad, dem alten assyrischen Saraghum, wieder zu treffen. Wir waren also zusammen losgeritten und hatten uns bei Al-Kasar getrennt. Ich war mit Halef nach Mossul gereist, der Scheik hatte den Tigris mit Hilfe eines Floßes überquert. Auf der andern Seite des Flusses wollte er uns erwarten.
In Mossul war es entsetzlich heiß. Ein Blick auf das Thermometer

zeigte mir 46 Grad Celsius im Schatten. Ich hatte mich in einem jener Serdabs (Keller) einquartiert, in denen die Bewohner dieser Stadt während der heißen Jahreszeit zu wohnen pflegen.
Halef saß bei mir und putzte seine Pistolen. Wir schwiegen längere Zeit, aber ich sah es dem Kleinen an, daß er etwas auf dem Herzen hatte. Endlich drehte er sich mit einem Ruck zu mir herum und sagte:
»Daran hatte ich nicht gedacht, Sihdi!«
»Woran?«
»Daß wir die Haddedihn niemals wiedersehen werden.«
»Warum denn nicht?«
»Du willst nach Amadiya, Sihdi?«
»Ja. Das weißt du doch längst.«
»Ich habe es gewußt, aber den Weg, der dorthin führt, habe ich nicht gekannt. Allah w' Allah! Es ist der Weg zum Tod und zur Hölle!«
Halef schnitt dabei das bedenklichste Gesicht, das ich jemals bei ihm gesehen hatte.
»So gefährlich, Hadschi Halef Omar?« fragte ich.
»Du glaubst es nicht, Sihdi? Es stimmt doch, daß du auf diesem Weg die drei Männer besuchen willst, die du auf der Insel der Abu Hammed gerettet hast?«
»Selbstverständlich werde ich sie besuchen!«
»Dann sind wir verloren. Du und ich, wir beide sind wahre Gläubige. Aber jeder Gläubige, der zu diesen Männern kommt, hat das Leben und den Himmel verwirkt.«
»Das ist mir neu, Halef! Wer hat dir das erzählt?«
»Daß weiß jeder Moslem. Hast du noch nicht gehört, daß das Land, in dem sie wohnen, Schaitanistan genannt wird?«
Jetzt wußte ich, was er meinte. Er fürchtete sich vor den Jasidi, den Teufelsanbetern. Ich stellte mich, als ob ich nichts ahnte, und fragte:
»Schaitanistan, das Land des Teufels? Warum?«
»Es wohnen die Ridschal Al-Schaitan dort, die Männer des Teufels, die den Schaitan anbeten.«
»Hadschi Halef Omar, wo gibt es hier Leute, die den Teufel anbeten?«
»Du glaubst es nicht? Hast du noch nie von solchen Leuten gehört?«
»O ja, ich habe sogar schon solche Leute gesehen. Das war aber

nicht hier, sondern in einem Land jenseits des großen Meeres, das wir Australien nennen. Hier gibt es aber keine Leute, die den Teufel anbeten.«
»Sihdi, du bist klüger als ich und klüger als viele Leute. Zuweilen ist aber deine Klugheit und Weisheit ganz verflogen. Du kannst jeden Mann fragen, der dir begegnet. Er wird dir sagen, daß man in Schaitanistan den Teufel anbetet.«
»Warst du dabei, als sie ihn anbeteten?«
»Nein. Ich habe es aber gehört.«
»Waren denn jene Leute dabei, von denen du es gehört hast?«
»Sie hatten es auch von anderen gehört.«
»Dann will ich dir sagen, daß es noch kein Mensch gesehen hat. Die Jasidi lassen keinen Menschen an ihren Gottesdiensten teilnehmen, der einen andern Glauben hat als sie.«
»Aber trotzdem weiß man alles, was sie tun. In ihren Gotteshäusern steht ein Hahn oder ein Pfauhahn, den sie anbeten. Das ist der Teufel.«
»Armer Hadschi Halef Omar! Haben die Jasidi viele Gotteshäuser?«
»Ja.«
»Und in jedem steht ein Hahn?«
»Ja.«
»Wie viele Teufel müßte es dann geben? Ich denke, es gibt nur einen?«
»Ja, Sihdi, es gibt nur einen einzigen. Aber der ist überall! Die Jasidi haben aber auch falsche Engel.«
»Wieso denn das?«
»Der Koran lehrt, daß es nur vier Erzengel gibt, nämlich Dschebraïl, sodann Israïl, den Todesengel, außerdem Mekaïl und Israfil. Die Teufelsanbeter haben aber sieben Erzengel, sie heißen Gabraïl, Michaïl, Rafaïl, Asraïl, Dedraïl, Asrafil und Schemkil. Ist das nicht falsch?«
»Es ist nicht falsch. Auch ich glaube, daß es sieben Erzengel gibt. Das heilige Buch der Christen sagt es, und dem glaube ich mehr als dem Koran.«

Oft bildet eine Burg das Herzstück der orientalischen Stadt

Viele mohammedanische Albaner standen in türkischen Diensten

»O Sihdi, was muß ich hören! Du warst in Mekka, bist ein Hadschi und glaubst mehr an das Kitab der Ungläubigen als an die Worte des Propheten! Nun wundere ich mich nicht, daß du zu den Jasidi willst!«

»Du kannst ja wieder umkehren, wenn du Angst hast. Ich gehe allein!«

»Umkehren? Nein. Es ist vielleicht doch möglich, daß Mohammed nur von vier Engeln redet, weil die andern drei gerade nichts im Himmel zu tun hatten, als er dort war.«
»Halef, du brauchst dich vor den Teufelsanbetern nicht zu fürchten. Sie beten den Schaitan nicht an, sie nennen ihn nicht einmal beim Namen. Sie werden dir deinen Glauben nicht nehmen.«
»Werden sie mich dazu zwingen, den Teufel anzubeten?«
»Nein. Ich versichere es dir!«
»Aber sie werden uns töten!«
»Weder mich noch dich.«
»Sie haben aber so viele andere getötet. Sie töten die Christen nicht, nur die Moslems.«
»Sie haben sich nur gewehrt, als sie ausgerottet werden sollten. Und sie töteten deshalb nur die Anhänger des Propheten, weil sie nur von diesen und nicht von den Christen angegriffen wurden.«
»Aber ich bin Moslem!«
»Sie sind deine Freunde, weil sie auch meine Freunde sind. Hast du nicht die drei Männer gepflegt, bis sie wieder gesund waren?«
»Es ist wahr, Sihdi. Ich werde dich doch nicht verlassen, sondern dich zu den Jasidi begleiten.«
In diesem Augenblick hörte ich Schritte die Treppe herabkommen. Zwei Männer traten ein. Es waren zwei albanische Agas von den Freischaren des Paschas. Sie blieben am Eingang stehen. Einer von ihnen fragte:
»Bist du der Ungläubige, den wir führen sollen?«
Ich gab auf diese unverschämte Frage keine Antwort.
»Bist du taub und blind, daß du nicht antwortest?« fragte der Aga.
Die Arnauten sind rohe und zügellose, gefährliche Kerle, die bei der geringsten Veranlassung zur Waffe greifen. Ich beabsichtigte aber nicht, mir ihren Umgangston gefallen zu lassen. Deshalb zog ich wie zufällig den Revolver aus dem Gürtel und wandte mich an meinen Diener:
»Hadschi Halef Omar, sage mir, ob jemand hier ist!«
»Ja. Zwei Dhubbat, die dich sprechen wollen.«
»Wer hat diese Offiziere hergeschickt?«
»Der Pascha, dem Allah ein langes Leben verleihen möge!«
»Das ist nicht wahr! Der Pascha – Allah schütze ihn! – würde mir höfliche Leute senden. Sag diesen Männern, die ein Schimpf-

wort statt des Grußes auf den Lippen tragen, daß sie gehen sollen. Sie mögen dem, der sie hergeschickt hat, meine Worte wiederholen.«
Die Agas fuhren mit den Händen an die Kolben ihrer Pistolen und sahen einander fragend an. Ich richtete in aller Gemütsruhe den Lauf meiner Waffe auf sie und runzelte meine Stirn so finster wie möglich.
»Nun, Hadschi Halef Omar, was habe ich dir befohlen?«
Ich sah es dem kleinen Mann an, daß mein Verhalten ganz nach seinem Geschmack war. Auch er hatte schon eine seiner Pistolen in der Hand. Nun wandte er sich stolz dem Eingang zu.
»Hört, was ich euch zu sagen habe! Dieser tapfere und berühmte Effendi heißt Kara Ben Nemsi, und ich bin Hadschi Halef Omar Ben Hadschi Abul Abbas Ibn Hadschi Dawuhd al Gossarah. Ihr habt gehört, was mein Effendi sagte. Geht und tut, was er euch befohlen hat!«
»Wir gehen nicht. Der Pascha hat uns hergeschickt.«
»Dann geht wieder zum Pascha und sagt ihm, daß er uns höfliche Männer schicken soll. Wer zu meinem Effendi kommt, hat die Schuhe auszuziehen und den Gruß zu sagen.«
»Bei einem Ungläubigen...«
Im Nu war ich aufgesprungen und stand vor ihnen.
»Wir haben...« fing einer der beiden an.
»Hinaus!«
Im nächsten Augenblick war ich mit Halef wieder allein. Die Agas mochten mir angesehen haben, daß ich keine Lust hatte, mir von ihnen Vorschriften machen zu lassen.
»Sihdi, was hast du getan!« rief Halef erschrocken.
»Was ich getan habe? Die beiden Lümmel hinausgeworfen!«
»Kennst du die Arnauten? Sie sind blutgierig und rachsüchtig. Hast du in Kairo nicht gesehen, daß einer von ihnen eine alte Frau nur deshalb niederschoß, weil sie ihm nicht auswich? Sie war blind.«
»Ich habe es gesehen. Die hier werden uns aber nicht niederschießen!«
»Und kennst du den Pascha, ihren Befehlshaber?«
»Er ist ein guter Mann!«
»Oh! Sehr gut, Sihdi! Halb Mossul ist leer, weil sich alle vor ihm fürchten. Kein Tag vergeht, ohne daß zehn oder zwanzig die Bastonade bekommen. Wer reich ist, lebt morgen nicht

mehr – und sein Vermögen gehört dem Pascha. Er hetzt die Stämme der Araber aufeinander und überfällt dann den Sieger, um ihm die Beute abzunehmen. Wer heute noch sein Berater ist, den läßt er morgen verhaften und übermorgen köpfen. Sihdi, was wird er mit uns tun?«

»Das müssen wir abwarten.«

»Ich will dir etwas sagen, Sihdi. Sobald ich sehe, daß uns der Pascha etwas Böses tun will, werde ich ihn niederschießen. Ich sterbe nicht, ohne ihn mitzunehmen.«

»Dazu wirst du gar keine Gelegenheit haben, denn ich gehe allein zu ihm.«

»Allein? Das gebe ich nicht zu. Ich gehe mit!«

»Darf ich dich mitnehmen, wenn er nur mich bei sich sehen will?«

»Allah w' Allah! Dann werde ich hier warten. Aber ich schwöre es dir bei dem Propheten und allen Kalifen: wenn du am Abend noch nicht zurück bist, lasse ich mich bei ihm melden und schieße ihm beide Kugeln aus meiner Pistole in den Kopf!«

»Aber Hanneh?« fragte ich.

»Sie soll weinen, aber stolz auf mich sein. Sie darf keinen Mann lieben, der seinen Effendi töten läßt!«

»Ich danke dir, Halef! Aber ich bin überzeugt, daß es nicht so weit kommen wird.«

Nach einer Weile vernahmen wir wieder Schritte. Ein gewöhnlicher Soldat trat ein. Er hatte die Schuhe draußen ausgezogen.

»Guten Morgen!« grüßte er.

»Guten Morgen! Was willst du?«

»Bist du der Effendi, der mit dem Pascha reden will?«

»Ja.«

»Der Pascha – Allah schenke ihm tausend Jahre! – hat dir eine Sänfte gesandt. Du sollst zu ihm kommen!«

»Ich komme gleich!« sagte ich.

Als er hinaus war, meinte Halef:

»Sihdi, siehst du, daß es gefährlich wird?«

»Warum?«

»Der Pascha schickt keinen Aga, sondern nur noch einen gewöhnlichen Soldaten.«

»Mag sein. Mach dir deshalb keine Sorgen!«

Ich stieg die Stufen hinauf. Vor dem Haus hielt ein Trupp von etwa zwanzig Arnauten. Sie waren bis an die Zähne bewaffnet.

Einer der beiden Agas, die vorher bei mir gewesen waren, kommandierte sie. Zwei Hammala (Träger) hielten einen Tragsessel bereit.

»Steig ein!« befahl mir der Aga mit finsterem Gesicht.

Ich gehorchte möglichst unbefangen. Die Eskorte ließ mich vermuten, daß ich so etwas Ähnliches wie ein Gefangener war. Ich wurde im Trab fortgetragen, bis man vor einem Tor hielt.

»Steig aus und folge mir!« befahl der Aga mit wütender Stimme.

Er führte mich eine Treppe hinauf in ein Zimmer, in dem mehrere Offiziere standen. Am Eingang saßen einige Einwohner der Stadt, denen man ansah, daß sie sich hier in der Höhle des Löwen nicht sehr wohl fühlten. Ich wurde sofort angemeldet, zog meine Sandalen aus und trat ein.

»As-salam Alaikum!« grüßte ich, verschränkte die Arme über der Brust und verbeugte mich.

»Wa Al –« begann der Pascha, unterbrach sich aber sofort und fragte mich:

»Dein Bote hat gesagt, daß ein Alaman mit mir reden wolle?«

»So ist es.«

»Sind die Deutschen Moslems?«

»Nein. Sie sind Christen.«

»Und trotzdem wagst du den Gruß der Moslems?«

»Du bist ein Moslem, ein Liebling Allahs und ein Liebling des Padischah – Gott beschirme ihn! Soll ich dir mit dem Gruß der Heiden entgegentreten, die keinen Gott und kein heiliges Buch haben?«

»Du bist kühn, Fremdling!«

Er warf mir einen eigentümlich lauernden Blick zu. Der Pascha war nicht groß und von hagerer Gestalt. Sein Gesicht wäre ganz alltäglich gewesen, wenn der auffallende Zug von Schlauheit und Grausamkeit gefehlt hätte. Seine rechte Wange war stark geschwollen. Neben ihm stand ein silbernes, mit Wasser gefülltes Becken, das ihm als Spucknapf diente. Seine Kleidung bestand ganz aus Seide. Der Griff seines Dolches und die Agraffe an seinem Turban funkelten von Diamanten. Seine Finger glänzten von Ringen. Die Wasserpfeife, aus der er rauchte, war eine der kostbarsten, die ich je gesehen hatte.

Nachdem er mich eine Weile vom Kopf bis zu den Füßen gemustert hatte, fragte er weiter:

»Warum hast du dich nicht durch einen Konsul vorstellen lassen?«
»Die Deutschen haben keinen Konsul in Mossul, und die anderen Konsuln sind mir ebenso fremd wie du. Ein Konsul kann mich nicht besser und schlechter machen, als ich bin. Du hast ein scharfes Auge und brauchst mich nicht durch das Auge eines Konsuls kennenzulernen.«
»Maschallah! Du sprichst wirklich sehr kühn! Als ob du ein sehr großer Mann wärst!«
»Würde ein unbedeutender Mann es wagen, dich zu besuchen?«
Das war unverfroren gesprochen, aber ich sah gleich, daß es den erwarteten Eindruck machte.
»Wie heißt du?«
»Ich habe verschiedene Namen.«
»Verschiedene? Ich denke, daß der Mensch nur *einen* Namen hat!«
»Gewöhnlich. Bei mir ist es aber anders, denn in jedem Land und bei jedem Volk, das ich besuchte, hat man mich anders genannt.«
»So hast du viele Länder und viele Völker gesehen? Welche denn zum Beispiel?«
»Die Osmanylar, Fransisler, Inglisler, Espaniollar...«
Ich konnte ihm eine hübsche Reihe von Namen aufsagen und setzte natürlich aus Höflichkeit die Osmanylar voran. Seine Augen wurden bei jedem Wort größer. Endlich aber platzte er heraus:
»Gibt es wirklich so viele Völker auf der Erde?«
»Noch viel mehr!«
»Allah akbar! Er hat so viele Völker geschaffen, wie Ameisen in einem Haufen sind. Du bist noch jung. Wie kannst du so viele Länder besucht haben? Wie alt warst du, als du aus Almanja fortgingst?«
»Ich zählte achtzehn Jahre, als ich über die See nach Yeni dünya (Amerika) kam.«
»Und was bist du?«
»Ich schreibe Zeitungen und Bücher, die dann gedruckt werden.«
»Was schreibst du da?«
»Ich schreibe meist das, was ich sehe und höre, was ich erlebe.«
»Kommen in diesen Gazeteler auch die Männer vor, mit denen du zusammentriffst?«

»Nur die bedeutendsten.«
In diesem Augenblick ertönte vom Hof herauf der Schall von Schlägen, begleitet vom Wimmern eines Geprügelten. Ich horchte unwillkürlich auf.
»Hör nicht darauf«, meinte der Pascha. »Es ist mein Hekim.«
»Dein Arzt?« fragte ich verwundert.
»Ja. Hast du einmal Disch aghrisi gehabt?«
»Als Kind hatte ich Zahnschmerzen.«
»Dann weißt du, wie es tut. Ich habe einen kranken Zahn. Dieser Hund sollte ihn mir herausnehmen. Er machte es so ungeschickt, daß es mir weh tat. Nun wird er dafür ausgepeitscht. Ich bringe den Mund gar nicht mehr zu.«
Den Mund nicht zubringen? Ich beschloß, die Gelegenheit auszunützen:
»Darf ich den kranken Zahn sehen, o Pascha?«
»Bist du ein Hekim?«
»Manchmal ja.«
»Dann komm her! Unten rechts!«
Er öffnete den Mund, und ich sah hinein.
»Erlaubst du mir, den Zahn zu befühlen?«
»Wenn es nicht weh tut!«
Ich hätte dem gestrengen Pascha beinahe ins Gesicht gelacht. Es war der Eckzahn. Er hing so lose zwischen dem angeschwollenen Zahnfleisch, daß ich die unterbrochene Operation mit den Fingern vollenden konnte.
»Wie viele Streiche soll der Hekim bekommen?«
»Sechzig.«
»Willst du ihm die noch fehlenden erlassen, wenn ich dir den Zahn herausnehme, ohne daß es schmerzt?«
»Das kannst du nicht!«
»Ich kann es!«
»Gut! Aber wenn es schmerzt, bekommst du die Hiebe, die dem Hekim geschenkt wurden.«
Er klatschte in die Hände. Ein Offizier trat ein.
»Laßt den Hekim los! Dieser Fremdling hat für ihn gebeten!« befahl der Pascha.
Der Mann trat mit erstauntem Gesicht ab.
Nun streckte ich dem Statthalter zwei Finger in den Mund, drückte erst ein wenig am Nachbarzahn herum, faßte dann den kranken Eckzahn und nahm ihn heraus. Der Patient zuckte mit

den Wimpern, schien aber gar nicht zu ahnen, daß ich den Zahn schon hatte. Er faßte meine Hand und schob sie schnell von sich weg.
»Wenn du ein Hekim bist, probier nicht erst lange herum! Hier liegt das Ding!«
Er zeigte auf den Fußboden. Ich hielt den Zahn unbemerkt zwischen den Fingern und bückte mich. Dort lag ein alter, ganz unmöglich gewordener Geißfuß und daneben eine Zahnzange – aber was für eine! Man hätte damit jedes Stück Schmiedeeisen aus dem Feuer nehmen können. Ein bißchen Theater konnte nichts schaden. Ich fuhr dem Pascha mit dem Geißfuß in den nicht allzu kleinen Mund.
»Paß auf, ob es weh tut! Eins, zwei, drei! Hier ist der Ungehorsame, der dir solche Schmerzen bereitet hat!« Ich gab ihm den Zahn.
Er sah mich erstaunt an.
»Maschallah! Ich habe doch gar nichts gespürt!«
Er fühlte sich in den Mund, besah den Zahn und war nun erst überzeugt, daß er davon befreit war.
»Du bist ein großer Hekim!« sagte er. »Wie soll ich dich nennen?«
»Die Araber nennen mich Kara Ben Nemsi.«
»Nimmst du jeden Zahn so gut heraus?«
»Hm! Unter Umständen!«
Der Pascha klatschte in die Hände. Der Offizier erschien wieder.
»Frage überall im Haus nach, ob jemand Zahnschmerzen hat!«
Der Adjutant verschwand. Mir war ganz so, als hätte ich jetzt selbst Zahnschmerzen bekommen, obwohl die Miene des Paschas sehr gnädig geworden war.
»Warum bist du meinen Boten nicht sofort gefolgt?« fragte er.
»Weil sie mich beschimpften.«
»Erzähle!«
Ich berichtete ihm das Vorkommnis. Er hörte aufmerksam zu und erhob dann drohend die Hand.
»Du tatest unrecht. Ich hatte es befohlen, und du mußtest sofort kommen. Danke Allah, daß er dir offenbare, wie man kranke Zähne ohne Schmerzen herausnimmt!«
»Was hättest du mir getan?«
»Du wärst bestraft worden. Ich weiß jetzt auch nicht, wie ich das getan hätte.«

»Bestraft? Das hättest du nicht gewagt.«
»Maschallah! Warum nicht? Wer sollte mich daran hindern?«
»Der Großherr selbst.«
»Der Großherr?« fragte er verblüfft.
»Auf jeden Fall. Ich habe nichts verbrochen und darf wohl verlangen, daß deine Agas höflich sind. Oder meinst du, daß es nicht notwendig ist, diese Urkunde zu beachten? Hier nimm und lies!«
Er öffnete das Pergament und legte es sich ehrfurchtsvoll an Stirn, Mund und Herz, nachdem er es überflogen hatte.
»Ein Buyuruldu des Großherrn – Allah segne ihn!«
Er las es, legte es zusammen und gab es mir dann zurück.
»Du stehst im Schatten des Großherrn! Wie kommst du dazu?«
»Du bist Statthalter von Mossul! Wie kommst du dazu?«
»Wirklich, du bist sehr kühn! Ich bin Gouverneur dieses Bezirks, weil die Sonne des Padischah mich erleuchtet.«
»Und ich stehe im Padischahin gölgesinde, weil die Gnade des Padischah über mir erglänzt. Er hat mir die Erlaubnis gegeben, alle seine Länder zu besuchen. Später werde ich Bücher darüber schreiben, wie ich von seinen Untertanen aufgenommen wurde.«
Das wirkte. Er zeigte neben sich auf den kostbaren Smyrnateppich. »Setz dich!«
Dann befahl er dem Negerknaben, der vor ihm lauerte, um seine Pfeife zu betreuen, Kaffee und eine Pfeife für mich zu bringen. Rauchend und trinkend saßen wir beieinander, als ob wir alte Bekannte seien. Der Pascha schien immer mehr Freude an mir zu finden. Um mir das durch die Tat zu beweisen, ließ er meine beiden arnautischen Agas holen. Er machte ein Gesicht, das den beiden Unglücksraben nichts Gutes verhieß, und fragte:
»Ihr solltet diesen Bei zu mir holen?«
»Du befahlst es, o Herr!« antwortete der eine.
»Ihr habt nicht gegrüßt! Ihr habt eure Schuhe anbehalten! Ihr habt ihn sogar einen Ungläubigen genannt!«
»Wir taten es, weil du ihn selbst so nanntest.«
»Schweig, du Hund! Habe ich ihn wirklich so genannt?«
»Herr, du hast...«
»Schweig! Habe ich ihn einen Ungläubigen genannt?«
»Nein, o Pascha.«
»Und doch hast du es behauptet! Geht hinunter in den Hof! Je-

der von euch soll fünfzig Streiche auf die Fußsohlen erhalten. Meldet es draußen.«

Das war wirklich ein allerliebster Freundschaftsbeweis. Fünfzig Hiebe? Das war zuviel. Zehn oder fünfzehn hätte ich ihnen gegönnt. So aber beschloß ich, mich ihrer anzunehmen.

»Du richtest gerecht, o Pascha«, meinte ich daher. »Deine Weisheit ist erhaben, aber deine Güte ist noch größer. Die Gnade ist das Vorrecht aller Kaiser, Könige und Herrscher. Du bist der Fürst von Mossul, und du wirst deine Gnade über diese beiden Männer leuchten lassen.«

»Über diese Halunken, die dich beleidigt haben? Ist das nicht ebenso, als ob sie mich beleidigt hätten?«

»Herr, du stehst so erhaben über ihnen wie der Stern über der Erde. Der Schakal heult die Sterne an, aber sie hören es nicht und leuchten fort. Man wird im Abendland deine Güte rühmen, wenn ich erzähle, daß du meine Bitte erfüllt hast.«

»Diese Hunde sind es nicht wert, daß wir ihnen vergeben. Aber damit du siehst, daß ich dich schätze, soll ihnen die Strafe erlassen sein. Packt euch fort und laßt euch heute nicht mehr vor unserm Angesicht sehen!«

Als sie das Zimmer verlassen hatten, erkundigte er sich:

»In welchem Land bist du zuletzt gewesen?«

»In Ägypten. Und dann kam ich durch die Wüste herüber zu dir.«

Ich drückte mich so aus, weil ich nicht lügen wollte und ihm aber auch nicht sagen konnte, daß ich bei den Haddedihn gewesen war.

»Durch die Wüste? Durch welche? Doch durch die des Sinai und die syrische? Das ist ein böser Weg. Danke Gott, daß du ihn eingeschlagen hast!«

»Warum?«

»Weil du sonst unter die Schammar-Araber geraten und von ihnen ermordet worden wärst.«

»Sind diese Schammar so schlimm, Hoheit?« fragte ich.

»Es ist ein freches, räuberisches Gesindel, das ich zu Paaren treiben werde. Sie zahlen weder Steuern noch Tribut. Ich habe bereits begonnen, sie zu vernichten.«

»Du hast deine Truppen gegen sie losgeschickt?«

»Nein. Die Arnauten sind zu besseren Dingen zu gebrauchen.«

Diese »besseren Dinge« waren leicht zu erraten: Ausrauben der Untertanen, um den Pascha zu bereichern.

»Ah! Ich errate deine Taktik!« sagte ich.
»Was errätst du?«
»Ein kluger Herrscher schont seine Leute und schlägt die Feinde, indem er sie untereinander entzweit!«
»Allah w' Allah! Die Deutschen sind keine dummen Menschen. Ich habe es wirklich so gemacht.«
»Ist es gelungen?«
»Schlecht! Und weißt du, wer die Schuld daran trägt? Ein Engländer und ein fremder Emir. Die Haddedihn sind die gefährlichsten unter den Schammar. Sie sollten vernichtet werden, ohne daß das Blut meiner Leute floß. Deshalb schickten wir drei Stämme in den Kampf. Da kam dieser Engländer mit dem Emir und warb andere Stämme, die den Haddedihn halfen. Meine Verbündeten wurden alle getötet oder gefangengenommen. Sie haben den größten Teil ihrer Herden verloren und müssen Tribut zahlen.«
»Zu welchem Stamm gehörte dieser Emir?«
»Niemand weiß es. Man sagt, daß er kein Mensch sei. Er tötet des Nachts allein den Löwen. Seine Kugel trifft viele Meilen weit, und seine Augen funkeln im Dunkeln wie das Feuer der Hölle.«
»Kannst du ihn nicht fangen?«
»Ich werde es versuchen, aber es besteht wenig Hoffnung. Die Abu Mohammed haben ihn schon einmal gefangengenommen. Er ist ihnen jedoch durch die Luft wieder davongeritten.«
Der gute Pascha schien ein wenig abergläubisch zu sein. Er hatte keine Ahnung davon, daß dieser Teufelskerl soeben mit ihm Kaffee trank.
»Von wem hast du das alles erfahren, Hoheit?«
»Von einem Obeïde, der als Bote zu mir kam, als es schon zu spät war. Die Haddedihn hatten die Herden bereits weggenommen.«
»Du wirst sie bestrafen?«
»Ich wollte es tun, aber ich muß ihnen leider noch eine Frist gewähren, obwohl ich meine Truppen schon zusammengezogen habe. Warst du schon in den Ruinen von Kujundschik?«
»Nein.«
»Dort sind alle Truppen versammelt, die gegen die Schammar ziehen sollten. Ich werde die Leute aber jetzt an einen andern Ort befehlen.«
»Darf ich fragen, wohin du die Soldaten schickst?«

»Das ist mein Geheimnis. Niemand darf es erfahren. Du wirst wissen, daß diplomatische Geheimnisse streng gewahrt werden müssen.«
Jetzt trat der Mann ein, den der Pascha vorhin mit dem Befehl fortgeschickt hatte, Leute mit Zahnschmerzen ausfindig zu machen. Ich suchte ihm das Ergebnis seiner Nachforschungen am Gesicht abzulesen. Es lag mir gar nichts daran, mit dem alten Geißfuß oder dem Zangenungetüm in die Zahnreihen eines Arnauten Lücken reißen zu müssen – und zwar schmerzlos, wie es von mir verlangt wurde.
»Nun?« fragte der Statthalter.
»Verzeih, o Pascha. Ich habe keinen Menschen gefunden, der an Disch aghrisi leidet!«
»Auch du selbst leidest nicht daran?«
»Nein.«
Mir wurde das Herz leicht. Der liebenswürdige Pascha wandte sich bedauernd zu mir:
»Es ist schade! Ich wollte dir Gelegenheit geben, deine Kunst bewundern zu lassen. Aber vielleicht findet sich morgen oder übermorgen einer.«
»Morgen und übermorgen werde ich nicht mehr hiersein.«
»Nicht? Du mußt bleiben. Du sollst in meinem Palast wohnen und so bedient werden wie ich. – Geh!«
Dieser Befehl galt dem Offizier, der sich wieder entfernte.
»Trotzdem muß ich fort«, antwortete ich, »werde aber wiederkommen.«
»Wohin willst du reisen?«
»Hinauf in die kurdischen Berge.«
»Wie weit?«
»Das ist noch unbestimmt. Vielleicht bis zum Tura Schina oder sogar bis nach Dschulamerg.«
»Was willst du dort?«
»Ich will sehen, was für Menschen es dort gibt und welche Pflanzen und Kräuter in der Gegend wachsen.«
»Und warum soll das so bald geschehen, daß du nicht einige Tage bei mir bleiben kannst?«
»Weil die Pflanzen sonst verwelken, die ich suche.«
»Die Menschen dort oben brauchst du nicht kennenzulernen. Es sind kurdische Räuber und einige Jasidi, die Allah verdammen soll! Aber die Kräuter? Wozu? Ah, du bist ein Hekim und

brauchst Kräuter! Aber hast du nicht daran gedacht, daß die Kurden dich vielleicht töten werden?«
»Ich bin bei schlimmeren Menschen gewesen als bei den Kurden.«
»Ohne Begleitung? Ohne Arnauten oder Baschi bosuks?«
»Ja. Ich habe einen scharfen Dolch und eine gute Büchse, und – ich habe ja auch dich, o Pascha!«
»Mich?«
»Ja. Deine Macht reicht bis hinauf nach Amadiya?«
»Gerade so weit. Amadiya ist die Grenzfestung meines Bezirkes. Ich habe dort Kanonen und eine Besatzung von dreihundert Albanern.«
»Amadiya muß eine starke Festung sein!«
»Nicht nur stark, sondern einfach uneinnehmbar. Sie ist das Bollwerk gegen das Land der freien Kurden. Aber auch die unterworfenen Stämme sind widerspenstig und schlimm.«
»Du hast mein Buyuruldu gesehen und wirst mir deinen Schutz gewähren. Deshalb kam ich zu dir.«
»Mein Schutz ist dir sicher, aber nur unter einer Bedingung. Du kommst wieder zurück und wirst mein Gast.«
»Diese Bedingung nehme ich gern an.«
»Ich werde dir zwei Kawassen mitgeben, die dich bedienen und beschützen sollen. Weißt du auch, daß du durch das Land der Jasidi kommst?«
»Das ist mir bekannt.«
»Das ist ein böses, ungehorsames Volk, dem man die Zähne zeigen muß. Sie beten den Teufel an, löschen das Licht aus und trinken Wein.«
»Ist das Weintrinken wirklich so schlimm?«
Er sah mich forschend von der Seite an.
»Trinkst du Wein?«
»Sehr gern.«
»Hast du Wein bei dir?«
»Nein.«
»Ich dachte, du hättest welchen, dann – dann hätte ich dich vor deiner Abreise einmal besucht.«
Um das hören zu dürfen, mußte ich sein Vertrauen schon halbwegs gewonnen haben. Ich nützte seine schwache Seite aus und sagte:
»Besuche mich! Ich kann mir Wein verschaffen.«
»Auch solchen, der spritzt?«

In der orientalischen Küche ersetzt ein offenes Holzkohlenfeuer den Herd

Er meinte offenbar Schaumwein.
»Hast du schon einmal solchen Wein getrunken, o Pascha?«
»O nein! Weißt du nicht, daß der Prophet verboten hat, Wein zu trinken? Ich bin ein treuer Anhänger des Korans.«
»Ich weiß. Aber man kann solchen Spritzwein künstlich machen, und dann ist es kein richtiger Wein!«
»Du kannst spritzenden Wein machen?«
»Ja.«
»Aber das dauert lange Zeit – vielleicht einige Wochen oder gar Monate?«
»Es dauert nur ein paar Stunden.«
»Willst du mir ein solches Getränk machen?«
»Ich möchte schon, aber ich habe die nötigen Zutaten nicht.«
»Was brauchst du?«
»Flaschen.«
»Die habe ich.«
»Zucker und Rosinen.«

»Bekommst du von mir.«
»Essig und Wasser.«
»Hat mein Koch.«
»Und dann einiges, was man nur in der Apotheke bekommt.«
»Gehört es zu den Ilatschlar, zu den Arzneien?«
»Ja.«
»Mein Hekim hat eine Apotheke. Brauchst du sonst noch etwas?«
»Nein. Aber du müßtest mir erlauben, den Wein in deiner Küche zu bereiten.«
»Darf ich zusehen, damit ich es lerne?«
»Das ist fast unmöglich, o Pascha. Wein zu bereiten, den ein Moslem trinken darf, Wein, der spritzt und die Seele erheitert, das ist ein sehr großes Geheimnis!«
»Ich gebe dir, was du verlangst!«
»Ein so wichtiges Geheimnis verkauft man nicht. Nur ein Freund darf es erfahren.«
»Bin ich nicht dein Freund, Kara Ben Nemsi? Ich werde gern alles erlauben, worum du mich bittest.«
»Ich weiß es, o Pascha, und darum sollst du mein Geheimnis erfahren. Wie viele Flaschen soll ich dir füllen?«
»Zwanzig. Oder ist das zuviel?«
»Nein. Wir wollen in die Küche gehen!«
Der Pascha von Mossul war offensichtlich ein heimlicher Verehrer des Gottes Bacchus.
Die Herren des Vorzimmers machten große Augen, als sie mich so kameradschaftlich an der Seite ihres Paschas erblickten. Die Küche lag zu ebener Erde und war ein hoher, dunkler Raum mit einem großen Herd, auf dem über dem Feuer ein Kessel voll siedendem Wasser hing, das zur Bereitung des Kaffees bestimmt war. Unser Eintritt erregte Entsetzen. Fünf oder sechs Kerle saßen rauchend am Boden und hatten dampfenden Mokka vor sich stehen. Der Pascha war wohl niemals in seiner Küche gewesen. Bei seinem Erscheinen wurden die Leute starr vor Schreck. Sie blieben sitzen und stierten ihn mit weit geöffneten Augen an.
Der Pascha trat mitten in den Kreis der Nichtstuer, verteilte ein paar Fußtritte und rief:
»Auf, ihr Faulenzer, ihr Sklaven! Kennt ihr mich nicht, daß ihr sitzen bleibt?«
Sie sprangen auf und warfen sich gleich wieder nieder, ihm zu Füßen.

»Habt ihr heißes Wasser?« fragte der Pascha.
»Dort kocht es, Herr«, antwortete einer, der der Koch zu sein schien. Er war der dickste und schmutzigste von allen.
»Hol Rosinen, du Lümmel!«
»Wieviel?«
»Wieviel brauchst du?« fragte mich der Statthalter.
Ich zeigte auf ein leeres Gefäß.
»Diesen Krug dreimal voll.«
»Und Zucker?«
»Noch einmal so viel.«
»Und Essig?«
»Vielleicht den zehnten Teil.«
»Habt ihr gehört, ihr Scheusale? Packt euch!«
Sie liefen hinaus und erschienen bald wieder mit den verlangten Zutaten. Ich ließ die Rosinen waschen und schüttete dann alles in das kochende Wasser. Ein abendländischer Sektfabrikant hätte sich über meine Brauerei totgelacht, aber ich hatte keine Zeit und mußte die Sache so kurz wie möglich machen, um das Gedächtnis des edlen Pascha nicht allzu stark zu belasten.
»Nun in die Apotheke!« bat ich ihn.
Er ging voran und führte mich in einen Raum, der auch zu ebener Erde lag. Dort fand ich den armen Hekim mit verbundenen Füßen am Boden. Auch ihm gab der Pascha einen Fußtritt.
»Steh auf, Widerwärtiger, und erzeige mir und diesem großen Effendi die Ehre, die uns gebührt. Danke ihm, denn er hat für dich gebeten, daß ich dir den Rest deiner Hiebe erließ. Er hat mir den Zahn herausgenommen, ohne daß ich es fühlte. Ich befehle dir, ihm zu danken!«
Welche Lust, der Leibarzt eines Pascha zu sein! Der arme Schlukker warf sich vor mir nieder und küßte den Saum meines alten Haïk. Dann fragte der Pascha:
»Wo ist die Apotheke?«
Der Arzt deutete auf einen großen, wurmstichigen Kasten.
»Hier, o Pascha!«
»Aufmachen!«
Ich bekam ein wirres Durcheinander von Tüten, Blättern, Büchsen, Amuletten, Pflasterstangen und anderen Dingen zu sehen, deren Bestimmung mir unbekannt war. Ich fragte nach kohlensaurem Natron und Weinsteinsäure. Von dem Natron war genug, von der Säure nur wenig vorhanden, aber es reichte aus.

»Hast du alles?« fragte mich der Pascha.
»Ja.«
Der Gouverneur gab dem Arzt einen Abschiedstritt und befahl ihm: »Besorge von diesen beiden Sachen eine größere Menge und merke dir die Namen. Ich brauche sie, wenn ein Pferd krank wird. Wenn du die Namen vergißt, bekommst du fünfzig Hiebe!«
Wir kehrten in die Küche zurück. Es wurden Flaschen, Lack, Draht und kaltes Wasser besorgt. Dann jagte der Pascha alle Leute hinaus. Kein Mensch außer ihm sollte Mitwisser des großen Geheimnisses werden, einen Wein zu bereiten, der kein Wein war und deshalb von jedem guten Moslem ohne Gewissensbisse getrunken werden konnte.
Dann kochten, brauten, kühlten, füllten, pfropften und siegelten wir, daß ihm der Schweiß vom Gesicht lief. Als wir endlich fertig waren, durften die Diener wieder eintreten, um die Flaschen an den kühlsten Platz des Kellers zu bringen. Eine Flasche nahm der Pascha zur Prüfung mit und trug sie mit eigener Hand durch das Vorzimmer in sein Gemach, wo wir uns wieder niederließen.
»Wollen wir trinken?« fragte er.
»Er ist noch nicht kalt genug.«
»Wir trinken ihn warm.«
»So schmeckt er nicht.«
»Er muß schmecken!«
Der Pascha ließ zwei Gläser bringen, verbot seinen Leuten, uns zu stören und löste den Draht.
Puff! Der Stöpsel flog an die Decke.
Gischtend schoß der Kunstwein aus der Flasche. Ich wollte mein Glas schnell unter die Öffnung halten.
»Maschallah! Er spritzt wirklich!«
Der Pascha machte den Mund auf und schob den Hals der Flasche zwischen die Lippen. Sie war fast leer, als er wieder absetzte und den Finger in die Öffnung steckte, um sie zu verschließen.
»Ausgezeichnet! Du bist mein Freund. Dieser Wein ist besser als das Wasser vom Brunnen Zam Zam!«
»Findest du wirklich?«
»Ja. Er ist sogar noch besser als das Wasser Haudh-Ul-Kauthar, das im Paradies getrunken wird. Ich werde dir nicht zwei, sondern vier Kawassen mitgeben.«

»Ich danke dir! Hast du dir auch gemerkt, wie man diesen Wein bereitet?«
»Sehr genau. Ich werde es nicht vergessen!«
Ohne an mich oder daran zu denken, daß zwei Gläser vorhanden waren, setzte er die Flasche wieder an den Mund und nahm sie erst weg, als sie leer war.
»Bombosch! Sie ist leer. Warum war sie nicht größer?«
»Merkst du nun, wie kostbar mein Geheimnis war?«
»Beim Propheten, ich merke es! Oh, ihr Alamanlar seid kluge Leute! Erlaube mir, dich zu verlassen! Ich werde gleich wiederkommen!«
Er erhob sich und verließ das Zimmer. Als er nach einer Weile zurückkam, trug er etwas unter seinem Kaftan versteckt. Er setzte sich und zog es hervor. Es waren – zwei Flaschen. Ich lachte.
»Du hast sie selbst geholt?« fragte ich.
»Kendi – selbst! Diesen Wein, der kein Wein ist, darf außer mir niemand anrühren. Ich habe es befohlen. Wer von jetzt an die Flasche nur betastet, den lasse ich zu Tode peitschen!«
»Du willst noch mehr trinken?« erkundigte ich mich.
»Soll ich nicht? Ist dieses Getränk nicht köstlich?«
»Aber dieser Wein wird erst dann den rechten Geschmack haben, wenn er kalt geworden ist.«
»Wie muß er dann schmecken, wenn er jetzt schon so herrlich ist! Preis sei Allah, der Wasser, Rosinen, Zucker und Arzneien wachsen läßt, um das Herz seiner Gläubigen zu erquicken!«
Und er trank, ohne an mich zu denken. Seine Miene drückte die höchste Wonne aus. Als die zweite Flasche leer war, meinte er:
»Freund, dir kommt keiner gleich, weder ein Gläubiger noch ein Ungläubiger. Vier Kawassen sind für dich zuwenig. Du sollst sechs haben!«
»Deine Güte ist groß, o Pascha. Ich werde sie zu rühmen wissen!«
»Wirst du auch erzählen, was ich jetzt getrunken habe?«
»Nein, darüber werde ich schweigen, denn ich werde auch nichts davon sagen, was ich getrunken habe.«
»Maschallah, du hast recht! Ich trinke, ohne an dich zu denken. Gib mir dein Glas, ich werde die nächste Flasche noch öffnen.«
Jetzt bekam ich mein Kunstprodukt zu kosten. Es schmeckte genauso, wie ungekühltes Sodawasser mit Rosinenbrühe und

Zucker schmecken muß. Für den anspruchslosen Gaumen des Pascha schien es aber ein Genuß zu sein.

»Weißt du«, sagte er und tat wieder einen langen Zug, »daß sechs Kawassen für dich noch immer zuwenig sind? Du sollst zehn bekommen!«

»Ich danke dir, o Pascha!«

Wenn das Trinken so weiter ging, war ich gezwungen, meine Reise mit einem ganzen Heer von Kawassen anzutreten. Das konnte mir unter Umständen sehr hinderlich werden.

»Also du reitest durch das Land der Teufelsanbeter«, meinte der Pascha. »Kennst du ihre Sprache?«

»Es ist die kurdische?«

»Eine kurdische Mundart. Nur wenige von ihnen sprechen arabisch.«

»Ich kenne diesen Dialekt nicht.«

»Dann werde ich dir einen Dolmetscher mitgeben.«

»Ich glaube, das ist nicht nötig. Das Kurdische ist dem Persischen verwandt, und das spreche-ich.«

»Ich verstehe beides nicht, und du mußt am besten wissen, ob du einen Dolmetscher brauchst oder nicht. Aber halte dich im Land der Teufelsanbeter nicht lange auf. Am besten ist es, du reitest schnell durch ihr Gebiet. Es könnte dir sonst etwas Schlimmes zustoßen.«

»Was?«

»Das ist mein Geheimnis. Ich sage dir nur, daß dir gerade die Schutzwache, die ich dir mitgebe, gefährlich werden könnte. Trink!«

Das war schon das zweite Geheimnis, über das er sprach.

»Deine Leute können mich nur bis Amadiya begleiten?« fragte ich ihn.

»Ja. Meine Macht ist dort zu Ende. Dann kommt das Gebiet der Kurden von Berwari.«

»Wie heißt ihre Hauptstadt?«

»Das ist das feste Schloß Gumri. Dort wohnt ihr Bei. Ich werde dir einen Brief an ihn mitgeben. Ob das Schreiben aber eine gute Wirkung hat, kann ich dir nicht versprechen. Wie viele Begleiter hast du?«

»Einen Diener.«

»Nur einen? Hast du gute Pferde?«

»Ja.«

»Das ist gut. Vom Pferd hängt sehr oft die Freiheit und das Leben des Reiters ab. Es wäre schade, wenn dir ein Unglück geschähe. Du warst der Besitzer eines sehr schönen Geheimnisses und hast es mir verraten. Aber ich will dir dankbar sein. Weißt du, was ich für dich tun werde?«
»Was?«
Der Pascha trank die Flasche aus und antwortete gönnerhaft:
»Weißt du, was das Disch parasi ist?«
»Eine Steuer, die nur du allein fordern darfst.«
Ich drückte mich sehr vorsichtig aus, denn das Disch parasi, die »Zahnvergütung«, ist eine Abgabe an Geld, die überall erhoben wird, wo der Pascha auf seinen Reisen anhält. Sie wird dafür bezahlt, daß er sich seine Zähne beim Kauen der Lebensmittel abnutzt, die ihm die Einwohner des Gebietes kostenlos liefern müssen.
»Du hast es erraten«, meinte er. »Ich werde dir eine Schrift mitgeben, in der ich befehle, dir überall das Disch parasi auszuzahlen. Wann willst du abreisen?«
»Morgen früh.«
»Warte, ich werde mein Siegel holen, um das Schreiben sogleich ausfertigen zu lassen!«
Er stand auf und verließ das Zimmer. Da der schwarze Diener ihm die Pfeife nachtragen mußte, blieb ich allein zurück. Neben dem Pascha hatten einige Papiere gelegen, mit denen er sich vor meinem Erscheinen beschäftigt haben mochte. Das eine war ein Plan des Tals von Scheik Adi. Stand dieser Plan vielleicht mit den Geheimnissen des Paschas in Verbindung? Ich konnte diese Vermutung nicht nachprüfen, denn der Statthalter trat wieder ein. Auf seinen Befehl erschien ein Geheimschreiber, dem er drei Briefe diktierte: einen an den kurdischen Bei, einen an den Kommandanten der Festung Amadiya und den dritten an alle Ortsoberhäupter und sonstigen Behörden. Es hieß darin, daß ich das Recht habe, das Disch parasi zu erheben, und daß die Bewohner meinen Wünschen ebenso Folge leisten sollten, als ob ich der Pascha selbst sei.
Konnte ich mehr verlangen? Der Zweck meines Besuches in Mossul war besser erfüllt, als ich zu hoffen gewagt hatte. Dieses Wunder hatte außer meinem furchtlosen Auftreten nur das kohlensaure Natron bewirkt.
»Bist du mit mir zufrieden?« fragte der Pascha.

»Deine Güte will mich mit Wohltaten erdrücken!« antwortete ich feierlich.
»Danke mir nicht jetzt, sondern später.«
»Wie meinst du das?« erkundigte ich mich.
»Das kann ich dir sagen. Du bist nicht nur ein Hekim, sondern auch ein Offizier. Stimmt das?«
»Wie kommst du darauf?«
»Ein Hekim oder ein Mann, der Bücher schreibt, würde es nicht wagen, mich ohne die Begleitung eines Konsuls zu besuchen. Du hast ein Buyuruldu des Großherrn. Ich weiß, daß der Padischah zuweilen fremde Offiziere kommen läßt, die seine Länder bereisen müssen, um ihm dann militärischen Bericht zu erstatten. Du bist so ein Offizier, gib es zu!«
Diese verkehrte Ansicht konnte mir nur von Vorteil sein. Es wäre sehr unklug gewesen, sie zu widerlegen. Ich wollte aber auch nicht lügen. Deshalb flüchtete ich mich in eine Ausrede.
»Ich kann es nicht gestehen, o Pascha. Wenn du weißt, daß der Padischah solche fremden Offiziere losschickt, so wirst du auch gehört haben, daß es sich dabei um geheime Missionen handelt, über die man nicht sprechen darf.«
»Ich will dich auch gar nicht dazu überreden. Trotzdem kannst du mir als Offizier des Padischah wichtige Dienste leisten. Wenn du aus den Bergen von Kurdistan zurückkehrst, werde ich dich zu den Arabern von Schammar senden, besonders zu den Haddedihn. Du sollst ihre Gebiete bereisen und mir dann melden, wie ich sie besiegen kann.«
»Aha!« machte ich verblüfft.
»Ja. Dir wird diese Aufgabe leichter fallen als einem meiner Leute. Ich weiß, daß die Offiziere der Franken klüger sind als unsere, obwohl ich selbst Oberst gewesen bin und dem Padischah große Dienste geleistet habe. Ich würde dich bitten, dir auch die Gebiete der Jasidi anzusehen. Aber dazu ist es zu spät. Ich habe von dort schon alle Nachrichten, die ich brauche.«
Diese Worte überzeugten mich davon, daß ich vorhin ganz richtig vermutet hatte. Die in Kujundschik versammelten Truppen standen bereit, über die Teufelsanbeter herzufallen.
»Du wirst ihr Gebiet sehr schnell durchreisen und nicht etwa warten bis zu dem Tag, an dem sie ihr großes Fest feiern!« ordnete der Pascha an.
»Welches Fest?«

»Das Fest ihres Heiligen. Es wird am Grab ihres Scheiks Adi gefeiert. Hier hast du deine Briefe. Allah sei mit dir! Wann wirst du morgen früh die Stadt verlassen?«
»Zur Zeit des ersten Gebets.«
»Die zehn Kawassen sollen dann vor deiner Wohnung stehen.«
»Ich brauche aber nur zwei Begleiter.«
»Das verstehst du nicht. Zehn sind besser als zwei; merk dir das. Du sollst fünf Arnauten und fünf Baschi bosuks bekommen.«
Er winkte zum Zeichen meiner Entlassung. Ich ging erhobenen Hauptes aus dem Haus, das ich vor einigen Stunden als halber Gefangener betreten hatte. In meiner Wohnung fand ich Halef in voller Bewaffnung.
»Preis sei Allah, daß du kommst, Sihdi!« begrüßte er mich. »Wärst du beim Untergang der Sonne noch nicht hier gewesen, dann hätte ich mein Wort gehalten und den Pascha erschossen!«
»Das muß ich mir verbitten. Der Pascha ist nämlich mein Freund!«
»Dein Freund? Wie kann der Tiger der Freund des Menschen sein!«
»Ich habe ihn gezähmt.«
»Maschallah! Dann hast du ein Wunder vollbracht. Wie ist das gekommen?«
»Es ging leichter, als ich ahnen konnte. Wir stehen unter seinem Schutz und werden zehn Kawassen bekommen, die uns begleiten sollen.«
»Das ist gut!«
»Vielleicht auch nicht! Außerdem hat er mir Empfehlungsbriefe gegeben und das Recht, das Disch parasi zu erheben.«
»Allah akbar, dann bist du ja auch ein Pascha geworden! Übrigens, Sihdi, wer hat zu gehorchen? Ich den Kawassen oder sie mir?«
»Sie dir, denn du bist kein Diener, sondern Hadschi Halef Omar, mein Begleiter und Beschützer.«
»Das ist gut. Ich sage dir, daß sie mich kennenlernen sollen, wenn es ihnen einfällt, mir die Achtung zu verweigern!«

22 Bei den Teufelsanbetern

Der Pascha hielt Wort. Als Halef sich am nächsten Morgen erhob und den Kopf zur Tür hinausstreckte, wurde er von zehn Berittenen begrüßt. Er weckte mich sofort. Ich beeilte mich natürlich, meine Herren Beschützer in Augenschein zu nehmen.
Es waren fünf Arnauten, dazu fünf Baschi bosuks in der Uniform der türkischen Soldaten. Die Arnauten hatten purpurne Samtoberwesten, grüne, mit Samt besetzte Unterwesten, breite Schärpen, rote Beinkleider mit metallenen Schienen, rote Turbane und so viele Waffen, daß man mit ihren Messern und Pistolen eine dreimal stärkere Truppe bewaffnen konnte. Die Baschi bosuks wurden von einem alten Bölük emini, einem Kompanieschreiber, und die Arnauten von einem wildblickenden Onbaschi kommandiert.
Der Bölük emini war ein merkwürdiger Kerl. Er ritt kein Pferd, sondern einen Esel, und trug das Zeichen seiner Würde, ein ungeheures Tintenfaß, an einem Riemen um den Hals. In seinem Turban steckten zahlreiche Gänsefedern. Er war ein kleines, dikkes Männchen ohne Nase. Desto größer war der Schnurrbart, der ihm von der Oberlippe herabhing. Seine fleischigen Wangen sahen bläulich aus. Für die Augen blieb gerade noch genug Platz zum Öffnen übrig, um einen kleinen Lichtstrahl in das Gehirn des Mannes durchzulassen.
Ich gab Halef eine Flasche voll Raki und befahl ihm, die tapferen Helden damit zu begrüßen. Er ging hinaus zu ihnen. Ich stellte mich so, daß ich den Vorgang beobachten konnte.
»Sabahiniz hayir olsun – guten Morgen, ihr wackeren Streiter! Seid uns willkommen!« – »Sabahiniz hayir olsun – guten Morgen!« erwiderten alle zugleich.
»Ihr seid gekommen, den berühmten Kara Ben Nemsi auf seiner Reise zu begleiten?«
»Der Pascha sendet uns zu diesem Zweck.«
»Dann will ich euch sagen, daß mein Name Hadschi Halef Omar Ben Hadschi Abul Abbas Ibn Hadschi Dawuhd al Gossarah ist. Ich bin ein Aga und der Reisemarschall dessen, den ihr begleiten sollt. Ihr habt also meinen Weisungen Folge zu leisten. Wie lautet der Befehl, den euch der Pascha gegeben hat?«

Der Bölük emini antwortete mit einer Fistelstimme, die wie eine alte, eingerostete F-Trompete klang:

»Ich bin Bölük emini des Padischah, den Allah segnen möge, und heiße Ifra. Merke dir diesen Namen! Der Pascha, dessen treuester Diener ich bin, hat mir dieses Tintenfaß und diese Federn nebst vielem Papier gegeben, um alles aufzuschreiben, was euch und uns begegnet. Ich bin der tapfere Führer dieser Leute und werde euch beweisen, daß...«

»Schweig, Eselsreiter!« unterbrach ihn der Onbaschi und strich sich den gewaltigen Bart. »Was bist du? Unser Anführer? Du Zwerg! Herr des Tintenfasses und der Gänse, von denen deine Federn sind! Das bist du, weiter nichts!«

»Was? Ich bin Bölük emini und heiße Ifra. Meine Tapferkeit...«

»Schweig, sage ich dir! Deine Tapferkeit wächst in den Füßen deines Esels, den Allah verbrennen möge. Diese Kreatur hat die traurige Angewohnheit, am Tage durchzugehen und in der Nacht den Himmel anzubrüllen. Wir kennen dich und deinen Esel, aber trotzdem ist es die Frage, wer von euch der Bölük emini und wer der Esel ist!«

»Hüte deine Zunge, Onbaschi! Weißt du nicht, daß ich mich im Kampf sogar dahin gewagt habe, wo man die Nasen abhaut? Sieh meine Nase an, die leider nicht mehr vorhanden ist. Dann wirst du staunen über die Verwegenheit, mit der ich gefochten habe! Oder kennst du etwa die Geschichte von dem Verlust meiner Nase nicht? Es war damals, als wir vor Sebastopol gegen die Moskows kämpften. Da stand ich im dichtesten Schlachtgewühl und hob soeben meinen Arm, um...«

»Schweig! Deine Geschichte haben wir schon tausendmal gehört!« Er drehte sich um:

»Ich bin der Onbaschi Ular Ali. Wir haben gehört, daß Kara Ben Nemsi Effendi ein tapferer Mann ist. Das gefällt uns. Wir haben ferner gehört, daß er sich unserer Agas angenommen hat. Das gefällt uns noch mehr. Wir werden ihn beschützen und ihm dienen. Er soll mit uns zufrieden sein!«

»Welche Befehle hat euch der Pascha gegeben?« fragte Halef unverdrossen.

»Der Statthalter hat uns befohlen, dafür zu sorgen, daß der Effendi überall wie der Bruder des Paschas aufgenommen wird.«

»Also werden wir überall unentgeltlich Obdach und Nahrung erhalten?«

»Alles, was ihr braucht, und wir ebenso.«
»Hat er euch auch etwas gesagt vom Disch parasi?«
»Ja.«
»Es wird in barem Geld eingehoben?«
»Ja.«
»Wie hoch wurde es festgelegt?«
»Das kann der Effendi selbst bestimmen.«
»Allah segne den Pascha! Sein Verstand ist hell wie die Sonne, und seine Weisheit erleuchtet die Welt. Ihr sollt es bei uns gut haben. Seid ihr bereit, die Reise anzutreten? Habt ihr zu essen?«
»Ja. Für einen Tag.«
»Aber ihr habt keine Zelte.«
»Wir brauchen keine. Wir werden jeden Abend eine gute Wohnung bekommen.«
»Wißt ihr, daß wir durch das Land der Jasidi ziehen werden?«
»Wir wissen es.«
»Fürchtet ihr euch vor den Teufelsanbetern?«
»Fürchten? Halef Omar, hast du schon einmal gehört, daß ein Arnaut sich gefürchtet hat? Oder ist etwa ein Mann des Teufels schon der Schaitan selbst? Sag dem Effendi, daß wir bereit sind, ihn zu begrüßen!«
Kurze Zeit später ließ ich mein Pferd vorführen und ging hinaus. Die zehn Mann standen in Habtacht-Stellung vor mir, jeder beim Kopf seines Pferdes. Ich nickte nur, stieg auf und winkte, mir zu folgen. Der kleine Trupp setzte sich in Bewegung. Wir ritten über die Schiffbrücke hinüber zum linken Ufer des Tigris, außerhalb der Stadt Mossul. Dort rief ich den Onbaschi an meine Seite und fragte ihn:
»Wem dienst du jetzt, mir oder dem Pascha?«
»Dir, Effendi!«
»Ich bin mit dir zufrieden. Schicke mir den Bölük emini her.«
Er ritt zurück. Dann kam der kleine Dicke.
»Dein Name ist Ifra? Ich habe gehört, daß du ein tapferer Krieger bist!«
»Sehr tapfer!« versicherte er mit seiner Trompetenstimme.
»Du kannst schreiben?«
»Sehr gut, sehr schön, Effendi!«
»Wo hast du gedient und gekämpft?«
»In allen Ländern der Erde.«
»Aha! Nenne mir diese Länder.«

»Wozu, Emir? Es würden mehr als tausend Namen sein!«
»Dann mußt du ein sehr berühmter Bölük emini sein.«
»Sehr berühmt! Hast du noch nichts von mir gehört?«
»Nein.«
»Dann bist du sicher in deinem Leben noch nicht aus deinem Land fortgekommen, sonst hättest du schon von mir gehört. Ich muß dir gleich erzählen, wie ich meine Nase verloren habe. Das war nämlich damals, als wir vor Sebastopol gegen die Moskows kämpften. Ich stand im dichtesten Kampfgewühl und hob gerade meinen Arm...«
Er wurde unterbrochen. Mein Rappe konnte wohl den Geruch des Esels nicht ertragen. Er schnaubte zornig, sträubte die Mähne und biß nach dem Grauen des Bölük emini. Der Esel erhob sich vorn, um dem Biß auszuweichen, drehte sich zur Seite und riß aus. Es ging über Stock und Stein. Der kleine Bölük emini konnte sich kaum auf dem Rücken des Esels halten. Bald waren beide nicht mehr zu sehen.
»So geht es ihm immer!« hörte ich den Onbaschi zu Halef sagen.
»Wir müssen ihm nachreiten«, antwortete Halef. »Sonst verlieren wir ihn aus den Augen.«
»Den?« lachte der Arnaut. »Es wäre nicht schade um ihn. Aber mach dir keine Sorgen! Es ist ihm schon tausendmal passiert. Er ging noch niemals verloren!«
»Warum reitet er denn diese Bestie?«
»Er muß.«
»Muß? Warum?«
»Der Yüzbaschi (Hauptmann) will es. Er hat seinen Spaß mit Ifra und dem Esel.«
Als wir Kujundschik und das Kloster des heiligen Georg erreicht hatten, sahen wir den Bölük emini wieder vor uns. Er ließ mich herankommen und rief schon von weitem: »Effendi, hast du vielleicht geglaubt, der Esel sei mit mir durchgegangen?«
»Natürlich!«
»Du irrst, Effendi! Ich bin nur vorausgeritten, um den Weg zu untersuchen, den wir benutzen wollen. Reiten wir den Khausser entlang oder nehmen wir den gewöhnlichen Weg?«
»Wir bleiben auf dem Weg.«
»Dann erlaube mir, daß ich dir meine Geschichte später erzähle. Ich werde euch jetzt als Führer dienen.«

Er ritt davon. Der Khausser ist ein Flüßchen, das an den nördlichen Ausläufern des Dschebel Maklub entspringt und auf seinem Lauf nach Mossul die Ländereien zahlreicher Dörfer bewässert. Wir überquerten ihn auf einer kleinen Brücke und blieben dann auf seiner rechten Seite.
Die Ruinen und das Dorf von Khorsabad, wo wir Mohammed Emin treffen wollten, liegen ungefähr sieben Stunden nördlich von Mossul. Die Gegend besteht aus Marschland, aus dem giftige Fieberdünste emporsteigen. Wir beeilten uns, unser Ziel zu erreichen, hatten aber noch eine gute Wegstunde vor uns, als uns ein Trupp von etwa fünfzig Arnauten entgegenkam. An der Spitze ritten einige Offiziere. In der Mitte sah ich die weiße Kleidung eines Arabers. Als wir näher gekommen waren, erkannte ich den Scheik Mohammed Emin.
Er war in die Hände der Arnauten gefallen. Ausgerechnet der Feind des Paschas, aus dessen Klauen er seinen Sohn befreien wollte, mußte den Truppen des Statthalters in die Hände fallen. Es fragte sich, ob er sich gewehrt hatte. Ich konnte keinen Verwundeten entdecken. Hatten sie ihn vielleicht im Schlaf überrumpelt? Ich mußte alles versuchen, um ihn aus dieser gefährlichen Gesellschaft zu befreien. Deshalb hielt ich mitten auf dem Weg an und ließ die Arnauten näherkommen.
Meine Soldaten stiegen vom Pferd, um sich zu beiden Seiten des Weges niederzulassen. Halef und ich blieben im Sattel. Der Anführer trennte sich von seiner Truppe und kam uns in scharfem Trab entgegen. Hart vor mir parierte er sein Pferd und fragte, ohne meine Beschützer zu beachten:
»As-salam Alaikum! Wer bist du?«
»Wa Alaikum As-salem! Ich bin ein Effendi aus dem Westen.«
»Von welchem Stamm?«
»Vom Volk der Alamanlar.«
»Wohin willst du?«
»Nach Osten.«
»Mann, du antwortest sehr kurz! Weißt du, wer ich bin?«
»Ich sehe es.«
»So antworte besser! Mit welchem Recht reist du hier herum?«
»Mit demselben Recht, mit dem du hier reitest!«
»Wallahi, bei Gott, du bist sehr kühn! Ich reite hier auf Befehl des Mutasarrif von Mossul. Das kannst du dir denken!«
»Und ich reise hier auf Befehl des Statthalters von Mossul, den

du Mutasarrif nennst, und des Padischah von Konstantinopel. Das kannst du dir denken!«
Er öffnete die Augen ein wenig mehr und befahl mir dann:
»Beweise es!«
»Hier!«
Ich gab ihm meine Urkunden. Er öffnete sie unter den vorgeschriebenen Formalitäten und las sie durch. Dann faltete er sie sorgfältig zusammen, gab sie mir zurück und meinte sehr höflich:
»Du trägst selbst die Schuld daran, daß ich streng mit dir umgehen mußte. Du hast gesehen, wer ich bin, und hättest mir höflicher antworten sollen!«
»Du trägst selbst die Schuld daran, daß das nicht geschehen ist«, antwortete ich ihm. »Du sahst meine Begleitung, die mich als einen Mann ausweist, der sich der Freundschaft des Mutasarrif erfreut, und hättest höflicher fragen sollen! Grüß deinen Herrn vielmals von mir! Guten Morgen!«
»Zu Befehl, mein Herr!« antwortete er.
Ich riß mein Pferd zur Seite und ritt weiter. Ich hatte die Absicht gehabt, etwas zur Befreiung von Mohammed Emin zu tun. Gleich zu Anfang meines Gesprächs mit dem Offizier hatte ich jedoch bemerkt, daß das nicht nötig war. Seine Begleitung kümmerte sich mehr um mich als um ihren Gefangenen. Mohammed Emin nützte diese Gelegenheit sofort aus. Er war nur leicht gefesselt und saß auf einem schlechten türkischen Pferd. Im letzten Glied des Trupps wurde jedoch sein wertvolles Tier mitgeführt, an dessen Sattel alle seine Waffen hingen. Ich beobachtete, wie es ihm gelang, die Hände frei zu bekommen. Gerade in dem Augenblick, als ich das Gespräch abbrach, sprang er auf den Rücken seines Pferdes.
»Halef, aufgepaßt!« raunte ich dem Kleinen zu, der die Entwicklung aufmerksam beobachtet hatte.
Er verstand mich sofort. Jetzt wagte der Haddedihn einige kühne Sprünge von Kruppe zu Kruppe der hinter ihm haltenden Pferde. Ehe ihn die Reiter dieser Tiere zu fassen vermochten, hatte er seinen eigenen Renner erreicht, saß im Sattel, riß den Zügel aus der Hand des Wächters und jagte seitwärts davon, auf das Flüßchen zu. Ein wütender Schrei der Überraschung war hinter ihm zu hören.
»Dein Gefangener flieht«, rief ich dem Offizier zu. »Wir müssen ihm nach!«

Zugleich riß ich mein Pferd herum und jagte dem Flüchtling nach. Halef blieb an meiner Seite.

»Nicht so dicht bei mir, Halef! Weiter seitwärts! Reite so, daß sie nicht schießen können, ohne uns zu treffen!«

Jetzt begann eine scharfe Jagd. Zum Glück dachten die Verfolger zunächst nur daran, Mohammed Emin einzuholen. Als sie sahen, daß sein Pferd ihnen überlegen war, und zu den Waffen griffen, war der Vorsprung des Scheiks schon zu groß geworden. Außerdem konnten sie mit ihren Gewehren nichts anfangen, weil ich mit Halef nicht geradeaus ritt, sondern in kurzem Zickzack. Mein Pferd wirkte wie ein störrischer Esel. Bald blieb es stehen und bockte, dann schnellte es davon, warf sich mitten im Lauf zur Seite, drehte sich auf den Hinterfüßen, schoß eine Strecke weit nach links und schwenkte dann haarscharf nach rechts ein. Halef machte es ebenso. Deshalb konnten die Türken nicht schießen, weil sie befürchten mußten, uns zu treffen.

Der Haddedihn hatte sein Pferd in die Fluten des Khausser getrieben. Er kam glücklich hinüber. Ich folgte ihm mit Halef. Bevor es den andern gelang, uns das nachzumachen, hatten wir schon einen bedeutenden Vorsprung erzielt. Wir flogen auf unsern schnellen Tieren vorwärts nach Nordwesten, ungefähr zwei Stunden lang. Schließlich trafen wir auf die Straße, die von Mossul über Rabban Hormuzd direkt nach Tall Kaif führt. Erst hier hielt Mohammed Emin sein Pferd an. Er sah nur uns beide. Die Arnauten waren hinter dem Horizont zurückgeblieben.

»Preis sei Gott!« rief er. »Effendi, ich danke dir, daß du ihnen die Hände von den Flinten genommen hast! Was tun wir, damit sie uns endgültig aus den Augen verlieren?«

»Wie bist du ihnen in die Hände gefallen, Scheik?« fragte der kleine Halef.

»Das wird er uns später sagen. Jetzt ist keine Zeit dazu«, antwortete ich. »Mohammed Emin, kennst du das Sumpfgebiet zwischen dem Tigris und dem Dschebel Maklub?«

»Ich bin einmal durchgeritten, und zwar von Baascheika und Baasani über Ras ul Ain nach Dehok hinüber.«

»Ist der Sumpf gefährlich?«

»Nein.«

»Siehst du jene Höhe im Nordosten, die man in ungefähr drei Stunden erreichen kann?«

»Ich sehe sie!«

»Dort werden wir wieder zusammentreffen, denn jetzt müssen wir uns trennen. Auf der Straße dürfen wir nicht bleiben, sonst würde man uns sehen und unsere Richtung erraten. Wir müssen in den Sumpf, und zwar einzeln, damit die Verfolger nicht wissen, welcher Spur sie folgen sollen.«
»Aber unsere Arnauten und Baschi bosuks, Sihdi?« fragte Halef.
»Die gehen uns jetzt nichts an. Sie sind überhaupt überflüssig, sie können auch nicht mehr ausrichten als meine Pässe und Briefe. Halef, du biegst hier ab und reitest auf der südlichen Strecke. Ich werde in der Mitte bleiben, und der Scheik hält sich im Norden. Jeder muß eine halbe Wegstunde vom andern entfernt sein.«
Beide trennten sich von mir. Ich bog von dem gebahnten Weg ab und geriet in den Sumpf, der allerdings nicht so gefährlich war wie ein wirklicher Morast. Einsam ritt ich meinem Ziel entgegen. Der Boden war zwar leicht und feucht, aber es gab nur wenige Stellen, an denen die Hufe meines Pferdes stärker einsanken. Endlich kam wieder trockenes Land. Die Fiebergegend des Tigris lag hinter mir. Jetzt sah ich rechts von mir einen Reiter. Es war Halef, mit dem ich nach kurzer Zeit zusammentraf.
»Ist dir jemand begegnet?« fragte ich ihn.
»Nein, Sihdi.«
»Niemand hat dich gesehen?«
»Kein Mensch. Nur weit im Süden sah ich auf dem Weg, von dem wir abgebogen sind, jemand laufen, der ein Tier hinter sich herzog. Ich konnte ihn aber nicht genau erkennen.«
»Aber den Reiter dort erkennst du?« fragte ich und zeigte nach Norden.
»Das ist der Scheik!«
Mohammed Emin entdeckte uns und ritt schnell auf uns zu.
»Was machen wir jetzt, Effendi?« fragte er mich.
»Das hängt davon ab, was du festgestellt hast. Bist du beobachtet worden?«
»Nein. Nur ein Schäfer trieb in großer Entfernung seine Herde an mir vorüber.«
»Wie bist du den Soldaten eigentlich in die Hände gefallen?«
»Du hattest mich zu den Ruinen von Khorsabad bestellt. Bis heute morgen verbarg ich mich in ihrem südlichen Teil. Dann stellte ich mich in die Nähe des Weges, um dich kommen zu sehen. Dort

wurde ich von den Soldaten entdeckt. Ich konnte mich nicht wehren, sie waren in der Überzahl. Weshalb sie mich gefangennahmen, weiß ich nicht.«

»Fragten sie dich nach deinem Stamm und deinem Namen?«

»Ja. Ich habe ihnen aber verkehrte Auskünfte gegeben.«

»Diese Leute sind unerfahren. Ein Araber hätte dich an deiner Tätowierung erkannt. Sie nahmen dich gefangen, weil in den Ruinen von Kujundschik die Truppen des Paschas liegen, die gegen die Schammar eingesetzt werden sollen.«

Er erschrak und hielt sein Pferd an.

»Gegen die Schammar? Allah helfe uns! Da muß ich sofort umkehren!«

»Das ist nicht nötig. Ich kenne den Plan des Statthalters. Der Zug gegen die Schammar ist nichts als eine Finte. Der Statthalter will zunächst die Jasidi überfallen. Die sollen davon nichts ahnen. Deshalb tut er so, als ob er gegen die Schammar ziehen wolle.«

»Weißt du das genau?«

»Ich habe selbst mit ihm gesprochen und soll die Weideplätze der Schammar für ihn auskundschaften.«

»Aber wenn er mit den Jasidi schnell fertig wird, benutzt er sicher die Gelegenheit, sein Heer anschließend auch gegen die Schammar zu schicken.«

»Er wird mit den Jasidi nicht so schnell fertig werden, darauf kannst du dich verlassen. Und dann ist die kurze Frühlingszeit vorüber. Sobald die heißen Tage kommen, verdorren die Pflanzen, und die Ebene trocknet aus. Die Beduinen ziehen sich mit ihren Herden in die Berge des Schammar oder Sindschar zurück, und das Heer des Statthalters müßte elend umkommen.«

»Du hast recht, Effendi. Dann wollen wir unsern Weg ruhig fortsetzen. Kennst du die richtige Strecke?«

»Wir haben rechts die Straße nach Aïn Sifni, links den Weg nach Dscherraiya und Baadri. Bis Baadri darf man uns aber nicht sehen. Deshalb wird es zweckmäßig sein, wenn wir uns immer am Ufer des Khausser halten. Haben wir Dscherraiya erst hinter uns, brauchen wir uns nicht mehr zu verstecken.«

»Wie weit ist es bis nach Baadri?«

»Drei Stunden. Ich habe mich genau nach der Gegend erkundigt, durch die wir reiten müssen. Jetzt aber vorwärts!«

Obwohl die beiden Wege, die wir meiden mußten, kaum eine halbe Stunde voneinander entfernt waren, konnten wir doch un-

bemerkt bleiben. Sahen wir von rechts Leute kommen, ritten wir nach links hinüber – und umgekehrt. Mein Fernrohr leistete dabei gute Dienste. Ihm hatten wir es zu verdanken, daß wir uns endlich beim Anblick von Baadri sicher fühlen konnten.
Wir waren beinahe zehn Stunden im Sattel gewesen und ziemlich müde, als wir die Hügelreihe erreichten, an deren Fuß das Dorf mit der Residenz des geistlichen und des weltlichen Oberhauptes der Teufelsanbeter lag. Ich fragte den ersten Mann, den wir trafen, nach dem Namen des Bei. Er sah mich verlegen an. Ich hatte nicht daran gedacht, daß die Jasidi meist nicht arabisch sprechen.
»Beyin adi ne – wie heißt der Bei?« fragte ich türkisch.
»Ali Bei«, antwortete er.
»Nerede oturuyor – wo wohnt er?«
»Gel, seni götüreyim – komm, ich werde dich führen!«
Er brachte uns bis zu einem großen, aus Steinen aufgeführten Gebäude.
»Itscherde oturuyor – da drin wohnt er«, sagte der Mann. Dann entfernte er sich wieder.
Das Dorf war stark belebt. Ich bemerkte neben den Häusern und Hütten auch eine Menge Zelte, vor denen Pferde oder Esel angebunden waren. Dazwischen bewegte sich eine große Menschenmenge. Sie war so zahlreich, daß unsere Ankunft gar nicht aufzufallen schien.
»Sihdi, sieh dir das an!« sagte Halef. »Kennst du den?«
Er zeigte auf einen Esel, der am Eingang des Hauses angebunden war. Es war der Esel unsers dicken Bölük emini! Ich stieg ab und trat ein. Da scholl mir die dünne Fistelstimme des tapfern Ifra entgegen:
»Und du willst mir wirklich keine andere Unterkunft zuweisen?«
»Ich habe keine andere«, antwortete eine andere Stimme sehr kühl.
»Du bist der Kahya (Dorfoberhaupt), du mußt eine andere besorgen!«
»Ich habe dir schon gesagt, daß ich keine andere habe. Das Dorf ist voll von Pilgern. Es ist kein Fleckchen mehr leer. Warum bringt dein Effendi kein Zelt mit?«
»Mein Effendi? Ein Emir ist er, ein großer Bei, der berühmter ist als alle Jasidenfürsten!«
»Wo steckt er denn?«

»Er wird nachkommen. Er will erst einen Gefangenen fangen.«
»Einen Gefangenen fangen? Bist du verrückt?«
»Einen entflohenen Gefangenen.«
»Ach so!«
»Mein Effendi hat einen Ferman des Großherrn, außerdem einen Ferman und viele Briefe des Mutasarrif, und hier ist auch meine Bescheinigung.«
»Er soll selbst kommen!«
»Was? Er hat das Disch parasi, und du sagst, er solle selbst kommen! Ich werde mit dem Scheik sprechen!«
»Der ist nicht hier.«
»So rede ich mit dem Bei!«

*Zum Schutz gegen Überfälle
legen Gebirgsvölker ihre Siedlungen
gern auf Bergrücken an*

»Geh hinein zu ihm!«

»Ja, ich werde hineingehen. Ich bin ein Bölük emini des Großherrn, habe fünfunddreißig Piaster (etwa 20 Mark) Monatssold und brauche mich vor keinem Kahya zu fürchten. Hast du gehört?«

»Ja. Fünfunddreißig Piaster im Monat!« klang es heiter. »Was bekommst du denn sonst noch?«

»Was noch? Zwei Pfund Brot, siebzehn Lot (1 Lot = 15 g) Fleisch, drei Lot Butter, fünf Lot Reis, ein Lot Salz und anderthalb Lot Zutaten täglich, außerdem auch noch Seife, Öl und Stiefelschmiere. Verstehst du mich? Und wenn du über meine Nase lachst, die ich nicht mehr habe, dann werde ich dir erzählen, wie sie mir

abhanden gekommen ist! Das war damals, als wir vor Sebastopol standen. Ich befand mich im dicksten Kugelregen, und ...«
»Ich habe keine Zeit, dich anzuhören. Soll ich es dem Bei sagen, daß du mit ihm reden willst?«
»Sage es ihm. Aber vergiß nicht zu erwähnen, daß ich mich nicht abweisen lassen werde!«
Meine Person war also der Gegenstand dieser lauten Unterhaltung. Ich trat ein, Mohammed Emin und Halef hinter mir. Der Kahya wollte gerade die Tür zum Nebenzimmer öffnen, drehte sich aber bei unserem Erscheinen um.
»Da kommt der Emir selbst«, meinte Ifra. »Er wird dir zeigen, wem du zu gehorchen hast!«
Ich wandte mich zunächst an den Bölük emini:
»Du bist hier! Wie kommst du ganz allein nach Baadri?«
Er machte ein verlegenes Gesicht, blieb mir aber die Antwort nicht schuldig:
»Habe ich dir nicht gesagt, daß ich voranreiten würde, Exzellenz?«
»Wo sind die andern?«
»Verschwunden, verduftet, weggeblasen!«
»Wohin?«
»Ich weiß es nicht, Hoheit.«
»Du mußt es doch gesehen haben!«
»Das ging nicht. Als der Gefangene floh, jagten alle hinter ihm her, auch meine Leute und die Arnauten.«
»Warum hast du dich nicht angeschlossen?«
»Benim eschek – mein Esel wollte nicht, Herr. Und außerdem mußte ich doch nach Baadri, um für dich Quartier zu machen.«
»Hast du den entflohenen Gefangenen genau angesehen?«
»Wie konnte ich? Ich hockte ja auf der Erde. Als ich mich erhob, um mich an der Jagd zu beteiligen, war er längst verschwunden.«
Das war mir wegen der Sicherheit Mohammed Emins sehr lieb.
»Werden die andern bald nachkommen?«
»Wer weiß es! Allah ist unerforschlich. Er führt den Gläubigen hierhin und dorthin, nach rechts und nach links, wie es ihm gefällt, denn die Wege des Menschen sind im Buch der Vorsehung verzeichnet.«
»Ist Ali Bei hier?« fragte ich jetzt den Dorfältesten.
»Ja. Hinter dieser Tür.«
»Sag ihm, daß wir ihn sprechen wollen!«

Während er in das anstoßende Zimmer ging, stieß Ifra den kleinen Halef in die Seite und sagte leise, zu Mohammed Emin blinzelnd:
»Wer ist dieser Araber?«
»Ein Scheik.«
»Woher kommt er?«
»Wir haben ihn unterwegs aufgegabelt. Er ist ein Freund meines Sihdi und wird jetzt bei uns bleiben.«
»Tschok bakschisch verirmi – gibt er viele Trinkgelder?«
»Bu kadar – soviel!« meinte Halef und streckte zehn Finger empor.
Das war dem guten Bölük emini genug, wie ich seiner strahlenden Miene anmerkte. Jetzt öffnete sich die Tür, und der Dorfälteste kam zurück. Hinter ihm erschien ein junger Mann von auffallend schöner Gestalt. Er war hoch und schlank gewachsen, hatte regelmäßige Gesichtszüge und strahlende Augen. Er trug eine fein gestickte Hose, ein reichverziertes Jäckchen und einen Turban, unter dem eine Fülle prächtiger Locken hervorquoll. In seinem Gürtel steckte nur ein Messer, dessen Griff kunstvoll geschmückt war.
»Chosch geldin – seid willkommen!« sagte er und gab zunächst mir, dann dem Scheik und schließlich auch Halef die Hand. Den Bölük emini schien er gar nicht zu bemerken.
»Vergib mir, Herr, daß ich dein Haus betrete«, antwortete ich. »Der Abend kommt, und ich wollte dich fragen, ob es in deinem Dorf einen Platz gibt, wo wir unser Haupt zur Ruhe legen können.«
Er betrachtete mich aufmerksam vom Kopf bis zu den Füßen und erwiderte:
»Man soll den Wanderer nicht fragen, woher er kommt und wohin er geht. Aber mein Kahya sagte mir, du seist ein Emir.«
»Ich bin kein Araber und kein Türke, sondern ein Alaman, weit her vom Abendland.«
»Ein Alaman? Ich kenne dieses Volk nicht und habe auch noch keinen Deutschen gesehen. Aber ich habe von einem Alaman gehört, den ich gern kennenlernen möchte, weil drei von meinen Männern ihm ihr Leben verdanken. Er hat sie aus der Gefangenschaft befreit und zu den Haddedihn gebracht.«
»Sind sie hier in Baadri?«
»Ja.«

»Und sie heißen Pali, Selek und Melaf?«
Ali Bei trat überrascht einen Schritt zurück.
»Du kennst sie?«
»Wie hieß der Alaman, den du meinst?«
»Kara Ben Nemsi wurde er genannt.«
»Genauso heiße ich. Dieser Mann hier ist Mohammed Emin, der Scheik der Haddedihn, und der andere ist Halef, mein Begleiter.«
»Ist es möglich? Welch eine Überraschung! Ich muß dich umarmen!«
Er zog mich an sich und küßte mich auf beide Wangen. Dasselbe tat er auch mit Mohammed und Halef, nur daß er beim kleinen Hadschi auf den Kuß verzichtete. Dann faßte er mich bei der Hand.
»Herr, du kommst zur rechten Zeit. Wir haben ein großes Fest, bei dem Fremde sonst nicht zugelassen werden; aber du sollst dich mit uns freuen. Bleib hier, solange die fröhlichen Tage dauern, und auch später noch recht lange!«
»Ich bleibe, wenn der Scheik damit einverstanden ist. Er hat eine schwierige Aufgabe zu erfüllen.«
»Ich weiß es. Bitte, macht mir trotzdem die Freude eures Besuchs. Mein Haus ist euer Haus, und mein Brot ist euer Brot. Ihr sollt unsere Brüder sein.«
Während wir seiner Einladung folgten, hörte ich Ifra zu dem Gemeindeältesten sagen:
»Hast du gehört, Alter, was für ein berühmter Emir mein Effendi ist? Hoffentlich richtest du dich danach!«
Wir betraten ein Zimmer, das sehr einfach ausgestattet war. Der Scheik und ich mußten neben Ali Bei Platz nehmen.
»Also du bist der Mann, der die Feinde der Haddedihn geschlagen hat?« fragte er und sah mich an. »Und der ohne alle Hilfe in der Nacht einen Löwen tötete! Du bist Christ?«
»Ja.«
»Die Christen sind mächtiger als andere Leute. Aber ich bin auch Christ.«
»Sind die Jasidi Christen?«
»Sie sind alles. Die Jasidi haben von allen Religionen nur das Gute für sich genommen.«
»Weißt du das genau?«
Er zog die Brauen zusammen.

»Ich sage dir, Effendi, daß in diesen Bergen keine Religion allein zu herrschen vermag. Unser Volk ist zerteilt, unsere Stämme sind gespalten und unsere Herzen sind zerrissen. Eine gute Religion muß Liebe predigen, aber eine freiwillige, aus dem Innern hervorwachsende Liebe kann bei uns nicht Wurzeln schlagen, weil der Acker aus dem Boden des Hasses, der Rachsucht, des Verrates und der Grausamkeit zusammengesetzt ist. Hätte ich die Macht, so würde ich die Liebe predigen, aber nicht mit den Lippen, sondern mit dem Schwert in der Faust. Wo eine edle Blume gedeihen soll, muß zuvor das Unkraut ausgerottet werden!«
Sein Auge leuchtete, seine Wangen hatten sich gerötet. Er war nicht nur ein schöner, sondern auch ein kluger Mann. Er kannte die Verhältnisse seines Landes und hatte vielleicht das Zeug zu einem Helden.
»Wir feiern in drei Tagen das Fest unseres großen Heiligen«, fuhr er nach einer Weile fort. »Wir haben es seit vielen Jahren nicht feiern können, weil die Pilger auf der Reise zu unserem Wallfahrtsort ihr Leben gewagt hätten. In diesem Jahr sieht es so aus, als wollten uns unsere Feinde in Ruhe lassen. Du kommst zur rechten Zeit und bist als Gast bei unserem Fest willkommen.«
Diese Einladung gab mir endlich Gelegenheit, die Sitten und Gebräuche der rätselhaften Teufelsanbeter kennenzulernen. Die Schaitanin halki (Teufelsleute) waren mir so unheimlich dargestellt worden, daß ich begierig war, mich selbst von der Wahrheit oder Unwahrheit der verschiedenen Behauptungen zu überzeugen.
»Ich danke dir für dein freundliches Angebot«, antwortete ich. »Ich würde sehr gern bei dir bleiben, aber wir haben eine Aufgabe vor uns, die uns dazu drängt, bald wieder von Baadri abzureisen.«
»Ich kenne diese Aufgabe«, antwortete der Bei. »Du kannst unser Fest trotzdem mitfeiern. Ihr wollt zu Amad Al-Ghandur, dem Sohn des Scheiks Mohammed Emin. Er befindet sich in Amadiya.«
»Woher weißt du das?«
»Von den drei Männern, die du gerettet hast. Ihr werdet ihn aber jetzt nicht befreien können.«
»Warum?«
»Der Mutasarrif von Mossul scheint einen Einfall der östlichen Kurden zu befürchten und hat viele Truppen nach Amadiya geschickt, von denen schon ein Teil dort eingetroffen ist.«

»Wie stark sind diese Truppen?«
»Zwei Yüzbaschi mit zweihundert Mann vom sechsten Infanterieregiment Anatoli Ordussu in Diarbekr und drei Yüzbaschi mit dreihundert Mann vom dritten Infanterieregiment Irak Ordussu in Karkuk, zusammen also fünfhundert Mann, die unter einem Bimbaschi (Major) stehen.«
»Und Amadiya ist zwölf Stunden von hier entfernt?«
»Ja, aber die Wege sind so schlecht, daß du an einem Tag nicht hinkommen kannst. Man übernachtet gewöhnlich in Kheloki oder Spandareh und reitet erst am nächsten Morgen über die steilen und beschwerlichen Gharaberge, hinter denen die Ebene und der Felsenkegel von Amadiya liegen.«
»Welche Truppen stehen in Mossul?«
»Teile vom zweiten Dragoner- und vom vierten Infanterie-Regiment der Irak-Division. Auch sie sind in Marsch gesetzt worden. Eine Abteilung soll gegen die Beduinen ziehen, eine andere wird über unsere Berge kommen und nach Amadiya marschieren.«
»Wie stark ist diese zweite Abteilung?«
»Tausend Mann unter einem Miralay (Oberst), bei dem sich auch ein Alay emini (Regimentsquartiermeister) befindet. Den Miralay kenne ich. Er hat das Weib und die beiden Söhne unseres Heiligen Pir Kamek getötet und heißt Omar Amed.«
»Weißt du, wo sie sich versammeln?«
»Die Truppen, die gegen die Beduinen marschieren sollen, halten sich in den Ruinen von Kujundschik verborgen. Ich habe durch meine Kundschafter erfahren, daß sie bereits übermorgen aufbrechen werden. Die anderen werden erst später abziehen.«
»Ich glaube, daß du von deinen Kundschaftern falsch unterrichtet worden bist.«
»Wieso?«
»Glaubst du wirklich, daß der Mutasarrif von Mossul Truppen so weit her aus Diarbekr kommen läßt, um sie gegen die östlichen Kurden einzusetzen? Hätte es das zweite Infanterieregiment der Irak-Division, das in As-Sulaimaniya liegt, nicht viel näher? Und besteht das dritte Regiment in Karkuk nicht größtenteils aus Kurden? Glaubst du, daß er den Fehler begeht, dreihundert Mann von ihnen gegen die eigenen Stammesgenossen·in den Kampf zu schicken?«
Er machte ein nachdenkliches Gesicht und meinte dann:
»Deine Rede ist klug, aber ich begreife sie nicht.«

»Haben die Truppen Kanonen bei sich, die in Kujundschik auf den Einsatzbefehl warten?«
»Nein.«
»Wenn man einen Zug in die Ebene plant, wird man bestimmt Kanonen mitnehmen. Eine Truppe, bei der sich keine Artillerie befindet, wird also eher für die Berge vorgesehen sein.«
»Also hat sich mein Kundschafter geirrt. Die Truppen in den Ruinen sind nicht für den Einsatz gegen die Beduinen, sondern für Amadiya bestimmt.«
»Sie sollen schon übermorgen abmarschieren? Dann kommen sie gerade am Tag eures großen Festes hier an!«
»Effendi!«
Er sprach nur dieses eine Wort, aber das furchtbar erschrocken.
»Denke daran, daß nur die Süd- und die Nordseite von Scheik Adi für Truppen zugänglich sind. Zehn Stunden von hier versammeln sich im Süden tausend Mann bei Mossul, und zwölf Stunden von hier im Norden vereinigen sich fünfhundert Mann in Amadiya. Scheik Adi wird eingeschlossen und es ist kein Entrinnen möglich.«
»Glaubst du wirklich, daß der Pascha es auf uns abgesehen hat?« fragte er zögernd.
»Fünfhundert Mann reichen unmöglich aus, um in das Gebiet der Kurden von Berwari, Buhtan, Tijari, Khal, Hakkiari, Tura Ghara und Schirwan einzufallen. Die Kurden würden ihnen schon am dritten Tag sechstausend Krieger entgegenstellen können.«
»Du hast recht, Effendi, der Angriff gilt uns.«
»Du hast dich nur von der Wahrscheinlichkeit dieser Kombinationen überzeugen lassen. Deshalb will ich dir nun verraten: Ich weiß es vom Mutasarrif selbst, daß er euch in Scheik Adi überfallen will.«
»Wirklich?«
Ich erzählte ihm von meiner Unterredung mit dem Statthalter. Als ich fertig war, stand er auf und ging einigemal auf und ab.
»Ich danke dir, Effendi; du hast uns alle gerettet! Hätten uns fünfzehnhundert Soldaten unerwartet überfallen, dann wären wir verloren gewesen. Nun wird es mir lieb sein, wenn sie wirklich kommen. Der Statthalter hat uns in Sicherheit gewiegt, um uns zur Wallfahrt nach Scheik Adi zu verlocken. Er hat sich alles sehr schlau ausgedacht und dabei nur eins vergessen: die Mäuse, die er fangen will, könnten so zahlreich werden, daß sie

die Katzen zerreißen. Bitte, sage keinem Menschen etwas davon, was wir besprochen haben, und erlaube, daß ich mich für einige Augenblicke entferne.«
Der Bei ging hinaus.
»Wie gefällt er dir, Effendi?« fragte Mohammed Emin.
»Ebenso wie dir!«
»Und das soll ein Teufelsanbeter sein?« fragte Halef. »Einen Jasidi habe ich mir vorgestellt mit dem Rachen eines Wolfes, den Augen eines Tigers und den Krallen eines Vampirs!«
»Glaubst du nun immer noch, daß dich die Jasidi um den Himmel bringen werden?« fragte ich lächelnd.
»Warte es ab, Sihdi! Ich habe gehört, daß der Teufel oft eine schöne Gestalt annimmt, um den Gläubigen desto sicherer einzufangen.«
Da öffnete sich die Tür. Ein Mann trat ein, der auf mich einen ungewöhnlichen Eindruck machte. Seine Kleider waren schneeweiß wie seine Haare, die ihm in langen Locken über den Rücken herabfielen. Er mochte etwa achtzig Jahre alt sein. Seine Wangen waren eingefallen und seine Augen lagen tief in ihren Höhlen, aber sein Blick war kühn und scharf. Der volle Bart, der ihm rabenschwarz und schwer bis über den Gürtel herniederhing, bildete einen merkwürdigen Kontrast zu dem glänzenden Schnee des Haupthaares. Er verbeugte sich vor uns und grüßte mit volltönender Stimme:
»Eure Sonne verlösche nie!« Dann fügte er hinzu: »Hun be kurmandschi zanin – versteht ihr kurdisch zu sprechen?«
Diese Frage sprach er im Dialekt des Kurmandschi. Als ich mit der Antwort zögerte, meinte er:
»Schima zazadscha zani?«
Dies war dieselbe Frage im Zazadialekt. Diese beiden Dialekte sind die bedeutendsten der kurdischen Sprache, die ich damals noch nicht kannte. Ich verstand daher die Worte nicht, erriet aber ihren Sinn und antwortete auf türkisch:
»Wir verstehen dich nicht. Bitte rede türkisch!«
Dabei erhob ich mich, um ihm meinen Platz anzubieten, wie es der Anstand erforderte.
»Bist du der Deutsche?« fragte er.
»Ja.«
»Erlaube, daß ich dich umarme!«
Er drückte mich herzlich an sich, nahm aber den angebotenen

Platz nicht an, sondern setzte sich an die Stelle, wo der Bei gesessen hatte.
»Mein Name ist Kamek«, begann er. »Ali Bei sendet mich zu euch.«
»Kamek? Der Bei hat bereits von dir gesprochen.«
»Wobei hat er mich erwähnt?«
»Es würde dir Schmerz machen, es zu hören.«
»Schmerz? Kamek fühlt niemals Schmerz. Alle Schmerzen, deren das Herz des Menschen fähig ist, habe ich in einer einzigen Stunde durchkostet. Wie kann es da noch ein Leid für mich geben?«
»Ali Bei sagte, daß du den Miralay Omar Amed kennst.«
Keine Falte seines Gesichtes zuckte. Seine Stimme klang ganz ruhig, als er antwortete:
»Ich kenne ihn, aber er kennt mich noch nicht. Er hat mein Weib und meine Söhne getötet. Was hat er vor? Glaubst du wirklich, daß sie kommen werden, um unser Fest zu stören?«
»Ich glaube es.«
»Sie sollen uns besser gerüstet finden als damals, wo meine Seele verloreging. Hast du ein Weib und Kinder?«
»Nein.«
»Dann kannst du auch nicht ermessen, daß ich lebe und doch längst gestorben bin. Kennst du Tall Afar?«
»Ich habe davon gelesen.«
»Ich will dir meine Geschichte erzählen. Ich wohnte in Mikran am Fuß des Dschebel Sindschar, als die Türken über uns hereinbrachen. Mit meinem Weib und zwei Söhnen flüchtete ich nach Tall Afar, denn ich hatte dort einen Freund, der mich bei sich aufnahm und verbarg. Aber auch hier drangen die Türken ein, um alle Jasidi zu töten. Mein Versteck wurde entdeckt und mein Freund für seine Barmherzigkeit erschossen. Ich wurde gefesselt und mit Weib und Kindern vor die Stadt gebracht. Dort loderten die Feuer, in denen wir den Tod finden sollten, dort floß das Blut der Gemarterten. Ein Mülasim stach mir sein Messer durch die Wangen. Hier siehst du die Narben noch. Meine Söhne sahen meine Qual und griffen ihn an. Dafür wurden auch sie gefesselt. Ebenso erging es ihrer Mutter. Man schlug beiden die rechte Hand ab und schleppte sie zum Feuer. Auch mein Weib wurde verbrannt, und ich mußte es mit ansehen.
Dann zog der Mülasim das Messer und stach es mir in die Brust. Als ich erwachte, war es Nacht. Ich lag unter Leichen. Die Klinge

hatte das Herz nicht getroffen, aber ich wäre trotzdem fast verblutet. Ein Chaldäer fand mich am Morgen und verbarg mich in den Ruinen von Kara Tepe. Es vergingen viele Wochen, bis ich wieder aufstehen konnte. Mein Haar war in der Todesstunde meiner Angehörigen weiß geworden. Mein Leib lebte wieder, aber meine Seele war tot. Mein Herz ist verschwunden. An seiner Stelle klopft und schlägt ein Name, der Name Omar Amed, denn so hieß jener Mülasim. Er ist jetzt Miralay.«

Er erzählte das in einem einförmigen Ton, der mich mehr ergriff als der glühendste Ausdruck eines unversöhnlichen Rachegefühls. Die Erzählung klang so monoton, als würde sie von einem Schlafwandler vorgetragen. Es war schrecklich anzuhören.

»Du willst dich rächen?« fragte ich.

»Rächen? Was ist Rache?« antwortete er gleichgültig. »Sie ist eine böse, heimtückische Tat. Ich werde ihn bestrafen, und dann wird mein Leib dorthin gehen, wohin ihm meine Seele vorangegangen ist. – Ihr werdet während unseres Festes bei uns bleiben?«

»Wir wissen es noch nicht.«

»Bleibt hier! Wenn ihr geht, wird euch euer Vorhaben nicht glücken. Bleibt ihr aber, so dürft ihr alle Hoffnung haben, daß es gelingen wird. Es wird euch dann kein Türke mehr im Weg sein, und die Jasidi können euch leicht unterstützen.«

Er sprach jetzt wieder in einem ganz andern Ton und sein Auge hatte wieder das frühere Leben.

»Unsere Anwesenheit würde euer Fest vielleicht nur stören«, sagte ich.

Er schüttelte langsam den Kopf. »Du störst uns nicht«, sagte er milde. »Oder glaubst du auch an die Märchen, die über uns erzählt werden und an denen kein wahres Wort ist?«

Da trat Ali Bei wieder ein. Der Weißhaarige erhob sich und reichte mir die Hand.

»Allah sei bei dir und auch bei mir! Ich gehe den Weg, den ich gehen muß, aber wir werden uns wiedersehen.«

Pir Kamek ging. Ali Bei winkte ihm nach und sagte:

»Das ist der Weiseste unter den Jasidi. Ihm kommt keiner gleich. Er war in Persien und Indien, in Jerusalem und Stambul, er hat überall gesehen und gelernt und sogar ein Buch geschrieben.«

»Ein Buch?« fragte ich erstaunt.

»Er ist der einzige unter uns, der richtig schreiben kann. Er wünscht, daß unser Volk einst so klug wird wie die Männer des Abendlandes. Das können wir nur aus den Büchern der Franken lernen. Damit nun einmal diese Bücher in unserer Sprache niedergeschrieben werden können, hat er viele hundert Wörter unserer Mundarten aufgezeichnet. Das ist sein Buch.«
»Meinst du, daß er es mir einmal zeigen wird?«
»Er wird es sehr gern tun.«
»Ich werde ihn darum bitten! Wohin ist er gegangen?«
»Ich werde dir das Buch holen. Vorher mußt du mir aber versprechen, daß ihr hierbleiben werdet!«
»Wir sollen den Ritt nach Amadiya aufschieben?«
»Ja. Es waren drei Männer aus Kaloni da. Sie gehören zu den Badinan des Stammes Missuri und sind gewandt, tapfer, klug und mir treu ergeben. Ich habe sie nach Amadiya geschickt. Sie sollen die Türken auskundschaften und zugleich versuchen, Amad Al-Ghandur zu finden. Das habe ich ihnen besonders ans Herz gelegt. Bis sie Nachricht bringen, müßt ihr bei mir bleiben.«
Damit waren wir einverstanden. Ali Bei umarmte uns vor Freude und bat uns, ihm zu folgen, weil er uns zu seinem Weib bringen wollte.
Ich war erstaunt über diese Einladung, machte aber später die Erfahrung, daß die Jasidi ihre Frauen längst nicht so stark abschließen wie die Mohammedaner.
Vor dem Haus saß der Bölük emini neben seinem Esel. Beide aßen, der Esel Gerste und der Baschi bosuk getrocknete Sindschar-Feigen, von denen er mehrere Schnüre vor sich liegen hatte. Dabei erzählte er kauend seinen zahlreichen Zuhörern von seinen Heldentaten. Halef gesellte sich zu ihm. Wir drei andern gingen zu dem Teil des Hauses, in dem die Gebieterin ihre Wohnung hatte.
Sie war sehr jung und trug einen kleinen Knaben auf dem Arm. Ihr schönes schwarzes Haar war in viele, lang herabhängende Zöpfe geflochten. Eine Anzahl funkelnder Goldstücke bedeckte ihre Stirn.
»Seid willkommen, ihr Herren!« begrüßte sie uns.
Ali Bei nannte uns ihren Namen und stellte uns seiner Frau vor. Ich nahm ihr den Knaben vom Arm und küßte ihn. Sie schien sehr stolz auf den Jungen zu sein. Der kleine Bei war ein nettes Kerlchen, sauber gehalten und mit den dickleibigen und frühalten

*Jesiden-Frau
in charakteristischer Tracht*

orientalischen Kindern nicht zu vergleichen, die man besonders häufig bei den Türken findet.
Ali Bei fragte mich, wo wir essen wollten: in unserm Zimmer oder hier in der Frauenwohnung. Ich entschloß mich für das Hierbleiben. Dem kleinen Teufelsanbeter schien es bei mir gut zu gefallen. Er blitzte mich mit seinen dunklen Augen an, zupfte mich am Bart, strampelte vor Vergnügen mit Armen und Beinen und stammelte zuweilen ein Wort, das weder er noch ich verstand. Ich gab ihn auch während der Mahlzeit nicht her, was mir die Mutter dadurch vergalt, daß sie mir die besten Stücke der Speisen vorlegte und mir nach Tisch ihren Garten zeigte.
Am besten schmeckte mir der Kursch, ein Gericht aus Sahne, die im Ofen gebacken und dann mit Zucker bestreut und mit Honig übergossen wird, und am besten gefiel mir im Garten jene wundervolle feuerfarbene Baumblüte, die von den Arabern Bint Al-Konsul, Tochter des Konsuls, genannt wird.
Dann holte mich Ali Bei ab, um mir mein Zimmer zu zeigen. Es befand sich auf der Plattform des Daches. Ich hatte von dort aus eine herrliche Aussicht. Als ich eintrat, fand ich auf dem niedrigen Tisch ein dickes Heft.
»Kameks Buch!« erklärte Ali.
Im Nu hatte ich es zur Hand genommen und mich auf dem Diwan niedergelassen. Der Bei ging lächelnd hinaus, um mich beim Studium des kostbaren Fundes nicht zu stören. Das Heft enthielt eine ansehnliche Sammlung von Wörtern und Redensarten in mehreren kurdischen Dialekten. Ich stellte bald fest, daß es mir nicht schwerfallen würde, mich auf Kurdisch verständlich zu machen, wenn es mir erst einmal gelungen war, die Aussprache der Schriftzeichen zu verstehen. Ich beschloß, den Aufenthalt im Hause Ali Beis gut auszunutzen.
Mittlerweile brach die Dämmerung herein. Unten am Bach, wo die Mädchen Wasser schöpften, wurde gesungen.
Als ich kurze Zeit später vor die Tür trat, fand ich eine ansehnliche Versammlung um den kleinen Bölük emini stehen, der schon wieder laut erzählte.
»Schon bei Sayda habe ich gekämpft«, rühmte er sich, »und dann auf der Insel Kandia, wo wir die Empörer besiegten. Nachher focht ich in Beirut unter dem berühmten Mustafa Nuri Pascha, dessen tapfere Seele jetzt im Paradies lebt. Damals hatte ich auch meine Nase noch. Ich verlor sie in Serbien, wohin ich mit

Schekib Effendi gehen mußte, als Kjamil Pascha den Michael Obrenowitsch fortjagte.«

Der gute Baschi bosuk schien selbst nicht mehr ganz genau zu wissen, bei welcher Gelegenheit er um seine Nase gekommen war. Er fuhr fort:

»Ich wurde nämlich hinter Bukarest überfallen. Ich wehrte mich tapfer. Schon lagen über zwanzig Feinde tot am Boden, da holte einer mit dem Säbel aus. Der Hieb sollte mir eigentlich den Schädel spalten, da ich aber meinen Kopf zurückzog, traf er meine Na...«

In diesem Augenblick erscholl in unserer Nähe ein Schrei, wie ich ihn in meinem Leben noch nicht gehört hatte. Es klang, als folgte auf den hohen, schrillen Pfiff einer Dampfpfeife das Kollern eines Truthahns. Daran schloß sich jenes vielstimmige, ächzende Wimmern an, das man zu hören bekommt, wenn einer Orgel mitten im Spiel der Wind ausgeht. Die Anwesenden starrten das Wesen erschrocken an, das diese rätselhaften, vorsintflutlichen Töne ausgestoßen hatte. Ifra aber meinte ruhig:

»Was staunt ihr denn? Das war mein Esel! Er kann die Dunkelheit nicht leiden. Darum schreit er die ganze Nacht hindurch, bis es wieder hell geworden ist.«

Wenn es sich wirklich so verhielt, war dieser Esel ein ausgesprochen liebliches Wesen. Diese Stimme mußte Tote lebendig machen! Wer sollte an Schlaf und Ruhe denken, wenn er das regelmäßig wiederkehrende Konzert einer Stimme anhören mußte, die in der Lunge eine Diskantposaune, in der Gurgel einen Dudelsack und im Kehlkopf hundert Klarinetten zu haben schien.

»Schreit das Tier wirklich die ganze Nacht?« fragte jemand.

»Die ganze Nacht«, bestätigte der Bölük emini mit der Ergebenheit eines Märtyrers. »Alle zwei Minuten.«

»Das mußt du ihm abgewöhnen!«

»Wie denn? Du kannst es ja probieren.«

»Ich weiß auch nicht wie.«

»Dann behalte deinen Rat für dich. Ich habe alles versucht: Schläge, Hunger und Durst.«

»Rede ihm ernstlich ins Gewissen, damit er sein Unrecht erkennt!«

»Ich habe ihm ernste und auch liebevolle Reden gehalten. Er sieht mich an, hört mir ruhig zu, schüttelt den Kopf und schreit weiter. Zuweilen soll in einem Tier die Seele eines Verstorbenen

stecken, die dazu verdammt ist, auf diese Weise ihre Sünden abzubüßen. Der Kerl, der in diesem Esel steckt, muß früher taub gewesen sein, aber bestimmt nicht stumm.«
»Warum schüttelt der Esel immer den Kopf, wenn du mit ihm sprichst? Vielleicht versteht er die türkische Sprache nicht? Versuche es mit einer anderen Sprache!«
»Aber ob ich die richtige finde? Ich werde den Effendi fragen. Hadschi Halef Omar hat mir gesagt, daß er die Sprachen aller Völker verstehen kann. Vielleicht entdeckt er, wo der Geist meines Esels früher gelebt hat.«
Den Esel schien diese Unterhaltung zu langweilen. Er tat das Maul auf und ließ einen Doppeltriller erschallen, der nur mit der vereinigten Leistung einer Pikkoloflöte und einer zerbrochenen Tuba verglichen werden konnte. Da drängte sich ein Mann durch die Menschenmenge und trat in den Flur. Hier bemerkte er mich.
»Effendi, ist es wahr, daß du angekommen bist? Ich hörte es erst jetzt, da ich in den Bergen war. Erlaube, daß ich dich begrüße.«
Es war Selek. Er nahm meine Hand und küßte sie. Diese Art, seine Ehrfurcht zu beweisen, ist bei den Jasidi gebräuchlich.
»Wo sind Pali und Melaf?« fragte ich ihn.
»Sie haben Pir Kamek getroffen und sind mit ihm nach Mossul gegangen. Ich habe Ali Bei eine Botschaft zu bringen.«
»Ist diese Botschaft ein Geheimnis?« fragte ich.
»Vielleicht. Aber du darfst sie hören. Komm!«
Wir gingen in die Frauenwohnung, wo der Bei sich aufhielt. Es schien, daß dort jedermann Zutritt hatte. Auch Halef befand sich dort. Der gute Hadschi war schon wieder beim Essen.
»Herr«, berichtete Selek, »ich war in den Bergen hinter Bozan unterwegs und habe dir etwas mitzuteilen.«
»Sprich!«
»Dürfen es alle hören?«
»Alle.«
»Wir glaubten bisher, daß der Mutasarrif von Mossul fünfhundert Türken nach Amadiya schicken wollte. Das aber ist nicht wahr. Die zweihundert Mann, die von Diabekr kommen, sind über Urmeli marschiert und halten sich in den Wäldern des Tura Ghara versteckt.«
»Wer sagt das?«
»Ein Holzfäller, den ich unterwegs traf. Er wollte nach Kara Kojunli hinab, wo eins seiner Flöße liegt. Und die dreihundert

Mann aus Karkuk befinden sich auch nicht auf dem Weg nach Amadiya. Sie sind über Altyn Köprü nach Erbil und Girdaschir marschiert und stehen jetzt oberhalb von Mar Mattei am Khazirfluß.«
»Wer ist dein Gewährsmann?«
»Ein Zibarkurde, der am Khausser unterwegs war und über Bozan nach Dehok wollte.«
»Die Zibar sind zuverlässige Leute. Sie lügen nie und hassen die Türken. Ich glaube, was die beiden Männer gesagt haben. Kennst du das Tal Idiz am Gomel, seitlich oberhalb von Kaloni?«
»Nur wenige kennen es. Ich war schon oft dort.«
»Kann man von hier aus Pferde und Rinder hinbringen, um sie dort zu verstecken?«
»Wer den Wald genau kennt, dem wird es gelingen.«
»Wie lange würde man brauchen, um unsere Weiber und Kinder und auch unsere Tiere dort hinzuschaffen?«
»Einen halben Tag. Geht man über Scheik Adi, dann muß man hinter dem Grab des Heiligen die enge Schlucht emporsteigen, und kein Türke wird bemerken, was wir tun.«
»Du bist ein guter Kenner dieser Gegend. Ich werde dich später wieder rufen lassen. Bis dahin schweigst du über alles, was du erfahren hast. Ich wollte dich bitten, den Effendi zu bedienen, aber du wirst wohl für andere Aufgaben gebraucht.«
»Darf ich ihm meinen Sohn schicken?«
»Das ist ein guter Vorschlag.«
»Spricht er ein gutes Kurdisch?« fragte ich.
»Er versteht Kurmandschi und auch Zaza.«
»Dann schicke ihn mir. Er wird mir willkommen sein!«
Selek ging. Nun wurden die Vorbereitungen für das Mahl getroffen. Etwa zwanzig Personen nahmen an dem Essen teil. Mohammed Emin und mir zu Ehren wurde eine Tafelmusik veranstaltet. Die Kapelle bestand aus drei Männern, die Thembure, Kamantsche und Bülure spielten; drei Instrumente, die man mit unserer Flöte, Gitarre und Violine vergleichen kann. Die Musik war sanft und wohlklingend.
Während des Essens kam der Sohn Seleks, mit dem ich mich in mein Zimmer zurückzog, um mit seiner Hilfe die Aufzeichnungen Pir Kameks zu studieren.
Unser Studium verlief keineswegs ungestört, denn in regelmäßigen Abständen von einigen Minuten ertönte das widerliche, mark-

durchdringende Geschrei des Esels. Es war auf die Dauer nicht auszuhalten. Auf der Straße erhoben sich bald verschiedene Stimmen, die zunächst nur verdrossen murrten, schließlich jedoch in lautes Schimpfen übergingen.
Statt den Esel abzuschrecken, schienen diese ärgerlichen Zurufe ihn zu immer glänzenderen Leistungen anzuspornen. Er wurde auf seine Triller ganz versessen. Die Pausen zwischen ihnen wurden immer kürzer. Endlich vereinigten sich die Schreie zu einem Konzert, das geradezu teuflisch genannt werden mußte.
Eben erhob ich mich, um Abhilfe zu schaffen, als unten verworrener Lärm erscholl. Man drang in Haufen auf den kleinen Bölük emini ein. Was man mit ihm verhandelte, konnte ich nicht verstehen. Jedenfalls wurde er so sehr in die Enge getrieben, daß er sich nicht mehr zu helfen wußte. Nach kurzer Zeit hörte ich seine Schritte vor meiner Tür.
»Schläfst du schon, Effendi?« fragte er schüchtern.
Diese Frage war eigentlich überflüssig, da er sah, daß wir beide noch über unserem Buch saßen. Er hatte wohl in seiner Angst keine bessere Einleitung finden können.
»Du fragst auch noch? Wie kann man schlafen bei dem entsetzlichen Gesang, den dein Esel veranstaltet!«
»Effendi, das ist es ja eben! Ich kann auch nicht schlafen. Jetzt kommen sie alle zu mir und verlangen, daß ich das Tier hinaus in den Wald schaffen und dort anbinden soll. Sonst wollen sie es erschießen. So weit darf ich es nicht kommen lassen. Ich muß den Esel doch wieder nach Mossul bringen, sonst bekomme ich die Bastonade und verliere meinen Dienstrang.«
»Also schaffe ihn doch in den Wald!«
»Das geht nicht! Soll ich ihn von einem Wolf fressen lassen? Es gibt Wölfe im Wald.«
»Dann bleib draußen im Wald bei deinem Ruhestörer und bewache ihn!«
»Effendi, wenn aber dann zwei Wölfe kommen?«
»Was ist dann?«
»Dann frißt einer den Esel und der andere mich!«
»Das ist sehr gut, dann entgehst du wenigstens der Bastonade!«
»Effendi, du lachst über mich. Sie haben gesagt, ich soll dich fragen.«
»Warum gerade mich?«
»Herr, glaubst du, daß dieser Esel eine Seele hat?«

»Natürlich hat er eine!« sagte ich lächelnd.
»Das ist gut«, meinte er aufatmend. »Ich fürchte aber, er hat eine andere als seine ursprüngliche Seele in sich. Eine türkische kann es nicht sein, diese Sprache versteht er nämlich nicht. Willst du ihn nicht einmal auf persisch, turkmenisch oder russisch ansprechen, Effendi?«
In diesem Augenblick schrie das Tier wieder, und zwar so laut, daß die ganze Protestversammlung im Chor mitbrüllte.
»Allah karim, sie werden den Esel morden! Effendi, komm schnell mit, sonst ist er verloren und seine Seele auch!«
Er lief davon, und ich folgte ihm. Sollte ich mir mit ihm einen Spaß erlauben? Vielleicht war es unrecht, aber seine Ansicht über die Seele des Grautieres hatte mich in eine Stimmung gebracht, der ich nicht widerstehen konnte. Als ich unten ankam, wartete die Menge auf mich. – »Wer weiß ein Mittel, dieses Tier zum Schweigen zu bringen?« fragte ich.

Niemand antwortete. Nur Halef seufzte schließlich:
»Sihdi, nur du allein kannst das zustande bringen!«
Ich trat an den Esel heran und faßte ihn beim Zügel. Nachdem ich ihm laut in deutscher Sprache ein paar Fragen gestellt hatte, hielt ich ein Ohr an seine Nase und horchte. Dann machte ich eine Bewegung der Überraschung und wandte mich an Ifra.
»Bölük emini, wie hieß der Vater deines Vaters?«
»Muthallam Sobuf.«
»Wo wohnte er?«
»In Hirmenlü bei Adrianopel.«
»Das stimmt. Er ist einmal von Hirmenlü nach Khaßköj geritten und hat seinem Esel einen schweren Stein an den Schwanz gebunden, um ihn zu ärgern. Der Prophet aber hat gesagt: ›Escheklerini sev – liebe deine Esel!‹ Darum muß der Geist deines Großvaters diese Tat sühnen. Er hat an der Brücke Sirat, die zum Paradies und zur Hölle führt, umkehren müssen und ist in diesen Esel gefahren. Willst du ihn erlösen, Ifra?«
»Gewiß, Effendi, gewiß will ich ihn erlösen!« rief er hastig. Das Weinen war ihm näher als das Lachen. Die Vorstellung, daß sein Großvater in diesem Esel schmachtete, mußte für ihn schrecklich sein, denn er war ein gläubiger Moslem. »Sag mir alles, was ich zu tun habe, um den Vater meines Vaters zu erretten.«
»Hole einen Stein und eine Schnur!«
Der Esel merkte, daß wir uns mit ihm beschäftigten. Er öffnete das Maul und schrie.
»Schnell, Ifra! Das war das letzte Mal, daß er gejammert hat.«
Ich hielt den Schwanz des Tieres, und der kleine Baschi bosuk band den Stein daran fest. Als er damit fertig war, drehte der Esel den Kopf nach hinten, um den Stein mit dem Maul abzureißen. Es gelang ihm aber nicht. Nun versuchte er, den Stein mit dem Schwanz fortzuschleudern. Die Last war aber zu schwer. Das Grautier schaffte nur eine kleine Pendelbewegung, bei der ihm der Stein an die Beine schlug.
Der Esel schielte mit den Augen nach hinten. Er wedelte höchst nachdenklich mit den langen Ohren. Er schnaubte und öffnete endlich das Maul, um zu schreien – aber die Stimme versagte ihm. Das Bewußtsein, daß seine größte Zierde hinten festgehalten wurde, raubte ihm die Fähigkeit, seine Gefühle in edlen Tönen auszudrücken.
»Er schreit wahrhaftig nicht mehr!« rief der Baschi bosuk. »Effendi, du bist der weiseste Mann, der mir begegnet ist.«

Ich ging fort und legte mich zur Ruhe. Unten standen die Pilger noch lange, um abzuwarten, ob das Wunder wirklich gelungen war.

Ich wurde schon am frühen Morgen durch das rege Leben geweckt, das im Dorf hin und her flutete. Viele Pilger waren angekommen, die zum Teil in Baadri blieben, zum Teil aber auch nach einer kurzen Rast nach Scheik Adi weiterzogen. Als erster ließ sich an diesem Morgen Scheik Mohammed Emin bei mir sehen.

»Hast du schon einen Blick vor das Haus geworfen?« fragte er mich.

»Nein.«

»Du mußt es sofort nachholen!«

Ich ging hinaus auf das Dach und sah hinunter. Da standen Hunderte von Menschen bei dem Esel und staunten ihn mit großen Augen an. Einer hatte dem andern erzählt, was geschehen war. Als sie mich erblickten, traten sie ehrfurchtsvoll vom Haus zurück.

Das hatte ich nicht beabsichtigt. Ich war einem lustigen Einfall gefolgt, keineswegs aber wollte ich diese Leute in ihrem törichten Aberglauben bestärken.

Auch Ali Bei kam. Er lächelte, als er mich grüßte.

»Effendi, wir haben dir eine ruhige Nacht zu verdanken. Du bist ein großer Zauberer. Wird der Esel wieder schreien, wenn der Stein entfernt ist?«

»Ja. Das Tier fürchtet sich in der Nacht und will sich durch den Klang seiner eigenen Stimme Mut machen.«

Ali Bei lud uns zur Frühmahlzeit ein. Wir gingen hinab in die Frauenwohnung. Dort fand ich Halef und den Sohn Seleks, meinen Dolmetscher im Kurdischen; außerdem Ifra, der ein trauriges Gesicht machte. Die Frau des Bei kam mir freundlich entgegen und reichte mir die Hand.

»Sabahul khair – guten Morgen!« grüßte ich sie.

»Sabahul khair«, antwortete sie. »Wie ist dein Befinden?«

»Gut; wie geht es dir?«

»Gott sei Dank, gut!«

»Du redest ja Kurmandschi!« rief Ali Bei erstaunt.

»Nur das, was ich gestern abend aus dem Buch Pir Kameks gelernt habe«, antwortete ich lächelnd. »Und das ist wenig genug.«

»Kommt und setzt euch!«
Es gab Kaffee mit Honigkuchen und dann Hammelbraten, den man in dünnen, breiten Stücken wie Brot aß. Dazu trank man Arpa, eine Art Dünnbier. Alle nahmen an dieser Mahlzeit teil. Nur der Bölük emini kauerte trübsinnig daneben.
»Ifra, warum kommst du nicht zu uns?« fragte ich ihn.
»Ich kann nicht essen, Effendi«, antwortete er.
»Was fehlt dir?«
»Trost, Effendi. Ich habe meinen Esel bisher geritten, geschlagen und geschimpft, habe ihn nur selten gebürstet und gewaschen, habe ihn sogar oft hungern lassen, und muß nun hören, daß es der Vater meines Vaters ist. Draußen steht er, und noch immer hängt ihm der Stein am Schwanz!«
Der Bölük emini war zu bedauern, und mein Gewissen regte sich. Trotzdem mußte ich laut lachen.
»Du lachst!« erwiderte er vorwurfsvoll. »Hättest du einen Esel, der der Vater deines Vaters ist, dann würdest du weinen. Ich soll dich nach Amadiya bringen, ich kann aber nicht, denn ich setze mich nie wieder auf den Geist meines Großvaters!«
»Das sollst du auch nicht. Das wäre ja auch gar nicht möglich, denn auf einen Geist kann sich niemand setzen.«
»Worauf soll ich denn reiten?«
»Auf deinem Esel.«
Er sah mich mit einem ganz verwirrten Blick an.
»Aber mein Esel ist doch ein Geist. Du hast es selbst gesagt!«
»Das war nur ein Scherz.«
»Das sagst du nur, um mich zu beruhigen!«
»Nein, sondern ich sage es, weil es mir leid tut, daß du dir meinen Scherz so zu Herzen nimmst.«
»Effendi, du willst mich wirklich nur trösten! Warum ist der Esel so oft mit mir durchgegangen? Warum hat er mich so häufig abgeworfen? Weil er gewußt hat, daß er kein Esel ist und daß ich der Sohn seines Sohnes bin. Und warum hat der Stein sofort geholfen, als ich tat, was dir die Seele des Esels befohlen hat?«
»Sie hat mir nichts befohlen. Warum mein Mittel geholfen hat, das will ich dir sagen. Hast du niemals bemerkt, daß der Hahn die Augen schließt, wenn er kräht?«
»Ich habe es gesehen.«
»Halte ihm irgendwie mit Gewalt die Augen offen, dann wird

er niemals krähen. Hast du beobachtet, daß dein Esel stets den Schwanz hebt, wenn er schreien will?«
»Ja, wirklich, das tut er, Effendi!«
»Dann sorge dafür, daß er den Schwanz nicht in die Höhe bringen kann. Dann wird er das Schreien lassen.«
»Ist das wirklich so?«
»Wirklich. Versuche es heute abend, wenn er wieder schreit.«
»So ist der Vater meines Vaters wirklich nicht verzaubert? Hamdulillah! Allah sei tausend Dank!«
Er sprang hinaus und riß den Stein vom Schwanz des Esels herunter. Dann kehrte er eilig zurück, um sich noch nachträglich am Frühstück zu beteiligen.

23 Das Fest der Jasidi

Eine Stunde später ritt ich mit Seleks Sohn, meinem Dolmetscher, in den lichten Morgen hinein spazieren. Mohammed Emin hatte es vorgezogen, daheim zu bleiben und sich überhaupt so wenig wie möglich zu zeigen.
»Kennst du das Tal Idiz?« fragte ich meinen Begleiter. »Wie lange reitet man von hier aus dorthin?«
»Zwei Stunden.«
»Ich möchte es sehen. Willst du mich hinführen?«
»Wie du befiehlst, Effendi. Wollen wir den geraden Weg reiten oder über Scheik Adi?«
»Welcher Weg ist kürzer?«
»Der gerade. Er ist aber auch schlechter.«
»Wir wollen ihn vorziehen.«
»Wird ihn dein Pferd aushalten? Es ist ein kostbares Tier, aber es wird wohl nur die Ebene gewohnt sein.«
»Gerade heute will ich es prüfen.«
Wir hatten Baadri hinter uns. Der Weg ging steil bergan und wieder bergab, aber mein Rappe hielt wacker aus. Die Höhen waren dicht bewaldet. Endlich wurde der Pfad so gefährlich, daß wir absteigen und die Pferde führen mußten. Das Pferd des Dolmetschers war dieses Gelände gewohnt, es wußte die gefährlichen Stellen von den ungefährlichen zu unterscheiden. Aber mein Rappe hatte einen glücklichen Instinkt und tastete sich vorsichtig voran, außerdem wurde er nicht so schnell müde wie das andere Tier.
Die zwei Stunden waren fast vorbei, als wir an ein Dickicht gelangten, hinter dem die Felsen fast senkrecht abfielen.
»Das ist das Tal«, meinte der Führer.
»Wie kommen wir hinunter?«
»Es gibt nur einen Weg, und der ist vom angrenzenden Gelände gar nicht zu unterscheiden. Komm!«
Ich folgte ihm an dichten Büschen entlang, die den Rand des Tales ringsum so vollständig bedeckten, daß ein führerloser Fremder das Tal überhaupt nicht gefunden hätte. Nach einiger Zeit kamen wir an eine Stelle, an der mein Führer wieder abstieg. Er zeigte nach rechts.

»Hier kommt man durch den Wald nach Scheik Adi, aber nur ein Jasidi kennt den Weg. Und hier links geht es in das Tal hinunter.«
Er schob die Büsche auseinander. Nun sah ich vor mir einen weiten Talkessel, dessen Wände steil anstiegen und zum Auf- und Niedersteigen nur die eine Stelle boten, an der wir uns befanden. Wir kletterten hinab, die Pferde am Zügel führend. Unten konnte ich das Tal in seiner ganzen Breite überschauen. Es war groß genug, um mehreren Tausend Menschen eine Zuflucht zu bieten. Verschiedene Höhlenöffnungen ließen vermuten, daß hier vor nicht langer Zeit schon Leute gewohnt hatten. Die Sohle des Talkessels war mit einer kräftigen Grasnarbe überzogen. Einige in den Boden gegrabene Löcher enthielten Trinkwasser genug für viele durstige Kehlen.
Wir ließen die Pferde weiden und legten uns ins Gras.
»Das ist ein Versteck, wie die Natur es nicht praktischer anlegen konnte!« sagte ich zu Seleks Sohn.
»Es hat diesem Zweck auch schon gedient, Effendi. Bei der letzten Verfolgung der Jasidi haben über tausend Menschen hier Sicherheit gefunden. Darum wird kein Angehöriger unsres Glaubens diesen Ort verraten. Man weiß ja nicht, ob man ihn wieder brauchen wird.«
»Das scheint jetzt der Fall zu sein.«
»Ich weiß. Aber es handelt sich diesmal nicht um eine Verfolgung wegen unseres Glaubens, sondern man will uns ausplündern. Der Mutasarrif wird sich täuschen. Wir haben unser Fest jahrelang nicht mehr gefeiert. Deshalb wird von den Jasidi kommen, wer nur kommen kann, so daß wir den Türken einige Tausend kampfbereite Männer entgegenstellen können.«
»Sind sie alle bewaffnet?«
»Alle. Du wirst selbst sehen, wieviel bei unserem Fest geschossen wird. Der Statthalter braucht für seine Soldaten in einem ganzen Jahr nicht so viel Pulver wie wir in diesen drei Tagen für unsere Freudenschüsse.«
»Warum verfolgt man euch?«
»Dem Mutasarrif ist unser Glaube gleichgültig. Er hat nur das eine Ziel, reich zu werden. Dazu müssen ihm bald die Araber und die Chaldäer, bald die Kurden oder die Jasidi helfen. Oder meinst du, unser Glaube sei so schlimm, daß er ausgerottet zu werden verdient?«

»Ich kenne euren Glauben nicht«, antwortete ich.
»Man redet sehr viel Unwahres über uns, Effendi. Hast du auch von meinem Vater nichts erfahren oder von Pali und Melaf?«
»Nein, jedenfalls nichts Wichtiges. Aber ich denke, daß du mir einiges sagen wirst.«
»Wir sprechen nie zu Fremden über unsern Glauben, Effendi.«
»Bin ich dir fremd?«
»Nein. Du hast dem Vater und den beiden andern Männern das Leben gerettet. Deshalb sollst du der einzige sein, dem ich etwas darüber erzählen werde. Aber ich muß dir sagen, daß ich selbst auch nicht alles weiß.«
»Gibt es bei euch Dinge, die nicht jeder wissen darf?«
»Nein. Aber gibt es nicht in jedem Haus Dinge, die allein die Eltern zu wissen brauchen? Unsere Priester sind unsere Väter.«
»Darf ich dich fragen?«
»Ja, aber ich bitte dich, einen Namen nicht zu erwähnen.«
»Ich weiß. Aber gerade darüber möchte ich etwas wissen. Wirst du mir Auskunft geben, wenn ich das Wort vermeide?«
»Über alles, was ich selber weiß.«
Das Wort, von dem die Rede war, war der Name des Teufels, den die Jasidi niemals aussprechen. Das Wort Schaitan ist bei ihnen so verpönt, daß sie selbst ähnliche Wörter sorgfältig vermeiden. Sie sprechen vom Teufel nur in Umschreibung, und zwar mit Ehrfurcht. Sie nennen ihn Malakut, der mächtige König, oder Malak Ta'us, König Pfauhahn.
»Ihr habt neben dem guten Gott auch noch ein anderes Wesen?« begann ich zu fragen.
»Neben Gott? Nein. Das Wesen, das du meinst, steht unter Gott. Dieser König der Engel war das oberste himmlische Wesen, aber Gott war sein Schöpfer und Herr.«
»Wo ist er jetzt?«
»Er empörte sich gegen Gott, und Gott verbannte ihn.«
»Wohin?«
»Auf die Erde und auf alle Sterne.«
»Nun ist er der Herr der Seelen, die in Dschahannem wohnen?«
»Nein. Ihr glaubt wohl, daß er ewig unglücklich ist?«
»Ja.«
»Glaubt ihr auch, daß Gott allgütig, gnädig und barmherzig ist?«
»Ja.«

413

»Dann wird er auch verzeihen – den Menschen und den Engeln, die gegen ihn sündigen. Das glauben wir, und darum bedauern wir jenen, den du meinst. Jetzt kann er uns schaden, und darum nennen wir seinen Namen nicht. Später, wenn er seine Macht zurückerhält, kann er die Menschen belohnen. Darum reden wir nichts Böses von ihm.«
»Ihr verehrt ihn? Ihr betet ihn an?«
»Nein, denn er ist Gottes Geschöpf wie wir. Aber wir hüten uns, ihn zu beleidigen.«
»Was bedeutet der Hahn, der bei euren Gottesdiensten eine Rolle spielt?«
»Der Hahn ist ein Sinnbild der Wachsamkeit. Hat euch der Sohn Gottes nicht erzählt von den Jungfrauen, die den Bräutigam erwarteten?«
»Ja.«
»Fünf von ihnen schliefen ein und dürfen nun nicht in den Himmel. Kennst du die Erzählung von dem Jünger, der seinen Meister verleugnete?«
»Ja.«
»Auch da krähte der Hahn. Darum ist er bei uns das Zeichen, daß wir wachen, daß wir den großen Bräutigam erwarten sollen.«
»Glaubt ihr, was die Bibel berichtet?«
»Wir glauben es, obwohl ich nicht alles weiß, was sie erzählt.«
»Habt ihr nicht auch ein heiliges Buch, in dem eure Lehren verzeichnet sind?«
»Wir hatten eins. Es wurde in Baaschaika aufbewahrt, aber ich habe gehört, daß es verlorengegangen ist.«
»Welches sind eure heiligen Handlungen?«
»Du wirst sie alle in Scheik Adi kennenlernen.«
»Kannst du mir sagen, wer Scheik Adi war?«
»Er war ein Heiliger und wohnt bei Gott. Wir verehren ihn dadurch, daß wir an seinem Grab zu Gott beten.«
»Welche Arten von Priestern gibt es bei euch?«
»Zunächst kommen die Pire. Dieses Wort heißt eigentlich ›alter Mann‹, hier bedeutet es aber ›heiliger Mann‹.«
»Gibt es viele Pire?«
»Ich kenne nur drei. Pir Kamek ist der größte unter ihnen. Nach ihnen kommen die Scheiks. Sie müssen so viel Arabisch lernen, daß sie die heiligen Lieder verstehen.«

»Warum werden eure Lieder nicht in kurdischer Sprache gesungen?«
»Ich weiß es nicht. Aus den Scheiks werden die Wächter des Heiligen Grabes gewählt, die dort das Feuer unterhalten und die Pilger bewirten müssen. Sie gehen ganz weiß gekleidet und tragen als Zeichen ihres Amtes einen rotgelben Gürtel. Nach diesen Scheiks kommen die Prediger, die wir Kawal nennen. Sie können die heiligen Instrumente spielen und gehen von Ort zu Ort, um die Gläubigen zu belehren.«
»Wer ernennt eure Priester?«
»Sie werden nicht ernannt. Diese Würde ist erblich. Wenn ein Priester stirbt und keinen Sohn hinterläßt, geht sein Amt auf seine älteste Tochter über.«
Das war für die Verhältnisse im Orient allerdings sehr merkwürdig.
»Und wer ist der Oberste aller Priester?«
»Der Scheik von Baadri. Du hast ihn noch nicht gesehen. Er befindet sich schon in Scheik Adi, um das Fest vorzubereiten.«
»Werden eure Kinder getauft?«
»Ja.«
»Gibt es unreine Speisen, die ihr nicht essen dürft?«
»Wir essen kein Schweinefleisch und verwenden keine blaue Farbe, denn der Himmel ist so erhaben, daß wir seine Farbe nicht unsern irdischen Dingen geben wollen.«
»Weißt du, woher eure Lehre stammt?«
»Scheik Adi, der Heilige, hat sie uns gebracht. Wir sind aus den Ländern des unteren Euphrat gekommen. Dann zogen unsere Väter nach Syrien, zum Sindschar und schließlich hierher.«
Ich hätte gerne noch weiter gefragt, aber wir hörten von oben her einen Schrei. Als wir hinaufsahen, erkannten wir Selek, der zu uns herunterkletterte. Bald stand er neben uns und reichte uns die Hand.
»Beinahe hätte ich euch erschossen«, lautete sein Gruß.
»Uns? Warum?« fragte ich.
»Von oben herab hielt ich euch für Fremde, die in diesem Tal nichts zu suchen haben. Dann erkannte ich euch erst. Ich komme, um nachzusehen, ob hier im Tal Vorbereitungen nötig sind.«
»Zur Aufnahme der Flüchtlinge?«
»Der Flüchtlinge? Wir werden nicht fliehen. Ich habe dem Bei erzählt, wie du die Feinde der Schammar in jenes Tal gelockt

hast, wo ihr sie gefangennahmt. Wir werden es genauso machen.«
»Ihr wollt die Türken hierherlocken?«
»Nein, nach Scheik Adi. Die unbewaffneten Pilger sollen während des Kampfes hier untergebracht werden. Der Bei hat es befohlen, und der Scheik ist damit einverstanden.«
Er untersuchte das Wasser und die Höhlen und fragte uns, ob wir mit ihm zurückreiten wollten. Wir ließen unsere Pferde hinaufklettern, saßen dann auf und hielten auf Baadri zu. Als wir dort ankamen, fand ich den Bei in Aufregung.
»Ich habe neue Nachrichten bekommen, seitdem du fortgeritten bist«, sagte er. »Die Türken aus Diarbekr stehen bereits am Gomelfluß, und die aus Karkuk haben unterhalb der Berge auch schon den Gomel erreicht.«
»Also sind deine Kundschafter schon aus Amadiya zurück?«
»Sie sind gar nicht bis nach Amadiya gekommen, denn sie mußten sich teilen, um die Truppen zu beobachten. Es steht nun fest, daß der geplante Überfall nur uns gilt. Ich sage dir, Effendi, ich werde entweder sterben oder diesem Mutasarrif eine Lehre geben, die er nie vergessen wird.«
»Ich werde bis nach dem Kampf bei dir bleiben.«
»Ich danke dir. Aber kämpfen sollst du nicht!«
»Warum nicht?«
»Du bist mein Gast. Gott hat mir dein Leben anvertraut.«
»Gott kann es am besten schützen. Soll ich dein Gast sein und dich allein in den Kampf gehen lassen? Sollen deine Leute mich einen Feigling nennen?«
»Das werden sie niemals tun. Bist du nicht auch der Gast des Statthalters gewesen? Hast du nicht seinen Paß und seine Briefe in der Tasche? Und jetzt willst du gegen ihn kämpfen?«
»Du hast recht. Ich wollte auch nicht töten, sondern vielleicht dahin wirken, daß kein Blut vergossen wird.«
»Laß das meine Sorge sein! Ich trachte nicht nach Blut. Ich will nur den Unterdrücker zurückweisen.«
»Wie willst du das machen?«
»Weißt du, daß schon dreitausend Pilger in Scheik Adi eingetroffen sind? Bis zum Beginn des Festes werden es sechstausend oder noch mehr sein.«
»Männer, Frauen und Kinder?«
»Ja. Die Frauen und Kinder schicke ich in das Tal Idiz. Die Män-

ner bleiben zurück. Die Truppen aus Diarbekr und Karkuk werden sich auf dem Weg von Kaloni hier vereinigen. Die Soldaten aus Mossul kommen über Dscherraiya oder Aïn Sifni herauf. Sie wollen uns im Tal des Heiligen einschließen. Wir aber steigen hinter dem Grab hinauf und stehen rund um das Tal, wenn sie angekommen sind. Dann können wir sie bis auf den letzten Mann niedermachen, wenn sie sich nicht ergeben. Vorher schicke ich einen Boten zum Mutasarrif und stelle meine Bedingungen, unter denen ich sie freigebe. Er wird sich dann vor dem Großherrn in Stambul verantworten müssen.«
»Der Pascha wird dem Großherrn diese Angelegenheit in einem falschen Licht schildern.«
»Aber es wird ihm nicht gelingen, den Padischah zu täuschen. Ich habe gerade heimlich eine Gesandtschaft nach Stambul geschickt, die dem Statthalter zuvorkommen wird.«
Ich mußte zugeben, daß Ali Bei nicht nur ein mutiger, sondern auch ein kluger und vorsichtiger Mann war.
»Und was hast du mit mir vor?« fragte ich ihn.
»Du sollst mit den Jasidi gehen, die unsere Frauen und Kinder und unsere Habe beschützen sollen. Scheik Mohammed Emin begleitet dich. Ihr könntet jetzt nicht nach Amadiya reisen, weil der Weg dorthin schon nicht mehr frei ist.«
»Die Türken würden das Buyuruldu des Großherrn und den Brief des Mutasarrif achten müssen.«
»Aber es sind Leute aus Karkuk dabei. Es ist leicht möglich, daß einer von ihnen Mohammed Emin kennt!«
Während wir sprachen, kamen zwei Männer herein. Es waren meine beiden alten Bekannten Pali und Melaf, die außer sich waren, als sie mich sahen und mir vor Freude die Hände küßten.
»Wo ist der Pir?« fragte Ali Bei.
»Im Grab des Jonas bei Kujundschik. Er läßt dir sagen, daß wir am zweiten Tag des Festes früh am Morgen überfallen werden sollen.«
»Mit welcher Begründung schickt der Mutasarrif seine Truppen?«
»In Malthaiya sind zwei Türken von einem Jasidi erschlagen worden. Er will den Täter in Scheik Adi holen.«
»In Malthaiya sind zwei Jasidi von den Türken erschlagen worden, so war es in Wirklichkeit. Siehst du, Effendi, wie diese

417

Türken sind? Sie erschlagen meine Leute, um einen Grund zum Einfall in unser Gebiet zu haben. Wir werden sie gebührend empfangen.«
Ich ging mit dem Dolmetscher in mein Zimmer, wo ich meine Sprachübungen fortsetzte. Mohammed Emin saß schweigend dabei, rauchte seine Pfeife und wunderte sich darüber, daß ich mir so viel Mühe gab, die Wörter einer fremden Sprache zu verstehen. Ich blieb während des ganzen Tages und am Abend dabei. Auch der nächste Tag verging mit dieser angenehmen Beschäftigung.
Unterdessen hatte ich bemerkt, daß die Bewohner von Baadri ihre Habe ohne Aufsehen fortschafften. In einer Stube unseres Hauses wurden Kugeln gegossen. Übrigens hatte der Esel des Bölük emini bisher nicht mehr geschrien, da ihm sein Herr und Meister bei Einbruch der Dunkelheit wieder den Stein an den Schwanz gebunden hatte.
Immer mehr Pilger trafen ein, teils einzeln, teils in Familien und auch in größeren Trupps. Viele von ihnen waren arm und auf die Gutherzigkeit anderer angewiesen. Mancher von den Pilgern trieb eine Ziege oder einen fetten Hammel. Reichere Leute führten einen Ochsen oder zwei. Das waren die Opfergaben, die die Wohlhabenden zum Grab des Heiligen mitbrachten, damit ihre armen Brüder nicht zu hungern brauchten. So viele auch kamen und gingen, meine Baschi bosuks und Arnauten blieben verschollen. Ich habe bis heute nicht erfahren, wo sie geblieben sind.
Am ersten Tag des Festes saß ich mit dem Dolmetscher wieder über meinem Buch. Es war noch vor Sonnenaufgang. Ich war so in die Arbeit vertieft, daß ich den Bölük emini gar nicht beachtete, als er zu mir ins Zimmer kam.
»Emir!« rief er, nachdem er sich ein paarmal geräuspert hatte, ohne daß ich davon Notiz nahm.
»Was gibt es?«
Erst jetzt bemerkte ich, daß er schon gespornt und gestiefelt war, übergab dem Sohn Seleks das Buch und sprang auf. Ich hatte ganz vergessen, daß ich baden und frische Wäsche anziehen mußte, wenn ich am Grab des Heiligen würdig erscheinen wollte. Also packte ich die Wäsche zusammen und ging hinaus vor das Dorf. Der Bach wimmelte von Badenden. Ich mußte ziemlich weit gehen, um eine Stelle zu finden, an der ich mich unbeobachtet glauben konnte.
Rasch badete ich und wechselte die Wäsche. Ich fühlte mich wie

neugeboren und wollte schon zurückgehen, als ich eine leise Bewegung des Gebüschs bemerkte, das sich an den Ufern des Baches hinzog. War es ein Tier oder ein Mensch? Es konnte nichts schaden, wenn ich die Sache einmal näher untersuchte, denn schließlich standen wir in Kriegsbereitschaft. Ich tat ganz unbefangen, pflückte ein paar Blumen und näherte mich dabei scheinbar absichtslos der Stelle, wo ich die Bewegung bemerkt hatte. Dabei kehrte ich dem Busch den Rücken zu. Plötzlich drehte ich mich aber um und stand mit einem schnellen Sprung mitten im dichten Gebüsch. Vor mir kauerte ein Mann. Er sah noch jung aus, wirkte aber beinahe wie ein Soldat, obwohl er nur ein Messer bei sich hatte. Eine breite Narbe zog sich über seine rechte Wange. Er erhob sich und wollte davonlaufen, aber ich faßte seine Hand und hielt ihn fest.
»Was tust du hier?« fragte ich.
»Nichts.«
»Wer bist du?«
»Ein – ein Jasidi«, klang es zaghaft.
»Woher?«
»Ich heiße Lassa und bin ein Dassini.«
Ich hatte gehört, daß die Dassini eine der vornehmsten Familien der Jasidi seien. Der Mann sah mir aber gar nicht nach einem Teufelsanbeter aus.
»Ich habe dich gefragt, was du hier tust?«
»Ich wollte baden.«
»Wo hast du die Wäsche?«
»Ich habe keine.«
»Du warst vor mir hier und hattest also das Recht, hierzubleiben, anstatt dich zu verstecken. Wo hast du diese Nacht geschlafen?«
»Im Dorf. Bei – bei – ich kenne seinen Namen nicht.«
»Ein Dassini kehrt bei keinem Mann ein, dessen Namen er nicht kennt. Komm mit und zeige mir deinen Wirt!«
»Ich muß vorher baden!«
»Das wirst du nachher tun. Vorwärts!«
Er versuchte, sich aus meinem Griff zu befreien.
»Mit welchem Recht sprichst du so mit mir?« fragte er unfreundlich.
»Mit dem Recht des Vorsichtigen. Ich weiß nicht, ob ich dir trauen darf.«

»Ebenso könnte ich dir mißtrauen!«
»Nichts wäre mir lieber als das. Komm mit ins Dorf, dann wird sich zeigen, wer ich bin.«
Sein Blick hing an meinem Gürtel. Er bemerkte, daß ich keine Waffe bei mir trug. Ich sah ihm an, daß er zu seinem Messer greifen wollte. Deshalb hielt ich sein Handgelenk noch fester und gab ihm einen scharfen Ruck, der ihn zwang, aus dem Busch ins Freie zu kommen.
»Laß meine Hand los, sonst...!« knirschte er.
»Was sonst?«
»Sonst werde ich mich mit Gewalt losmachen!«
»Meinetwegen!«
»Da!«
Er zog sein Messer und stieß nach mir. Aber ich griff von unten herauf und faßte nun auch seine zweite Hand.
»Schade um dich. Du scheinst kein Feigling zu sein!« sagte ich und drückte seine Hand, damit er das Messer fallenließ. Ich hob es schnell auf und faßte ihn bei der Jacke.
»Vorwärts! Hier, nimm meine Wäsche und trag sie!«
»Effendi, warum willst du mich ins Dorf schaffen?« fragte er zaghaft.
»Das wirst du schon sehen!«
Er krümmte sich unter meinem Griff, aber er mußte mit. Wir erregten gewaltiges Aufsehen. Eine große Menschenmenge folgte uns zur Wohnung des Beis. Nicht weit von der Tür stand mein Baschi bosuk, der ein überraschtes Gesicht machte, als wir an ihm vorübergingen. Er schien meinen Gefangenen zu kennen.
»Wen bringst du mir da?« fragte Ali Bei.
»Einen Fremden, den ich draußen am Bach fand. Er hatte sich versteckt, und zwar an einer Stelle, von wo aus er das ganze Dorf und auch den Weg nach Scheik Adi überblicken konnte.«
»Wer ist es?«
»Er behauptet, Lassa zu heißen und ein Dassini zu sein.«
»Dann müßte ich ihn kennen. Es gibt aber keinen Dassini dieses Namens.«
»Er stach nach mir, als ich ihn zwang, mitzukommen. Hier ist er. Mach mit ihm, was du willst!«
Ich verließ den Raum. Draußen stand noch immer der Bölük emini.
»Kennst du den Mann, den ich jetzt brachte?« fragte ich ihn.

»Ja. Was hat er getan, Effendi? Er ist kein Dieb oder Räuber.«
»Was sonst?«
»Er ist Kolagasi bei meinem Regiment. Wir nannten ihn Nassyr agasi. Sein Freund ist der Miralay Omar Amed.«
»Gut. Sage Halef, daß er satteln soll!«
Ich kehrte zu Ali Bei zurück, wo vor Mohammed Emin und einigen Dorfbewohnern das Verhör bereits begonnen hatte.
»Seit wann lagst du im Busch?« fragte der Bei.
»Seit dieser Mann hier badete.«
»Dieser Mann ist Effendi, merk dir das! Du bist kein Dassini und überhaupt kein Jasidi. Wie heißt du?«
»Das sage ich nicht!«
»Warum nicht?«
»Ich habe eine Blutrache da oben in den kurdischen Bergen. Ich muß verschweigen, wer ich bin und wie ich heiße.«
»Seit wann hat ein Kolagasi mit der Blutrache der freien Kurden zu tun?« fragte ich ihn.
Er wurde noch bleicher als vorher am Bach.
»Kolagasi? Was meinst du damit?« fragte er tapfer.
»Ich meine, daß ich Nassyr agasi, den Vertrauten des Miralay Omar Amed, so genau kenne, daß ich mich nicht täuschen lasse.«
»Du – du – du kennst mich? Wallahi, dann bin ich verloren, das ist mein Verhängnis!«
»Es braucht dein Verhängnis nicht zu sein. Wenn du die Wahrheit sagst, wird dir vielleicht nichts geschehen!« versprach ich.
»Ich habe nichts zu sagen.«
»Dann bist du ver...«, schrie der Bei dazwischen.
Ich unterbrach ihn mit einer schnellen Handbewegung und wandte mich wieder zu dem Gefangenen.
»Ist das mit der Blutrache die Wahrheit?«
»Ja, Effendi.«
»Dann sei das nächste Mal vorsichtiger. Wenn du mir versprichst, sofort nach Mossul zurückzukehren und die Rache diesmal aufzuschieben, bist du frei.«
»Effendi!« rief der Bei erschrocken. »Bedenke doch, daß wir...«
»Ich weiß, was du sagen willst«, unterbrach ich ihn schnell. »Dieser Mann ist ein Stabsoffizier des Mutasarrif, ein Kolagasi, aus dem einst vielleicht ein General werden kann. Du lebst mit dem Statthalter in Freundschaft und in tiefem Frieden. Es tut mir jetzt

leid, diesen Offizier belästigt zu haben. Das wäre nicht geschehen, wenn ich ihn sofort erkannt hätte.«
Ich wandte mich wieder an den Gefangenen:
»Du versprichst mir also, sofort nach Mossul zurückzukehren?«
»Ich verspreche es.«
Er machte ein erstauntes Gesicht. Noch vor einer Sekunde hatte er den sicheren Tod vor sich gesehen. Jetzt war er plötzlich frei.
»Effendi, ich danke dir!« rief er. »Allah segne dich und deine Familie!«
Dann lief er eilig davon. Er mochte befürchten, daß wir unsere Großzügigkeit bereuen könnten.
»Was hast du getan?« sagte Ali Bei mehr ärgerlich als erstaunt.
»Das beste, was ich tun konnte«, antwortete ich.
»Dieser Mensch ist ein Spion!«
»Das stimmt.«
»Und hatte den Tod verdient!«
»Das ist richtig.«
»Und du schenkst ihm die Freiheit? Du hast ihn nicht einmal richtig verhört?«
Auch die andern Jasidi schauten finster drein. Ich kümmerte mich nicht darum und antwortete:
»Was hättest du durch sein Geständnis erfahren?«
»Vielleicht viel!«
»Nicht mehr, als wir schon wissen. Übrigens schien er ein Mann zu sein, der lieber stirbt als gesteht.«
»Dann hätten wir ihn getötet!«
»Und was wäre die Folge gewesen?«
»Daß es einen Spion weniger gegeben hätte!«
»Ja, unter anderem. Der Kolagasi war jedenfalls unterwegs, um sich zu überzeugen, ob wir eine Ahnung von dem beabsichtigten Überfall haben. Hätten wir ihn getötet oder gefangengehalten, so wäre er nicht zurückgekehrt. Dann hätte der Mutasarrif gewußt, daß wir bereits gewarnt sind. Nun hat er aber seine Freiheit wieder bekommen, und der Miralay Omar Amed wird fest davon überzeugt sein, daß wir nicht das geringste von den Plänen des Statthalters ahnen. Es wäre doch die größte Dummheit, einen Spion laufenzulassen, wenn man überzeugt ist, daß man überfallen werden soll – so werden sie sich sagen. Habe ich recht?«
»Verzeih, Effendi. Meine Gedanken reichten nicht so weit wie

deine. Aber ich werde ihm einen Späher nachsenden, um mich zu überzeugen, daß er auch wirklich fortgeht.«
»Auch das wirst du nicht tun. Er könnte gerade dadurch aufmerksamer werden, als uns lieb ist. Er wird sich hüten hierzubleiben. Übrigens kommen jetzt genug Leute an, bei denen du dich erkundigen kannst, ob sie ihm begegnet sind.«
Auch dieser Vorschlag fand die Zustimmung der Jasidi. Ich konnte mit meinem Erfolg zufrieden sein. Einem Menschen, der doch nur auf Befehl handelte, hatte ich das Leben gerettet und zugleich den Plan des Mutasarrif vereitelt. Mit diesem Gefühl ging ich in das Frauengemach, um das Frühstück einzunehmen. Vorher holte ich aus meiner kleinen Raritätensammlung, die ich von Isla Ben Maflei bekommen hatte, ein Armband mit einem Medaillon.
Der kleine Bei war schon wach. Während ihn seine Mutter hielt, versuchte ich, sein Gesicht zu zeichnen. Es gelang ganz leidlich, denn Kinder sind einander ähnlich. Dann legte ich das Papier in das Medaillon und gab der Mutter das Armband.
»Trage das als Andenken an den Alaman!« bat ich. »Das Gesicht deines Sohnes befindet sich darin, es wird ewig jung bleiben, auch wenn er alt geworden ist.«
Sie sah das Bild an und war entzückt. In fünf Minuten hatte sie es sämtlichen Bewohnern des Hauses und allen Anwesenden gezeigt. Ich konnte mich vor ihrem Dank kaum noch retten. Bald danach brachen wir auf, allerdings nicht mit dem Gefühl, daß es zu einem Fest ging, sondern in sehr ernster Stimmung.
Ali Bei hatte seine beste Kleidung angelegt. Er ritt mit mir voraus. Dann folgten die angesehensten Leute des Dorfes. Mohammed Emin ritt an meiner Seite. Er war verärgert darüber, daß unser Ritt nach Amadiya eine solche Verzögerung erlitten hatte. Vor uns zog eine Schar von Musikanten mit Flöten und Tamburins. Hinterher kamen die Frauen. Sie trieben Esel, die mit Teppichen, Kissen und allerlei Geräten beladen waren.
»Hast du deine Vorbereitungen für Baadri getroffen?« fragte ich den Bei.
»Ja. Bis Dscherraiya stehen Posten, die mir die Ankunft des Feindes sofort melden.«
»Baadri wirst du den Türken kampflos überlassen?«
»Sie werden still hindurchziehen, um uns nicht vorzeitig aufmerksam zu machen.«

*Im Morgenland gehören farbenprächtige Umzüge
zu den religiösen Festen*

Rings um uns ging es sehr laut zu. Wir wurden von Reitern umschwärmt, die Scheingefechte aufführten. Auf allen Seiten knallten unaufhörlich Schüsse. Jetzt wurde der Weg sehr schmal und wand sich stellenweise so steil an den Bergen hinauf, daß wir absteigen und unsere Pferde über die Felsen führen mußten. Erst nach einer Stunde erreichten wir den Gipfel des Passes und konnten nun in das grüne, bewaldete Tal von Scheik Adi hinunterblicken.

Jeder Jasidi schoß sein Gewehr ab, sobald er die weiße Turmspitze des Grabmals erblickte. Von unten antworteten zahllose Schüsse. Es hörte sich an wie ein großes Feuergefecht, dessen Echo von den Bergen widerhallte.

Hinter uns kamen immer neue Abteilungen. Als wir den Abhang hinabritten, sahen wir rechts und links von uns zahlreiche Pilger, die unter den Bäumen lagerten.

Wir hatten das Grabmal noch nicht erreicht, als uns Mir Scheik Khan, das geistliche Oberhaupt der Jasidi, an der Spitze mehrerer Scheiks entgegenkam. Er wird Emir Hadschi genannt. Seine Sippe gilt als wichtigste Jasidi-Familie. Er war ein kräftiger Greis von mildem, ehrwürdigem Aussehen und kannte keinen falschen Stolz, denn er verbeugte sich vor mir und umarmte mich wie seinen Sohn.

»Alaikum as-salam wa Rahmatullah – der Friede und die Barmherzigkeit Gottes sei mit dir! Ihr seid mir willkommen!« grüßte er.
»Chode schogholeta rast init – Gott stehe dir bei in deinem Amt!« antwortete ich. »Aber willst du nicht türkisch mit mir sprechen? Ich verstehe die Sprache eures Landes noch nicht so gut!«
»Befiehl über mich nach deinem Gefallen und sei mein Gast im Hause des Mannes, an dessen Grab wir die Allmacht und die Gnade verehren.«
Auf einen Wink wurden unsere Pferde von einigen Jasidi weggeführt. Ali Bei, Mohammed Emin und ich gingen an der Seite von Mir Scheik Khan auf das Grabmal zu. Wir kamen zunächst in einen von einer Mauer umgebenen Hof, der von Menschen erfüllt war. Dann gelangten wir an den Eingang des inneren Hofes, der von den Jasidi nur barfuß betreten werden darf. Ich zog meine Schuhe aus und ließ sie am Eingang zurück.
Im Innenhof standen Bäume, deren Schatten den Pilgern Kühlung und Labung brachte. Dichter Oleander trieb Blüte an Blüte, und ein riesiger Weinstock bildete eine Laube, zu der uns Mir Scheik Khan führte. Wir nahmen Platz. Einige Scheiks und Kawali ruhten unter den Bäumen aus, sonst waren wir allein.
In diesem Hof erhebt sich das eigentliche Gebäude des Grabmals,

das von zwei weißen Türmen überragt wird. Ihre Spitzen sind vergoldet. Über dem Torweg waren einige Figuren ausgehauen. Ich erkannte einen Löwen, eine Schlange, ein Beil, einen Mann und einen Kamm.
Das Innere des Gebäudes gliedert sich, wie ich später sah, in drei Abteilungen, von denen eine größer ist als die beiden andern. Die große Halle wird von Säulen und Bogen getragen und hat einen Brunnen, dessen Wasser als heilig gilt. Mit ihm werden die Kinder getauft. In der einen der beiden kleineren Abteilungen befindet sich das Grab des Heiligen. Über der Gruft erhebt sich ein großes würfelförmiges Gehäuse, das aus Ton geformt und mit Gips überzogen ist. Als einziger Schmuck ist ein grünes, gesticktes Tuch darüber gebreitet. Eine ewige Lampe brennt in diesem Raum.
Der Ton des Grabmals muß von Zeit zu Zeit ergänzt werden, weil die Hüter des Heiligtums kleine Kugeln daraus formen, die von den Pilgern als Andenken mitgenommen werden. Diese Kugeln befinden sich in einem Gefäß, das am Weinstock im Hof angebracht ist.
In der Umfassungsmauer sind zahlreiche Nischen für die Lichter ausgespart, die bei größeren Festen angezündet werden. Das Grabmal ist von Gebäuden umgeben, die den Priestern und Dienern des Grabes zur Wohnung dienen. Der ganze Ort liegt in einer engen Talschlucht, deren Felsen auf allen Seiten steil in die Höhe steigen.
Draußen vor den Mauern hatte sich ein regelrechter Jahrmarkt entfaltet. Alle möglichen Arten von Webwaren hingen zum Verkauf von den Ästen der Bäume herunter. Früchte und Eßwaren wurden angeboten, Waffen, Schmucksachen und orientalisches Allerlei war zu bekommen.
Bald kam die Rede wieder auf den bevorstehenden Angriff. Da sich bald herausstellte, daß Ali Bei alle erforderlichen Maßnahmen sorgfältig vorbereitet hatte, brauchten wir uns darüber jedoch nicht lange zu unterhalten. Dann kam das Gespräch auf Mohammed Emin und mich, auf unsere Erlebnisse und Absichten.
»Vielleicht kommt ihr in Gefahr und braucht Hilfe«, meinte Mir Scheik Khan. »Ich werde euch ein Zeichen mitgeben, das euch den Beistand aller Jasidi sichert, denen ihr es zeigt.«
»Ich danke dir! Es wird ein Brief sein?« fragte ich.

»Nein, ein Malak Ta'us!«
Fast wäre ich erstaunt aufgesprungen. Das war ja die Benennung des Teufels. Dieses geheimnisvolle Wort, über das so viel gestritten worden ist, sprach er so gelassen aus? Ich machte ein unbefangenes Gesicht und fragte:
»Ein Malak Ta'us? Darf ich fragen, was das ist?«
Mit der freundlichen Miene eines Vaters, der seinem unwissenden Sohn eine Erklärung gibt, antwortete Mir Scheik Khan:
»Malak Ta'us ist jener, dessen eigentlicher Name bei uns nicht ausgesprochen wird. Malak Ta'us heißt auch das Tier, das bei uns ein Zeichen des Mutes und der Wachsamkeit ist, und Malak Ta'us nennen wir auch die Abbildung dieses Tieres, die ich allen verleihe, zu denen ich Vertrauen habe.«
Mir Scheik Khan brach ab, denn jetzt öffnete sich das äußere Tor, um einen langen Zug von Pilgern einzulassen, von denen jeder eine Lampe trug. Diese Lampen waren die Dank- und Weihgeschenke für die Heilung einer Krankheit oder die Rettung aus einer Gefahr. Sie waren für Scheik Schems bestimmt, für die Sonne, das leuchtende Sinnbild der göttlichen Klarheit.
Alle Pilger waren bewaffnet. Ich sah bei ihnen eigentümliche kurdische Flinten. Bei einer wurden Lauf und Schaft durch zwanzig starke, breite eiserne Ringe verbunden, die ein sicheres Zielen unmöglich machen mußten. Eine andere zeigte eine Art Seitengewehr, das wie eine Gabel aussah. Die Männer überreichten den Priestern ihre Lampen und traten der Reihe nach zu Mir Scheik Khan, um ihm die Hand zu küssen.
Als der Pilgerzug sich entfernt hatte, wurden ungefähr zwanzig Kinder getauft, die zum Teil von sehr weit hergebracht worden waren.
Später machte ich mit Mohammed Emin einen Gang durch das Tal. Am meisten fielen mir die zahlreichen Fackeln auf, die zum Verkauf auslagen. Nach meiner Schätzung waren es gegen zehntausend. Die Händler machten glänzende Geschäfte, denn diese Ware wurde ihnen geradezu aus der Hand gerissen.
Wir standen gerade vor einem Verkäufer von Glas- und unechten Korallenwaren, als ich die weiße Gestalt des Pir Kamek den Bergpfad herabkommen sah. Er mußte an uns vorüber, wenn er zum Heiligtum wollte. Als er uns erreicht hatte, blieb er stehen.
»Willkommen, ihr Gäste von Scheik Schems! Ihr werdet den Heiligen der Jasidi kennenlernen.«

Der Weißhaarige wurde vom Volk umringt. Jeder bemühte sich, seine Hand oder den Saum seines Gewandes zu berühren. Er hielt eine Ansprache an die Versammelten. Sein langes weißes Haar flatterte im Morgenwind, seine Augen leuchteten. Dazu krachten die Schüsse der Ankommenden von oben herab, und ganze Salven antworteten aus dem Tal. Leider konnte ich seine Rede nicht verstehen, weil er sie in kurdischer Sprache hielt. Zum Schluß stimmte er ein Lied an, das alle mitsangen.

»Hast du verstanden, was ich den Pilgern sagte?« fragte mich Pir Kamek, als die Menge sich wieder zerstreut hatte.

»Nein. Du weißt, daß ich deine Sprache nicht kenne.«

»Ich sagte ihnen, daß ich Scheik Schems ein Opfer bringen werde. Nun sind sie in den Wald gegangen, um das nötige Holz zu holen. Wenn du dem Opfer beiwohnen willst, bist du willkommen. Jetzt mußt du mich entschuldigen, denn dort kommen bereits die Opfertiere.«

Er ging auf das Grabmal zu, vor dessen Mauern soeben eine lange Reihe von Stieren geführt wurde. Wir folgten ihm langsam.

»Was geschieht mit den Tieren?« fragte ich meinen Dolmetscher.

»Sie werden für Scheik Schems geschlachtet.«

»Kann die Sonne Stiere essen?«

»Nein, sie verschenkt das Fleisch der Tiere an die Armen. Das Blut wird nicht gegessen, sondern in die Erde gegraben. Im Blut ist die Seele.«

Als wir den Platz vor dem Grabmal erreichten, kam gerade Mir Scheik Khan aus dem Tor, begleitet von Pir Kamek, einigen Scheiks und Kawali und einer größeren Anzahl von Fakiren. Alle hatten Messer in der Rechten. Der Platz wurde von einer großen Menge Krieger eingesäumt, die ihre Gewehre schußbereit hielten. Da warf Mir Scheik Khan das Obergewand ab, sprang auf den ersten Stier zu und stieß ihm das Messer so in den Nackenwirbel, daß das Tier sofort tot niederstürzte. Im gleichen Augenblick erhob sich gewaltiger Jubel, Tausende von Schüssen krachten.

Mir Scheik Khan trat zurück, und Pir Kamek setzte das Werk fort. Es war ein eigentümlicher Anblick, diesen Mann mit weißem Haar und schwarzem Bart von einem Stier zum nächsten springen und sie alle der Reihe nach mit sicherem Messerstich fällen zu sehen. Dabei floß kein Tropfen Blut.

Nun traten die Scheiks herbei, um die Halsadern der Stiere zu öff-

nen. Die Fakire kamen mit großen Gefäßen, um das Blut aufzufangen. Anschließend wurden zahlreiche Schafe herbeigetrieben, deren erstes wieder Mir Scheik Khan tötete. Die andern wurden von den Fakiren geschlachtet.
In diesem Augenblick trat Ali Bei auf mich zu.
»Willst du mich nach Kaloni begleiten?« fragte er. »Ich muß mir die Badinan als Bundesgenossen sichern.«
»Ihr lebt mit ihnen in Unfrieden?«
»Hätte ich dann meine Kundschafter aus diesem Stamm genommen? Ihr Häuptling ist mein Freund. Aber es gibt Fälle, in denen man so vorsichtig wie möglich sein muß. Komm!«
Wir hatten nicht weit zu gehen, um das sehr große, aus rohen Steinen aufgeführte Haus zu erreichen, das Ali Bei zur Zeit des Festes bewohnte. Sein Weib hatte schon auf uns gewartet. Wir fanden auf der Plattform des Gebäudes mehrere Teppiche ausgebreitet, auf denen wir Platz nahmen, um das Frühstück zu genießen. Von diesem Punkt aus konnten wir fast das ganze Tal überblicken. Überall lagerten Menschen.
»Wie weit ist es bis Kaloni?« fragte ich Ali Bei.
»Man reitet vier Stunden.«
Unten standen unsere Pferde. Wir stiegen auf und verließen das Tal ohne Begleitung. Der Weg führte an der steilen Bergwand empor. Als wir die Höhe erreicht hatten, sah ich ein dicht bewaldetes, von zahlreichen Tälern durchzogenes Gebirgsland vor mir. Dieses Land wird von den Stämmen der Missuri-Kurden bewohnt, zu denen auch die Badinan gehören. An den Abhängen erhoben sich kleine Dörfer, deren Häuser verlassen waren.
Kein Mensch begegnete uns. Die Jasidi, die das Gebiet bis Dschulamerg bewohnten, waren schon alle in Scheik Adi eingetroffen. Wir waren etwa zwei Stunden weit geritten, als wir eine Stimme hörten, die uns anrief.
Ein Mann kam aus dem Wald. Es war ein Kurde. Er hatte weite, unten offene Hosen an. Die nackten Füße steckten in niedrigen Lederschuhen. Der Kurdenkrieger war nur mit einem am Hals viereckig ausgeschnittenen Hemd bekleidet, das bis zur Wade reichte. Sein dichtes Haar hing in lockigen Strähnen über die Schultern herab. Auf dem Kopf trug er eine jener häßlichen Filzmützen, die das Aussehen einer riesigen Spinne haben, deren runder Körper den Scheitel bedeckt und deren lange Beine hinten und zur Seite bis auf die Schultern herunterhängen. Im Gürtel trug er

ein Messer, eine Pulverflasche und den Kugelbeutel. Eine Flinte aber war nicht zu sehen. »Ni' vro'l kjer – guten Tag!« grüßte er uns. »Wohin reitet Ali Bei, der Tapfere?«
»Chode t'aveschket – Gott behüte dich!« antwortete der Bei. »Du kennst mich? Von welchem Stamm bist du?«
»Ich bin ein Badinan, Herr.«
»Aus Kaloni?«
»Ja, aus Kalahoni, wie wir es nennen.«
»Wohnt ihr noch in euren Häusern?«
»Nein. Wir haben schon unsere Hütten bezogen.«
»Sie liegen hier in der Nähe?«
»Woher weißt du das?«
»Wenn ein Krieger sich weit von seiner Wohnung entfernt, nimmt er sein Gewehr mit. Du hast deine Waffe nicht bei dir.«
»Du hast es erraten. Mit wem willst du reden?«
»Mit deinem Anführer.«
»Steig ab und folge mir!«
Wir saßen ab und nahmen die Pferde beim Zügel. Der Kurde führte uns in den Wald, in dessen Tiefe wir ein starkes, aus gefällten Bäumen errichtetes Bollwerk erreichten. Dahinter sahen wir zahlreiche Hütten. Sie waren nur aus Stangen, Ästen und Laubwerk errichtet. Hunderte von Kindern liefen zwischen den Hütten und Bäumen herum. Männer und Frauen waren damit beschäftigt, das Bollwerk zu befestigen. Auf einer der größten Hütten saß ein Mann. Es war der Anführer, der von hier aus die Arbeit leitete und überwachte. Als er meinen Begleiter entdeckte, sprang er herab und kam uns entgegen.
»Sei willkommen! Gott vermehre deinen Reichtum!« sagte er und winkte einem Weib, das eine Decke ausbreitete, auf die wir uns setzten. Mich schien er gar nicht zu beachten. Dasselbe Weib, das offenbar seine Frau war, brachte jetzt drei Pfeifen, die ziemlich roh aus dem Holz eines Pomeranzenbaumes geschnitten waren. Ein junges Mädchen trug eine Schüssel auf, in der Trauben und Honigscheiben lagen. Der Anführer nahm seinen Tabaksbeutel vom Gürtel, öffnete ihn und legte ihn vor Ali Bei.
»Taklif b' ela k' narek, au' beïn ma' batal – mach keine Umstände, die unter uns überflüssig sind!« sagte er.
Dabei griff er mit seinen schmutzigen Händen in den Honig, zog ein Stück heraus und schob es in den Mund.
Der Bei stopfte sich eine Pfeife und steckte sie in Brand.

»Sage mir, ob Freundschaft ist zwischen mir und dir!« begann er die Unterhaltung.
»Es ist Freundschaft zwischen mir und dir«, lautete die einfache Antwort.
»Auch zwischen deinen Leuten und meinen Leuten?«
»Auch zwischen ihnen.«
»Wirst du mich um Hilfe bitten, wenn ein Feind kommt, um dich zu überfallen?«
»Wenn ich zu schwach bin, ihn zu besiegen, werde ich dich um Hilfe bitten.«
»Und du würdest auch mir helfen, wenn ich dich darum ersuche?«
»Wenn dein Feind nicht mein Freund ist, werde ich es tun.«
»Ist der Statthalter von Mossul dein Freund?«
»Er ist mein Feind. Er ist der Feind aller freien Kurden. Er ist ein Räuber, der unsere Herden lichtet und unsere Töchter verkauft.«
»Hast du gehört, daß er uns in Scheik Adi überfallen will?«
»Ich hörte es von meinen Leuten, die dir als Kundschafter dienten.«
»Die Soldaten des Statthalters kommen durch dein Land. Was wirst du tun?«
»Du siehst es!« Er deutete mit einer Handbewegung auf die Hütten ringsumher. »Wir haben Kalahoni verlassen und uns im Wald Hütten gebaut. Nun machen wir uns eine Mauer, hinter der wir uns verteidigen können, wenn die Türken uns angreifen.«
»Sie werden euch nicht angreifen.«
»Woher weißt du das?«
»Ich vermute es. Wenn es ihnen gelingen soll, uns zu überraschen, müssen sie vorher allen Kampf und Lärm vermeiden. Sie werden also dein Gebiet ohne Aufsehen durchqueren. Vielleicht werden sie sogar den offenen Weg vermeiden und durch die Wälder ziehen, um die Höhe von Scheik Adi unbemerkt zu erreichen.«
»Deine Gedanken haben das Richtige getroffen.«
»Aber wenn sie uns besiegt haben, dann werden sie auch über euch herfallen.«
»Du wirst dich nicht besiegen lassen.«
»Willst du mir helfen?«
»Ich will es. Was soll ich tun? Soll ich meine Krieger nach Scheik Adi schicken?«

»Nein. Ich habe genug Krieger bei mir, um ohne Hilfe mit den Türken fertig zu werden. Du sollst nur deine Krieger verbergen und die Türken ruhig ziehen lassen, damit sie sich sicher fühlen.«
»Ich soll sie also nicht verfolgen?«
»Nein. Aber du kannst hinter ihnen den Weg versperren, damit sie nicht mehr zurück können. Auf der zweiten Höhe zwischen hier und Scheik Adi ist der Paß so schmal, daß nur zwei Männer nebeneinander gehen können. Wenn du dort eine Schanze machst, kannst du mit zwanzig Kriegern tausend Türken töten.«
»Ich werde es tun. Aber was gibst du mir dafür?«
»Wenn sie dich in Ruhe lassen, bekommst du fünfzig Gewehre. Mußt du aber mit ihnen kämpfen, gebe ich dir hundert Türkenflinten, wenn du dich tapfer hältst.«
»Hundert Türkenflinten!« rief der Häuptling begeistert. Er fuhr eilig mit der Hand in den Honig und steckte sich ein solches Stück davon in den Mund, daß ich glaubte, er müsse daran ersticken. »Hundert Türkenflinten!« wiederholte er kauend. »Wirst du Wort halten?«
»Habe ich dich schon einmal belogen?«
»Nein. Du bist mein Bruder, mein Gefährte, mein Freund, mein Kampfgenosse, und ich glaube dir. Ich werde mir die Gewehre verdienen!«
»Du kannst sie dir aber nur dann verdienen, wenn du die Türken bei ihrer Ankunft ungestört vorbeiläßt.«
»Sie sollen keinen von meinen Männern sehen!«
»Du darfst sie nur auf ihrem Rückweg angreifen, das heißt, wenn es mir nicht gelingen sollte, sie einzuschließen und festzuhalten.«
»Ich werde nicht nur den Paß, sondern auch die Seitentäler besetzen, damit sie weder rechts noch links, weder vor- noch rückwärts ausweichen können!«
»Das ist ausgezeichnet. Aber ich möchte vermeiden, daß viel Blut vergossen wird. Die Soldaten können nichts dafür, sie müssen dem Statthalter gehorchen. Wenn wir grausam sind, ist der Padischah in Stambul mächtig genug, ein großes Heer zu senden, das uns vernichten kann.«
»Ich verstehe dich. Ein guter Feldherr muß Gewalt ebenso wie List anzuwenden verstehen. Dann kann er mit einer kleinen Truppe ein großes Heer besiegen. Wann werden die Türken kommen?«

»Sie werden es so einrichten, daß sie morgen beim Anbruch des Tages Scheik Adi überfallen können.«
»Dabei werden sie in die Falle gehen. Ich weiß, daß du ein tapferer Krieger bist. Du wirst es mit den Türken ebenso machen, wie es da unten in der Ebene die Haddedihn mit ihren Feinden gemacht haben.«
»Du hast davon gehört?«
»Wer sollte das nicht wissen? Die Nachricht von solchen Heldentaten verbreitet sich schnell über Berg und Tal. Mohammed Emin hat seine Haddedihn zum reichsten Stamm gemacht.«
Ali Bei lächelte mir heimlich zu und meinte:
»Es ist keine Kleinigkeit, Tausende gefangenzunehmen, ohne daß ein Kampf stattfindet.«
»Diese Tat wäre Mohammed Emin allein nicht gelungen. Er ist stark und tapfer, aber er hat einen fremden Feldherrn bei sich gehabt.«
»Ist das wahr?« fragte der Bei.
Ihn ärgerte es wohl, daß sich der Kurde nicht um mich kümmerte, deshalb forderte er ihn heraus.
»Ja, einen fremden«, antwortete der Häuptling. »Weißt du das noch nicht? Ich will es dir erzählen.
Mohammed Emin saß vor seinem Zelt, um mit den Ältesten seines Stammes Rat zu halten. Da tat sich eine Wolke auf, und ein Reiter kam herab, dessen Pferd mitten im Kreis der Alten die Erde berührte. ›As-salam Alaikum!‹ grüßte er.
›Wa Alaikum As-salam!‹ antwortete Mohammed Emin. ›Fremdling, wer bist du und woher kommst du?‹
Das Pferd des Reiters war schwarz wie die Nacht. Er selbst trug ein Panzerhemd, Arm- und Beinschienen und einen Helm aus gediegenem Gold. Um seinen Helm war ein Schal gewunden, den die Huri des Paradieses gewebt hatten. Tausend lebendige Sterne kreisten in seinen Maschen. Der Schaft seiner Lanze war von reinem Silber, ihre Spitze leuchtete wie der Strahl des Blitzes, und darunter waren die Bärte von hundert erlegten Feinden befestigt. Sein Dolch funkelte wie Diamant, und sein Schwert konnte Stahl und Eisen zermalmen.
›Ich bin der Feldherr eines fernen Landes‹, antwortete der Glänzende. ›Ich hörte vor einer Stunde, daß dein Stamm ausgerottet werden soll. Darum setzte ich mich auf mein fliegendes Roß und eilte herbei, um dich zu warnen.‹

›Wer ist es, der meinen Stamm ausrotten will?‹ fragte Mohammed Emin.
Der Himmlische nannte die Namen der Feinde.
›Weißt du das ganz genau?‹
›Mein Schild sagt mir alles, was auf Erden geschieht. Sieh her!‹
Mohammed sah auf den goldenen Schild. In dessen Mitte war ein Karfunkelstein, fünfmal größer als die Hand eines Mannes, und darin sah er alle seine Feinde, wie sie sich versammelten, um gegen ihn zu ziehen.
›Welch ein Heer!‹ rief er. ›Wir sind verloren!‹
›Nein, denn ich werde dir helfen‹, antwortete der Fremde. ›Versammle alle deine Krieger um das Tal der Stufen und warte, bis ich dir die Feinde bringe!‹
Er gab seinem Pferd ein Zeichen, worauf es wieder emporstieg und hinter einer Wolke verschwand. Mohammed Emin aber wappnete sich und die Seinen und zog zum Tal der Stufen, das er ringsum besetzte, so daß die Feinde wohl hinein, aber nicht wieder heraus konnten. Am nächsten Morgen kam der fremde Held geritten. Er leuchtete wie hundert Sonnen, und dieses Licht blendete die Feinde, so daß sie die Augen schlossen und ihm in das Tal der Stufen folgten. Dort kehrte er seinen Schild um. Der Glanz wich von ihm, und sie öffneten die Augen. Da sahen sie sich in einem Tal, aus dem es keinen Ausweg gab. Sie mußten sich ergeben. Mohammed Emin tötete sie nicht, aber er nahm ihnen einen Teil ihrer Herden und forderte einen Tribut von ihnen, den sie jährlich zahlen müssen, solange die Erde steht.«
Der Kurde schwieg, als er mit dieser Erzählung fertig war.
»Und was geschah mit dem fremden Feldherrn?« fragte der Bei.
»›As-salam Alaikum!‹ sprach er. Dann erhob sich sein schwarzes Roß in die Wolken, und er verschwand.«
»Diese Geschichte ist sehr schön«, meinte Ali Bei. »Aber weißt du auch, ob sie wirklich wahr ist?«
»Sie ist wahr. Fünf Männer vom Dschelu waren zur gleichen Zeit in Selamiya, wo das alles von den Haddedihn erzählt wurde. Sie kamen hier vorüber und berichteten es mir und meinen Leuten.«
»Du hast recht. Diese Geschichte ist geschehen, aber anders, als du sie vernommen hast. Willst du das schwarze Roß des fremden Helden sehen?«
»Ali Bei, das ist nicht möglich!«

»Es ist möglich, denn es steht hier in der Nähe.«
»Wo?«
»Dort der Rapphengst ist es.«
»Du scherzt, Ali Bei!«
»Ich scherze nicht. Ich sage dir die Wahrheit!«
»Das Pferd ist herrlich, wie ich noch keins gesehen habe, aber es ist ja das Roß dieses Mannes!«
»Und dieser Mann ist der Fremdling, von dem du erzählt hast.«
»Unmöglich!« Er machte vor Staunen den Mund so weit auf, daß man die ausgiebigsten zahnärztlichen Beobachtungen darin hätte vornehmen können.
»Unmöglich, sagst du? Habe ich dich schon einmal belogen?«
Die Augen und der Mund des Kurden öffneten sich immer weiter. Er starrte mich an und streckte unwillkürlich seine Hand nach dem Honig aus, geriet aber daneben und langte in den Tabaksbeutel. Ohne es zu merken schob er eine kräftige Portion des narkotischen Krautes zwischen seine weißglänzenden Zähne. Der Tabak hatte eine so schnelle krampflösende Wirkung, daß der Kurde sofort die Kinnladen zuklappte und meinem guten Ali Bei den Inhalt seines Mundes ins Gesicht sprudelte.
»Um des Propheten willen! Ist er es wirklich?« fragte er noch einmal, äußerst bestürzt.
»Ich habe es dir doch schon gesagt!« antwortete der Bei und reinigte sich mit dem Zipfel seines Kleides das Gesicht.
»Gebe Gott, daß uns dein Besuch Glück bringt!« krächzte der Kurde mir zu.
»Er bringt dir Glück, das verspreche ich dir!« antwortete ich.
»Dein Roß ist hier, das schwarze«, fuhr er fort, »aber wo ist dein Schild mit dem Karfunkel, dein Panzer, dein Helm, deine Lanze, dein Säbel?«
»Ich will es dir erzählen«, sagte ich. »Ich bin der fremde Krieger, der bei Mohammed Emin gewesen ist, aber ich stieg nicht vom Himmel herab. Ich komme aus einem fernen Land, habe aber weder goldene noch silberne Waffen gehabt. Hier siehst du meine Waffen, mit denen ich mich auch vor vielen Feinden nicht zu fürchten brauche. Soll ich dir zeigen, wie sie schießen?«
»Sere ta, ser babe ta, ser hemscher ta Ali Bei – bei deinem Haupt, beim Haupt deines Vaters und beim Haupt deines Freundes Ali Bei, laß es lieber sein!« bat er erschrocken. »Du hast die Rüstung, die Lanze, den Schild und das Schwert abgelegt, um diese Waf-

fen zu gebrauchen, die vielleicht noch viel gefährlicher sind. Ich weiß nicht, was ich dir geben soll, aber versprich mir, daß du mein Freund sein willst!«

»Was kann es nützen, wenn du mein Freund wirst? In deinem Land gibt es ein Sprichwort: Ein Feind mit Verstand ist besser als ein Freund ohne Verstand.«

»Bin ich unverständig gewesen, Herr?«

»Weißt du nicht, daß man einen Gast begrüßen muß, zumal wenn er mit einem Freund kommt?«

»Du hast recht, Herr! Du strafst mich mit einem Sprichwort. Erlaube, daß ich dir mit einem andern antworte: ›Betschuk lasime thabe 'i mesinan bebe – der Kleine muß dem Großen gehorsam sein‹. Sei du der Große. Ich werde dir gehorchen!«

»Gehorche zunächst meinem Freund Ali Bei! Er wird siegen. Deine Türkenflinten sind dir dann gewiß.«

»Du bist mir böse? Verzeih mir! Ser sere men, bu kalmeta ta tschu taksir nakem – bei meinem Haupt, um dir zu dienen, werde ich nichts sparen. Nimm diese Trauben und iß, nimm diesen Tabak und rauche!«

»Wir danken dir«, antwortete Ali Bei, der offenbar auch an appetitlichere Genüsse gewöhnt war. »Wir haben vor unserem Aufbruch gegessen und dürfen keine Zeit verlieren, nach Scheik Adi zurückzukehren.«

Er erhob sich, und ich folgte ihm. Der Kurde begleitete uns bis an den Pfad und versprach noch einmal, seine Pflicht so gut wie möglich zu erfüllen. Dann ritten wir den Weg zurück, den wir gekommen waren.

Anmerkungen

As-salam Alaikum, arabischer Gruß: Friede sei über euch! Die Antwort lautet: Wa Alaikum As-salam, Und über euch sei auch Friede. Diesen Gruß wenden nur Moslems unter sich an. Im Orient pflegt der Höhergestellte den Niederen zuerst zu grüßen. Man vermeidet den Gruß mit der linken Hand.

Assyrische Zylinder, altbabylonische und assyrische Siegel mit piktographischen und Keilschriftzeichen aus Ton oder Speckstein. Diese Siegel dienten als Unterschrift-Ersatz. Die älteren Siegel in Knopfform waren auch Amulette, die jüngeren hatten Rollenform. Später ersetzte der Siegelring (Petschaft) das Siegel. Altmesopotamische Siegel sind in großer Zahl überall in den babylonisch-assyrischen Ruinenstätten gefunden worden.

Bakschisch, persisch Bachschisch; Geschenk.

Beduine, arabischer Wüstenbewohner islamischen Glaubens. Die Beduinen (arabisch Badu, Einzahl Badawi) gelten als tapfer und gastfreundlich; sie leben als nomadisierende Viehzüchter in Nordafrika, Arabien und Syrien.

Dadschal, Antichrist. Mit seinem Erscheinen beginnt (nach der islamischen Überlieferung) das Weltende. Mit Dadschal erscheint auch Isa = Jesus, der nach islamischer Meinung nicht den Kreuzestod erlitten hat, sondern zu Gott entrückt worden ist. Isa wird den Antichrist töten, anschließend heiraten und den Islam verkünden. Vierzig Jahre später wird er in Medina sterben. Dann aber naht das Jüngste Gericht. Diese Lehre ist nach persisch-jüdisch-christlichem Vorbild gestaltet.

Derwisch, nach dem persischen Wort Därwisch, bedeutet arm, Bettler. Im Islam ist Derwisch die Bezeichnung für ein Mitglied einer religiösen Bruderschaft, oft aber auch nur für einen Bettelmönch. Derwische leben in Klöstern unter Aufsicht eines Vorstehers (persisch Pir, arabisch Scheik), tragen den geflickten Mantel, einen Gürtel und einen Stab und verrichten gemeinsame Andachtsübungen, wobei sie häufig auch singen und tanzen. Die ältesten Derwischorden stammen aus dem 12. Jahrhundert. Am bekanntesten sind die »heulenden« und »tanzenden« Derwische. Obwohl die Derwischorden heute in vielen islamischen Ländern verboten sind, besitzen die Derwische noch immer religiöse und politische Macht.

Dschizya, Kopfsteuer, die von Fremden erhoben wird. Zu diesen Fremden gehörten die fremdvölkischen und andersgläubigen Minderheiten, die unter dem Schutz des islamischen Staates lebten. Die Kopfsteuer war als Ersatzleistung anstelle des Wehrdienstes aufzubringen, sie betraf aber nur Anhänger von »Buchreligionen« (z. B. Christen, Parsen, Buddhisten). Die übrigen nichtislamischen Einwohner galten als Heiden, die mit Feuer und Schwert zum Islam bekehrt werden mußten.

Effendi, Herr. Das türkische Wort stammt von dem griechischen »authentes« ab, das neugriechisch in der Anrede »afthendi« und »afendi« gesprochen wurde. Auch ein osmanischer Prinz wurde Effendi tituliert.

Fakir, islamischer Asket (in Persien meist Derwisch genannt), der eine Verinnerlichung des religiösen Lebens anstrebt. Auch die Gaukler wurden im Orient Fakire genannt.

Fellache, arabisch fellah, Mehrzahl fellahin; ackerbautreibende Hamiten des Niltals.

Fes, türkische Kopfbedeckung, nach der Stadt Fes in Marokko benannt, woher die Fesse früher kamen. Heute in der Türkei verboten. Die Araber nennen den Fes Tarbusch.

Fetischismus, Verehrung lebloser Dinge. Das Wort stammt aus dem Portugiesischen (feitico – künstlich gemacht, vom Lateinischen factitius), weil die Portugiesen als erste mit dem angeblich für Afrika typischen Fetischismus in Berührung kamen. Nach Ansicht moderner Forscher hat es den Fetischismus gar nicht gegeben. Die Neger beten zu ihren Göttern oder verehren ihre Ahnen, schreiben aber daneben bestimmten Gegenständen (Steinen, Hörnern, Klauen, Tierbälgen und Plastiken) übernatürliche Kräfte zu und betrachten sie deshalb mit ängstlicher Scheu. Fetische sind daher keine Götzen, sondern eher Amulette oder Talismane, die der Dorfgemeinschaft oder dem Individuum gehören können und deren Wirksamkeit von der Kraft abhängt, die in ihnen »gebannt« ist.

Giaur, Ungläubiger. Das Wort ist aus dem persischen »gäbr« = Feueranbeter entstanden, das die Anhänger des persischen Religionsstifters Zarathustra, die Parsen, bezeichnete.

Hadschi, Mekkawallfahrer (von arabisch hadsch oder haddsch mit persischer Adjektivendung -i). Jeder Mohammedaner soll mindestens einmal in seinem Leben nach Mekka pilgern; dort hat der Hadschi die

Kaaba zu umschreiten, ihren schwarzen Stein zu küssen und andere religiöse Vorschriften zu erfüllen. Andere Pilgerstätten der rechtgläubigen Mohammedaner (Sunniten) sind Medina und Jerusalem. Wenn ein christlicher Araber die Wallfahrt nach Jerusalem gemacht hat, nennt er sich ebenfalls Hadschi (siehe auch Kaaba, Mekka).

Harem, die von den übrigen Räumen des Hauses abgesonderte Frauenwohnung. Das arabische Wort »haram« bedeutet »der für Fremde unzugängliche Ort«.

Jasidi, kurdischer Volksstamm in der Umgebung von Mossul, aber auch bei Aleppo und in Persien. Sie selbst nennen sich Davasin nach einer früheren nestorianischen Diözese. Die Mohammedaner haben ihnen den Schimpfnamen »Teufelsanbeter« beigelegt. Die altertümliche Jasidi-Religion ist ein Gemisch aus jüdischen, christlich-nestorianischen, islamischen und heidnischen Vorstellungen und Bräuchen. Als ihren Stifter betrachten sie den um 1160 n. Chr. gestorbenen Scheik Adi, dessen Grab bevorzugtes Wallfahrtsziel der Jasidi ist. (siehe auch Malak Ta'us)

Kaaba, wichtigstes Heiligtum des Islam in Mekka, ein würfelförmiges Gebäude im Hof der Moschee, ursprünglich ein vorislamisches (heidnisches) Heiligtum aus grauen Steinen mit Brokatumhang. Durch Mohammed von den Götzenbildern gereinigt, Ziel der religiös vorgeschriebenen Wallfahrt und Orientierungspunkt beim Gebet. In einer Ecke der Kaaba ist der berühmte schwarze Stein eingemauert, den der Pilger beim siebenfachen Umgang um die Kaaba küßt.

Kadi, vom arabischen qadi – Richter, Entscheider. Der Kadi ist ein mit der Rechtspflege betrauter Staatsbeamter.

Kalif, arabisch halife = Stellvertreter, Nachfolger; Titel des Oberhauptes der islamischen Gemeinde, und zwar als Stellvertreter oder Nachfolger Mohammeds. Die ersten vier Kalifen waren gewählt worden; im 7. Jahrhundert wurde die Kalifenwürde erblich, zunächst in der Familie der Omaijaden (660–750), dann der Abassiden (750–1258) und ihrer Nachkommen in Kairo, nach dessen Eroberung durch die Türken (1517) in der Herrscherfamilie der Osmanen. Der letzte türkische Großherr Mohammed VI. wurde 1922 als Sultan und 1924 als Kalif abgesetzt.

Kawasse, im 19. Jahrhundert Bezeichnung für einen Konsulatswächter im Orient. Das arabische Wort qauwas bedeutete ursprünglich Bogenschütze, später Gewehrschütze.

Khedive, aus dem persischen chädiv = Fürst, Herrscher, König gebildetes Wort, das für kurze Zeit Titel des vom Sultan in Istanbul abhängigen Vizekönigs von Ägypten war.

Kismet, von Gott gesandtes Schicksal, zugleich aber auch die Ergebenheit des Gläubigen in Gottes Willen.

Koran, das heilige Buch des Islam, das ebenso »unerschaffen« wie Allah selbst seit Ewigkeit existiert und dem Propheten Mohammed offenbart wurde. Das arabische Wort qur'an bedeutet Lesung, Rezitation. Der Koran besteht aus 114 Kapiteln oder Suren, die so angeordnet sind, daß die längsten am Anfang und die kürzesten am Schluß stehen. Die Suren sind »den Menschen anspringende« Lehrstücke in ekstatischer Reimprosa, sie bilden als Ganzes den Koran, das »oft zu lesende« Buch der religiösen, moralischen, bürgerlichen und politischen Unterweisung.

Malak Ta'us, der »Engel Pfau«, regiert nach jasidischer Dogmatik anstatt Gott, der sich nach der Weltschöpfung zur Ruhe gesetzt hat, die Welt. Dieser Pfau ist ein gutes Wesen, das das Beste der Menschen will. Gott, Pfau und Religionsstifter Adi werden bei den Jasidi oft als Dreifaltigkeit aufgefaßt. Zwischen diesem höchsten Wesen und den Menschen stehen nach jasidischer Auffassung eine Fülle von Engeln und Heiligen. Bei Prozessionen wird der aus Metall gefertigte Pfau mitgeführt.
Den Mohammedanern, die die Bilderverehrung ablehnen, erscheint der Malak Ta'us als Teufel; daher auch der Schimpfname »Teufelsanbeter« für die Jasidi.

Mekka, islamischer Wallfahrtsort und Hauptheiligtum. Der heilige Bezirk ist ringsum von einer Mauer eingefaßt, durch die achtzehn rundbogige Tore führten. Um einen mit Marmorplatten belegten, zweihundert Meter langen und hundertfünfzig Meter breiten Hof standen Gebäude mit gedeckten Laubengängen, deren Dächer von Marmorsäulen getragen wurden. Der heilige Bezirk unterstand dem Schutz von Scherifen, deren Amt erblich war (siehe auch Kaaba).

Moschee, arabisch masdschid = Stätte der Anbetung. Der Besuch der Moschee zum Freitagsgottesdienst ist für Moslems Pflicht. Kern dieses Gottesdienstes, an dem wenigstens vierzig Gläubige teilnehmen müssen, bildet die Predigt. Das Gebet findet in der Moschee vor der sogenannten Mekkanische statt. Der Vorbeter in der Moschee wird Imam genannt, der Gebetsrufer, der die Gläubigen vom Minareh herab zum Gottesdienst ruft, heißt Muezzin.

Moslem, auch Muslim (Mehrzahl: Muslimin) oder Muselman; Anhänger des Islams.

Pascha, höchster türkischer Titel, gefolgt vom Bei (oder Bey) und Aga (Agha) bei Offizieren und vom Effendi bei Zivilpersonen. Die verschiedenen Grade der Pascha-Würde wurden durch die Zahl der Roßschweife (zwischen einem und drei) gekennzeichnet, die dem Pascha bei feierlichen Gelegenheiten vorangetragen wurden.

Scheik, auch Scheich oder Scheikh geschrieben; Häuptling oder Ältester eines Wüstenstammes.

Scherif (arabisch »erhaben«), Titel der Nachkommen Mohammeds. Der Scherif trägt einen grünen Turban oder ein grünes Gewand. Großscherif hieß in türkischer Zeit der Beherrscher der heiligen Stätten in Mekka und Medina.

Wadi, Flußbett in der Wüste, das sich nur zur Regenzeit mit Wasser füllt.

Zam Zam, Brunnen an der Ostseite der Kaaba. Sein Rand war früher mit weißem Marmor eingefaßt, daneben standen Brunnenschalen aus Marmor, aus denen die Pilger zu trinken schöpften und an denen sie die vorgeschriebenen Waschungen vornahmen.

Zechine, Geldmünze. Das Wort ist vom italienischen zecca – Münzgebäude abgeleitet, dieses wiederum vom arabischen sikka – Münze.

Zekat, Almosen. Zu den Hauptpflichten des Mohammedaners gehören das fünfmal täglich zu verrichtende Gebet mit vorausgegangenen Waschungen, das Almosengeben (ein Vierzigstel des Einkommens gehört den Armen und Kranken), das Fasten (völlige Enthaltsamkeit im Monat Ramadan vom Aufgang bis zum Untergang der Sonne) und die Wallfahrt nach Mekka.

Orientalische Abenteuer

Seit mehr als 1400 Jahren sind christliches Abendland und islamisches Morgenland Nachbarn. Vieles ist in dieser Zeit aus dem Osten zu uns gekommen, das meiste aber wurde bald so europäisiert, daß man den orientalischen Ursprung nur noch selten erkennt. Wer weiß heute noch, daß Tasse, Mütze, Safran und zahlreiche andere deutsch klingende Wörter arabisches Lehngut sind, daß Märchenmotive wie der König der Schatzkammer, das Märchen vom Machandelboom oder die Geschichte von Thors Böcken aus dem Morgenland zu uns gekommen sind? Einzig der Orientteppich hat bis heute, bis zu den Maschinenprodukten europäischer Fabriken, seinen orientalischen Charakter bewahrt. Mit diesen »gewirkten Geheimnissen« wurde ein Stück echten Orients nicht wegdenkbarer Bestandteil unserer Wohnkultur.
Die romantische Orientschwärmerei ist längst vorüber, die Zeit der Rokokodichter, die aus reiner Freude am Fernen und Fremden und am poetischen Gehalt des Exotischen den Schauplatz ihrer Handlung zuweilen in den moslemischen Orient legten, ebenso wie die Alla-Turca-Stücke und die Janitscharen-Aufzüge auf dem Gebiet der Musik, wenn auch immer noch Mozarts »Entführung aus dem Serail« und Webers »Abu Hassan« musikalisch die einstige Begeisterung für das Morgenland spiegeln. Herder und Schlegel, Goethe, Novalis und Rückert – sie versuchten nach einer viele Jahrhunderte währenden latenten Übernahme östlichen Geistesgutes die offene Aneignung und die Auseinandersetzung jenseits aller Romantik auf geistiger Basis. Goethes »Westöstlicher Diwan« ist die wichtigste Urkunde dieses frühen und einzigartigen Gesprächs zwischen dem abendländischen und dem morgenländischen Geist.
Karl May war weder Dichter wie Goethe noch Orientalist wie Rückert; er war kein Hymniker wie Hölderlin, der ein Arkadien besingen mußte, das ihm persönlich versagt blieb – er war auch keiner jener großen Reisenden des 18. und 19. Jahrhunderts, die am Ziel ihrer Fahrten kreuz und quer durch den Orient beschreibende Werke des beobachtenden und forschenden Geistes hinterlassen haben. Karl May war Schriftsteller, ihn trieb es zwar in den schattenlosen und bunten Orient, aber dieses Morgenland von der Sahara bis nach Kurdistan, vom Euphrat bis zum Goldenen Horn und von der großen Stadt am Bosporus bis zum zerklüfteten Skipetarenland war ihm eine in Leinen gebundene Welt. Der einstige Schulmeister mit der spärlichen Besoldung, der sein Talent erstmals an den »Erzgebirgischen Dorfgeschichten« erprobte, hatte sein Wissen vom Osten aus den Büchern bezogen.

Vielleicht ist er in den Jahren 1862–1864 und von 1869–1870 im Morgenland gewesen; wahrscheinlich aber hat er keine originalen Kenntnisse der Länder und Menschen besessen, die in seinen Orientbüchern so facettenreich beschrieben sind. Als »Durch die Wüste« längst seinen Weg gemacht hatte, als die Indianerromane schon klassisch geworden waren – erst dann unternahm der in herrschaftlicher Villa zu Radebeul lebende und inzwischen zu solidem Wohlstand gelangte Sohn armer Eltern aus dem sächsischen Erzgebirge seine Reisen nach dem Orient und nach Amerika.

1899 und 1900 bereiste Karl May Ägypten und Palästina, er suchte Bagdad auf, machte einen Abstecher an das Rote Meer und landete schließlich in Indien. Auf der Heimreise lernte er Beirut und Konstantinopel, Griechenland und Italien kennen. 1908 überquerte Karl May den Atlantik und suchte in Amerika die Stätten seiner indianischen Sehnsucht auf.

Aber der Kara Ben Nemsi des Wüstenromans und der folgenden fünf Orientbände wußte um die Länder seiner wachsenden Träume, er atmete die Luft, er liebte die Menschen und er achtete die Kulturen dieser Länder, die in Jahrtausenden gewachsen waren am Nil, an Euphrat und Tigris, in Anatolien und auf balkanischem Boden. Die Gelehrten und die Reisenden hatten den Dichter der emsigen Feder und der herrlichen Phantasie mit auf die Reise genommen. Die Bücher und Karten, die Wörterbücher und Zeichnungen dieser wagemutigen Männer, die den Orient mit Bleistift und Konzeptpapier durchstreift hatten und in ihren Werken wahr werden ließen, was man bis dahin nur erahnt hatte, daß nämlich der Orient die Mutter aller Kultur und die Wiege des Menschengeistes ist – diese Forscher erschlossen dem Schriftsteller Karl May und durch ihn vielen, die sonst nie an die Werke über den Orient gekommen wären, ein Stück auch für den Abendländer sinnvoller Weltdeutung.

Den überquellenden Reichtum dieser orientalischen Welt, die Karl May uns verdolmetscht, diesen folkloristischen und linguistischen Schatz, hatte der Verfasser von »Durch die Wüste«, »Durchs wilde Kurdistan«, »Von Bagdad nach Stambul«, »In den Schluchten des Balkan«, »Durch das Land der Skipetaren« und »Der Schut« in seiner Bibliothek gehortet. Heinrich Brugsch-Pascha, Georg Ebers und Adolf Ermann – Ägyptologen von Weltruf – waren neben anderen seine Führer durch die Welt am Nil, Josef Chavanne, Gerhard Rohlfs und Heinrich Schurtz zeigten ihm die gelbsandige Sahara; das Zweistromland und Kurdistan lernte Karl May durch den Bibel-Babel-Verfasser Friedrich Delitzsch und den Ninive-Ausgräber Austin Henry Layard kennen, das alte Osmanische Reich durch die Darstellungen verdienter Türkei-Spezialisten wie Moritz Busch, Ferdinand Fliegner und Charles White. Die Mentoren für Arabien, Persien und Palästina waren

C. Snouck Hurgronje, Heinrich von Maltzan, Carsten Niebuhr, Friedrich Spiegel und Baron von Oppenheim – auch dies Gelehrte, deren Werke noch heute mit Gewinn studiert werden können. Trotz dieses überreichen und in der literarischen Form sehr verschiedenartigen »Quellenmaterials« sind Karl Mays Orientbände in hohem Maß homogen. Was der Autor aus seinem Bücherschrank an poetischem Ertrag und geschichtlicher Anschauung heimbrachte, wurde in »Durch die Wüste« und den folgenden fünf Bänden geborgen, mit elementarer Kraft ergriffen und zu einem Stück Geschichte in zusammenhängender Anschauung vor Augen gebracht; mit erzieherischer Zielsetzung.

Karl May hat dies selbst einmal in späteren Jahren gesagt. Er habe zeigen wollen, wie sich der Mensch »aus der Tiefe zur Höhe«, »vom niederen Sinnesmenschen zum Edelmenschen« entwickelte. Dieses Pathos der letzten Schaffensjahre Karl Mays ist uns heute vielfach unerträglich. Die Reiseerzählungen – und zu diesen gehören die Orient- und Amerikabände – mit Kara Ben Nemsi beziehungsweise Old Shatterhand als ein und demselben Haupthelden sind von diesem Pathos angewandter Moral noch nicht ergriffen, aber auch sie zeigen stets den Sieg des Guten.

Heute wie vor tausend Jahren sind Nordafrika und Arabien, ist die Sahara, sind die Wüsten vom Jordan bis Hadramaut moslemischer Raum. Einst war dieses Land für Jahrhunderte christlich gewesen. Im 7. Jahrhundert drangen die Jünger Mohammeds von Osten kommend nach Afrika und Vorderasien vor. 713 war Spanien bereits islamisch. Die bunte Völkerwelt Nordafrikas, Ägypter, Kuschiten, Tuareg, Berber und viele andere hamitische Stämme bekehrten sich zum Glauben an den einen Gott Allah und seinen Propheten Mohammed.

Karl Mays »Wüste« ist vor allem die Sahara. Diese größte Wüste der Welt ist begrenzt im Norden vom Mittelmeer und vom Sahara-Atlas, im Osten vom Roten Meer, im Süden von den Steppen des Sudan und im Westen vom Atlantischen Ozean. Von Schluchttälern (Wadis) ist dieses Tafelland durchschnitten, weite Sandstrecken wechseln mit Hochländern und Gebirgen ab. Zahlreiche uralte Karawanenwege durchziehen dieses mannigfaltig gegliederte Gebiet. Pflanzenwuchs findet sich fast nur in den Oasen. Zwergbüsche und Gräser in Mulden mit etwas länger anhaltender Bodenfeuchtigkeit dienen den hamitischen Nomaden als Schaf- und Ziegenweide; die zähen Gräser und Büsche der eigentlichen Sandwüste finden tief im Sand genügend Feuchtigkeit zur Existenz. In diesem durch Zusammenblasen von Verwitterungssand, Anschwemmsand oder durch Ausblasen von leicht verwitterbarem Sandstein entstandenen öden Gebiet finden nur noch Kamele ihr Auskommen. Erst in der Nähe des Mittelmeeres entwickelt sich eine reiche, immergrüne Vegetation mit Buschwerk, Korkeichen-, Steineichen- und Kiefernwäldern.

Das arabische Wort »Islam« bedeutet »Unterwerfung, Hingabe an Gott« oder auch »Eintritt in den Stand des Heils«, es ist der Name, mit dem die Anhänger Mohammeds ihre Religion bezeichnen. Der Stifter Mohammed wurde etwa im Jahre 570 n. Chr. in Mekka geboren; im Alter von 40 Jahren erlebte er seine Berufung zum Propheten. Ab 612 lehrte er in Mekka. Seine arabischen Stammesgenossen begegneten ihm jedoch mit Mißtrauen und offener Feindschaft. 622 wanderte Mohammed daher mit wenigen Getreuen nach Medina aus. Dieses Ereignis heißt auf arabisch Hedschra, das heißt Bruch mit den Stammesgenossen. Es bildet noch heute den Ausgangspunkt der islamischen Zeitrechnung. In den folgenden Jahren gewann Mohammed viele Anhänger. 630 zog er wieder in Mekka ein, zwei Jahre später ist er in Medina gestorben.

Bei seinem Tod bekannte sich fast die ganze arabische Halbinsel zu seiner Lehre. Der Islam breitete sich rasch und mit Waffengewalt aus – über Persien, Syrien, Ägypten, zu Anfang des 8. Jahrhunderts über Nordafrika, Spanien und Indien, im 11. Jahrhundert über Kleinasien. Seit dem 18. Jahrhundert mußte die islamische Macht den europäischen Mächten weichen; aus Spanien war die Lehre Mohammeds schon Jahrhunderte früher verdrängt worden.

Der Prophet verkündete Allah als den einzigen Gott. »Es gibt keinen Gott außer Allah, und Mohammed ist sein Gesandter«, so lautet das islamische Glaubensbekenntnis. Von Allahs Willen ist alles abhängig, ist alles vorausbestimmt. Seine Bedeutung für den Menschen gewann der Islam aber vornehmlich durch das von Mohammed verkündete Gesetz, das das Leben bis in die Einzelheiten des alltäglichen Tuns hinein ordnet. Nach diesem Gesetz sind die Hauptpflichten des Moslems das fünfmal täglich zu verrichtende Gebet (bestehend aus der Rezitation der ersten Sure des Korans und anderer Koranverse, dem Glaubensbekenntnis und einem Segenswunsch für den Propheten) mit vorausgegangenen Waschungen (in der Wüste mit Sand), ferner das Almosengeben, das Fasten und die Wallfahrt nach Mekka. Diese vier Pflichten bilden zusammen mit dem Glaubensbekenntnis die fünf Grundpfeiler des Islam. Dem Moslem ist schließlich noch geboten, das Glücksspiel, den Alkohol und das Schweinefleisch zu meiden; Sklaverei und Vielweiberei hingegen sind erlaubt.

Der Islam kennt keine Priesterschaft; der Imam in der Moschee hat nur das Gebet der Gläubigen zu leiten. Die Volksfrömmigkeit kennt die Verehrung von Heiligen; sie werden als Nothelfer in den Anliegen des Alltags angerufen. Die heilige Schrift des Islam ist der Koran (arabisch = Lesung); er enthält nach islamischer Überlieferung die von Mohammed zwischen 610 und 632 empfangenen Offenbarungen. Nach Meinung der frommen Mohammedaner ist der Koran Gottes Wort; der Engel Gabriel soll ihn in vielen Visionen dem Propheten mitgeteilt haben. Jede Sure beginnt mit den Worten: »Im Namen Allahs des Allbarmherzigen.«

Auch der Islam erlag der Sektenbildung. Streitigkeiten über die Rechtmäßigkeit der Nachfolger des Propheten (mit dem Titel Kalif, das heißt Stellvertreter) in der Herrschaft über die Moslems hatten die Spaltung in Sunniten (orthodoxe Richtung, der die meisten Gläubigen angehören) und Schiiten (vornehmlich in Persien verbreitete liberale Richtung) zur Folge. Dogmatische Streitfragen spalteten diese beiden großen Konfessionen in weitere Schulen und Lehrmeinungen. Sie spielen bei Karl May ebenso eine Rolle wie die vielen Sekten christlicher Herkunft, die in erstarrten Formen noch heute im Vorderen Orient beheimatet sind, so die Sabier am unteren Euphrat, die nur den Täufer Johannes als den wahren Propheten anerkennen, oder die kurdischen Jasidi in der Umgebung von Mossul, eine Mischreligion aus jüdischen, christlichen und islamischen Bestandteilen.

Karl May hat diesen religiösen Hintergrund ziemlich getreu gezeichnet, ebenso die Wallfahrt nach Mekka, das alltägliche Leben der Moslems in türkischer Zeit und ein Stammesfest der Jasidi. Dieses Lebensbild der islamischen Völker Nordafrikas, Arabiens, des Zweistromlandes und der alten Türkei mutet an wie ein prächtiger Orientteppich mit leuchtend-lebhaften Farben, bizarren Mustern – aber auch mit Schattenpartien des Menschlich-Allzumenschlichen. Mit kräftigen Strichen zeichnet Karl May die Folklore Nordafrikas. Seine Quellen lieferten ihm die Unterlagen, die seine nahezu grenzenlose Phantasie beeinflußten und in die weithin richtigen Bahnen lenkten. Und das macht neben dem großen Abenteuer den Reiz dieser über viele hundert Seiten sich erstreckenden Reise durch die alte osmanische Türkei aus – daß sie uns Kunde gibt von Begebenheiten, die längst märchenhafte Vergangenheit geworden sind, von jener Zeit, die vor dem Erwachen der arabischen Völker liegt und vor der Neubesinnung des Türkentums. Das Orientalische, das Moslemische ist es, was uns fasziniert. Und vergessen wir nicht – Karl Mays Orientbände wollen in ihrer Buntheit und in ihrer Einheit der straff durchgeführten Handlung nicht etwa eine systematische Kulturgeschichte des Morgenlandes bieten, sie wollen unterhalten – und sie unterhalten im besten Sinne des vielfach abgegriffenen Wortes. Die Folklore ist nur ein Hilfsmittel, romantisches Sujet im Sinne der Orientschwärmerei des vergangenen Jahrhunderts. Karl May hat diese Folklore nach einem intensiven Studium der gelehrten Schriften des 19. Jahrhunderts zur unverwechselbaren Hintergrundsilhouette gestaltet, verdichtet und erweitert und so zusammen mit dem Handlungsablauf ein Kolossalgemälde geschaffen, das noch immer Aufmerksamkeit erheischt.

Inhalt

1	Hadschi Halef Omar	5
2	Der Ritt über den Salzsee	26
3	Die Rose von Kbilli	42
4	Abrahim Mamurs Harem	65
5	Der alte Nilkapitän	85
6	Senitzas Entführung	99
7	Der Sambuk des Oberzolleinnehmers	125
8	Abu Seïfs Gefangener	139
9	Flucht nach Dschidda	153
10	Der Schnadahüpflsänger	167
11	Bei den Ausgestoßenen	181
12	Vor den Toren von Mekka	196
13	Abu Seïfs Ende	212
14	Sir David Lindsay	226
15	Der Araberhengst Rih	241
16	Gefangener der Abu Hammed	266
17	Der Schaitan taucht auf	281
18	Die Schlacht im Wadi Deradsch	304
19	Die Entdeckung auf der Tigris-Insel	325
20	Zedars Ben Hulis Tod	339
21	Beim Pascha in Mossul	352
22	Bei den Teufelsanbetern	378
23	Das Fest der Jasidi	411
	Anmerkungen	437
	Orientalische Abenteuer	441